Ruth Graham
mit Stacy Mattingly
Ein Zuhause für mein Herz

Für Dich

Iris Rapp

Ruth Graham
(Tochter von Ruth und Billy Graham)
mit Stacy Mattingly

Ein Zuhause für mein Herz

Gottes Barmherzigkeit ist immer größer als unser Versagen

Brunnen Verlag · Basel und Gießen

ABCteam-Bücher erscheinen in folgenden Verlagen:

Aussaat Verlag Neukirchen-Vluyn
R. Brockhaus Verlag Wuppertal
Brunnen Verlag Basel und Gießen
Christliches Verlagshaus Stuttgart
Oncken Verlag Wuppertal und Kassel

Bibliografische Information der Deutschen Bibliothek
Die Deutsche Bibliothek verzeichnet diese Publikation in der Deutschen Nationalbibliografie; detaillierte bibliografische Daten sind im Internet über http://dnb.ddb.de abrufbar.

Titel der amerikanischen Originalausgabe: «In Every Pew Sits a Broken Heart», herausgegeben 2004 von Zondervan, Grand Rapids, Michigan 49530, USA.

Übersetzung aus dem Englischen: Beate Maier, D-Grenzach-Wyhlen

Bearbeitung: Nicole Janke, D-Stuttgart

Die Bibelstellen sind, soweit nicht anders angegeben, der revidierten «Hoffnung für alle» (2002) entnommen.

Umschlag: Michael Basler, D-Lörrach
Foto: Philip Shippert, USA
Satz: Bertschi & Messmer AG, Basel
Druck: Bercker, D-Kevelaer
Printed in Germany

ISBN 3-7655-1356-3

Inhalt

Vorwort vom Vater Billy Graham

Von ihrer frühsten Jugend an hat unsere Tochter Ruth den Herrn lieb gehabt und wollte ihm gefallen. Doch ihr Leben hat viele Wendungen genommen, die uns zum einen Zeiten der Freude und Dankbarkeit geschenkt, aber auch viele Herausforderungen und manche Traurigkeiten gebracht haben. Wie sie selbst in diesem Buch berichtet, hat sie eine Reihe schwerer Erfahrungen durchgemacht, aber am Ende ist sie gestärkt daraus hervorgegangen, mit einer neuen Hingabe an den Herrn und einem festen Vertrauen auf ihn. Wir als ihre Eltern lieben sie von ganzem Herzen, wir sind für sie da, und wir danken Gott, dass es sie gibt.

Ruth hat uns gesagt, dass sie mit der Entscheidung, ihre Privatsphäre aufzugeben, um ihre persönlichen Erlebnisse wirklich aufrichtig mitteilen zu können, nur zwei Ziele verfolgt: nämlich dass dieses Buch jenen Menschen helfen möge, die in ihrem eigenen Leben traumatische Erfahrungen durchmachen, und dass es denen bessere Einblicke schenken möge, die einer Person helfen möchten, welche gerade durch schwere Zeiten geht. Wenn Sie in den Erfahrungen unserer Tochter auf den Seiten dieses Buches Ihre eigenen Erfahrungen wiederentdecken, dann wünsche ich Ihnen, dass auch Sie eine persönliche Beziehung zu demselben himmlischen Vater finden, der heute wie damals Ruths Stärke, ihr Trost und ihre Freude ist.

Billy Graham

1

Auf meinem Platz saß ein zerbrochenes Herz

Gott erfahren, wenn alles in Trümmer zu fallen droht

Als ich den steilen Weg zum Haus meiner Eltern in den Bergen im Westen von Nordkarolina hinauffuhr, wusste ich nicht, ob mich freundliche Aufnahme oder eisige Ablehnung erwartete. Ich war zerbrochen an den Entscheidungen, die ich getroffen hatte. Dickköpfig und eigensinnig war ich meinen eigenen Weg gegangen, und nun musste ich den Konsequenzen ins Auge sehen. Ich hatte meinen Kindern und anderen lieben Menschen viel Schmerz zugefügt. Außerdem befürchtete ich, meine Eltern in große Verlegenheit gebracht zu haben. Offensichtlich war es mir gründlich gelungen, meine Welt in Trümmer zu legen. Und die Scham, die ich darüber empfand, war fast unerträglich.

Ich war von Südflorida aus sechzehn Stunden gefahren, hatte auf dem Weg Halt gemacht, um meine jüngste Tochter im Internat abzuholen, und jetzt war ich müde und voll ängstlicher Erwartung. Auch die Vertrautheit der Umgebung, in der ich aufgewachsen war, trug nicht dazu bei, meine Ängste zu besänftigen. Die Bergluft war jetzt im Februar frisch und klar. Und all die kahlen Bäume – Pappeln, Ahornbäume und Eichen –, die die Einfahrt zu meinem Elternhaus hinauf säumten, boten zu dieser Jahreszeit einen schönen Anblick. Aber ich war zu sehr in Gedanken versunken, um dafür wirklich einen Blick zu haben.

Wie würde mein Leben in Zukunft aussehen? Ich hatte alle Ratschläge missachtet. Die Mitglieder meiner Familie hatten mich gewarnt, hatten versucht, mich zurückzuhalten. Doch ich hatte nicht auf sie gehört. Ich hatte ihnen gesagt, ich müsste tun, was für mich das Beste sei. Und jetzt war mein Leben ein Chaos. In meinen eigenen Augen war ich eine Versagerin. Und dafür würden mich sicher auch andere halten, wenn sie erfuhren, was «Billy Grahams Tochter» getan hatte. Ich befürchtete, diejenigen Menschen gedemütigt zu haben, die ich am liebsten hatte. Wie sollte ich ihnen jetzt gegenübertreten können?

Während ich den Berg zum Haus meiner Eltern hinaufblickte, wurden meine Ängste immer größer. Vor Aufregung konnte ich den Fuß nicht vom Gas nehmen. Ich merkte, wie sich meine Hände um das Lenkrad krampften, und in meinem Kopf drehte sich alles. In dieser Situation versuchte ich, mich an den eindringlichen Ton meiner Mutter bei unserem Telefongespräch einige Tage zuvor zu erinnern: «Komm nach Hause», hatte sie mich gedrängt. Als ich sie anrief, war ich völlig verzweifelt gewesen. Ich erzählte ihr von dem Fehler, den ich gemacht hatte, und versuchte, einen Weg zur Lösung des Problems zu finden. Doch da unterbrach sie mich mit der Stimme einer liebenden und fürsorglichen Mutter: «Komm nach Hause, Kind.»

Trotzdem: Wie würden sie und mein Vater reagieren, wenn sie mir tatsächlich gegenüberstanden? Was würden sie sagen? Vielleicht: «Wie man sich bettet, so liegt man»? Würden sie mich verurteilen? Mich zurückweisen? Verachten? Sie hatten jedenfalls allen Grund dazu.

Als ich um die letzte Kurve fuhr, konnte ich meinen Vater schon sehen. Er stand vor dem Haus auf dem gepflasterten Platz, wo normalerweise die Besucher parken. Ich ließ also das Auto ausrollen, holte tief Luft und wappnete mich, meinen Vater zu begrüßen. Dann stellte ich den Motor ab, öffnete die Tür und stieg aus. Ich schaute auf – da war Papa schon bei mir. Und bevor ich auch nur ein einziges Wort sagen konnte, nahm er mich in die Arme und sagte bloß diesen einen Satz:

«Willkommen zu Hause.»

Gibt es in Ihrer Gemeinde Menschen mit zerbrochenem Herzen?

Ich weiß, wie es ist, mit einem zerbrochenen Herzen im Gottesdienst zu sitzen. Jahrelang war ich mit all meinen Ängsten, Zweifeln und Enttäuschungen mittendrin in der Gemeinde und dachte, ich wäre allein mit meinen Schwierigkeiten. Die Leute um mich herum schienen hervorragend klarzukommen. Sie sahen so «geistlich» aus. Hatten diese Menschen nicht so zu kämpfen wie ich? War ich die Einzige, deren Träume geplatzt waren? Die alles vermasselt hatte? War nur ich deprimiert? Fühlte nur ich mich wie ein hoffnungsloser Fall?

Um mich selbst zu schützen und um mich anzupassen, versteckte ich meine Unzulänglichkeit und traute mich nicht, von meinem Versagen zu sprechen. Ja, ich arbeitete hart daran, den Eindruck zu erwecken, dass mein Leben tadellos in Ordnung war. Ich wusste ja, wie man sich geben und was man sagen musste, um das zu erreichen. Und deshalb kaufte man es mir auch ab. Wenige Leute kannten die Wahrheit oder errieten sie. Aber mir ging es derweil elend.

Vielleicht haben auch Sie diesen Drahtseilakt vollführt. Sie sind vielleicht verletzt worden. Irgendetwas in Ihrem Leben bereitet Ihnen große Not und unaussprechlichen Schmerz. Aber Sie verdecken das alles mit einem Lächeln. Vielleicht sind Sie niedergeschlagen und empfinden sich selbst als ungenügend, unfähig, mit dem Leben zurechtzukommen. Es kann sein, dass Sie von jemandem, der Ihnen sehr nahe steht, zurückgewiesen worden sind. Möglicherweise hat Sie Ihr Ehepartner verlassen. Oder Ihr Kind ist von zu Hause weggelaufen. Vielleicht fühlen Sie sich allein und kämpfen gegen eine Sucht. Es wird Ihnen alles zu viel, und Sie wollen laut schreien. Sie *müssen* schreien. Doch es ist ein stummer Schrei. Denn Sie haben Angst davor, irgendjemanden die Tiefe Ihres Schmerzes sehen zu lassen.

Haben Sie solche Belastungen erlebt, oder erleben Sie sie gerade jetzt? Sind Sie innerlich gebrochen und haben Angst, dass Sie keinen sicheren Ort finden, wo Sie Ihr Herz öffnen können? Fürchten Sie, dass Sie sich nie mehr von den Schlägen erholen werden, die Ihnen das Leben ausgeteilt hat? Es fällt Ihnen schwer, sich wieder ein normales Leben vorzustellen. Und Sie sind beladen mit Scham und Schuld, mit Wut und Groll. Vielleicht haben Sie die Hoffnung schon völlig aufgegeben.

Dann lade ich Sie ein, mich durch dieses Buch zu begleiten und Heilung und Geborgenheit zu finden in den Armen eines Gottes, der uns niemals zurückweist. Gott wird Sie nicht fallen lassen. Denn er ist anders als die Menschen, von denen Sie im Stich gelassen wurden. Er rauft sich nicht die Haare und geht davon. Er hört nie auf, seine Menschen zu lieben. Auch wenn ich meinen Vater nicht mit Gott vergleichen möchte – aber an diesem Februartag vor unserem Haus hat mein Vater mir genau das angeboten, was Gott uns anbietet. Denn Gott selbst steht mit weit ausgebreiteten Armen da und wartet darauf, uns in seiner Umarmung zu erneuern. Wenn wir zu ihm kommen, zerbrochen, mit unseren angehäuften Ängsten und mehr Fragen als Antworten, dann schlingt Gott seine Arme um uns und sagt: «Willkommen zu Hause!»

Kennen Sie jemanden, den das Leben zerbrochen hat? Wollen Sie dieser Person gerne helfen? Vielleicht merken Sie, dass hier und jetzt Menschen neben Ihnen leben, die tiefe Verletzungen in sich tragen. Es ist gut möglich, dass Sie Woche für Woche im Gottesdienst direkt neben Leuten sitzen, die großes Leid erfahren – und Sie merken es nicht einmal. So wie Freunde und Bekannte neben mir gesessen haben, während ich lachte und so tat, als wäre ich völlig unbeschwert. Wenn es Ihr Wunsch ist, anderen zu helfen, dann möchte ich mit Ihnen zusammen überlegen, wie wir Orte der Geborgenheit schaffen, an denen unsere Nachbarn, Freunde und Verwandten in Not sagen können, was sie bedrückt. Sie selbst können durch Ihr Verhalten für die zerbrochenen Menschen in Ihrer Gemeinde oder in Ihrem Freundeskreis die weit geöffneten Arme Gottes darstellen, so wie mein Vater es für mich tat. Darauf wollen wir hoffen, und dafür wollen wir beten. Denn das ist es, was wir als Einzelne und als Gemeinde sein sollen: Gottes Arme der Liebe. Wie es in der Bibel heißt: «Jeder soll dem anderen helfen, seine Last zu tragen. Auf diese Weise erfüllt ihr das Gesetz, das Christus uns gegeben hat» (Galater 6,2).

Scheitern ist nie das Ende

Ich bin nicht deswegen qualifiziert, dieses Buch zu schreiben, weil ich Billy Grahams Tochter bin. Auch nicht durch meine Position oder den Reichtum meiner Erfahrungen. Ich bin vielmehr deshalb qualifiziert, weil ich ein unvollkommener Mensch bin; eine Sünderin, die durch Gottes Gnade gerecht geworden ist. Weil ich halsstarrig und widerspenstig bin. Weil ich Fehler mache, viele Fehler sogar. Und weil ich oft versagt habe.

Meine eigene Geschichte ist weder wohlgeordnet noch einfach, sondern durcheinander und kompliziert und immer noch dabei, geschrieben zu werden. Ich habe erfahren, was es bedeutet, wenn Vertrauen enttäuscht wird, habe eine Scheidung erlebt, mit Depressionen und den Folgen unüberlegter Entschlüsse gekämpft. Es hat mich viel Kraft gekostet, meine Kinder durch verschiedene Krisen zu begleiten, durch eine Teenager-Schwangerschaft, Drogenmissbrauch und eine Essstörung. Ich bin sehr verletzt worden und habe Verzweiflung, Angst, Scham und ein tiefes Gefühl der Unzulänglichkeit am eigenen Leib erfahren. Das war nicht das Leben, das ich mir vorgestellt hatte. In keiner Weise.

Die dunklen Kapitel unseres Lebens neu aufzuschlagen kann sehr schmerzlich sein. Denn an einiges würden wir uns lieber nicht erinnern – an folgenreiche Fehler oder zerstörte Beziehungen; an Worte, die wir besser nicht ausgesprochen hätten; oder an Dinge, die wir getan oder eben nicht getan haben. Wenn wir uns manchen unserer Erfahrungen bloß gedanklich nähern, kann sich eine ganze Welt der Verletzungen auftun. Daher ziehen wir es vor, uns weiter vorwärts zu schleppen, getreu dem biblischen Motto wollen wir «alles vergessen, was hinter [uns] liegt» (Philipper 3,13).

Doch es gibt Zeiten, in denen Gott uns sanft zurückzieht zu den schmerzlichen Momenten in unserem Leben und uns auffordert, sie neu zu betrachten. Er tut das nicht, um unsere Verletzungen zu vertiefen oder uns neu zu verwunden. Nein, wenn Gott uns ruft, dann tut er das immer in guter Absicht. Wenn er uns drängt, eine für uns harte Situation erneut aufzusuchen, dann tut er das, um uns zu heilen. Nur so können wir wirklich vorwärts gehen.

In der Bibel lesen wir, dass Sarai mit ihrer Magd Hagar sehr hart umging. Sarai, die unfruchtbar war, hatte Abram gesagt, er solle mit Hagar schlafen, damit er so Kinder zeugen konnte. Nun war Hagar tatsächlich schwanger, und Sarai hatte das Gefühl, dass ihre Magd ihr nicht mehr den nötigen Respekt entgegenbrachte. Als Reaktion misshandelte Sarai Hagar so sehr, dass diese sich gezwungen sah, in die Wüste zu fliehen. Dort sprach der Engel des Herrn mit Hagar:

> Der Engel des Herrn fand sie an einer Quelle in der Wüste auf dem Weg nach Schur und fragte sie: «Hagar, Sklavin Sarais, woher kommst du, und wohin gehst du?» «Ich bin meiner Herrin Sarai davongelaufen», antwortete sie. Da sagte der Engel zu ihr: «Geh zu ihr zurück. Bleib ihre Sklavin!» (1. Mose 16,7–9)

Kein Ort hätte zu diesem Zeitpunkt für Hagar schrecklicher sein können als das Haus Sarais. Dennoch rief Gott die Magd dorthin zurück. «Geh zurück zu deiner Herrin. Geh zurück an den Ort deiner Qualen.» Hagar muss erstaunt und befremdet gewesen sein. Aber Gott gab ihr nicht nur diesen verwirrenden Befehl, sondern lockte sie mit einem Versprechen: «Der Herr wird dir so viele Nachkommen schenken, dass man sie nicht mehr zählen kann!» (1. Mose 16,10)

Wenn Gott uns, wie Hagar, dazu bewegt, an den Ort unserer Leiden oder zu den Erinnerungen daran zurückzukehren, dann gilt auch uns die Verheißung der Wiederherstellung, und wir können Hoffnung für die Zukunft haben.

Der Prophet Jesaja hat diese Verheißung folgendermaßen ausgedrückt:

> Und nun will ich Jerusalem trösten. Noch liegt die Stadt in Trümmern, doch ich werde mich über sie erbarmen und das ganze Land wieder aufblühen lassen. Ich werde diese Wildnis in einen blühenden Garten verwandeln, schön und prächtig wie der Garten Eden. Freudenschreie und lauten Jubel wird man dort hören und Lieder, mit denen die Menschen mir danken. (Jesaja 51,3)

Scheitern ist nie das Ende. Denn niemand kann Verletzungen so gut heilen wie Gott – das ist seine «Spezialität», die er meisterhaft beherrscht. Er liebt es, aus dem Chaos heraus etwas zu erschaffen. Denken Sie nur daran, wie er im ersten Buch Mose begonnen hat, indem er Ordnung brachte in eine Welt, die «wüst und leer» war (1. Mose 1,2; Luther). Genauso tritt Gott in unsere «Ruinen», sammelt die Bruchstücke auf und fügt unsere Fehler und Verletzungen, unsere Schwächen und unsere gescheiterten Pläne auf wunderbare und überraschende Weise wieder zusammen. Bei ihm ist nichts verloren: «Ich werde diese Wildnis in einen blühenden Garten verwandeln, schön und prächtig wie der Garten Eden.»

Jesaja sagt uns, dass Gott sich über die Trümmer unseres Lebens erbarmen wird. Versuchen Sie einmal, sich Gottes Erbarmen vorzustellen, seine Liebe und zärtliche Fürsorge. Er verurteilt uns nicht wegen unserer Fehler. Er sieht Hoffnung, wo andere nur Scheitern wahrnehmen, und eine Zukunft, wo für andere nichts als Trümmer zu erkennen sind. Gott sehnt sich danach, uns aus den «Ruinen» herauszubringen, geheilt und gestärkt und mit einem Lied im Herzen. Das ist sein Versprechen. «Freudenschreie und lauten Jubel wird man dort hören.»

Blick zurück auf die Trümmer

Es ist schwer, die Hand Gottes zu erkennen, wenn unser Leben um uns her in Trümmer fällt, nicht wahr? Wir können nicht verstehen, was Gott tut, welche Gefühlsmuster er möglicherweise entflechten will oder ob er überhaupt da ist und wohin das alles schließlich führen soll. Doch aus der Distanz und mit göttlicher Hilfe können wir die Vergangenheit mit neuen Augen sehen.

Als ich bei der Vorbereitung für dieses Buch den Scherbenhaufen meines eigenen Lebens noch einmal untersuchte, entdeckte ich Hinweise darauf, dass Gott die ganze Zeit über mit mir beschäftigt war. Hinweise, die ich vorher übersehen hatte. Ich stellte fest, dass Gott in meinem Leben zu Zeiten tätig war, als ich fürchtete, er habe mich aufgegeben. Ich merkte zum Beispiel, wie er über eine Reihe von Jahren meine damalige Lebenssituation dazu benutzt hatte, mir zu helfen, verborgene Schwächen zu überwinden. Und mir wurde klar, dass bestimmte Ereignisse, die ich vergessen hatte, in Wahrheit entscheidende Wendepunkte in meinem Leben darstellten.

Obwohl ich mich oft verlassen und allein fühlte, während ich durch meine schweren Phasen ging, kann ich heute sehen, dass Gott die ganze Zeit schon in meinem Leben am Werk war. In meinem Schmerz, in meinem Leid und in meinen Fehlern – sogar in der größten Dunkelheit –, immer war Gott da und verfolgte sein gutes Ziel. Jesus wird als der «Immanuel», als der «Gott ist mit uns» (Matthäus 1,23) bezeichnet. Als ich mein Leben noch einmal betrachtete, wurde mir wie nie zuvor die Treue Gottes bewusst. Er *ist* wirklich mit uns. Nichts kann ihn dazu bringen, uns aufzugeben. Die Tiefe dieser Erkenntnis ist Teil der Heilung, die Gott in mir bewirkt.

Schließlich erkannte ich auch, dass ich nicht die Einzige in der Gemeinde war, deren Leben unerfreuliche Wendungen genommen hatte. Ich war nicht die Einzige, die Gelegenheiten verpasst hatte, nicht die Einzige, die gesündigt hatte. Insbesondere machte ich die Erfahrung, dass es mir, wenn andere mir offen von ihren Schwächen und Unvollkommenheiten erzählten, leichter fiel, von meinen eigenen Fehlern zu berichten. Wenn wir einmal unsere Masken abnehmen – wenn wir die Scherbenhaufen in unserem Leben offen zeigen –, dann geben wir anderen die Erlaubnis und die Freiheit, das Gleiche zu tun. Und genau dann können wir uns wahrhaft gegenseitig dienen. Genau so kann echte Heilung stattfinden.

In dieser Haltung möchte ich Sie jetzt an meiner Geschichte teilhaben lassen. Ich fange an mit einem meiner dunklen Momente. Lassen Sie sich von Gott leiten, denken Sie über Ihre eigenen schweren Stunden nach, und vergleichen Sie Ihre Erfahrungen mit dem, was ich schreibe. Mit Ihnen zusammen möchte ich Gott bitten, dass er uns hilft, uns nach seinem «Willkommen zu Hause» auszustrecken.

2 Wie konnte das ausgerechnet mir passieren?

Der Schock des Zusammenbruchs

Teds 42. Geburtstag fiel auf einen Samstag im Mai 1987. Das Wetter war angenehm mild, der Tag überhaupt ungewöhnlich idyllisch. Ted, unsere drei Kinder und ich gingen mittags mit einem potenziellen Geschäftspartner in einem Restaurant im Ort essen und verbrachten den Nachmittag an unserem Pool. Wir aßen selbst gemachte Eiscreme, und später gab es Hamburger vom Grill. Die Kinder – Noelle (dreizehn), Graham (elf) und Windsor (acht) – waren diesmal besonders pflegeleicht, so dass Ted und ich uns wirklich zurücklehnen konnten. Unser 74 Hektar umfassender Pferdehof in Virginias Shenandoah-Tal bot uns Ruhe und private Zurückgezogenheit. Uns fehlte es an nichts, und allmählich schien unser Familienleben sich dem anzunähern, wovon ich seit Jahren geträumt hatte. Die Beziehung zu meinem Mann hatte sich vertieft, und die Kinder schienen wirklich glücklich zu sein. Ja, wir freuten uns aneinander.

An diesem Abend machte ich noch einen Obstsalat für das sonntägliche Mittagessen am nächsten Tag, zu dem wir von Freunden eingeladen worden waren. Dann ging ich ins Schlafzimmer zu Ted, und wir unterhielten uns entspannt über die Ereignisse des Tages. Während wir sprachen, fasste ich den Entschluss, Ted heute die eine Frage zu stellen, die mich die letzten Monate über verfolgt hatte. Eigentlich hatte ich Ted schon seit einiger Zeit fragen wollen, aber immer wenn ich mir vornahm, es endlich zu tun, schreckte ich dann doch davor zurück. Einige Wochen zuvor, als wir zusammen geschäftlich unterwegs waren, hatte ich es zum Beispiel vorgehabt, musste aber, als wir an unserem Ziel ankamen, mit Erschrecken feststellen, dass ich auf Teds Antwort überhaupt nicht vorbereitet war. Die Aussicht, meine Vermutungen könnten bestätigt werden, wirkte bedrohlich. Wollte ich die Antwort *wirklich* wissen?

Seit unserer Rückkehr von dieser Reise war ich noch unruhiger geworden unter der Last meiner unausgesprochenen Frage. Ich kam schließlich zu der Überzeugung, dass es mir besser gehen würde, wenn ich die Wahrheit wüsste. Denn ich war es leid, nur Verdacht zu hegen. Ich brauchte eine Erleichterung. Also wollte ich die Sache klären und beschloss, Ted zu fragen, sobald der richtige Zeitpunkt gekommen war.

Da unsere Ehe scheinbar stärker war als je zuvor, dachte ich, ich könnte mit dem, was er sagen würde, umgehen. Als ich nun am Geburtstag meines Mannes neben ihm lag und auf einen guten Tag zurückschaute, glaubte ich, die Frage riskieren zu können.

Ich drehte mich im Dunkeln zu Ted um, nahm all meinen Mut zusammen und sagte: «Ich möchte dich etwas fragen.» Die Atmosphäre unseres Zimmers war sehr persönlich und in keiner Hinsicht bedrohlich. Ich blickte zu ihm hinüber und fragte, wie ich es mir schon so oft vorgestellt hatte:

«Bist du mir jemals untreu gewesen?»

Von Ted kam keine Antwort. Ich konnte sein Gesicht nicht erkennen, aber sein Schweigen sagte einfach alles. Die Wahrheit wurde mir sofort klar. Ich sammelte meine Kräfte und wünschte dabei, er würde etwas sagen, und bedauerte doch gleichzeitig, ihn je gefragt zu haben. Nach einer Weile sagte er mir, was ich zu hören befürchtet hatte.

«Ja», bestätigte er ganz nüchtern, «ja.»

Ich fühlte mich, als ob mir jemand in den Bauch geboxt hätte oder als ob ein Angreifer beim Football mich so heftig getroffen hätte, dass mir die Luft wegblieb. Der Schock erfasste mich wie ein Erdbeben. Er verschlug mir den Atem. Ich fühlte mich dem Erdboden gleichgemacht, vollkommen niedergeschmettert. Dann schaffte ich es aber irgendwie, mich wieder zusammenzuraffen und an Ted zu denken: an die Schuldgefühle, die er mit sich herumgetragen haben musste. An den Mut, den er aufgebracht hatte, um meine Frage ehrlich zu beantworten. Nun versuchte ich ihn zu trösten, während er mir stockend die ganze Wahrheit offenbarte.

Ich sagte ihm, ich würde ihm vergeben. Aber ich hatte tausend Fragen. War es mehr als einmal passiert? Wo? Und wann? Ted antwortete auf diese Fragen, obwohl es noch Monate dauern sollte, bis ich alles wusste. Die außerehelichen Beziehungen hatten über einen Zeitraum von mehreren Jahren stattgefunden, als wir in Texas lebten. Es war mehr als eine Frau beteiligt gewesen. Die Einzelheiten machten mich völlig fertig. Ich wollte nur noch vergessen, alles vergessen.

Am nächsten Morgen machte sich die Realität sofort wieder bemerkbar wie eine offene Wunde.

«Um sechs Uhr dreißig aufgewacht und daran gedacht, was geschehen ist», schrieb ich in mein Tagebuch. «Übelkeit. Alles bleischwer. Versuchte, mich normal zu verhalten ... Äußerlich bin ich ruhig und gelassen – im Innern sterbe ich. Ich bin mir nicht einmal sicher, ob ich weiß, was ich fühle. Und ich habe Angst, dass ich auseinander breche, wenn ich beginne, es zu begreifen.»

Im Gottesdienst saß ich an diesem Morgen völlig benommen auf meinem Platz. Nach außen machte ich weiter, als wäre nichts geschehen, aber innerlich war ich ohne Bezug zu dem, was um mich herum vorging. Ich empfand fast nichts, außer dem Krampf in meinem Magen. Nach dem Gottesdienst gingen Ted, die Kinder und ich wie geplant zum Mittagessen zu unseren Freunden. Später, auf der Fahrt nach Hause, beugte sich Ted zu mir herüber und nahm meine Hand, während ich zum Fenster hinausstarrte und das Shenandoah-Tal vorbeiziehen sah. In der Ferne bemerkte ich Unwetterwolken, die sich über den Gipfeln der Blue Ridge Mountains zusammenzogen. Dort war der Himmel dunkel und Unheil verkündend. Und ich erinnere mich, dass ich in diesem Moment den Eindruck hatte, auch über meinem Leben würden sich Unwetterwolken zusammenziehen. Ich fragte mich, welche Dunkelheit mich da zu überwältigen drohte. Und ich hatte Angst.

Eheleben

Unsere Ehe war für Ted und mich nie einfach gewesen. Wir hatten gute Zeiten miteinander, sicher. Wir haben manche schöne gemeinsame Erinnerung. Aber wir hatten von Beginn an zu kämpfen. Wir waren sehr jung gewesen, als wir heirateten: Ich war achtzehn und Ted fünf Jahre älter. Damals wusste ich wenig vom Leben. Als Mittleres von fünf Kindern wusste ich eigentlich nur, dass es nun Zeit war, mich auch einmal wichtig zu fühlen. Meine beiden

Schwestern hatten ebenfalls sehr jung geheiratet, und jetzt wollte ich an der Reihe sein und mir als etwas Besonderes vorkommen. Ich sehnte mich danach, gebraucht und geliebt zu werden.

Zum Kummer meiner Eltern brach ich, um zu heiraten, meine College-Ausbildung ab. Doch meine Mutter hatte meinen Schwestern und mir beigebracht, dass es die höchste Berufung einer Frau ist, Ehefrau und Mutter zu sein, und ich freute mich jetzt darauf, diese Berufung zu erfüllen. Meine Eltern waren jedoch sehr dafür eingetreten, dass ich zuerst meine Ausbildung abschloss. Als Studentin am Gordon College hatte ich mich auf biblische Studien konzentriert, weil meine Mutter dachte, dieses Wissen würde mir später bei der Erziehung meiner Kinder zustatten kommen. Abgesehen davon fühlte ich mich im akademischen Bereich nicht recht zu Hause. Und als Kind einer bekannten Familie kam ich mir auf dem Collegegelände auch ein bisschen wie ein bunter Hund vor.

Ted Dienert erschien in meinem zweiten College-Jahr auf der Bildfläche. Wir hatten uns zum ersten Mal auf einer evangelistischen Veranstaltung meines Vaters in London getroffen. Damals war ich gerade sechzehn Jahre alt gewesen. Doch jetzt trat Ted auf bedeutungsvolle Weise in mein Leben. Er war blond, gut aussehend und sportlich; ein Mann mit einer unglaublichen Ausstrahlung, der offensichtlich wusste, was er wollte. Ted übte nicht nur eine große Anziehungskraft auf mich aus, er machte mich regelrecht sprachlos. Außerdem waren seine Eltern Freunde meiner Eltern, und er schien in meine Welt hineinzupassen. Als er sich dann mit Entschiedenheit um mich bemühte, verliebte ich mich heftig in ihn. Ich liebte Ted, und ich liebte das Verliebtsein.

Doch unsere Ehe begann mit vielen Unsicherheiten und schien sich nicht festigen zu können. Wir wohnten in Philadelphia, wo Ted für seinen Vater arbeitete, einen der Gründer der Agentur, die das Konto der «Billy Graham Evangelistic Association» verwaltete. Ted verdiente gut, aber es fiel uns schwer, miteinander auszukommen. Er selbst war viel unterwegs, und ich entwickelte derweil meine eigenen Interessen. Nach dem Vorbild meiner Schwester Anne rief ich mit anderen eine Bibelgruppe ins Leben, die dem Programm der «Bible Study Fellowship» (BSF) folgte, einem gründlichen, alle Bereiche des Lebens umfassenden Kurs für vertieftes Bibelstudium. Daneben organisierte ich gelegentlich christliche Veranstaltungen für Frauen.

Im Lauf der Jahre lernten Ted und ich, besser aufeinander einzugehen, so dass unsere Ehe stärker zu werden schien. Nun kamen die ersten Kinder – 1974 unsere Tochter, Elizabeth Noelle, und 1975 unser Sohn, Graham Pierce –, und in unserer Ehe entwickelte sich eine größere Intimität. Trotzdem schienen unsere alten Konflikte immer wieder aufzutauchen. Im Großen und Ganzen schafften wir es, aber es war nicht leicht.

Als ich mit unserem dritten Kind, Windsor Ruth, schwanger war, wollten wir Philadelphia verlassen, und Teds Vater war einverstanden, dass Ted ein neues Büro für die Firma in Dallas eröffnen würde. Dieser Ortswechsel gestaltete sich allerdings schwierig. Denn Ted wollte Land kaufen und eine Ranch aufbauen. Ich jedoch, im Bewusstsein, dass ich für drei Kinder würde sorgen müssen, wollte lieber in der Stadt wohnen, näher an Teds Büro, näher an Läden und an anderen Menschen und vor allem in größerer Nähe zu einem Onkel und einer Tante. Aber weil es Ted so wichtig war, Land zu kaufen, bemühte ich mich, dem Beispiel meiner Mutter zu folgen und den Traum meines Mannes zu unterstützen. Schließlich kauften wir zwanzig Hektar außerhalb von Dallas in Argyle, bauten dort ein Haus und einen Stall und kauften einige Vollblut-Araber.

Die Jahre in Texas waren die größte Herausforderung für Ted und mich. Jeder lebte zu einem großen Teil sein eigenes Leben. Während Ted jeden Tag nach Dallas zur Arbeit pendelte, blieb ich mit den Kindern in Argyle. Im Alltag hatten wir kaum Berührungspunkte. Während der Schulzeit war ich sehr stark mit den Aktivitäten der Kinder beschäftigt, und im Sommer fuhr ich sie zum Haus meiner Eltern in Montreat, wo sie Zeit mit meiner Schwester Anne und deren Kindern verbrachten.

Nach einer Weile übernahm ich eine Teilzeit-Stelle als Lektorin beim Verlagshaus Harper & Row. Meine Aufgabe bestand in der Beschaffung und Begleitung neuer Buchprojekte. Meistens arbeitete ich von zu Hause aus, manchmal war ich auch unterwegs, um Autoren zu besuchen. Daneben steckte ich viel persönliche Energie in das Bibelstudien-Programm «Bible Study Fellowship». In Philadelphia hatte ich geholfen, eine Bibelgruppe zu gründen; hier in Texas wurde ich als Leiterin tätig.

In diesen Jahren lernte ich sehr viel über die Bibel und aus der Bibel. Denn ich investierte zahllose Stunden in die Beschäftigung mit ihr und die Vorbereitung meiner Gruppen. Die anderen Frauen in der Leitung der Bibelgruppen waren meine besten Freundinnen und auch diejenigen, die mich mit der größten Begeisterung unterstützten. Sie waren für mich wirklich wie Schwestern und vermittelten mir immer das Gefühl, zu einer lebendigen Gemeinschaft zu gehören.

Zur gleichen Zeit hatten Ted und ich uns meilenweit voneinander entfernt – nicht nur in physischer Hinsicht, weil seine Arbeitstage in der Stadt so lang waren, sondern auch emotional. Viel später, als ich von Teds Affären wusste, konnte ich diese Periode in unserer Ehe besser einordnen. Wir gingen in diesen Jahren selten zu zweit aus, und im täglichen Leben sahen wir kaum etwas voneinander. Obwohl wir gemeinsam in Urlaub fuhren und einige Dinge mit den Kindern zusammen unternahmen, lebten wir im Grunde genommen nebeneinander her. Wir teilten unser Herz nicht mit dem anderen und hatten keine wirklich enge Beziehung zueinander.

Dann, im Jahr 1985, tat sich eine Möglichkeit für uns auf, von Texas nach Virginia ins Shenandoah-Tal zu ziehen. Und damit nahm unser gemeinsames Leben eine Wende zum Besseren. Das Tal war die Heimat der Familie meiner Mutter, und die Cousinen meines Großvaters boten Ted und mir an, einen Teil des Grundbesitzes der Familie zu kaufen.

Wir verliebten uns in unser Stück Land. Als wir es zum ersten Mal sahen, wusste ich beinahe sofort, dass ich hier «zu Hause» war: Ich traf Leute, die meine Großeltern, denen ich als Kind sehr nahe gewesen war, gekannt hatten. Ich begegnete Bewohnern des Tales, die sich daran erinnerten, wie sie mit meiner Mutter gespielt hatten, wenn sie und ihre Eltern und Geschwister von ihrem missionarischen und medizinischen Dienst in China zum Heimaturlaub in die USA zurückkehrten. Im Shenandoah-Tal unter solchen Menschen zu leben gab mir das Gefühl, Teil einer Sache zu sein, die größer war als ich selbst. Ich empfand, dass ich hier dazugehörte, und ich wusste, dass ich dort hinziehen wollte.

Auch Ted gefiel der Gedanke, nach Virginia zu ziehen und uns dort eine größere Version unserer Ranch in Texas zu bauen. Alles in allem kauften wir am Ende fast achtzig Hektar Land, wovon ungefähr die Hälfte der Familie meiner Mutter gehört hatte. Wir vergrößerten das im Kolonialstil errichtete Haus, das sich schon auf dem Gelände befand, bauten für die Pferde einen nach neuesten Erkenntnissen konzipierten Stall mit sechzehn Boxen und tauften unser Heim und unser Land «Windmere Farm».

Der Umzug nach Virginia war für uns als Familie eine gute Entscheidung. Ted war jetzt immer in der Nähe, da wir den Stall so angelegt hatten, dass er auch Platz für sein Büro bot. Er fing an, mit mir über seine Arbeit zu sprechen, und ich fühlte mich in sein Leben mit hineingenommen, wie das vorher nie der Fall gewesen war. Wir fanden auch Kontakt zu einer Gemeinde und entwickelten eine enge Beziehung zu unserem Pastor und seiner Frau. Auch den Kindern schien es in der neuen Umgebung gut zu gehen. So waren Ted und ich glücklicher als je zuvor.

In dieser Zeit unternahm Ted große Anstrengungen, um unser gemeinsames Leben in der Ehe zu vertiefen. Ich selbst erlebte großes persönliches Wachstum, was wiederum unsere Ehe positiv beeinflusste. Ich kam Gott näher und wurde mir meiner emotionalen Bedürfnisse deutlicher bewusst. Und Ted und ich lernten es immer besser, offen miteinander über unsere Gefühle zu reden. Es gelang uns tatsächlich, in einer neuen Ehrlichkeit über unsere Beziehung zu sprechen. Wir untersuchten sogar die schwierigen Aspekte unserer Ehe und versuchten diese Probleme zu ihren Wurzeln zurückzuverfolgen. Das waren beileibe keine einfachen Gespräche. Doch sie bewirkten Vertrauen. Wir schufen uns eine neue Basis.

Im Frühling des Jahres 1987 – ungefähr zwei Jahre nach Beginn unseres neuen Lebens in Virginia – regte sich in mir der Verdacht, Ted könnte mich zu irgendeinem Zeitpunkt unserer Ehe betrogen haben. Wir waren uns jetzt näher als früher, und ich konnte besser erspüren, wie es ihm ging. Deshalb begann mich mein Verdacht zu belasten. Gerade weil unsere Beziehung intensiver geworden war, fühlte ich mich aber auch sicher genug, ihn zu fragen, ob die Untreue, die ich vermutete, tatsächlich geschehen war oder nur ein Gebilde meiner Fantasie darstellte. Ich sehnte mich danach, die Sache abschließend zu klären, so oder so. Außerdem dachte ich, unsere Ehe würde das verkraften. Ich dachte auch, dass ich selbst meine Frage und die Antwort darauf überstehen würde. Ja, ich war der Überzeugung, ich könnte mit den Konsequenzen umgehen.

In der Realität musste ich jedoch erkennen, dass die Folgen viel schwerer zu ertragen waren, als ich das vorhergesehen hatte. Später überlegte ich sogar, ob Ted mir nicht die Wahrheit hätte verschweigen sollen. Wäre es uns besser ergangen, wenn er sein Wissen mit ins Grab genommen hätte? So oft habe ich mich gefragt, warum ich das Thema überhaupt aufgebracht hatte. Wollte ich die Antwort wirklich wissen? Natürlich waren solche Überlegungen nun sinnlos. Schließlich hatte ich die entscheidende Frage gestellt. Aber ich hatte mir keine auch nur annähernde Vorstellung davon gemacht, was für einen verheerenden Schaden Untreue in einer Beziehung anrichten kann.

Leiden: das fehlende Kapitel

Nachdem ich am Abend von Teds Geburtstag die Wahrheit erfahren hatte, mussten sich meine Gefühle erst einmal auf die veränderte Wirklichkeit in meiner Ehe einstellen. Das geschah stoßweise. In meinem Tagebuch heißt es: «Ich habe Ted gesagt, dass er meinen Schmerz und meine Verletztheit nicht unterschätzen soll, nur weil ich zunächst ruhig reagiert habe ... Wenn erst alle Gefühle herauskommen, werde ich vielleicht wieder daran arbeiten müssen, ihm zu vergeben.» Es stellte sich schnell heraus, dass das eine ziemliche Untertreibung war.

Tag für Tag kamen neue Einzelheiten über Teds Affären ans Licht. Und ich erfuhr, dass seine Untreue viel weitreichender gewesen war, als ich es je gewagt hatte, mir vorzustellen. Ich konnte es nicht fassen. Obwohl ich Ted im Verdacht gehabt hatte, konnte ich mir doch gleichzeitig nie vorstellen, dass er unser Eheversprechen brechen würde. «Durch sein Verhalten fallen wir jetzt in eine völlig andere Kategorie», schrieb ich in mein Tagebuch. «Jetzt lebe ich in einer Ehe, in der es einen Ehebruch gegeben hat ... Will ihn beschimpfen ... aber will es eigentlich gar nicht. Mein Herz tut so schrecklich weh, aber mein Verstand hat alles ‹unter Kontrolle› und weiß genau, was man jetzt von mir hören will.»

In den folgenden Monaten wurde ich zunehmend depressiv und hatte keine Ahnung, was ich dagegen unternehmen sollte. Ich verlor Gewicht, konnte nicht schlafen, und eine große Müdigkeit erfasste mich. Meine täglichen Aufgaben kosteten mich die ganze Energie, die ich besaß. «Nach Hause gefahren ... war ganz betäubt», steht in meinem Tagebuch, «aber schlimmer war die tiefe Niedergeschlagenheit. Ich fühlte mich ganz unten. Kein Ort, wohin ich mich wenden kann. Keine Hoffnung. Wieder und wieder sticht dieser Schmerz zu.»

In dieser Situation versuchte ich, durch das Lesen der Bibel Trost und Kraft zu finden. Stellen, die mir wichtig wurden, hielt ich in meinem Tagebuch fest. Eine war Jesaja 51, Vers 3, wo es heißt, dass Gott voller Erbarmen auf die Trümmer in unserem Leben schaut. Eine andere Stelle war der folgende Vers aus dem fünften Buch Mose: «Zuflucht ist bei dem alten Gott und unter den ewigen Armen» (5. Mose 33,27; Luther).

Ich schrieb diese Wahrheiten auf. Aber sie halfen mir nicht. Es waren in diesem Moment einfach Worte auf einem Stück Papier. Leblose Worte, so schien es mir. Ich konnte jedenfalls die Arme des ewigen Gottes nicht fühlen und weder seine Stimme hören noch seine Gegenwart spüren. «Es wäre einfacher, wenn der Herr für mich realer wäre», heißt es in meinem Tagebuch. «Wenn ich seine Nähe spüren könnte.» Und später: «Ich mache alles: prüfe mich selbst, lese die Bibel, bekenne meine Schuld, bete, und doch bleibt scheinbar alles beim Alten.»

Ein Problem war, dass ich gleichzeitig alles in mir verschließen und alles hinauslassen wollte. Einmal tröstete ich Ted, dann wieder ging ich auf ihn los. Wenn Ted weg war, wollte ich ihn nahe bei mir haben. Wenn er dann da war, wünschte ich mir, dass er weggeht. Im einen Moment war ich hilfsbedürftig, im anderen voller Bitterkeit. Einmal zog ich mich zurück, und ein andermal griff ich Ted an. Ich war wütend auf Gott und wütend auf Ted, verletzlich, einsam und ausgeliefert, wie ein rohes Ei ohne schützende Schale. Alles zerlief im Chaos, und ich konnte es nicht mehr zusammenhalten.

Der Beter im Psalm 69 fasst meine Verzweiflung eigentlich sehr treffend in Worte:

> Rette mich, Gott, das Wasser steht mir bis zum Hals! Ich versinke im tiefen Schlamm; meine Füße finden keinen Halt mehr. Die Strudel ziehen mich nach unten, und die Fluten schlagen schon über mir zusammen. Ich habe mich heiser geschrien und bin völlig erschöpft, der letzte Hoffnungsschimmer ist erloschen. Vergeblich halte ich Ausschau nach meinem Gott. (Psalm 69,2–4)

Kurzzeitig ging mir der Gedanke an Selbstmord durch den Kopf. «Einfach nur zu Jesus gehen», schrieb ich in meiner Erschöpfung. Aber dann dachte ich an die Kinder.

Ich bin mir nicht sicher, wann mir bewusst wurde, dass das, was ich durchmachte, Leiden war. Ganz am Anfang, als ich mich bemühte, meine veränderte Wirklichkeit zu verarbeiten, hielt ich Bibelstellen über das Leiden in meinem Tagebuch fest. Doch meine

Vorstellung vom Leiden war ungenau und sehr begrenzt. «Leiden» hatte für mich etwas Geistliches. Die großen Christen litten für ihren Glauben. Es stimmte schon, Teds Affären waren abstoßend, sie waren Sünde. Und ich war deswegen zerbrochen, aber konnte man das Leiden nennen?

Obwohl ich persönlich keinen wirklichen Begriff vom Leiden hatte, war es doch ein Problem, das mich seit jungen Jahren beschäftigt hatte. Die leidvollen Geschichten in John Fox' «Buch der Märtyrer»[1] und Berichte über die Verfolgung der schottischen «Covenanters»[2] bekamen meine Geschwister und ich als Kinder oft erzählt. Dabei ging es um den Mut von Christen, die auch angesichts von Folter und Tod an ihren Überzeugungen festhielten. Durch unseren jungen, noch unbewussten Geist bewegten sich Männer und Frauen, die ein grausames Ende fanden, weil sie sich weigerten, ihren Glauben an Christus zu verleugnen. Einige dieser Heiligen wurden bei lebendigem Leibe begraben. Anderen riss man die Fingernägel aus. Wieder andere wurden schrecklich verstümmelt.

Heute ziehen wir unsere Eltern damit auf, dass sie unserem kindlichen Gemüt damals so grausame Kost servierten. Aber als kleines Mädchen jagten mir diese Geschichten furchtbare Angst ein. Und doch glaubte ich nicht wirklich, dass mein eigenes Schicksal so schlimm sein würde wie das dieser Märtyrer, von denen meine Eltern erzählten. Denn die Geschichten waren so unwirklich. Und schreckliche Dinge passierten anderen Leuten, nicht uns. Wir selbst lebten in einem Kokon des Glücks.

Meine Kindheit in Montreat, Nordkarolina, verbrachte ich in ländlicher Einfachheit. Montreat, ein kleiner Ort nicht weit von der Stadt Asheville, ist Sitz eines bekannten presbyterianischen Konferenzzentrums, das im Sommer normalerweise von Besuchern belagert wird. Ansonsten jedoch war das Dorf in meiner Kindheit und Jugend eine bescheidene Siedlung, in der vor allem pensionierte Missionare der presbyterianischen Kirche und Studenten des Montreat Colleges wohnten.

Lange bevor ich geboren wurde, kamen meine lieben Großeltern Nelson und Virginia Bell nach Beendigung ihrer missionsärztlichen Arbeit in China nach Montreat. Wir wohnten eine Zeit lang gegenüber von ihnen in derselben Straße. Dann zogen wir «auf den Berg» in ein Blockhaus, das meine Mutter selbst entworfen hatte: «Little Piney Cove»[3], so nannten wir unser neues Zuhause. Hier hatten wir Ruhe vor den Touristen und ein unkompliziertes ländliches Leben in einem großen Haushalt, zu dem auch Katzen, Hunde, Ziegen, und sogar Schlangen gehörten – obwohl die Schlangen natürlich strikt außerhalb des Hauses zu bleiben hatten!

Da mein Vater so viel unterwegs war, fiel es meiner Mutter zu, uns im Alltag eine tiefe persönliche Beziehung zu Gott vorzuleben. Ihre zerlesene, in Leder gebundene Bibel lag stets aufgeschlagen auf ihrem Schreibtisch, und wir Kinder trafen sie oft auf den Knien im Gebet an. Spätabends hörten wir dann, wie sie auf dem Klavier ihre Lieblingschoräle spielte. Sie war kein Mensch, der viel klagte und sich selbst bemitleidete. Vielmehr brachte sie ihre Gefühle, ihre Verletzungen und Sehnsüchte vor Gott. Obwohl auch sie ihren Teil am Leid der Welt zu tragen hatte, entschied sich meine Mutter doch, das Leben von einer positiven Seite zu sehen. Ihre Weltsicht war grundsätzlich optimistisch. Und ein Grund dafür lag darin, dass sie Gott rückhaltlos vertraute und aus der engen Beziehung zu ihm ihre Lebenskraft bezog. Davon wurden wir Kinder Zeugen.

Durch die Beobachtung unserer Eltern und das Zusammenleben mit anderen gläubigen Männern und Frauen in Montreat lernten meine Geschwister und ich, Gottes Liebe und seiner Güte zu vertrauen. Man brachte uns bei, dass wir uns auf Gott verlassen konnten. Er würde uns nie im Stich lassen, er würde sich um uns kümmern. Vielleicht würden wir Gott nicht verstehen, aber wir hätten keine Ursache, auf ihn zornig zu sein. Denn er war gut und voller Liebe zu uns, er wusste, was das Beste für uns war. Was auch geschah, wir sollten ihn lieben und seinem Wort gehorchen. Schließlich konnten wir Gott vertrauen. Er würde ganz sicher mit uns sein. Er würde bis zum Ende für uns sorgen.

Aber was war mit den Märtyrern, deren gräuliche Geschichten wir so oft gehört hatten? Hatte Gott nicht auch versprochen, sich um diese Menschen zu kümmern? Aus welchem Grund auch immer habe ich diese Frage nie gestellt. Irgendwie lebte ich völlig unbehelligt von dem Widerspruch, der später für mich zu einem schwierigen Paradoxon wurde: dass Gott seine Leute liebte und für sie sorgte und trotzdem zuließ, dass sie wegen ihrer Liebe zu ihm leiden.

Weil die Menschen, die ich am meisten bewunderte, offenbar mit diesem Problem des Leidens leben konnten, nahm ich als Kind dieses Dilemma gar nicht wirklich wahr. Meine Großeltern hatten als Missionare in China zu einer Zeit, als es dort von Banditen wimmelte, eine Reihe furchtbarer Verbrechen und andere schlimme Ereignisse miterlebt: Kinder wurden entführt und in einigen Fällen verstümmelt, um Lösegeld zu erpressen. Menschen wurden von Dieben gequält. Tote Babys warf man im wörtlichen Sinne weg, so dass ihre kleinen Körper auf der Erde lagen, wo sie den Hunden zum Fraß wurden. Das Leben war voller Leid. Doch meine Großeltern liebten und vertrauten Gott von ganzem Herzen. Dabei starb eines ihrer eigenen Kinder an der Ruhr, was ihnen großen Schmerz bereitete. Aber als meine Großmutter mir davon erzählte, war das Bild, das bei mir hängen blieb, eines von Eltern, die am Grab ihres Kindes stehen und dort einen Lobgesang auf Gott anstimmen. Das Leben meiner Großeltern ist tatsächlich die Geschichte eines siegreichen Glaubens an einen guten, treuen und weisen Gott, von dem sie wussten, dass er sie in ihrer Not nicht allein lassen würde.

Ich glaube, ich begann erst einige Zeit, nachdem Ted und ich geheiratet hatten, mich mit dem Thema des Leidens auseinander zu setzen. Wir lebten damals in Philadelphia, und Darlene Deibler Rose, eine Missionarin in Neuguinea und Australien, deren Autobiographie[4] ich später für Harper & Row an Land zog, kam in unsere Gemeinde, um aus ihrem Leben zu berichten. Mrs. Rose war während des Zweiten Weltkriegs ungefähr vier Jahre lang in einem japanischen Lager interniert gewesen und nur mit knapper Not dem Tod entronnen. Ihr damaliger Mann war in der Gefangenschaft gestorben.

In ihrem Zeugnis gab Mrs. Rose viele leidvolle Erfahrungen weiter, und ich weiß noch, wie mich ihr Vortrag verwirrte. Meine Gedanken notierte ich ins Tagebuch: «Meine Reaktion war: Warum, Gott? Überhäuft er seine geliebten Kinder mit Unglück und Leid, bis sie unter der Last zusammenbrechen? ... Er erschien mir als ein hässlicher, ungerechter Gott. Ich fragte mich immer wieder, warum. (Mrs. Rose tat das gar nicht.) Sie dagegen schaute voller Vertrauen auf das Angesicht Jesu und prüfte ihr eigenes Herz. Sie, die so viel gelitten hatte, konnte singen und loben und in ihrem eigenen Herzen forschen, ob sie Gott gegenüber schuldig geworden war. Es wirkte lächerlich.»

Nie zuvor hatte ich in dieser Weise Unsicherheit in Bezug auf Gott und sein Handeln geäußert. Mein Instinkt war daher sofort, die Bibel zu nehmen und mich durch sie zurechtbringen zu lassen. In meinem Tagebuch steht dazu: «Im Buch Hosea heißt es, ‹denn die Wege des Herrn sind richtig ...› [Hosea 14,10; Luther]. Und in den Psalmen, ‹... und mit einem willigen Geist rüste mich aus› [Psalm 51,14; Luther]. Ach, hätte ich doch auch Glauben und einen willigen Geist.»

Die ganze Zeit hatte ich versucht, den Glauben meiner Eltern und Großeltern nachzuahmen – einen Glauben, der an der Güte Gottes festhielt, auch angesichts des Bösen und des Leidens in der Welt. Doch nun merkte ich, wie etwas in mir nachgab. Mein Glaube war noch so jung. Ich selbst war noch so jung. Hier aber wurde ich mit dem krassen Widerspruch konfrontiert zwischen einem Gott, der für uns sorgt, und einem Gott, der seine Diener leiden lässt. Ich erkannte, wenn ich diesem Gott dienen und ihn lieben wollte, dann würde ich mich der Tatsache stellen müssen, dass das Leid eines Tages auch mich treffen könnte.

Irgendwie hatte ich wohl bisher das offensichtlichste Beispiel für dieses Paradoxon des christlichen Lebens glatt übersehen: Christus am Kreuz. Gott ließ es zu, dass sein Sohn – sein geliebter einziger Sohn – Ablehnung, Misshandlung, Folter und schließlich den Tod erlitt. Dieses Leid war Gottes Plan für Jesus. Und durch das Leiden Christi hat Gott mir, einem sündigen Menschen, einen Weg geschaffen, wie ich mit ihm, dem heiligen Gott, Gemeinschaft haben kann. Meine Beziehung zu Gott wurde erst möglich, weil Jesus durch sein Leiden die Verantwortung für meine Sünden übernahm. Das Leiden stand tatsächlich im Zentrum des Evangeliums. Wie konnte mir das entgehen?

Ich wusste, wie klar die Bibel davon spricht, dass die Nachfolger Christi nicht nur an seinem Sieg über den Tod – seiner Auferstehung – teilhaben würden, sondern auch an der «Gemeinschaft seiner Leiden» (vgl. Philipper 3,10). Wenn Jesus gelitten hatte, so sagt die Bibel, dann würden auch diejenigen leiden, die ihm nachfolgten. Doch irgendwie hatte ich diesen wesentlichen Aspekt meines Glaubens übersehen oder ausgeblendet. Das Leiden war das fehlende Kapitel in meiner Theologie. Vielleicht dachte ich, dass Leiden für die «echten» Christen bestimmt war, die Gott an vorderster Front in anderen Ländern dienten. Ich fragte mich, ob ich in Gottes Augen eine Versagerin war, weil ich das angenehme Leben der Not und den Entbehrungen vorzog.

Damals in Philadelphia mit Anfang zwanzig hatte ich keine Antwort auf diese Fragen, und später, als ich mich mit Teds Untreue konfrontiert sah, hatte ich sie genauso wenig. Ich meinte, mein Fragen sei irgendwie ein Zeichen von mangelhaftem Glauben.

Denn wenn Darlene Rose angesichts von Leiden, von Schmerz und Tod Gott vertraut hatte, warum konnte ich in meinen schweren Zeiten nicht das Gleiche tun? Ein unerschütterlicher Glaube schien doch für meine Eltern und Großeltern zu «funktionieren». Warum klappte das bei mir nicht? Irgendetwas musste mit mir nicht in Ordnung sein.

Ich hatte nicht das Gefühl, mit meinen Fragen über Gott zu meiner Familie kommen zu können. Andererseits glaubte ich auch nicht, dass ich sie mit irgendjemand anderem außerhalb der Familie besprechen könnte. Immerhin war ich die Tochter von Billy Graham. Man erwartete von mir, dass ich eine besondere Beziehung zu dem «Gott meines Vaters» hatte. Und ich dachte, ich müsste dieses Bild aufrechterhalten. Weil ich nichts Besseres wusste, ahmte ich weiter andere nach in der Annahme, dass sie es schon wissen würden. Aber in meinem Innern gingen die Kämpfe weiter.

Gott erleben in den Trümmern

Warum ein liebender Gott uns leiden lässt, das ist eine Frage, auf die es keine einfache Antwort gibt. Das Einzige, was wir sagen können, ist, dass Leid in der einen oder anderen Form unweigerlich auf uns zukommen wird. Denn es ist ein Teil des Menschseins in einer gefallenen Welt. Jeder von uns hat entweder in der Vergangenheit Leid erfahren, erfährt es gerade jetzt oder wird es in der Zukunft erleben. Die Bibel kündigt uns ganz klar an, dass wir leiden werden. Der Apostel Paulus schreibt beispielsweise an die Thessalonicher: «Ihr wisst ja selbst, dass wir als Christen leiden müssen» (1. Thessalonicher 3,3). Zu unserem Leben gehören Freude und Leid, angenehme Verhältnisse und entbehrungsreiche Umstände. Es gibt im Englischen ein Sprichwort: «Ich war in der Küche des Leides und habe alle Töpfe ausgeleckt.» Vielleicht beschreibt das ja genau, wie Sie sich fühlen.

Das Wissen darum, dass wir leiden werden, macht den Schmerz, wenn er dann kommt, wenigstens ein bisschen leichter zu ertragen. Trotzdem ist es nicht umsonst, sich mit unserem Leiden zu beschäftigen. Denn auch wenn es unmöglich ist, in diesem Leben das Problem des Leides zu lösen, können wir uns doch bemühen, unsere Lebenswege klarer zu sehen. Wenn wir uns mit den Tiefen unseres Schmerzes auseinander setzen, lernen wir uns selbst besser kennen. Dann können wir noch direkter mit Gott über unsere Gefühle, unsere Verletzungen und die Folgen unserer Erfahrungen sprechen. Dadurch vertieft sich unsere Beziehung zu Gott, und wir öffnen uns für ein noch umfassenderes Verständnis seiner Liebe und Treue.

Das Leid in unserem Leben kann verschiedene Ursachen haben. Wir leiden zum Beispiel, wenn wir uns entscheiden, Gott mit ungeteiltem Herzen nachzufolgen. Der Preis des Gehorsams schließt oft Leid mit ein. Darlene Rose folgte Gottes Ruf in die Mission, und sie landete schließlich in einem japanischen Internierungslager. Sie war gehorsam, und sie erlebte großes Leid.

Wir leiden auch dadurch, dass wir gezwungen werden, Umstände zu ertragen, die wir uns nicht ausgesucht und auch nicht herbeigeführt haben, beispielsweise eine persönliche oder andere Tragödie, Krankheit oder Untreue und Verrat. Meine Großeltern mussten mit dem Verlust ihres kleinen Kindes leben. Nichts, was sie getan oder versäumt hatten, bewirkte den Tod ihres Sohnes. Trotz all der Gebete und Anstrengungen, mit denen um sein Leben gekämpft wurde, starb ihr Sohn, und das bereitete ihnen großes Leid.

Schließlich entsteht Leid in unserem Leben auch dadurch, dass wir die Folgen unserer eigenen Sünde zu tragen haben. Eines der wunderbarsten und gleichzeitig schrecklichsten Prinzipien in der Bibel besteht darin, dass wir ernten, was wir gesät haben (Galater 6,7). Oft sind die Konsequenzen unserer Entscheidungen sehr schmerzhaft, und darunter haben wir dann zu leiden.

Wie sieht Gott unser Leiden und seine Ursachen? In meinem großen Schmerz nach Teds Bekenntnis fragte ich mich, ob ich durch meine Not nun zu denen gehörte, von denen die Bibel sagt, dass sie «mit Christus leiden» (vgl. 1. Petrus 4,13). Natürlich wurde ich nicht um Christi willen verfolgt, aber ich überlegte, ob ich nicht dennoch mein Leiden mit dem Leiden Jesu vergleichen und die Verheißungen der Bibel in Anspruch nehmen konnte. Welchen Platz nahm mein Leid in Gottes Perspektive ein? Das wollte ich wissen. Was empfand Gott mir gegenüber in meinem damaligen Zustand?

Während ich mich durch meine Gefühle «hindurcharbeitete», begann ich zu verstehen, dass für uns als Christen Leid und Schmerz jeder Art in gewisser Weise als ein Leiden für Christus gelten kann. Wir leiden zwar nicht wegen unseres Glaubens an Jesus Christus, doch wir können all unser Leid an ihn abgeben. Die

Bibel fordert uns auf, zu Gott zu kommen: «Ladet alle eure Sorgen bei Gott ab, denn er sorgt für euch» (1. Petrus 5,7). Es fällt auf, dass die Art der Sorgen hier nicht eingeschränkt wird. Es heißt vielmehr, dass wir «alle Sorgen» bei Gott abladen sollen. Er nimmt unser ganzes Leid auf sich, egal welche Ursache es hat. Er selbst übernimmt die Verantwortung für den Schmerz, den wir ihm anvertrauen.

Indem wir unser Leid in Gottes Hände legen, sagen wir: «Gott, ich kann das nicht wieder in Ordnung bringen. Ich bin hilflos und ganz von dir abhängig.» Dieser Akt der Hingabe schafft Raum, so dass Gott mitten in unserem Leid genau das in uns, durch uns und für uns tun kann, was er sich vorgestellt hat. Wenn wir unsere Sorgen in dieser Weise loslassen und Gott handeln lassen, erleben wir eine große Befreiung. Wenn wir es zulassen, dann wird Gott aus unserem Leid für andere Menschen und für uns selbst etwas Gutes entstehen lassen, etwas, das unser Leben stärkt. So ist Gott. Er benutzt die Bruchstücke unseres Lebens. Unser Schmerz und unsere Fehler werden in der Hand des Herrn zu wertvollen Materialien. Denken Sie an die Verheißung im Buch Jesaja: «Ich werde diese Wildnis in einen blühenden Garten verwandeln, schön und prächtig wie der Garten Eden» (Jesaja 51,3).

Die wichtigste Wahrheit, die wir im Leid lernen können, ist vielleicht die: Egal wie wir in diese Situation gekommen sind, Gott ist mit uns in dem, was wir durchmachen. Er überlässt uns nicht unserem Schicksal – selbst dann nicht, wenn wir Konsequenzen tragen müssen, für die wir selbst verantwortlich sind. In der Bibel heißt es: «Denn Gott hat uns versprochen: ‹Ich lasse dich nicht im Stich, nie wende ich mich von dir ab›» (Hebräer 13,5). Und der Psalmbeter sagt: «Der Herr ist nahe denen, die zerbrochenen Herzens sind» (Psalm 34,19; Luther).

Manchmal ist es schwer, sich vorzustellen, dass Gott unsere Schuld vergibt und dann auch noch bei uns bleibt und uns hilft, das Durcheinander wieder in Ordnung zu bringen. Doch wir können uns wieder daran erinnern, was Gott im Jesaja-Buch sagt: «Und nun will ich Jerusalem trösten. Noch liegt die Stadt in Trümmern, doch ich werde mich über sie erbarmen und das ganze Land wieder aufblühen lassen» (Jesaja 51,3). Gott liebt uns in unseren Trümmern. Er ist bei uns inmitten dieser Trümmer. Und er ist darin am Werk. So werden die Bruchstücke unseres Lebens in den

Augen Gottes zu Orten der Hoffnung, denn er sieht das Potenzial, das in ihnen verborgen liegt.

Wie Sie Gott in Ihren Trümmern erleben können

Versuchen Sie einmal herauszufinden, wo das Leid, das Sie erlebt haben oder gerade erleben, seinen Ursprung hat. Vielleicht haben Sie sich entschieden, Christus zu vertrauen, und jetzt werden Sie von Ihren Familienangehörigen geringschätzig behandelt, weil sie Ihre Entscheidung nicht verstehen oder nicht mit ihr einverstanden sind. Dann leiden Sie, weil Sie Gott dennoch mit ungeteiltem Herzen nachfolgen. Vielleicht hat man bei Ihnen eine schwere Krankheit festgestellt, oder ein Freund hat Sie belogen oder Sie auf andere Weise hintergangen. Dann leiden Sie unter Lebensumständen, die Sie nicht geschaffen und sich nicht ausgesucht haben. Vielleicht haben Sie selbst gelogen, und als Folge ist eine Beziehung dauerhaft zerstört worden. Dann leiden Sie unter den Konsequenzen Ihrer eigenen Sünde.

In welche Kategorie fallen Ihre eigenen Erfahrungen? Es kann gut möglich sein, dass sie mehr als eines der beschriebenen Kriterien erfüllen.

Ich möchte Sie ermutigen, mit Gott über das, was Sie erleben, zu sprechen. Und zwar ganz konkret. Beschreiben Sie als Erstes, wie Sie sich fühlen. Seien Sie ehrlich, was Ihre Emotionen, Ihre Ängste, Ihre Verwirrung und Ihre Fragen angeht. Sie könnten beispielsweise sagen: «Herr, ich habe mich entschieden, dir zu gehorchen. Jetzt nehmen mich andere nicht ernst. Sie gehen mir aus dem Weg und behaupten, dass ich nie etwas erreichen werde. Ich leide, weil ich dir nachfolge. Dabei dachte ich, das Leben würde einfacher werden. Ich bin ganz durcheinander.» Oder: «Jesus, ich habe nicht um diese Diagnose gebeten. Ich will nicht, dass diese Krankheit meinen Körper durchdringt. Ich muss etwas ertragen, was ich mir nicht ausgesucht habe. Ich habe Schmerzen, meine Hoffnung schwindet. Ich verstehe das alles nicht.» Oder: «Herr, ich habe es vermasselt. Ich habe mein Leben selbst in die Hand genommen, und jetzt habe ich diese Person furchtbar verletzt. Ich bin am Boden zerstört, und es scheint kein Ende in Sicht. Ich kann mir nicht vorstellen, je wieder glücklich zu sein.»

Diese Gespräche mit Gott werden wahrscheinlich die ganze Zeit über stattfinden, weil auch Ihr Schmerz in seiner Tiefe dauernd gegenwärtig ist. Gott will, dass wir mit ihm über alles reden. Er hat ein offenes Ohr für uns. Versäumen Sie deshalb nicht die Gelegenheit, Gott Ihr Innerstes anzuvertrauen. Heilung kann schon da beginnen, wo wir einfach unser Herz vor Gott ausschütten. Indem wir das tun, kommen wir näher zu ihm, und je näher wir unserem Heiland und Heiler kommen, desto heiler werden wir.

Mit Gott reden ist die eine Sache. Aber wie schaffen wir es, ihm unseren Schmerz wirklich anzuvertrauen? Wenn Loslassen frei macht, wie werden wir dann frei?

Treffen Sie als Erstes in Ihrem Herzen die Entscheidung, Ihre Sorge, Ihre Angst, Ihren Kummer und Ihre Verzweiflung – was auch immer Sie durchmachen – abzugeben. Sagen Sie Gott, dass Sie ihm Ihre Umstände und Gefühle übergeben. Möglicherweise werden Sie feststellen, dass Sie diese Entscheidung täglich, vielleicht sogar viele Male jeden Tag, treffen müssen. Denn oft ist es doch so, dass wir beschließen, Gott zu vertrauen, und dann in unser gewohntes Verhalten zurückfallen: Sorge, Angst und Verzweiflung haben uns dann wieder voll im Griff. Gott weiß, dass das so ist. Er will uns aber dabei helfen, unseren Entschluss, ihm zu vertrauen, zu erneuern. Er wird bei uns sein, wenn wir diesen Entschluss fassen, und wird uns darin bestärken, indem er sich Tag für Tag als vertrauenswürdig erweist. Doch die Entscheidung müssen wir selbst treffen. Gott wird es nicht für uns tun.

Wenn Sie dann Ihren Schmerz und Ihre ganze Situation an Gott abgegeben haben, bitten Sie ihn, Ihre Umstände zu gebrauchen, um in Ihrem Leben und in dem Leben anderer Menschen Heilung zu bewirken. Sagen Sie Gott, wie sehr Sie sich darauf verlassen, dass er Ihr Herz verändert und stark macht. Lassen Sie ihn wissen, dass Sie darauf vertrauen und darauf warten, dass er Ihnen Weisheit, Kraft zum Durchhalten und Wegweisung gibt. Der Beter im Psalm 27 sagt: «Vertraue auf den Herrn! Sei stark und mutig, vertraue auf den Herrn!» (Psalm 27,14). Nehmen Sie diese Verheißung der Kraft für sich in Anspruch. Rechnen Sie damit, dass Gott aus Ihrem Leid tatsächlich etwas Gutes entstehen lässt. Und bitten Sie ihn um den Mut, auch durchzuhalten, während er in Ihrer Situation handelt.

So zu beten – unsere Abhängigkeit von Gott auszudrücken und unseren Glauben an seine Macht zu bekräftigen –, bedeutet im Glauben zu beten. Und das ist gar nicht so einfach. Das Gebet im Glauben kostet uns nämlich etwas. In Zeiten des Leidens kann es eine ungeheure Herausforderung sein, sich vorzustellen, dass es in unserem Leben je wieder etwas Gutes geben könnte. Oft müssen wir dann mit unseren Gedanken und Gefühlen ringen, damit unsere Einstellung halbwegs positiv und unser Glaube intakt bleibt. Doch das Vertrauen zu Gott ist diesen Preis wert. Wenn wir uns seiner Fürsorge anvertrauen, wird er uns nicht fallen lassen. Denn er liebt uns ohne Einschränkung und aus lauterem Herzen. Er wird uns niemals loslassen. Wenn wir nur bei ihm bleiben – uns ihm unterwerfen, ihn lieben und uns an ihn klammern –, werden wir seine Treue erfahren.

Gott ist in den Trümmern unseres Lebens am Werk. Und er wird ganz sicher an sein Ziel kommen.

Wenn Sie jemandem helfen wollen

Vielleicht kennen Sie jemanden, der im Moment großes Leid erlebt. Die verschiedenen Arten des Leidens, die oben beschrieben wurden, haben Ihnen geholfen, das Leid, das Ihr Freund oder einer Ihrer Lieben zu tragen hat, einzuordnen. Nun können Sie mit größerem Verständnis für diese Person beten. Sprechen Sie mit Gott über deren Situation, und sagen Sie ihm, was genau sich abspielt und wie Sie darüber denken. Bringen Sie Ihre eigenen Gefühle, Fragen und Sorgen zum Ausdruck. Lassen Sie Gott wissen, dass Sie der Person helfen wollen, aber äußern Sie auch Ihr Vertrauen auf ihn, den Herrn, als den, der letztlich heilen kann. Es gibt, wie wir noch sehen werden, durchaus eine Menge, was Sie tun können, um zu helfen. Doch Gott ist derjenige, der Menschen und Situationen wiederherstellen kann. Sie brauchen seine Leitung. Bitten Sie ihn deshalb um Führung. Sagen Sie Gott, dass Sie erkannt haben, dass Ihre Kraft und Ihre Fähigkeiten allein von ihm kommen. So gern Sie selbst die Sache für diesen lieben Menschen in die Hand nehmen würden.

Wenn Sie feststellen, dass Sie selbst versuchen, Ihren Freund oder einen anderen lieben Menschen zu retten, dann bitten Sie Gott, Ihnen zu helfen, dass Sie diese Last abgeben können. Denn die Verantwortung für die Rettung eines anderen liegt letztlich nicht bei Ihnen, sondern bei Gott. Lesen Sie Verse wie Psalm 25,15, während Sie für sich und die betreffende Person beten: «Meine Augen sehen stets auf den Herrn; denn er wird meinen

Fuß aus dem Netze ziehen» (Luther). Sagen Sie Gott, wie sehr Ihnen bewusst ist, dass nur er allein diesen Menschen aus seiner Situation befreien kann. Machen Sie deutlich, dass Sie darauf vertrauen, dass Gott im Schmerz und durch den Schmerz der Person handelt, und legen Sie diesen Menschen Gott hin, damit Gott ihn ganz heilt. Dann beten zwei: Der Leidende bittet Gott, dass er in seinen Trümmern etwas Wunderbares, Außergewöhnliches tut, und auch Sie beten darum, dass Gott im Leben der Person in einer Weise handelt, die Ihre Vorstellungskraft übersteigt.

Gottes Hand erkennen

Während wir beten und darauf warten, dass Gott uns wiederherstellt, kann es uns ermutigen zu sehen, dass Gott in unserem Leben bereits am Werk ist. Als ich wegen meiner Ehe so großen Schmerz erlebte, machte ich eines Morgens in meiner Gebetszeit spontan eine sehr wertvolle Übung. Ich beschloss nämlich, in meinem Tagebuch unter der Überschrift «Dank» alle positiven Aspekte meiner Situation aufzulisten.

Unter den vielen Punkten auf meiner Liste waren unter anderem folgende:

«Meine Ehe war scheinbar stark genug geworden, den Druck auszuhalten, jetzt, wo Teds Untreue ans Licht gekommen war. – Mein eigenes persönliches Wachstum in den Monaten vor meinem Gespräch mit Ted an seinem Geburtstag hatte mich darauf vorbereitet, mich dem Problem zu stellen und damit umzugehen. – Ich hatte die Wahrheit von Ted selbst erfahren und nicht von jemand anders. – Hinter mir lagen Jahre intensiven Bibelstudiums, die mir ein festes Fundament in der Wahrheit des Wortes Gottes gegeben hatten; und diese Wahrheit würde mir nun im Sturm Halt bieten. – Teds Affären hatten in einem anderen Bundesstaat stattgefunden, so dass ich nicht damit rechnen musste, in meinem täglichen Leben irgendjemandem zu begegnen, der an Teds außerehelichen Beziehungen beteiligt oder von ihnen berührt worden war.»

Als ich am Ende meiner Liste ankam, war ich wirklich ermutigt. Statt immer nur daran zu denken, was Gott alles *nicht* getan hatte, konnte ich jetzt sehen, was er tatsächlich schon getan hatte: Gott hatte mich auf das, was ich in diesem Moment durchmachen musste, vorbereitet. Weil er wusste, dass diese Zeit des Leidens kommen würde, hatte er mich bereit gemacht. Er war in meinem Leben aktiv, und ich war ihm wichtig. Meine kleine geistliche Übung überzeugte mich schließlich neu von drei fundamentalen Wahrheiten: Gott liebte mich. Er würde mich führen, und er würde tatsächlich Gutes aus meiner jetzigen Lebenssituation entstehen lassen.

Diese Wahrheiten gaben mir Kraft, während meine Welt um mich herum auseinander brach. Ich schrieb sie in mein Tagebuch. Ich betete über sie, und ich teilte sie mit anderen Menschen. Die Entschlossenheit, mit der ich an diesen Wahrheiten festhielt, sollte in den Jahren, die vor mir lagen, wesentlich dazu beitragen, dass ich überhaupt in der Lage war, die große emotionale Belastung auszuhalten.

Deshalb möchte ich auch Sie ermutigen, sich eine «Dankliste» anzulegen. Und ein Tagebuch zu führen, um das festzuhalten, was Gott in Ihrem täglichen Leben tut und wie er zu Ihnen spricht – falls Sie das bisher noch nicht getan haben. Denn indem wir uns darauf konzentrieren, was Gott schon für uns getan hat, stärken wir unsere Hoffnung für die Zukunft. Nehmen Sie sich einen Moment Zeit, und denken Sie darüber nach, wie Gott Sie vorbereitet hat, damit Sie in Ihrer gegenwärtigen Lebenssituation bestehen können. Wie hat er an Ihren verschiedenen Beziehungen gearbeitet und Ihnen so ein Netz der Unterstützung aufgebaut? Hat er vielleicht etwas unternommen, um Sie in finanzieller Hinsicht auf eine Notlage vorzubereiten? Hat er Ihren beruflichen Weg der kommenden Situation angepasst? Hat er Ihre Kinder vorbereitet? Hat er persönliches Wachstum forciert, damit der Schmerz, den Sie jetzt erleben, Sie nicht umwirft?

Und weiter, was hat Gott jetzt, da Sie durch eine schwere Zeit gehen, noch getan, um Ihren Schmerz zu lindern? Ich möchte Ihnen wirklich Mut machen, auch darüber nachzudenken. Manchmal fällt es uns schwer, über unseren Schmerz hinauszusehen, aber wir müssen es versuchen. Gott hat sicher etwas getan, um Sie zu segnen. Bitten Sie ihn darum, es Ihnen zu zeigen. Wie klein auch immer der Segen gegenüber unserer Not vielleicht erscheint, so brauchen wir doch diesen Hinweis auf Gottes Beteiligung an unserem Leben. Denn wenn wir sein Handeln sehen, wächst unser Glaube. Wir fangen wieder an zu vertrauen, dass er uns hilft und dass wir es vielleicht doch durch dieses tiefe Tal hindurchschaffen.

Natürlich werden wir weiterhin Tiefpunkte erleben. So ging es mir jedenfalls. Obwohl ich Gottes Hand in meiner Situation an verschiedenen entscheidenden Stellen erkennen konnte, kämpfte ich dennoch mit Zweifeln und Ängsten. Ich stellte Gott und sein Handeln tausendmal in Frage. Wusste er wirklich, was er tat? Konnte er tatsächlich meine Erfahrung zum Guten dienen lassen?

Einmal fragte ich sogar einen Pastor, ob er glaube, dass das Christentum wirklich «funktioniert». Ich war wieder bei meinem alten Dilemma, das sich damals an den Leiden von Darlene Deibler Rose in einem japanischen Gefangenenlager entzündet hatte. Aber auch angesichts meines Misstrauens blieb Gott treu. Er erinnerte mich immer wieder an die Realität seiner Liebe. So behielten schließlich nicht meine Tiefpunkte die Oberhand. Sie waren eben doch nur punktuelle Erfahrungen. Abgesehen von einer ganz schlimmen Episode verlor ich eigentlich nie die Hoffnung.

Als mein Leid wegen Teds Untreue mit nur wenigen Atempausen andauerte, fragte ich mich selbstverständlich häufig, wie lange ich noch hoffen konnte. Ich wollte am liebsten eine sofortige Heilung und sofortige Antworten. Ich wollte Ted vergeben und von meinen Belastungen befreit werden. Ich wollte, dass wir wieder unser normales Leben führen konnten. Es gibt zwar Fälle, in denen Gott sein Werk an uns in sehr kurzer Zeit tut. Manche Menschen heilt er tatsächlich sofort. Manche befreit er von einem Moment auf den anderen von ihrer Drogensucht. Er kann also tatsächlich ganz unmittelbar handeln, und manchmal tut er es auch. Viele von uns müssen jedoch durch einen längeren Prozess gehen, der sehr mühsam sein kann. Heilung folgt eben keinem festgelegten Zeitplan und ist auch keine Reflexion unserer geistlichen Reife. Einige Menschen sind sofort wiederhergestellt. Bei anderen finden die Veränderungen nur ganz allmählich statt. Das Tempo ist Gottes Sache. Unsere Aufgabe ist es, ihn in seinem Tun zu unterstützen. Ich wäre so gern wie ein Stehaufmännchen gleich wieder auf den Beinen gewesen und hätte meine Ehe so gern über Nacht geheilt gesehen. Aber das ist nicht eingetreten. Ich musste mich daran erinnern, dass Gottes Zeitplan auf der Perspektive der Ewigkeit beruht. Er sieht unsere Existenz von Anfang bis Ende. Und in seiner Barmherzigkeit bleibt er für die ganze Strecke an unserer Seite, denn die Länge des Weges kann das Allerschwerste daran sein.

Gedanken für schwere Zeiten

- Manchmal empfinden wir nur noch Schmerz und Leid. Vielleicht versuchen Sie einmal, die Ursache Ihres Leides zu bestimmen. Ist Ihr Leiden

- das Ergebnis Ihrer Entscheidung, Gott mit ungeteiltem Herzen nachzufolgen?
- etwas, das Sie weder verursacht noch sich ausgesucht haben, aber nun ertragen müssen?
- vielleicht auch die Folge Ihrer eigenen Sünde?

- Sprechen Sie ehrlich mit Gott über das, was Sie durchmachen.
- Geben Sie Ihre ganze Situation an Gott ab. Sagen Sie ihm, wie sehr Sie ihm vertrauen, dass er alles zu einem guten Ende führt. Erneuern Sie Ihre Entscheidung, ihm zu vertrauen, so oft, wie es nötig ist.
- Sagen Sie Gott, dass Sie sich darauf verlassen, dass er Sie stärkt und leitet.
- Stellen Sie eine Dankliste mit einigen der Dinge zusammen, die Gott bisher für Sie getan hat und die er in der gegenwärtigen Situation für Sie tut. Führen Sie ein Tagebuch über Gottes Handeln in Ihrem Leben.

Wenn Sie helfen wollen

- Sprechen Sie mit Gott über die betreffende Person. Teilen Sie ihm Ihre Gefühle und Sorgen bezüglich der Situation dieses Menschen mit.
- Geben Sie die Person an Gott ab, damit er sie vollständig heilt und wiederherstellt.
- Bitten Sie um Gottes Führung, wie Sie angemessen und ganz praktisch helfen können. Bringen Sie Ihre Abhängigkeit von Gott zum Ausdruck, und erkennen Sie an, dass letztlich nur er Menschen heilen kann.

Bibelvers zum Thema

Und nun will ich Jerusalem trösten. Noch liegt die Stadt in Trümmern, doch ich werde mich über sie erbarmen und das ganze Land wieder aufblühen lassen. Ich werde diese Wildnis in einen blühenden Garten verwandeln, schön und prächtig wie der Garten Eden. Freudenschreie und lauten Jubel wird man dort hören und Lieder, mit denen die Menschen mir danken. (Jesaja 51,3)

Impuls

*Gott liebt mich, er führt mich, und er wird
aus meiner jetzigen Situation
Gutes entstehen lassen. Gott ist bei mir.
Er ist aktiv dabei, die Trümmer
meines Lebens wieder zusammenzufügen.*

3

Hat Gott wirklich alles in der Hand?

Darauf vertrauen, dass Gott uns durch schwere Zeiten hindurchträgt

Einige Wochen nach unserem Gespräch an seinem Geburtstag reiste Ted ab, um an einer evangelistischen Veranstaltung meines Vaters in einem anderen Staat teilzunehmen. Ich versuchte inzwischen, mich durch Geschäftigkeit abzulenken, aber im Innern war ich voller Unruhe und verwirrt. Ich fühlte mich vernichtet. Auf der einen Seite war ich erleichtert, dass Ted nun weg war. Ich konnte durch unsere Wohnung gehen, ohne dass sich mir jedes Mal, wenn wir uns über den Weg liefen, der Magen zusammenzog. Auf der anderen Seite aber sehnte ich mich nach seiner Nähe und nach der engen Vertrautheit mit ihm. Ich sehnte mich nach der Bestätigung, dass ich die schmerzliche Wahrheit hinter mir lassen und es neu lernen konnte, meinem Mann zu vertrauen. Dieser innere Konflikt war nur schwer zu ertragen, und eines Nachmittags war ich völlig erschöpft.

In diesem Moment klingelte das Telefon. Es war Ted, der sich nach mir erkundigen wollte. Mit dem Klang seiner Stimme kam die übliche Woge der Frustration. Wir machten Smalltalk, sprachen über die Veranstaltungen meines Vaters und dann kurz über meinen Tag. Schließlich fragte Ted, wie es mir ginge.

«Furchtbar elend», antwortete ich.

Ich dachte, dass Ted wahrscheinlich eine etwas ermutigendere Antwort erwartet hatte. Er sehnte sich genauso heftig wie ich danach, dass wir diese Qualen überstehen würden. Doch ich war noch nicht fähig, mit dem Verstand zu begreifen, was da geschehen war. Teds Affären erschienen mir so unwirklich. Und ich wünschte verzweifelt, dass mir jemand sagen würde, sie hätten nie stattgefunden. Ich fühlte mich wirklich elend. Und zwar die ganze Zeit über.

Jetzt am Telefon wartete ich darauf, dass Ted etwas sagte. Was hielt er wohl von meiner knappen Antwort? Es gab eine Pause. Dann endlich sprach er. Er fragte: «Immer noch?»

Meine Beschäftigung mit den Folgen von Teds Bekenntnis war, wie schon erwähnt, ein schwerer, oft sehr schmerzhafter Prozess. Er dauerte wesentlich länger, als ich erwartet hatte, nämlich ungefähr vier Jahre. Während dieser ganzen Zeit kämpfte ich darum, Ted vergeben zu können. Ich mühte mich ab, meine Gefühle zu analysieren, mein Leben wieder aufzubauen und dabei die Hoffnung nicht zu verlieren. Und fast immer fühlte ich mich von all dem völlig überwältigt. Mein ständiges Klagelied lautete: «Herr, du hast dir hierfür die falsche Person ausgesucht!»

So oft hatte ich das Gefühl, den sich auftürmenden Herausforderungen meines Schicksals nicht gewachsen zu sein. Vielleicht meinte ich, dass das Eingeständnis meiner Unfähigkeit mich irgendwie aus der Situation befreien würde. Manchmal war ich überzeugt, dass ich alles getan hätte, nur um mir Erleichterung zu verschaffen.

Während dieser schweren Jahre fand ich Trost darin, einen Bibelkurs in meiner Gemeinde zu leiten. Einmal hielt ich dort im Herbst eine Andacht über einen Abschnitt aus dem Buch Jeremia. Ich stellte dabei fest, dass ich mich diesem Propheten aus dem Alten Testament sehr verbunden fühlte. Auch er empfand sich in seiner Situation, wenn auch in einer bedeutenderen als meiner, als unzulänglich. «O nein, mein Herr und Gott!», rief Jeremia aus, als Gott ihn zum Propheten berief. «Ich habe keine Erfahrung im Reden» (Jeremia 1,6). Genau wie ich gab Jeremia Gott zu verstehen, dass er sich die falsche Person ausgesucht hatte!

Danach jedoch sagte Gott Jeremia zu, dass er, der Herr, ihn für seine Berufung zum Propheten ausrüsten würde. Auch mir sagte Gott wieder und wieder zu, dass er mir das geben würde, was ich brauchte, um die ungeheuren emotionalen Spannungen auszuhalten, die ich in meiner Ehe erlebte. Aber manchmal half es mir schon, einfach nur zu lesen, wie Jeremia seine Selbstzweifel in Worte fasste, und zu erkennen, dass ich nicht die Einzige war, die sich jemals unfähig gefühlt hatte.

In der Tat machte mich meine Beschäftigung mit dem Leben und der Persönlichkeit Jeremias stärker, und ich lernte eine Menge über Gott und seine Verheißungen. Der Bericht des Propheten untermauerte die fundamentalen Wahrheiten, die Gott mir gezeigt hatte, als ich meine Dankliste zusammenstellte. Nach meinen Begegnungen mit Jeremia war ich noch tiefer überzeugt, dass Gott mich liebt, dass er mich führen und aus meiner Situation etwas Gutes entstehen lassen würde. Es ist eine Sache, diese Wahrheiten im Gebet relativ abstrakt auszusprechen, eine andere aber, sie in den biblischen Lebensgeschichten bestätigt zu sehen. Die Zeit, die ich mit dem Studium der Schriften Jeremias verbrachte, bestärkte mich letzten Endes in meiner Überzeugung, dass Gott mit den Trümmern meines Lebens etwas Sinnvolles tun konnte und es auch tun würde. Er hatte alles in seiner Hand und würde mich nicht loslassen.

Bevor ich weiter von meinem Leben erzähle, möchte ich mit Ihnen einen genaueren Blick auf das Leben dieses kraftvollen Propheten aus dem Alten Testament werfen. In schweren Zeiten fragen wir uns, ob Gott wirklich alles unter Kontrolle hat. Dann ist es wichtig, dass wir sehen lernen, wie intensiv Gott an unserem Leben beteiligt ist, damit wir an der Hoffnung festhalten können. Ich persönlich habe die Erfahrung gemacht, dass die Beschäftigung mit dem Leben Jeremias uns helfen kann, der Macht Gottes zu vertrauen und zu glauben, dass er sich wirklich um uns sorgt. Was wir vom Propheten Jeremia lernen können, bildet den Ausgangspunkt für die Grundsätze, die wir uns später ansehen wollen.

Ein Prophet, der durchhält

Jeremia war ein Mann von großem Charakter und eine große Persönlichkeit. Er war fromm, mutig, unerschrocken und beharrlich, gleichzeitig aber sensibel und gefühlvoll. Deshalb wird er manchmal auch als der «weinende Prophet» bezeichnet.

Als junger Mann erhielt Jeremia von Gott den Auftrag, Juda wegen des Ungehorsams des Volkes, besonders wegen seines Götzendienstes, drohendes Unheil zu verkünden. Juda würde gerichtet werden, sagte Gott seinem Propheten, und Babylon würde das Instrument dieses Gerichtes sein. Diese Botschaft brach Jeremia das Herz. Er weinte um das Volk – um ihre Sünde und die kommende

Zerstörung. Aber er predigte treu, was Gott ihm aufgetragen hatte. Und er musste für seinen Gehorsam einen sehr hohen Preis zahlen.

Für die schreckliche Nachricht, die er unaufhörlich verkündete, erntete Jeremia sein ganzes Leben hindurch nur Ablehnung, die viele widerwärtige und auch lebensbedrohliche Formen annahm. Er wurde beispielsweise geschlagen und auf Befehl des Priesters in den Stock gelegt (Jeremia 20,2). Sein eigenes Volk ergriff ihn am helllichten Tag und wollte ihn töten. Priester und Propheten waren unter denen, die seinen Tod forderten (26,8 und 11). Er wurde fälschlicherweise des Verrats beschuldigt (37,11–16). Er wurde gefangen gesetzt, in einen Brunnen geworfen und dort seinem Schicksal überlassen. Der König von Juda verbrannte sogar Jeremias Aufzeichnungen über alles, was Gott seinem Propheten mitgeteilt hatte (36,20–23). Jeremia ließ daraufhin seinen Schreiber diese Schriftrolle erneut anfertigen.

Welches Leid Jeremia ertragen musste! Sein Leben war wirklich nicht schön. Er lebte wahrlich nicht in angenehmen Verhältnissen. Im Gegenteil: Er musste unsäglich leiden.

Gott gab seinem Propheten nicht nur eine umstrittene Botschaft, die er zu verkünden hatte, sondern befahl ihm auch, symbolische Handlungen zu vollführen und vorzuleben. Gott sagte Jeremia zum Beispiel, dass er nicht heiraten sollte. Er sollte keine Kinder haben, denn Gott hatte vorausgesagt, dass die Söhne und Töchter des Volkes in ihrem Land durch Krankheit, durch Hungersnot und durch das Schwert umkommen würden (16,1–4). Gott beauftragte Jeremia außerdem, sich einen Gürtel zu kaufen, ihn zu tragen, ohne dass er nass wird, und ihn dann am Euphrat in einer Felsspalte zu verstecken, wo er verrottete. Das auf diese Weise zerstörte Kleidungsstück sollte darstellen, welches Schicksal das Volk wegen seines Ungehorsams und Götzendienstes erwartete. Auch sie würden zerstört werden und schließlich zu nichts mehr zu gebrauchen sein (13,1–11).

Später wies Gott Jeremia an, sich ein hölzernes Joch auf den Nacken zu legen als Symbol für die künftige Unterwerfung des Volkes unter den König von Babylon. Davon völlig unbeeindruckt, zerbrach ein anderer Prophet vor aller Augen das Joch auf Jeremias Nacken als Zeichen, dass Gott Juda sehr bald von der Herrschaft Babylons befreien würde. Jeremia kehrte daraufhin zurück mit einer neuen Botschaft, in der Gott den anderen Propheten beschuldigte, das Volk anzulügen, und die Herrschaft Babylons über Juda für so sicher erklärte, dass sie wie ein eisernes Joch sein würde – nämlich unzerbrechlich (27,2–8 und 28,1–14).

Die schwere Zeit im Leben des Propheten Jeremia dauerte nicht nur eine Woche, einen Monat oder ein Jahr. Nein, ungefähr vierzig Jahre lang, bis das Volk Juda gefangen nach Babylon geführt wurde, predigte er seine schwierige Botschaft und ertrug den Zorn des Volkes, der sich daran entzündete. Die ganze Zeit rang Jeremia mit einem Volk, das er liebte, und rief es auf, seine Sünden zu bereuen. In einer schweren politischen Krise flehte er den König von Juda an, sich dem babylonischen König zu ergeben, um damit Jerusalem vor der Zerstörung zu retten (38,17–23). Jeremia weinte über die Weigerung seines Volkes, Buße zu tun. Er wurde tief gedemütigt, aber er predigte dennoch weiter in der Hoffnung, dass schließlich doch irgendjemand auf ihn hören würde. Tatsächlich stellte Jeremia fest, dass er gar nicht anders konnte. Er machte beharrlich weiter, selbst dann, als er eigentlich aufgeben wollte. Er schreibt darüber:

> Und nun werde ich lächerlich gemacht – tagaus, tagein; alle verhöhnen mich! ... Wenn ich mir aber vornehme: «Ich will nicht mehr an den Herrn denken und nicht länger in seinem Namen reden», dann brennt dein Wort in meinem Herzen wie ein Feuer, ja, es glüht tief in mir. Ich habe versucht, es zurückzuhalten, aber ich kann es nicht! (Jeremia 20,7 und 9)

Gott, warum nur?

Etwas, das mir an Jeremia besonders gefällt, ist seine Ehrlichkeit. Jeremia war nicht passiv. Er sagte Gott ganz direkt, was er dachte, und seine Schwierigkeiten als Prophet passten ihm gar nicht. Er hatte sich die Rolle des Propheten ja nicht ausgesucht. Von Anfang an hatte er vielmehr auf seine mangelnden Fähigkeiten hingewiesen. Und hier stand er nun und musste wegen seiner Prophetenrolle leiden. Jeremia war wütend auf Gott, und er sagte es ihm auch. Er warf Gott sogar vor, dass er ihn zu all dem überredet habe:

> Herr, du hast mich überredet ... alle verhöhnen mich! Denn sooft ich das Wort ergreife, schreie ich: «Gewalt und Zerstörung erwarten euch!» Deine Botschaft bringt mir nichts als Hohn und Spott. (Jeremia 20,7–8)

Jeremia war so verzweifelt, dass er den Tag seiner Geburt regelrecht verfluchte:

> Warum nur bin ich geboren? Um ein Leben zu führen, das mir nichts als Leid und Elend bringt? Um jeden Tag nur Schimpf und Schande zu ernten? (Jeremia 20,18)

Wenn uns das Leben zur Last wird und beinahe unerträglich scheint, dann haben wir oft nur noch eine einzige Frage an Gott: «Warum?» Ich habe Leute erlebt, die sagen: «Man kann Gott nicht nach einem Warum fragen.» Doch, das können wir. Wir können Gott nach dem Warum fragen. Wir befinden uns sogar in guter Gesellschaft, wenn wir das tun. Denn Jeremia und viele Helden des Glaubens haben Gott die Warum-Frage gestellt. Ich selbst wollte auf jeden Fall wissen, warum Gott es zugelassen hatte, dass in meinem Leben eine so schwere Belastungsprobe, wie ich sie mit Ted erlebte, aufgetaucht war.

Nach dem Warum zu fragen heißt nicht, dass wir unseren Glauben verloren haben. Allmählich habe ich begriffen, dass es im Gegenteil ein Zeichen des Glaubens sein kann. Ich dachte zurück an meine Verwirrung angesichts des Leids im Leben von Darlene Deibler Rose und erkannte, dass die Frage, warum Gott es erlaubt hatte, dass Mrs. Rose wegen ihres Gehorsams Schweres erlebte, eine natürliche Frage war, die außerdem die Güte Gottes voraussetzte. Wenn wir nach dem Warum fragen, bringen wir im Grunde unseren Wunsch zum Ausdruck, mit dem Gott zu reden, dem wir doch immerhin ein gewisses Maß an Vertrauen entgegenbringen. Wir erwarten, dass er uns zuhört, und glauben, dass er die Quelle unserer Antworten ist.

Die Warum-Frage angesichts des Leidens von Mrs. Rose und angesichts meiner Situation mit Ted war für mich eine Bekräftigung meiner Überzeugung, dass Gott voller Gnade und Barmherzigkeit ist. Die Frage war mein Versuch, Lebensumstände, die aus meiner begrenzten menschlichen Perspektive mit Gottes Liebe nicht vereinbar waren, irgendwie mit meinem Glauben an die Liebe und Güte Gottes in Einklang zu bringen.

Aber sind unsere Warum-Fragen für Gott nicht eine Beleidigung? Machen wir ihn damit nicht zornig? Nein, unsere Gefühle können Gott nichts anhaben. Unser «Warum?» erschüttert ihn nicht. Er hat auch Jeremia nicht zu Boden geschlagen, weil er seine

Frustration und Verzweiflung ausgesprochen hat. Gott arbeitet mit unserer Ehrlichkeit, er fordert uns sogar zur Ehrlichkeit auf. Wir können Gott gar nichts entgegenschleudern, was er nicht schon gehört hat. Denn er ist größer als unsere Gefühle, Gedanken und Wahrnehmungen. Wir können Gott also ruhig nach dem Warum fragen.

Doch wir sollten, wenn wir uns Gott auf diese Weise mitteilen, unsere Herzen trotzdem empfänglich halten und für ihn offen bleiben. So blieb Jeremia trotz all seiner Ängste entschlossen, Gottes Wort gehorsam zu sein, was es auch kosten möge. Er regte sich auf, er stritt und rang mit Gott, aber sein Herz war Gott ergeben. Er vertraute ihm, selbst während er ihn in Frage stellte.

Jeremia ließ es letztlich nicht zu, dass er bitter wurde. Mitten in seinem Leid war er sogar in der Lage, einige der schönsten Aussagen über Gott in der ganzen Bibel in Worte zu fassen:

> Die Güte des Herrn hat kein Ende, sein Erbarmen hört niemals auf, es ist jeden Morgen neu! Groß ist deine Treue, o Herr! Darum sage ich: Herr, ich brauche nur dich! Auf dich will ich hoffen. (Klagelieder 3,22–24)

Rufen Sie sich in Erinnerung, unter welchen Umständen Jeremia lebte, und dann stellen Sie sich vor, dass er diese Worte betet. Hat er auf dem Grund des Brunnens, wo man ihn gefangen hielt, die Treue Gottes entdeckt? Oder spürte er das Erbarmen Gottes, als er auf seinem Nacken das Joch trug? Erkannte und verkündete Jeremia vielleicht in dem Moment, als er auf die Reste der niedergebrannten Stadt Jerusalem blickte, wie gut Gott ist?

Wie auch immer unsere Gefühle Gott gegenüber aussehen, wie auch immer wir die Umstände sehen, die sich um uns her entwickeln, ich wünsche uns, dass wir wie Jeremia unsere Herzen offen halten können für die Treue Gottes.

Gott hat alles in der Hand

Um unser Leid wenigstens ansatzweise zu begreifen, müssen wir zwei grundlegende Wahrheiten über Gott verstehen. Erstens: Er hat die Fäden in der Hand. Zweitens: Er wird für uns sorgen.

Werfen wir einen Blick auf das erste Kapitel im Buch Jeremia.

Gott sagt zu Jeremia:

Ich habe dich schon gekannt, ehe ich dich im Mutterleib bildete, und ehe du geboren wurdest, habe ich dich erwählt. Du sollst ein Prophet sein, der den Völkern meine Botschaften verkündet. (Jeremia 1,5)

Achten Sie darauf, was Gott an den Anfang stellt: «Ich habe dich schon gekannt, ehe ich dich im Mutterleib bildete.» Gleich von vorneherein macht er klar, dass er hier als der Schöpfer spricht. Er ist souverän und allmächtig. Er ist es, der Jeremia geschaffen hat, der ihn in den Leib seiner Mutter gebracht und seine Geburt bestimmt hat. Dann sagt Gott: «Ich habe dich gekannt.» Das heißt, er spricht auch als der allwissende Gott, der alle Erkenntnis und Weisheit besitzt. Er kannte seinen Propheten lange vor der Empfängnis. Gott kannte seine Persönlichkeit, seine ganze Konstitution und seinen Charakter. Außerdem stellt Gott fest: «... ehe du geboren wurdest, habe ich dich erwählt. Du sollst ein Prophet sein ...»

Gott kannte seinen Propheten also nicht nur, bevor er geboren wurde, sondern er hatte auch einen Plan für Jeremias Leben. Mit diesem Gespräch im Kopf können wir besser verstehen, wie tief Jeremias Schmerz war, als er später den Tag seiner Geburt verfluchte. Dieser Fluch traf nämlich genau den Kern seiner ursprünglichen Berufung durch Gott. Gott hatte gesagt: «Ich habe dich mit einer bestimmten Absicht geschaffen.» Jeremia sagte im Grunde: «Du hast einen Fehler gemacht.» Haben Sie selbst Gott gegenüber schon einmal solche Gefühle gehabt?

Als Jeremia seine Geburt verfluchte, war er völlig verzweifelt. Später ging es ihm auch wieder besser, und er konnte von seinem Schöpfer sagen: «Groß ist deine Treue.» Trotz seines emotionalen «Fehltritts» wusste Jeremia, dass ein liebender Gott voller Erbarmen alles in der Hand hatte, sowohl sein eigenes Leben als auch das Leben seines geliebten Volkes.

Auch in Ihrem Leben hat Gott alle Macht. Bevor Sie auf die Welt kamen, kannte er Sie. Er kannte Ihre Vorlieben, Ihre Stärken und Schwächen. Er kannte Ihre ganze Persönlichkeit. Er hatte schon einen Plan für Sie und berief Sie, damit Sie seine Absichten verwirklichen. Es kann keinen Zweifel geben, dass Gott sieht, worunter Sie im Moment leiden. Denn nichts kann Gott überraschen. Seine Autorität wird niemals wanken. Willkür ist bei ihm ausgeschlossen. Er schaut nicht voller Verwunderung auf Ihr Leben und sagt: «Ach, sieh da, hatte ich ganz vergessen.» Denn er weiß genau, wo Sie sich gerade befinden. Wenn ich mir das bewusst mache, staune ich immer wieder, dass der Gott, der das ganze Universum erschaffen hat, mich kennt, ja sogar weiß, wo ich wohne, und sich auch um meine kleinsten Bedürfnisse kümmert.

Nehmen Sie sich etwas Zeit, und denken Sie darüber nach, wo in Ihrem Leben die Größe Gottes sichtbar wird. Unter Umständen haben Sie durchaus nicht den Eindruck, dass Gott alles in der Hand hat. Vielleicht meinen Sie, dass er Sie vergessen hat. Sagen Sie ihm, wie es Ihnen geht, und dann – einfach als Akt des Gehorsams gegenüber Gott – fangen Sie an, ihm zu danken. Sie können dabei Jeremias wunderbare Worte aus den Klageliedern zu Hilfe nehmen. Sie könnten zum Beispiel beten: «Herr, es ist deine Gnade, dass ich von meiner schlimmen Situation nicht aufgefressen oder überwältigt werde. Weil deine Barmherzigkeit nie aufhört. Sie ist wieder neu da an jedem Morgen meines Lebens, sogar heute. Deine Treue ist groß. Du bist mein Teil; du bist alles, was ich brauche. Weil du gut bist, will ich auf dich hoffen.»

Sobald Sie die Entscheidung getroffen haben, Ihre Gefühle zu besiegen und Gott auch in schweren Lebenslagen zu loben, werden Sie einen zarten Hauch der Freude verspüren. Und Ihre Fähigkeit, Gott zu loben, wird wachsen. Ihre Freude wird noch größere Freude entstehen lassen. Und auch Ihr Glaube gewinnt neue Kraft. Schließlich werden Sie tatsächlich wieder Frieden und Vertrauen erfahren.

Ein anderer Weg, wie wir uns dessen versichern können, dass Gott in unserem Leben aktiv ist, besteht darin, uns immer wieder anzusehen, was er in der Vergangenheit für uns getan hat. Ich habe schon erwähnt, dass ich mich einige Zeit, nachdem die Affären meines Mannes ans Licht gekommen waren, hinsetzte und mir aufschrieb, auf welche Art und Weise Gott mich im Voraus auf das vorbereitet hatte, was ich damals durchmachte. Diese Übung unterstrich für mich die Tatsache, dass Gott meine Situation tatsächlich in der Hand hatte. Er hatte gewusst, was auf mich zukam. Und in seiner Treue hatte er mich darauf vorbereitet.

Ich fand heraus, dass ich die Punkte auf meiner Dankliste als Sprungbrett für das Einüben des Dankens verwenden konnte. Ich konnte beten: «Herr, ich danke dir, dass du mich gedrängt hast, mich um mein persönliches Wachstum zu kümmern, bevor die Krise kam. Denn jetzt kann ich die Probleme direkt angehen und sie ehrlich betrachten. Danke für die Jahre des intensiven Bibelstudiums und die langjährige Kenntnis deines Wortes, die mir jetzt Halt geben, da dieser Kampf mich fordert. Du warst so klug und vorausschauend, mich auf diese Weise vorzubereiten! Ich staune über dich!»

Vielleicht werfen Sie noch einmal einen Blick auf Ihre Dankliste aus Kapitel 2. Wenn Sie die Punkte auf der Liste betrachten und Gottes tägliche Teilnahme an Ihrem Leben erkennen, sehen Sie dann Gründe, dankbar zu sein?

Als David über Gottes liebende Fürsorge für sich nachdachte, konnte er sein Lob nicht mehr für sich behalten: «Deine Gedanken sind zu schwer für mich, o Gott, es sind so unfassbar viele! Sie sind zahlreicher als der Sand am Meer» (Psalm 139,17–18).

Können Sie wie David zu Gott sagen: «Deine Gedanken sind zu schwer für mich»? Versuchen Sie einmal, in eigenen Worten zu beschreiben, was Sie empfinden bei der Betrachtung dessen, wie Gott Ihnen in Ihrem Leid schon geholfen hat. Seien Sie ganz konkret, sprechen Sie nicht im Allgemeinen. Sie brauchen gar keine religiöse Sprache zu verwenden. Seien Sie einfach Sie selbst! Sie können etwa sagen: «Wow, Gott. Was du damals getan hast, das haut mich um! Ich kann nicht begreifen, wie du diese Situation mit dieser bestimmten Person zu einem guten Ende geführt hast. Du bist einfach unglaublich!»

Wenn Sie jemandem helfen wollen

Sofern Sie jemanden kennen, der Leid erfährt, können Sie gewissermaßen stellvertretend für diese Person eine ähnliche Übung im Danken machen.

Denken Sie zuerst über das bisherige Leid im Leben der Person nach. Und bitten Sie Gott, Ihnen zu zeigen, was er gezielt getan hat, um ihr auf ihrem Weg zu helfen. Sobald Sie erkennen, wie Gott in der Situation aktiv ist, beginnen Sie, ihn zu loben. Danken Sie Gott dafür, dass er diesen Menschen liebt und sich um seine Not kümmert. Danken Sie ihm, dass er alles in seiner Hand hat – dass er groß genug ist, um die Person zu heilen.

Falls es Ihnen eine Hilfe ist, verwenden Sie die Worte Jeremias aus den Klageliedern und setzen Sie den Namen der Person ein: «Die Güte des Herrn hat kein Ende, sein Erbarmen gegenüber XY hört niemals auf, es ist jeden Morgen neu! Groß ist deine Treue zu diesem Menschen, oh Herr!»

Sie werden feststellen, dass das regelmäßige Beten von biblischen Versen für die betreffende Person auch in Ihrem eigenen Leben wunderbare Wirkung entfaltet. Ihre Gebete werden nämlich nicht nur diesem Menschen helfen – weil Gott das Gebet seiner Kinder hört und erhört –, sondern auch Ihnen selbst. Das ist das Erstaunliche am Gebet! Es lässt unseren Glauben wachsen und verändert uns. Wenn Sie kontinuierlich mit Worten der Bibel für die Person beten, wird Ihnen das helfen, besser zu verstehen, wie Gott über deren Lage denkt und was er dafür empfindet. Und dadurch, dass Sie Gottes Gedanken über diesen Menschen besser begreifen lernen, wächst Ihr Vertrauen, dass Gott tatsächlich handelt.

Außerdem, und das ist genauso wichtig, bleiben Sie sich so bewusst, dass eine Lösung der Probleme dieser Person nicht in Ihrer, sondern in Gottes Verantwortung liegt. Als Menschen, die anderen helfen wollen, müssen wir uns ständig an diese Wahrheit erinnern! Denn wenn wir anderen helfen, neigen wir sehr stark dazu, uns allein alle Sorgen aufzuladen. Häufig stellen wir dann unser eigenes Verhalten in Frage. Wir werfen Überlegungen wie die folgenden in den Raum: Was wäre geschehen, wenn ich es anders gemacht hätte? Sollte ich es noch einmal *so* versuchen? Habe ich ihn in diesem Punkt genug ermutigt? Hätte ich ihr das sagen sollen? Kann ich nicht noch mehr tun?

An dieser Stelle sollten Sie, und sollten wir alle, auf Gott hören, der uns auffordert, stillzuhalten. Es gilt nach wie vor, dass nicht Sie verantwortlich sind für die Heilung der Person. Nehmen Sie sich noch einmal Psalm 25,15 vor und beten Sie selbst diesen Vers, indem Sie den Namen Ihres Freundes einsetzen: «Hilfesuchend blicke ich zum Herrn, denn er wird XY aus der Schlinge ziehen.» Indem Sie immer neu wiederholen, dass Gott die souveräne Macht besitzt, im Leben dieses Menschen eine Veränderung zu bewirken, bekräftigen Sie einen Grundsatz, der uns allen auf unserem Weg mit Gott große Freiheit gibt, nämlich: Gott hat alles in der Hand.

Gott hat Macht über unser Versagen

Vielleicht sehen wir Gottes Handeln in unserem Leben und können die Punkte aufzählen, wo er uns auf dem Weg des Lebens geführt hat. Aber es fällt uns möglicherweise immer noch schwer zu glauben, dass Gott auch unsere Fehler und unser Versagen dazu verwenden kann, in und mit uns sein Ziel zu erreichen. Schließlich musste Jeremia als Prophet deshalb leiden, weil er Gott mit ungeteiltem Herzen nachfolgte. Was aber, wenn wir unser Leid selbst verschuldet haben? Was kann Gott jetzt noch mit uns anfangen? Haben wir das Ziel nicht vollständig verfehlt? Das sind ganz realistische Fragen. Und die Antworten darauf sind komplex und vielschichtig. Vermutlich werden wir das in diesem Leben nie ganz verstehen. Doch wir können uns an die Bibel wenden und Gott bitten, etwas Licht in die Sache zu bringen.

Nehmen Sie zum Beispiel die Geschichte des Volkes Israel. Als ich in einem Sommer meine Notizen zum Alten Testament aus meiner alten in meine neue Bibel übertrug, merkte ich, dass Gottes auserwähltes Volk, seit Mose es aus Ägypten geführt hatte, alles Mögliche tat, um sich selbst zu schaden. Man murrte gegen Gott, verehrte ein goldenes Kalb und rebellierte so ausgerechnet gegen den, der Israel für ein großes Ziel bestimmt hatte.

Doch all das konnte Gottes Absichten nicht durchkreuzen. Das Volk erreichte schließlich das verheißene Land – wenn auch eine Generation später und von der langen Wüstenwanderung etwas mitgenommen. Trotz allem kam aus diesem Volk die Rettung für die Welt. Als die Zeit erfüllt war, wurde Christus geboren, und wenn die Zeit erfüllt ist, wird er wiederkommen. Trotz der Fehlentscheidungen Israels, die mit den Jahren immer zahlreicher wurden, blieb Gott seinem Volk treu. Und er hatte immer noch alles in seiner Hand. Das kann uns ermutigen. Denn Gott wird auch uns nicht im Stich lassen. Er liebt uns und leitet uns. Und er wird aus unseren Lebensumständen Gutes entstehen lassen, sogar aus unseren Fehlern.

Im ersten Kapitel des Buches Jeremia fragt Gott seinen Propheten: «Jeremia, was siehst du dort?» (Jeremia 1,11). Jeremia antwortet, dass er einen «Mandelbaumzweig, dessen Blüten bald aufgehen» sieht. Ich gehe davon aus, dass der Mandelbaumzweig ziemlich kahl war, wenig eindrucksvoll und im Grunde noch leblos aussah. Gott fährt dann fort: «‹Richtig!› sagte er. ‹Genauso wird alles in Erfüllung gehen, was ich ankündige. Dafür sorge ich›» (Jeremia 1,12). Gott zeigt Jeremia also, dass er das, was tot scheint, zu neuem Leben erwecken wird. Sein Wort hat eine schöpferische Wirkung. Es heilt und stellt wieder her. Wenn Gott sein Wort erfüllt, dann wird er unsere innere Wüste neu beleben. Rufen Sie sich immer wieder in Erinnerung, dass Gott in Ihren Trümmern handelt, selbst wenn diese Trümmer Ihr eigenes Werk sind.

Gott verheißt uns zwar, dass er aus unserem Versagen und auch aus unserem bewussten Ungehorsam etwas Gutes entstehen lassen wird. Doch seine Güte gibt uns keinen Freibrief, nun tun und lassen zu können, was wir wollen. Gott ist uns gnädig, aber wir sollen ihn nicht ausnutzen. Unsere Liebe zu Gott bewirkt vielmehr, dass wir das tun wollen, was Gott gefällt. Wenn wir ihn wirklich lieben, haben wir kein Bedürfnis, seine Güte zu missbrauchen. Dankbar und voller Demut empfangen wir seine Gnade – und sind erstaunt, dass er immer noch bereit ist, mit Menschen wie uns seine Geschichte zu schreiben!

Als Menschen werden wir es natürlich nicht schaffen, Gott immer und anhaltend zu gefallen. Doch wenn wir versagen, dann steht seine Gnade ohne Vorbedingung für uns bereit. Wir müssen daher nicht verzweifeln. Wir müssen uns nicht in der Niederlage einrichten. Denn Gott bietet uns immer das Geschenk seiner Vergebung an und das Versprechen, dass er uns wiederherstellen wird. Unsere Aufgabe ist es, Gott zu sagen, was wir falsch gemacht haben (es wird ihn nicht schockieren); ihm zu sagen, dass wir uns ändern wollen; und um seine Vergebung und seine Hilfe bei diesem Veränderungsprozess zu bitten. Das ist das, was man unter Bekenntnis und Buße versteht. Wenn wir so zu Gott kommen – demütig und in ehrlicher Reue und mit unseren eigenen Fähigkeiten definitiv am Ende –, dann wird er uns aufnehmen und uns erneuern, so dass wir noch einmal von vorne beginnen können.

In den Psalmen heißt es: «Denn er weiß, wie vergänglich wir sind; er vergisst nicht, dass wir nur Staub sind» (Psalm 103,14). Das heißt, Gott weiß, woraus wir gemacht sind. Schließlich ist er es, der uns geschaffen hat. Ihm ist klar, wie schwach und unzulänglich wir ohne ihn sind. In der anschaulichen Bildsprache des Beters im Psalm sind wir in Wahrheit nicht mehr als belebte Dreckklumpen! Doch Gott liebt uns, wie wir sind. Er gibt uns nicht auf, weil wir Staub sind. Er verurteilt uns auch nicht, indem er beispielsweise sagt: «Du dummes kleines bisschen Staub – warum hast du das nicht anders gemacht?» Stattdessen schaut Gott uns voller Verständnis an und sagt: «Du wertvolles kleines bisschen Staub – natürlich konntest du es ohne mich nicht besser hinkriegen!»

Haben Sie versagt? Fühlen Sie sich von Ihrer eigenen Sünde besiegt? Ist Ihnen während des Lesens irgendetwas eingefallen, das Sie im Gebet vor Gott bringen sollten? Wenn ja, halten Sie hier inne, und nehmen Sie sich Zeit mit Gott, um diese Sache zu klären. Sagen Sie ihm, was Sie bedrückt. Sagen Sie ihm, dass Sie von der Sünde in Ihrem Leben befreit werden möchten, und nehmen Sie sich dann vor, falls nötig, die Angelegenheit mit der Person zu bereinigen, die von Ihrem Verhalten betroffen war. Sorgen Sie dafür, dass Sie alles Notwendige möglichst bald wieder in Ordnung bringen. Die Bibel sagt uns: «Lasst uns alles ablegen ... auch die Sünde, die uns immer wieder fesseln will» (Hebräer 12,1). Es kann sein, dass Sie mitten in Ihrer Not oder in der Not eines anderen Menschen an diesem anderen schuldig geworden sind. Oder Sie haben vielleicht in Ihrem Herzen Vorurteile mit sich herumgetragen gegenüber anderen, weil diese versagt haben. Bereinigen Sie diese Dinge in der Gegenwart Gottes. Lassen Sie ihn die Sache für Sie zurechtbringen und Ihnen zeigen, was Sie tun sollen.

Gott sorgt für uns

In unserem Leid ist Gott unermüdlich am Werk, sich um unsere Nöte zu kümmern. Wenn wir nur sehen könnten, was er alles für uns tut! Zu den vielen Dingen, mit denen Gott uns ausrüstet, damit wir in harten Zeiten durchhalten, gehören seine Gegenwart, sein Wort und die Rechtfertigung durch ihn. Alle drei Themen sind im ersten Kapitel des Buches Jeremia zu erkennen.

1. Seine Gegenwart

Als Jeremia bei seiner Berufung zum Propheten Gott gegenüber sein Gefühl der Unzulänglichkeit zum Ausdruck brachte, machte ihm Gott Mut und sagte: «Fürchte dich nicht vor ihnen, ich bin bei dir und werde dich beschützen» (Jeremia 1,8).

«Ich bin bei dir.» Gott gab Jeremia bei seiner Berufung zum Propheten zweimal dieses Versprechen. Beim zweiten Mal war die Verheißung noch konkreter: «Sie alle werden dich bekämpfen», sagte Gott, «doch ohne Erfolg, denn ich stehe dir bei und beschütze dich. Das verspreche ich dir» (Jeremia 1,19). Wie oft in seinem Leben ist Jeremia wohl zu diesem Versprechen der Gegenwart Gottes zurückgekehrt und hat es vor Gott wiederholt?

Als der Prophet geschlagen und in den Stock gelegt wurde, als man ihn öffentlich demütigte, hat er da Gott an sein Versprechen erinnert, immer bei ihm zu sein? Als Jeremia vom Volk ergriffen wurde und die Priester und Propheten ihn mit dem Tod bedrohten, hat er da wohl zu Gott gerufen in der Hoffnung auf diese Verheißung?

Gott war treu und hat sein Versprechen gegenüber Jeremia erfüllt. Er blieb bei seinem Propheten und rettete ihn immer wieder aus Gefahren, vor Drohungen und vor seinen Gegnern. Anschläge auf Jeremia scheiterten. Nachdem man ihn in den Brunnen geworfen hatte, wurde Jeremia doch noch gerettet. Obwohl der König von Juda aus Trotz die Schriften Jeremias verbrannte, war Jeremia doch in der Lage, sie neu aufzuschreiben und so zu bewahren. In den Nachwehen der Eroberung Jerusalems wurde Jeremia verschont. Tatsächlich war die Gunst, die die feindlichen Eroberer Jeremia nach der Einnahme der Stadt erwiesen, so groß, dass der babylonische König dem Obersten seiner Leibgarde befahl, Jeremia zu Diensten zu sein: «Du bist für Jeremia verantwortlich. Nimm ihn unter deinen Schutz, und tu ihm kein Leid an! Gewähre ihm alles, worum er dich bittet!» (Jeremia 39,12).

Wenn Gott in seiner Treue Jeremia immer wieder in lebensbedrohlichen Situationen zu Hilfe kam ..., wenn Gott im Durcheinander und Chaos des Kriegsgebietes, in dem Jeremia einen so großen Teil seines Lebens zubrachte, treu zu seinem Propheten stand ..., dann wird Gott ganz sicher auch bei uns sein, in unserer Situation. Schauen Sie noch einmal auf Gottes Versprechen, wie es der Schreiber des Hebräerbriefes formuliert: «Denn Gott hat uns versprochen: ‹*Ich lasse dich nicht im Stich, nie wende ich mich von dir ab*›» (Hebräer 13,5) [Hervorhebung durch die Autorin]. Dieses Versprechen gilt auch für uns heute, nicht nur damals in biblischen Zeiten. Lesen Sie diesen Vers als Gottes persönliches Wort an Sie. Lassen Sie sich von Gott durch sein Wort stärken – Sie brauchen diese Stärkung. Es ist wichtig für Sie zu wissen, dass Gottes Gegenwart Sie umgibt.

Aber was meint Gott, wenn er sagt: «Ich bin bei dir»? Wie erkennen wir seine Gegenwart? Wie können wir überhaupt wissen, dass er bei uns ist? Meistens nehmen wir es einfach im Glauben an. Jeremia hat wahrscheinlich auch nicht in jeder schlimmen Situation, die er ertragen musste, Gottes Gegenwart gespürt. Er musste auf das vertrauen, was Gott ihm gesagt hatte, ohne es zu sehen. Das ist Glaube. Wie es in der Bibel heißt: «Der Glaube ist der tragende Grund für das, was man hofft: Im Vertrauen zeigt sich jetzt schon, was man noch nicht sieht» (Hebräer 11,1).

In der dunklen Zeit meines Lebens, nachdem Ted seine außerehelichen Beziehungen zugegeben hatte, *spürte* ich oft nicht, dass Gott in meiner Nähe war. Es war vielmehr so, dass ich mich entschied, zu *vertrauen*, dass er da war. Um meinem Glauben Nahrung zu geben, hielt ich Bibelstellen, die mir Gottes Gegenwart zusagten, in meinem Tagebuch fest. In einem besonders schweren Moment schrieb ich die folgenden Worte Jesu auf: «Und siehe, ich bin bei euch alle Tage bis an der Welt Ende» (Matthäus 28,20; Luther). Neben diesem Vers notierte ich mir: «Ist das Ende meiner Welt gekommen?» Jedenfalls sah es danach aus. Aber ich fasste den Entschluss, Gott zu vertrauen, dass er sein Wort hält.

Es gab auch Augenblicke, in denen ich Gottes Gegenwart spürte. Ich empfand seine Nähe zum Beispiel, wenn ich betete oder in der Bibel las. Jedoch nicht immer. Über lange Zeiträume hinweg fühlte ich tatsächlich nichts außer Verzweiflung und fragte mich, ob Gott mich vergessen hatte. Doch hin und wieder erlebte ich die ruhige Gewissheit oder das schlichte Wissen, dass er da war. Und in dieser Gewissheit erkannte ich ein Zeichen seiner Nähe. Es kam auch vor, dass ich Freude, Frieden oder Hoffnung in Situationen empfand, die eigentlich alles andere als diese Emotionen hätten hervorbringen dürfen. In solchen Momenten hatte ich den Eindruck, dass Gott mir mit meinen Gefühlen half, und war überzeugt, dass er mir nahe war.

Andere Menschen können ebenfalls ein Hinweis auf die Gegenwart Gottes sein. Als ich wegen meiner Ehe in Depressionen verfiel, schenkten mir einige Freunde und Familienmitglieder ihre Liebe in einer Weise, die mir echte Kraft gab. Manchmal hörten sie mir nur zu, während ich von mir erzählte. Oder sie brachten mich einfach zum Lachen. Sie predigten mich nicht an. Aber sie ließen mich auch nicht entwischen, wenn ich im Unrecht war. Sie liebten mich, wie Jesus es tat. Eben ohne Vorbedingungen. Deshalb erinnerte mich ihre Liebe an die Nähe Gottes, und das gab mir neue Hoffnung. Ein Beter in den Psalmen sagt: «Ich aber darf dir immer nahe sein, mein Herr und Gott; das ist mein ganzes Glück!» (Psalm 73,28).

Wenn Sie jemandem helfen wollen

Sind Sie selbst für die Person, die leidet, ein Hinweis auf die Gegenwart Gottes? Sind Sie für sie ein «sicherer Hafen»? Manchmal kann schon unser Gesichtsausdruck für einen Menschen im Leid wie Balsam sein. Auch das Geschenk unserer Zeit ist etwas sehr Wertvolles. Mein Pastor und seine Frau zum Beispiel verbrachten Stunden damit, mir zuzuhören. Und sie behielten diese sehr persönlichen Dinge für sich. Sie ließen mich verschiedene Gefühlszustände durchleben und ermutigten mich, weiter an Gottes Wort festzuhalten.

Im Gegensatz dazu versetzten mich andere in große Angst und Sorge, indem sie versuchten herauszufinden, ob ich denn im geistlichen Bereich auch alles ganz richtig gemacht hatte. Irgendwie schien es ihnen mehr um die Auslegung ihrer Glaubensgrundsätze zu gehen als um meinen emotionalen Zustand. Wieder andere wollten mich nach Informationen ausfragen, die ihnen als Zuschauern an den Rändern meines Lebens gar nicht zustanden. Diese Leute haben mir sicher nicht geholfen. Dann gab es noch diejenigen, die einfach nur «Bescheid wissen» wollten, und solche, die ständig Ratschläge gaben. Ich wollte nicht von hartnäckigen Ratgebern umsorgt sein, auch wenn sie es vielleicht nur gut meinten. Was ich brauchte, waren Ermutigungen und Hinweise, die in Liebe und zur rechten Zeit gegeben wurden.

Sollten Sie das Gefühl haben, Sie könnten einer Person in einer Krise helfen, dann reden Sie zunächst mit Gott und bitten Sie ihn, dass er Ihnen ein mitfühlendes Herz gibt. Und beginnen Sie erst dann langsam und behutsam zu handeln. Meinen Sie nicht, alles richtig machen zu müssen. Wir versagen alle bei dem Versuch, denen, die leiden, Trost und Unterstützung zu geben. Niemand von uns beherrscht das. Schauen Sie auf Gott. Er wird Ihre Schwächen ausgleichen und Sie fähig machen, wirklich ein Hinweis auf seine Gegenwart zu sein. Wenn Sie beharrlich weiterbeten, werden Sie spüren, wie er Sie leitet.

2. Sein Wort

Etwas anderes, das Gott uns gibt, wenn wir am Boden sind, ist sein Wort. Drei Mal im ersten Kapitel des Propheten Jeremia heißt es: «Und des Herrn Wort geschah zu mir» (vgl. Jeremia 1,4.11.13;

Luther). Gottes Wort ist persönlich. Es kommt zu *uns*. Während meiner Erfahrungen mit Ted lernte ich das Wort Gottes als ein solch persönliches Geschenk an mich kennen. Oft schrieb ich Bibelverse in mein Tagebuch und setzte meinen Namen an den entsprechenden Stellen ein, um mich daran zu erinnern, dass Gott ganz persönlich zu mir spricht.

Ich möchte Sie ermutigen, sich diese Übung ebenfalls zur Gewohnheit zu machen. Ob Sie nun selbst durch ein dunkles Tal gehen oder jemandem helfen, der sich dort befindet. Es kann eine wirkliche Hilfe sein, wenn Sie Verse aus der Bibel oder ganze biblische Passagen ganz konkret auf sich übertragen. Sie können Gottes Verheißungen für sich in Anspruch nehmen, indem Sie Ihren Namen in den biblischen Text einsetzen – in Ihrer Bibel, auf Notizzetteln, in Ihrem Tagebuch oder was Ihnen sonst geeignet erscheint. Meine Mutter sagt gern, dass alle Verheißungen Gottes auf der Seite des Gläubigen stehen. Wir können sie in unser Leben hineinbeten. Auch für unsere Kinder dürfen wir sie in Anspruch nehmen. Wir dürfen Gott beim Wort nehmen und ihn daran erinnern, was sein Wort uns zusagt.

Natürlich müssen wir die Versprechen Gottes kennen, um sie in Anspruch nehmen zu können. Diese Kenntnis entsteht dadurch, dass wir in der Bibel lesen – und das regelmäßig. Ich habe schon sehr früh in meinem Leben die Gewohnheit entwickelt, jeden Tag in der Bibel zu lesen und zu beten. Diese geistlichen Übungen waren eine Voraussetzung für mein Wachstum im Glauben. Doch als es in meinem Leben bergab ging, erwiesen sich diese eingeübten Gewohnheiten als absolut entscheidend dafür, dass ich durchhalten konnte. Täglich studierte ich die Bibel. Ich lernte Bibelverse auswendig und schrieb sie mir auf. Ich stellte fest, dass ich die biblischen Wahrheiten immer und immer wieder lesen musste, damit ich sie nicht gleich wieder vergaß. So sind wir eben. Unsere Gedanken schweifen ab. Wir vergessen, was Gott über uns denkt. Das trifft sogar in unseren starken Momenten zu. Und ganz besonders, wenn wir zu kämpfen haben. In dieser Zeit wappnete ich mich jeden Tag mit Bibelversen, nicht aus einem Gefühl religiöser Verpflichtung, sondern weil mein Leben davon abhing.

Wie ist das bei Ihnen? Verbringen Sie regelmäßig jeden Tag eine bestimmte Zeit mit Gott? Nehmen Sie sich Zeit, mit Gott zu reden und auf ihn zu hören? Vertiefen Sie sich jeden Tag in die Bibel? Ich kann gar nicht genug betonen, wie wichtig es ist, diese geistliche

Gewohnheit in unser Leben zu integrieren. Und ich meine damit etwas anderes als die paar ruhigen Minuten mit Gott, die Sie während des Tages gerade so einrichten können. Ich meine eine regelmäßige «Verabredung» mit Gott, jeden Tag. Weil ich es mir zur Gewohnheit gemacht hatte, täglich Zeit mit Gott zu verbringen, und zwar bevor die Dunkelheit in mein Leben trat, brauchte ich jetzt, als sie tatsächlich kam, nicht zu verzweifeln. Und dafür war ich sehr dankbar. Ich machte also einfach so weiter wie bisher und ließ Gott meine Gewohnheit als Kanal benutzen, auf dem er mir seine Hilfe schicken konnte.

Sie fragen sich vielleicht, was Sie tun sollen, wenn Sie schon mitten im Leid stecken und es nicht gewohnt sind, täglich mit Gott zu reden. Dann beginnen Sie doch heute damit. Es ist nie zu spät, damit anzufangen. Bitten Sie Gott, Ihnen zu helfen, in Ihrem Tagesablauf die Zeit für ihn zu finden. Bitten Sie ihn, Ihnen jeden Tag die Fähigkeit zu geben, sich an Ihre «Verabredung» zu halten. Suchen Sie sich eine Zeit aus, die Ihnen angenehm ist. Niemand schaut Ihnen dabei mit einem Stock in der Hand über die Schulter. Manche Menschen sind Frühaufsteher, andere Nachteulen. Kann sein, dass für Sie die Mittagspause die beste Zeit ist. Es gibt hier keine Vorschriften. Nehmen Sie sich eine Bibelübersetzung, die Sie verstehen, und lesen Sie jeden Tag nur ein paar Verse, vielleicht sogar nicht mehr als ein paar Zeilen. Lesen Sie so lange, bis Sie etwas verstehen. Und denken Sie dann den ganzen Tag über diese Passage oder diesen Satz nach. Wenn Gott Sie an sein Wort erinnert, wenden Sie es auf das an, was Sie gerade durchmachen. Auf diese Weise wird die Bibel für Ihr eigenes Leben relevant.

Als ich in meiner Ehe zu leiden hatte, habe ich besonders gern in den Psalmen gelesen. Sie drückten oft meine eigenen Gefühle aus, und durch Worte des Lobes Gottes wiesen sie mich zwangsläufig zu Gott. Sie können alternativ auch mit dem Johannes-Evangelium beginnen. Die Bibel ist ein faszinierendes Buch voller Trost und Gnade, reich an guter Lehre und voll gepackt mit Beispielen aus dem Leben leibhaftiger Männer und Frauen, die sich von Gott geliebt wussten.

3. Die Gerechtigkeit Gottes

Gott rüstet uns für schwere Zeiten nicht nur mit seiner Gegenwart und mit seinem Wort aus. Er schenkt uns auch die Rechtfertigung durch ihn.

Im ersten Kapitel des Propheten Jeremia, das wir schon betrachtet haben, stellt Gott Jeremia ein zweites Mal die Frage: «Was siehst du dort?» (Jeremia 1,13). Jeremia schaut um sich und sieht einen Topf mit kochendem Wasser. Dieser Topf steht für das Gericht Gottes. Der Herr würde sein Gericht über Juda ergehen lassen in Form eines Krieges. Für mich bedeutet der Topf außerdem Rechtfertigung. Wie das Gericht, so hat auch die Rechtfertigung mit Gerechtigkeit zu tun; damit, dass die Verhältnisse wieder gerecht sind. Gott ist ein gerechter Gott, ein Streiter für die Gerechtigkeit. Er verspricht, eines Tages in jeder Hinsicht Gerechtigkeit herzustellen, was auch immer genau das für unsere persönlichen Lebensumstände bedeutet.

Rechtfertigung ist jedoch nicht dasselbe wie Vergeltung. Das musste ich mir bewusst machen, als ich in unserer Ehe unter den weitreichenden Folgen von Teds Untreue zu leiden hatte. Ich habe natürlich ganz menschlich reagiert. Ich wollte Vergeltung für all den Schmerz, den mein Mann mir zugefügt hatte. Ich war aggressiv, wurde wütend und wünschte mir, die Erde würde sich auftun und Ted verschlucken. Solche Gefühle sind normal. Aber das entsprach nicht dem, was Gott sich vorgestellt hatte, als er mir Rechtfertigung versprach.

Mir war klar, dass ich letztlich erst im Himmel Rechtfertigung erfahren würde. Dann würde alles in Ordnung gebracht, und alles Leid würde verschwinden. In der Zwischenzeit würde Gott mich rechtfertigen, indem er meinem Leben inmitten von Trümmern und Ruinen einen Sinn verleiht. Ich wusste, dass Gott mich liebt und dass er weiter für mich am Werk sein würde. Eines Tages, so glaubte ich, würde er aus meiner Situation Gutes hervorbringen. Das bedeutete für mich Rechtfertigung.

Wie werden wir gerechtfertigt, d. h. vor Gott gerecht gesprochen? Durch das Kreuz Christi. Meine Rechtfertigung war besiegelt, als Jesus sein Blut für mich vergoss. Er hat alle meine Rachegefühle, meine Wut und meine Bitterkeit, meine Bosheit und Gehässigkeit mit ans Kreuz genommen. Und er ist dort an meiner Stelle gestorben, damit Gott in meinem Leben etwas ganz Neues schaffen konnte.

Ich war so sehr darauf angewiesen, dass er dieses Neue entstehen ließ, und er hat es auch tatsächlich getan. Allmählich begann ich zu begreifen, dass nicht Ted mein Feind war, sondern meine Angst, mein Neid und Stolz und meine Selbstverurteilung. Das waren die Feinde, die von innen gegen mich kämpften. Und Gott hat versprochen, sie für mich zu besiegen.

Mir wurde außerdem klar, dass ich in keiner Weise besser war als Ted. Gott liebte ihn genauso wie mich. Wir waren in Gottes Augen gleichwertig. Denn Jesus starb für jeden Menschen. Niemand ist ein größerer Sünder als ein anderer. Schließlich kann keiner von uns vor Gott bestehen. Wir sind alle unvollkommen und brauchen alle Erlösung. Darüber hinaus war meine verborgene Sünde der Selbstgerechtigkeit vielleicht sogar «schlimmer» als jede sichtbare Sünde, die Ted begangen hatte. Ich konnte meine Sünde zwar verstecken und maskieren, aber am Ende war klar, dass Gott die Selbstgerechtigkeit verabscheut. Jesus hatte, als er auf der Erde lebte, bekanntlich eine Menge zu diesem Thema zu sagen. Solange ich an meiner eigenen Vorstellung festhielt, wie Gerechtigkeit und Rechtfertigung auszusehen hatten, blockierte ich das heilende Handeln Gottes in meinem Leben. Ich musste es lernen, in diesem Bereich meine eigenen Ideen aufzugeben und zuzulassen, dass Gott an Ted arbeitete. Das war in der Tat nicht einfach. Für mich wurde es zum täglichen Kampf. Aber es war ein wichtiger Schritt.

Hat Ihnen jemand Unrecht zugefügt? Und Sie wünschen sich jetzt, dass es ihm oder ihr schlecht geht, oder denken darüber nach, welche Art von Rache diese Person «verdient» hätte? Wenn das der Fall ist, dann führen Sie sich einen Moment vor Augen, was Sie selbst eigentlich verdient hätten. Die Bibel sagt uns ganz deutlich, dass wir alle aufgrund unserer Sünde die Verurteilung durch Gott verdient haben (Römer 6,23). Nur weil Jesus am Kreuz gestorben ist, bekommen wir die Chance, ein neues Herz zu empfangen und eine tiefe persönliche Beziehung zu Gott zu erleben. Wir sitzen alle im gleichen Boot. Sie sollten anerkennen, dass Gott Ihnen zwar in Ihrem Leid Recht schaffen wird, aber dass er auch den Menschen liebt, der es verursacht hat. Möglich, dass es uns schwer fällt, das zu schlucken. Schließlich wollen wir doch, dass sich Gott auf unsere Seite stellt, wenn uns Unrecht widerfahren ist. Und er tut es auch, denn er steht auf der Seite der Unterdrückten. Aber er liebt auch den Unterdrücker oder Verursacher des Leides und hat einen Plan, wie er auch in dessen Leben in genau der richtigen Weise Rechtfertigung geschehen lassen kann.

Versuchen Sie, die Menschen, die Ihnen Unrecht angetan haben, in einem neuen Licht zu sehen. Bitten Sie Gott, Ihr Denken über diese Personen zu verändern. Jesus hat gesagt: «Liebt eure

Feinde und tut denen Gutes, die euch hassen. Segnet die Menschen, die euch Böses wünschen, und betet für alle, die euch beleidigen» (Lukas 6,27–28). Wir haben in der Regel kein Verlangen, diejenigen zu lieben, die uns verletzt haben. Unsere Feinde zu segnen steht ebenfalls in völligem Gegensatz zu unseren Gefühlen. Aber mit Gottes Hilfe können wir unseren Teil dazu beitragen, dass wir diese Liebe lernen. So werden wir Freiheit erfahren, und Freiheit ist ein Aspekt unserer eigenen Rechtfertigung.

Ich habe sehr lange gebraucht, mich zu diesem Verständnis der Liebe und Fürsorge Gottes durchzukämpfen, und für einen Großteil der Zeit hatte ich aufgrund meiner eigenen Entscheidung wenig Hilfe von außen. Denn ganze achtzehn Monate lang schwieg ich über Teds Affären und verhielt mich sogar gegenüber den engsten Freunden und den Mitgliedern meiner Familie so, als wäre alles in bester Ordnung. Ted und ich erzählten nur unserem Pastor und seiner Frau von unserer Situation, sonst niemandem.

Weil Ted im Tross des Evangelisationsteams meines Vaters oft unterwegs war, wurden die Einsamkeit und das Gefühl der Hilflosigkeit, die ich während dieser Zeit erlebte, oft sehr bedrückend. Dabei war das ja nicht das erste Mal, dass ich Probleme in meiner Ehe vor anderen verborgen hatte. Als ich von Teds Untreue erfuhr, war ich schon sehr vertraut mit der Kunst des Vertuschens. Jetzt, da ich in der allergrößten Not steckte, täuschte ich viele der Menschen, die mich am besten kannten. Vermutlich hätte mich das nicht überraschen sollen. Vieles hatte ich schließlich ein Leben lang geübt.

Gedanken für schwere Zeiten

- Machen Sie sich bewusst, dass Gott Ihr Leben in der Hand hat. Er verspricht, aus Ihrer Situation und aus Ihren Fehlern Gutes entstehen zu lassen. Verwenden Sie Verse aus der Bibel, um Gott zu loben und für sich selbst zu beten.
- Betrachten Sie Ihre Dankliste und benutzen Sie sie als Sprungbrett für das Lob Gottes.
- Sprechen Sie mit Gott über Sünde in Ihrem Leben. Bitten Sie ihn, Ihnen zu vergeben, und sagen Sie ihm, dass Sie die Dinge in Ordnung bringen möchten. Nehmen Sie sich vor, sich ganz praktisch mit dem Unrecht, das Sie anderen zugefügt haben, auseinander zu setzen.
- Nehmen Sie sich täglich Zeit für Gott und zum Lesen der Bibel.

- Bitten Sie Gott darum, dass Sie die Menschen, die Sie verletzt haben, in einem neuen Licht sehen können.

Wenn Sie helfen wollen

- Denken Sie darüber nach, was Gott im Leben der Person bereits getan hat, und loben Sie Gott dafür, dass er ihre Situation in der Hand hält. Beten Sie Verse aus der Bibel.
- Erinnern Sie sich immer wieder daran, dass letztlich nur Gott die Macht hat, die betreffende Person zu heilen.
- Bitten Sie Gott, dass er Ihnen hilft, für diesen Menschen ein «Ort der Geborgenheit» zu werden und ein Kanal für Gottes Weisheit, seine Liebe und Gnade.
- Ermutigen Sie die Person, jeden Tag Zeit im Gebet und mit dem Lesen der Bibel zu verbringen.

Bibelvers zum Thema

Die Güte des Herrn hat kein Ende, sein Erbarmen hört niemals auf, es ist jeden Morgen neu! Groß ist deine Treue, o Herr! Darum sage ich: Herr, ich brauche nur dich! Auf dich will ich hoffen. (Klagelieder 3,22–24)

Impuls

Gott hat alles in der Hand.
Er schenkt uns seine Gegenwart, sein Wort
und seine Gerechtigkeit.

4

Keiner weiß davon – warum es nicht dabei belassen?

Der Wunsch, sich vollständig abzuschotten

Der Wind schnitt mir ins Gesicht, als ich die Tür meines Autos öffnete und auf den Asphalt trat. Ich hatte mich auf einen nach hinten gelegenen Parkplatz gestellt. Das Gebäude stand nur wenige Meter entfernt. Ich hüllte mich fest in meinen Mantel und machte mich bereit, mit schnellen Schritten auf den Hintereingang zuzugehen. Mir war kalt, doch das war nicht der Grund, warum ich es eilig hatte.

Als ich vom Auto weglief, schickte ich ein kurzes Gebet nach oben: «Herr, bitte schenke, dass mich niemand sieht.» Ich hatte absichtlich den letzten möglichen Termin an diesem Tag ausgemacht in der Hoffnung, dass dann die Luft rein und das Gebäude praktisch leer sein würde. Denn unter keinen Umständen wollte ich gesehen werden, wie ich die Praxis eines Therapeuten betrat.

Tatsächlich erreichte ich die Hintertür unbemerkt, betrat das Gebäude und fand mich in einem kleinen Wartezimmer wieder. Dann erst schaute ich auf – und verlor gleich den Mut. Da war noch jemand im Raum. Ich dachte kurz daran, umzukehren und wieder wegzugehen, entschloss mich dann aber doch dagegen. Die Frau hatte mich schon gesehen. Es war sowieso zu spät. Also setzte ich mich, nahm eine der ausliegenden Zeitschriften und begann sie durchzublättern. Ich konnte mich nicht auf die Seiten konzentrieren. Ich war nervös, und mir war schwindlig. Meine

Hände zitterten. Was hatte ich hier eigentlich verloren? Was sollte ich überhaupt sagen?

Nach ein paar Minuten rief mich der Therapeut in sein Büro und zeigte auf einen bequemen Sessel. Als ich mich hinsetzte, bemerkte ich eine Schachtel Kleenex auf dem Tisch in der Nähe. Mit einem Blick auf die Taschentücher strich ich meinen Rock glatt und nahm mir vor, dass ich sie nicht brauchen würde.

Es war Herbst in Philadelphia. Ted und ich waren inzwischen seit fünf Jahren verheiratet und hatten unser zweites Zuhause bezogen. Ted sorgte sehr gut für unser Auskommen. Noelle war zu dieser Zeit noch ein Baby, und ich war gerade dreiundzwanzig Jahre alt. Ich war damit beschäftigt, die Grundlagen des Mutterseins zu erlernen, und mein Leben war angefüllt mit guten Dingen. Doch das Zentrum meines Lebens – meine Ehe – war aus der Balance geraten. Wir schienen uns ständig zu streiten.

Eines Abends, während Ted unterwegs war, beschloss ich, Noelle mit zu einer Freundin zu nehmen und dort gemeinsam Pizza zu essen. Meine Freundin und ich hatten einen schönen Abend mit unseren Kindern, und bevor es zu spät wurde, packte ich Noelles Sachen zusammen und wir fuhren nach Hause. Als ich dort ankam, stellte ich überrascht fest, dass Ted bereits von seiner Reise zurückgekehrt war. Schon als ich auf ihn zuging, um ihn zu begrüßen, merkte ich, dass etwas nicht in Ordnung war. Bald brach ein Streit los. Er brauste auf, und meine Frustration erreichte einen kritischen Punkt. Bevor ich richtig wusste, was ich tat, packte ich einen Beutel Koteletts, die ich zum Auftauen auf der Küchentheke liegen gelassen hatte, und warf ihn nach meinem Mann.

Diese Geschichte erzählte Ted Jahre später seinen Freunden und lachte darüber, dass ich mich völlig untypisch verhalten hatte und wütend genug gewesen war, Koteletts nach ihm zu werfen. Doch damals hatte ich allmählich begonnen zu verstehen, dass Ted und ich ernste Probleme miteinander hatten. Ich hatte nie gesehen, dass meine Eltern aufeinander wütend waren, und so wusste ich nicht, wie ich auf Ted reagieren sollte, wenn wir uns stritten. Ich wollte wirklich wissen, an welchen Stellen ich für den Konflikt zwischen uns verantwortlich war. Denn ich fühlte mich schrecklich unzulänglich als Ehefrau. Die Dinge mussten jetzt einfach besser werden.

Nach langem Zögern entschloss ich mich dann, einen Therapeuten zu konsultieren. Die Tatsache, dass ich für mein persönliches Leben Hilfe von außen in Anspruch nehmen musste, war für mich ein Zeichen der Schwäche, das außerdem auf geistliches Versagen hinwies. Das war mir sehr peinlich. Ich schämte mich dafür, dass ich einen Therapeuten nötig hatte. Reichte denn der Glaube nicht aus?

Ich war das Kind eines begabten Evangelisten. Sollte ich nicht in der Lage sein, mein Problem im Gebet und durch das Studium der Bibel zu lösen? Schließlich war dieses Vorgehen doch bei meinen Eltern und Großeltern, meinen Vorbildern im Glauben, ausreichend gewesen. Ich wollte sein wie sie – siegreich auch in Schwierigkeiten, in einer engen Beziehung mit Gott und fähig, die Hindernisse auf meinem Weg zu überwinden. War es nicht das, was andere von mir erwarteten? Und war es nicht auch das, was ich selbst von mir erwartete?

Aber ich hatte versagt: zuerst in meiner Ehe und dann bei dem Versuch, meine Fehler wieder gutzumachen. Ich sah mich als Schandfleck, meilenweit davon entfernt, den Maßstäben zu genügen.

Trotzdem war klar, dass sich in meiner Ehe etwas verändern musste. Und zu diesem Zeitpunkt war ich bereit, eine Blamage zu riskieren, um Hilfe zu bekommen. Oder besser gesagt, ich war zwar bereit, eine Blamage zu riskieren, würde aber alles tun, um die Wahrscheinlichkeit dafür so gering wie möglich zu halten. Mein Name war schließlich in manchen Kreisen wohlbekannt. Und selbst vor meinen engsten Freunden und vor Familienmitgliedern hatte ich meine Eheprobleme verborgen. Kein Wunder, dass ich große Angst hatte, bloßgestellt zu werden.

Nachdem ich erst einmal die Gelben Seiten durchgeblättert hatte, rief ich am Ende einen Therapeuten an, den ich vor einigen Monaten bei einem Empfang des christlichen Frauenkreises am Ort hatte sprechen hören. Die Ansprache dieses Mannes bei dem Mittagstreffen hatte mich tief bewegt, und ich hatte mir damals gewünscht, ich könnte mit ihm reden. Doch da war Seelsorge oder Therapie für mich noch kein Thema gewesen. Als ich mich aber jetzt an diesen Mann erinnerte, beschloss ich, seine Nummer nachzuschlagen. Er war sehr diskret und arrangierte für mich einen Termin am späten Nachmittag. Nachdem ich aufgelegt hatte, verspürte ich eine gewisse Erleichterung. Vielleicht würde mir der Therapeut doch helfen können.

An dem Tag, an dem ich den Termin hatte, bat ich Freunde, auf Noelle aufzupassen, und sagte zur Erklärung nur, dass ich «zum Arzt» ginge. Ich fühlte mich schon ein bisschen schuldig, dass ich nicht ganz ehrlich zu ihnen war. Doch ich wollte mich eben nicht verletzbar machen. Ich empfand es als sicherer, alles für mich zu behalten – trotz meiner eigenen Überzeugung, dass es mir doch bestimmt ins Gesicht geschrieben stand, wohin ich unterwegs war. Ich bog auf die Straße ein und merkte, wie mein Herz anfing zu rasen. Was, wenn dieser Therapeut mir doch nicht helfen konnte? Ich hatte Angst. Denn ich war dabei, etwas zu riskieren. Ich würde mich einem Fremden gegenüber verwundbar machen.

Verstehen, warum jemand sich abschottet

Es war für mich schon fast eine Routine geworden, die Probleme in meiner Ehe vor anderen zu verheimlichen. Da Ted und ich von Anfang an mit unserer Beziehung zu kämpfen hatten, hatte ich praktisch vom ersten Tag an gelernt, die Wahrheit über unsere Ehe zu verbergen.

Nicht, dass es einfach gewesen wäre, den wahren Zustand meines Herzens geheim zu halten. Der Übergang vom Schulmädchen zur Ehefrau war für mich schon hart genug, auch ohne unsere Streitereien. Ich war so jung, hatte im Grunde keine Ahnung vom Leben, und gleich von dem Moment an, als Ted und ich auf Hochzeitsreise gingen, hatte ich schreckliches Heimweh. In dem Flugzeug nach Hawaii saßen um mich herum lauter aufgeregte junge Frauen, die es nicht erwarten konnten, ihre Männer und Freunde wiederzusehen, die gerade aus Vietnam zurückgekehrt waren. Ich dagegen, frisch verheiratet, saß neben meinem Mann und weinte. Ich war auf das Leben in der Ehe schlicht nicht vorbereitet, war unsicher, klammerte mich an Ted und erwartete alles von ihm. Als sich unsere Ehe als wackelig erwies, wusste ich einfach nicht, was ich tun sollte. Und ich glaubte nicht, dass ich irgendjemanden um Rat fragen konnte.

Stattdessen setzte ich meine Maske auf, richtete mich in meiner Situation ein und fand mich damit ab, meine Eheprobleme allein anzugehen. Abgesehen von meinem Versuch mit der Therapie – der schon nach kurzer Zeit endete, weil ich den Eindruck gewann, dass Ted kein Interesse hatte – war mein Tagebuch der einzige Ort, wo ich meine Gefühle zum Ausdruck bringen konnte.

Warum eigentlich isolieren wir uns mit unseren inneren Kämpfen? Aus Stolz und aus Angst, verurteilt zu werden, oder weil wir fürchten, die Menschen, die uns wichtig sind, zu enttäuschen – das sind nur einige der Gründe. Bei mir war es so, dass ich die Probleme in meiner Ehe selbst vor den Menschen, denen ich vertraute, verbarg. Unter anderem, weil ich glaubte, dass meine Schwierigkeiten mit Ted mich als eine schlechte Ehefrau erscheinen ließen. Und ich wollte nicht, dass meine Familie und meine Freunde mich als Versagerin betrachteten. Denn ich hatte sowieso schon ein negatives Selbstbild und fürchtete, meine Scham würde nur noch größer werden, oder wirklicher und konkreter, wenn die Wahrheit in Gegenwart anderer ausgesprochen würde.

Manche Gründe, warum wir unsere Nöte verbergen, erscheinen zumindest uns selbst sehr ehrenwert. Während ich versuchte, an unserer Ehe zu arbeiten, kämpfte ich oft mit der Vorstellung, dass ich für Gottes «guten Ruf» verantwortlich sei. Als Mitglied der Familie meines Vaters hatte ich das Gefühl, ich müsste anderen ein Beispiel geben, ich müsste alle Regeln einhalten und so Gott gut dastehen lassen. Hatten meine Vorbilder nicht genau dasselbe getan? Sie schienen in der Lage zu sein, immer das Richtige zu tun, und wenn etwas in ihrem Leben schief ging, dann schafften sie es, dennoch nicht den Mut zu verlieren.

Irgendwann war ich verwirrt und fing an zu glauben, dass den Mut nicht zu verlieren – oder Gott gut dastehen zu lassen – bedeutete, zu zeigen, dass ich auch in Kämpfen vollkommen heil und unversehrt bleiben konnte, egal was ich in Wahrheit erlebte. Ich wollte beweisen, dass ich mich meiner Prüfungen freuen und unabhängig von meiner Situation zufrieden sein konnte. Dieser Wunsch entsprang teilweise der ehrlichen Sehnsucht, mit meinem Leben die Wahrheit der biblischen Aussagen zu demonstrieren. Gott hatte doch dem Apostel Paulus gesagt: «Meine Gnade ist alles, was du brauchst! Denn gerade wenn du schwach bist, wirkt meine Kraft ganz besonders an dir» (2. Korinther 12,9). Ich wollte, dass mein Leben in jeder Hinsicht ein Beispiel dafür war, dass Jesus allein genügte, dass der christliche Glaube wirklich «funktionierte». Sehen Sie, in welche Falle ich getappt war?

Nachdem Teds außereheliche Beziehungen ans Licht gekommen waren, sollte ich entdecken, dass das Vertuschen meiner Verletzungen und Fehler – das Vorgeben, bei mir wäre alles in Ordnung – nicht der Weg war, wie ich Gott ehren oder beweisen konnte, dass der Glaube wirklich funktionierte. Denn niemand ist perfekt. In dem oben zitierten Vers heißt es «gerade wenn du *schwach* bist, wirkt meine Kraft ganz besonders an dir» [Hervorhebung durch die Autorin]. Unser löblicher Wunsch, Gottes Namen zu verherrlichen, führt uns in die Irre, wenn wir versuchen, dieses Ziel zu erreichen, indem wir eine Rolle spielen und unsere Schwachheit verstecken. Nur wenn wir ehrlich mit uns selbst und anderen umgehen, geben wir Jesus die Möglichkeit, machtvoll in unserem Leben zu wirken. Nur dann wird er tatsächlich in unserem Leben verherrlicht.

Leider sitzen wir oft in unseren Gemeinden und tun so, als wären die Menschen, die Hilfe brauchen, irgendwo da draußen, und als hätten wir drinnen nichts nötig und würden nie falsche Entscheidungen treffen. Wir lächeln und sehen glücklich und siegreich aus, während wir gleichzeitig unsere zerbrochenen Herzen pflegen und uns nicht trauen, unsere Probleme zuzugeben, weil wir Gott nicht schlecht aussehen lassen wollen. Wir mühen uns ab und kämpfen, um uns selbst als Menschen hinzustellen, die auf alles eine Antwort haben. Wir unternehmen große Anstrengungen, damit der christliche Glaube als Erfolgsmodell erscheint.

Aber all das ist gar nicht unsere Aufgabe. Die Grundlage für unsere Entscheidung, Christus nachzufolgen, und auch für die Aufnahme in die christliche Gemeinde besteht doch gerade darin, zuzugeben, dass wir Sünder sind, die einen Erlöser brauchen; dass wir es nicht alleine schaffen; dass wir die Bruchstücke unseres Lebens selbst nicht wieder zusammensetzen können. Wir werden uns nur selbst aufzehren, wenn wir versuchen, das zu tun, was nur Gott tun kann. Er will, dass wir innehalten und erkennen, dass *er* Gott ist (Psalm 46,11; Luther).

Wir sollten also zugeben, dass wir auf Gott angewiesen sind und auch die Hilfe anderer Menschen nötig haben. Abgesehen davon gibt es jedoch auch gute Gründe, vorsichtig zu sein, wem man seine persönlichen Erfahrungen mitteilt. Immer vorzugeben, dass alles in bester Ordnung ist, stellt lediglich das eine Extrem dar. Das andere besteht darin, unsere tiefsten Enttäuschungen, Verletzungen und Sehnsüchte bei jeder Gelegenheit zu offenbaren. Hier müssen wir uns um ein gesundes Gleichgewicht bemühen. Die Bibel sagt dazu: «Behüte dein Herz mit allem Fleiß, denn daraus quillt das Leben!» (Sprüche 4,23; Luther). In der «Hoffnung für alle» heißt es: «*Achte auf* deine Gedanken und Gefühle, denn sie beeinflussen dein ganzes Leben» [Hervorhebung durch die Autorin]. Auf unser Herz, auf unsere Gedanken und Gefühle zu achten, bedeutet, dass wir mit den persönlichen Details unseres Lebens sorgsam umgehen. Wenn wir unsere Gefühle zur Schau tragen, riskieren wir Schaden für uns selbst und andere. Niemand zwingt uns, alles zu erzählen. Es ist wichtig, trotz aller Offenheit noch eine Privatsphäre zu haben. Wir sollten uns bei der Entscheidung, was wir anderen weitergeben, klug verhalten. Wir sollten vorsichtig und wohlüberlegt handeln. Wie die Figur der Weisheit in den Sprüchen es formuliert: «Ich bin die Weisheit, und zu mir gehört die Klugheit» (Sprüche 8,12).

Besonders sorgfältig müssen wir auf die Privatsphäre der Menschen achten, mit denen wir durch einen Bund zusammengeschlossen sind. Das gilt vor allem für unseren Ehepartner. Ich hielt meine Eheprobleme zu einem gewissen Grad auch deshalb geheim, weil ich den Namen meines Mannes schützen wollte. Teds Ruf war mir anvertraut. Sein Hochzeitsring trug den Vers: «Ihr Mann kann sich auf sie verlassen» (Sprüche 31,11). Und ich wollte eine Frau sein, auf die sich mein Mann verlassen kann. Ich hielt es für meine Aufgabe, ihn zu schützen.

Auch die Bibel lehrt, dass die Ehe heilig ist. Sie ist immer wichtiger als die Probleme, die zwischen den beiden Partnern entstehen, wie immer sie auch aussehen mögen; auch wichtiger als das einzelne Paar. Weil die Ehe in der Bibel ein Bild ist für die Beziehung von Christus zu seiner Braut, der Gemeinde, gilt sie als unauflösliche Verbindung.

Meine Mutter hat oft auf einen Vers aus den Sprüchen hingewiesen: «Liebe deckt alle Übertretungen zu» (Sprüche 10,12; Luther). *Die Liebe deckt zu.* Liebe hält die Fehler der anderen verborgen. Liebe stellt nicht bloß und verletzt nicht. Liebe schafft vielmehr Sicherheit für diejenigen, denen sie gilt. Das heißt allerdings nicht, dass wir Missbrauch vertuschen. Aber es heißt, dass wir darauf achten, die Ehre derjenigen, die wir lieben und mit denen wir durch die Ehe verbunden sind, zu wahren.

Wie finden wir also die richtige Balance zwischen kluger Zurückhaltung und gesunder Offenheit? Ich bin immer noch dabei, das zu lernen. Und in den ersten Jahren unserer Ehe hatte ich damit große Schwierigkeiten. Zu meinem eigenen Schaden – und zum Schaden anderer – bemühte ich mich, meine Ehe zu schützen. Ich lebte zwar, so gut ich es verstand, und versuchte dabei, Gott zu dienen.

Aber das energische Verbergen meiner eigenen Schwierigkeiten forderte schließlich seinen Preis.

Und dennoch sah ich später, dass Gott selbst meinen kleinsten Versuch, für ihn zu leben, achtete. Ich war isoliert mit meinen Verletzungen und Enttäuschungen, aber Gott blickte in mein Herz. Er kannte meinen Zustand, und sein unveränderliches Ziel bestand darin, mich wieder heil zu machen. In seiner großen Barmherzigkeit streckte er seine Hand aus hinter meine Maske, legte sie auf meine tiefste Wunde und war unaufhörlich am Werk für mein Bestes.

Gott ist hinter unserer Maske am Werk

Wie ich schon gesagt habe, benutzte Gott meine Bemühungen und täglichen Aktivitäten in den Jahren vor meinem Gespräch mit Ted an seinem Geburtstag, um mich zu stärken und mich auf die Krise in meiner Ehe vorzubereiten.

Eine Erfahrung sticht dabei heraus, weil sie mich besonders stark verändert hat: eine Serie von Bibelarbeiten, die ich während unserer Zeit in Virginia hielt, bevor ich von Teds Affären erfuhr. Wieder tat ich eigentlich nur das Naheliegende, eben Menschen in der biblischen Lehre zu unterweisen, wie ich es in der einen oder anderen Form immer schon getan hatte. Doch ohne dass ich es ahnte, wirkte Gott durch diese Erfahrung und legte in meinem Leben ein wichtiges geistliches Fundament, das ich brauchen würde; nicht nur, um die Krise mit Ted zu überstehen, sondern auch, um allmählich aus der Isolation herauszukommen und zu einem ausgeglicheneren und ehrlicheren Lebensstil zu finden.

In Virginia leitete ich Bibelarbeiten für eine Gruppe von Frauen aus unserem Ort. Dieser Kurs war der intensivste, den ich in all den Jahren durchgearbeitet hatte, und vielleicht auch der befriedigendste. Ich verbrachte den Morgen und den Abend damit, Pläne für das Bibelstudium zu erstellen und mich auf den Kurs vorzubereiten. Ted arbeitete damals von seinem Büro in unserem «Stall» aus, und wir trafen uns immer zum gemeinsamen Mittagessen. Obwohl ich immer noch für Harper & Row tätig war, war das Bibelseminar zu so etwas wie einem Vollzeitjob geworden. Ich setzte mich an die Arbeit, sobald die Kinder zur Schule gegangen waren, und blieb dann meistens auch daran, bis sie wieder nach Hause kamen.

Die interessanteste Reihe von Bibelarbeiten, die ich in dieser Zeit gehalten habe, nämlich diejenige, um die es mir hier geht, hatte ich «Sich an Gott freuen» genannt. Das war eine Anspielung auf die Titel der Bücher von J. I. Packer, «Gott erkennen»[5], und Charles Colson, «Gott lieben»[6]. Ich wollte die Freude an Gott betonen, was eine persönliche und auch emotionale Beziehung zu ihm voraussetzte. Für mich hatte Freude etwas damit zu tun, dass man sich zu Hause fühlt. Und mir wurde bewusst: Wenn wir uns bei Gott nicht zu Hause fühlen können, würden wir uns nirgendwo zu Hause fühlen können. Wir würden uns nie ganz wohlfühlen in unserer Haut, und unsere Fähigkeit, in Freiheit zu lieben – oder sogar überhaupt in Freiheit zu leben –, wäre stark eingeschränkt.

Einiges Material für meine Bibelarbeitsreihe wollte ich aus dem Buch Jesaja nehmen. Denn ich liebe das Alte Testament und wollte meiner Gruppe zeigen, dass der Gott des Alten Testaments nicht eine strenge Person ist, die nur auf die Gelegenheit wartet, uns zu strafen, wie das manche Menschen glauben. Was ich beim Gott des Alten Testaments sah, waren Wärme, Liebe und Erbarmen mit den Menschen. Deshalb wünschte ich mir sehr, dass wir alle in der Bibelgruppe Gottes Wesen, wie es in diesem Teil der Bibel zum Ausdruck kommt, in seiner ganzen Tiefe entdecken und noch persönlicher erleben.

In einer der ersten Wochen unseres Bibelseminars bat ich die Frauen, gewissermaßen als kleine Hausaufgabe, sich vorzustellen, dass sie auf Gottes Schoß krabbeln und «Papa» zu ihm sagen. Ich wollte dadurch deutlich machen, dass die enge persönliche Beziehung zu Gott den Schlüssel zur Freude an ihm darstellt. Und ich habe festgestellt, dass Christen Gott nicht immer so persönlich als Papa sehen und noch viel weniger sich vorstellen, wie sie auf seinen Schoß krabbeln. Meiner Bibelgruppe schien die Aufgabe selbst schon merkwürdig. Ich erinnere mich noch an den kleinen, aber wahrnehmbaren Schock, als ich sie beschrieb.

Tatsächlich hatten alle von uns, ich eingeschlossen, Schwierigkeiten mit dieser Übung. Die Mühe, die es uns machte, unsere Verlegenheit zu überwinden, brachte uns ins Nachdenken. Warum konnten wir uns Gott nicht als liebevollen Papa vorstellen? Warum waren wir so schüchtern, wenn es darum ging, uns ihm zu nähern? Wie sah unser Bild von Gott aus? War es vielleicht unvollständig oder sogar falsch?

Bei der Beantwortung dieser Fragen merkten wir, dass unsere Bilder von Gott gefärbt waren durch problematische Eindrücke von unseren irdischen Vätern. Meine Erinnerung an meinen Vater war zum Beispiel die, dass er einen Großteil der Zeit nicht zu Hause war. Mein Vater hat über das Bedauern und das tiefe Gefühl des Verlustes berichtet, das er empfand, weil er während unserer Kindheit so oft von zu Hause weg war. Gott hatte ihn in seinem Leben ganz offensichtlich zu einer besonderen Aufgabe berufen, die unheimlich viel von ihm forderte. Vater tat sein Bestes, um in der Zeit, in der er bei uns zu Hause war, seine häufige Abwesenheit auszugleichen. Ich hatte ihn sehr lieb, und ich wusste, dass er mich liebte. Ich dachte nur immer, dass er mit jemand anders beschäftigt war. Nun, als Erwachsene, wurde mir klar, dass ich mir Gott ganz ähnlich vorstellte.

Das Unbehagen, das meine Bibelgruppe und ich selbst verspürten, als wir versuchten, diese kleine Übung nachzuvollziehen, bestätigte für mich nur die Relevanz des Themas unserer Bibelarbeiten. Ich erkannte, dass es für uns lebenswichtig ist, uns an Gott als unserem Vater freuen zu können und ihn als seine Kinder ganz persönlich zu kennen.

Die Bibel selbst sagt uns, dass wir durch Christus «einen kindlichen Geist empfangen [haben], durch den wir rufen: Abba, lieber Vater!» (Römer 8,15; Luther). Die Bezeichnung «Abba», das aramäische Wort für «Papa», beinhaltet ein Maß an Wärme und Intimität – genau wie das deutsche «Papa» –, das für uns Christen in unserer Beziehung zu Gott entscheidend ist. Denn Gott ist nicht nur unser Vater; er ist unser «Papa». Man muss sich einmal den Unterschied vor Augen führen. «Vater» bezeichnet eine Rolle, während «Papa» für eine Rolle plus tiefe Zuneigung auf beiden Seiten steht. Und so viel in unserem Leben als Christen hängt von dieser tiefen Zuneigung ab.

Wenn wir Gott als fern und uns gegenüber gleichgültig betrachten, dann werden wir die ganze Botschaft der Bibel ablehnen, dass nämlich Gott uns in der Person Jesu nahe gekommen ist. Wir werden auch das Gewaltige, was in der Versöhnung, die Christus geschaffen hat, geschieht, nicht begreifen: dass ein liebender Vater, ein Papa, seinen einzigen geliebten Sohn geschickt hat, damit er aus Liebe zu uns, seinen Kindern, ans Kreuz geht. Sicher sollen wir Gott als unseren Schöpfer verehren. Doch wir sollten ihn auch ganz persönlich kennen, in einer vertrauten und liebevollen Beziehung. Sonst versäumen wir etwas Entscheidendes und verfehlen das eigentliche Zentrum unseres Glaubens.

In den Wochen nachdem meine Bibelgruppe sich an der von mir gestellten Aufgabe versucht hatte, unternahm ich mit ihnen eine sorgfältige Studie des Charakters Gottes, hauptsächlich wie er im Buch Jesaja zum Ausdruck kommt. Wir machten uns Gedanken über Gottes Zärtlichkeit, seine Vergebung und seinen Trost. Uns wurde klar, dass sich Gott danach sehnt, uns zu befreien. Wir sprachen darüber, was es bedeutet, Gottes Kinder zu sein und zu ihm zu gehören. Uns wurde klar, dass Gott uns so sehr liebt, dass er uns dazu bestimmt hat, die Seinen zu werden. Wir untersuchten sein Versprechen, uns wiederherzustellen, und setzten uns mit der Macht seiner Liebe auseinander. Und als sich unser Bibelseminar dem Ende näherte, gingen wir dieselbe Übung noch einmal an. Und diesmal konnten einige, darunter ich selbst, sie tatsächlich durchführen.

Sich an Gott freuen

Können Sie sich vorstellen, Gott ganz nah zu sein, ihn «Papa» zu nennen und sich sozusagen von ihm in den Arm nehmen zu lassen? Meinen Sie, Sie könnten die Übung, die ich meiner Bibelgruppe als Aufgabe gestellt hatte, für sich umsetzen? Lassen Sie es uns gemeinsam versuchen.

Fangen Sie damit an, dass Sie sich entspannen. Vergessen Sie für einen Moment sich selbst, und lassen Sie die Sorgen des Tages los. Atmen Sie tief ein, und lassen Sie Ihre Gedanken zur Ruhe kommen. Dann stellen Sie sich vor, dass Sie ruhig und ungestört an einem bequemen Ort bei Gott sitzen. Sie sitzen neben ihm, ganz nah bei ihm. Er wendet sich Ihnen zu und lächelt Sie liebevoll an. «Wie geht es dir?», fragt er. Und Sie antworten ihm und erzählen ihm von Ihrem Tag, Ihrer Familie und Ihren Freunden. Er hört zu und schaut Ihnen dabei in die Augen. Sie reden eine Weile und blicken dann zu ihm in Erwartung einer Antwort. Aber er schweigt. Und er fragt Sie noch einmal: «Wie geht es dir?»

Sie sind verwirrt, weil er Sie ein zweites Mal fragt. Sofort merken Sie, dass Sie sich unwohl fühlen. Sie schauen ihn an und versuchen, in seinem Gesicht zu lesen. Was meint er damit? Er sagt nichts. In seinen Augen erkennen Sie Liebe und Fürsorge. Warum sagt er nicht, worum es geht? Sie werden nervös und ängstlich. Sie sitzen da, sind durcheinander und fangen an zu weinen. Gott nimmt Sie in die Arme und streichelt Ihren Arm. Sie legen Ihren Kopf an seine Schulter, und Ihr Weinen wird zu einem Schluchzen.

Dann stellen Sie fest, dass Sie dabei sind, auf seinen Schoß zu kriechen und sich ganz fest an seine Brust zu drücken. Es ist gut, Ihren Gefühlen freien Lauf zu lassen. Während Sie noch weinen, fangen Sie an, Gott zu sagen, wie Sie sich fühlen. Sie schütten Ihr Herz aus: Ihre Ängste, Ihre Verletzungen, Ihre Erinnerungen daran, wie man Sie abgelehnt hat, Ihre Gefühle der Unsicherheit, Ihre Sünden, Ihren Mangel an Liebe und Freude, Ihren Egoismus, Ihre Wut und Ihre Bitterkeit, auch gegenüber Gott. Ja, sogar gegenüber ihm. Wo war er, als Sie ihn brauchten? Warum hat er in Ihrem Leben all diese Verletzungen zugelassen? Sie haben doch versucht, ihn zufrieden zu stellen, aber es scheint nie zu reichen. Jetzt sind sie müde geworden. Entsetzlich müde. Warum?

Es dauert nicht lange, dann werden Sie ruhig. Sie sind erschöpft, haben Ihre Gefühle aufgebraucht. Sie liegen in Gottes Armen, wenden sich um und schauen auf in sein Gesicht. Seine Wangen sind nass von Tränen. Und er sagt: «Mein Kind, ich liebe dich. Ich lehne dich nicht ab. Ich habe dich immer schon geliebt.» Sie werfen einen Blick nach unten auf seine Hände, und zum ersten Mal sehen Sie seine Wunden. Plötzlich bekommen Sie ein ganz neues Verständnis seiner Liebe. Gott wurde für Sie verwundet. Um Ihretwillen leidet er Schmerzen. Wegen Ihnen bricht sein Herz. Ihr Leid macht ihm großen Kummer.

Sie schauen in seine Augen und sehen darin keine Verdammung, sondern Liebe – eine Liebe, die tiefer ist, als Sie es je zuvor erlebt haben. Ihr Herz ist von Zärtlichkeit erfüllt, und Sie rücken näher zu Gott hin. Sie sagen: «Ich hab dich lieb, Papa.» Er küsst Sie und umarmt Sie. Friede erfüllt Sie, und Sie fühlen sich sicher und geborgen bei ihm, Sie sind zu Hause. Nehmen Sie sich einen Moment und ruhen Sie in diesem Gefühl. Das ist Zufriedenheit. Wenn Sie so weit sind, kommen Sie ganz sachte aus der Übung zurück und danken dann Gott für seine Nähe, die Sie gerade erlebt haben.

Ist es Ihnen gelungen, sich Gott so ganz persönlich vorzustellen und in großer Vertrautheit zu ihm in Beziehung zu treten? In welcher Umgebung, glauben Sie, könnten Sie die Nähe Gottes erfahren? Vielleicht erscheint Ihnen Gott doch stärker als ferne Gestalt, als Ihnen das vorher bewusst war. Vielleicht macht Ihr Verhältnis zu Ihrem irdischen Vater es fast unmöglich, dass Sie Gott als einen liebevollen Papa sehen. Wenn das der Fall ist, kann ich Ihnen versichern, dass Sie mit Ihren Schwierigkeiten nicht allein sind.

Viele von uns kommen aus zerbrochenen Familien oder problematischen Elternhäusern. Wir tragen oft noch tiefe Verletzungen aus unserer Kindheit mit uns herum – Verletzungen durch Vernachlässigung, Ablehnung oder Missbrauch. Diese Erfahrungen machen es uns schwer, uns Gott als einen warmherzigen, zugänglichen und liebevollen Vater vorzustellen. Und es kann sehr schwierig sein, diese frühen Eindrücke zu überwinden. Aber Gott sehnt sich danach, dass Ihnen das gelingt. Er wird Ihnen helfen, ihn so zu sehen, wie er wirklich ist. Wenn Sie es versuchen, dann wird er Ihnen bei jedem kleinen Schritt zu Hilfe eilen.

Je nachdem, wie schwerwiegend Ihre Probleme sind, sollten Sie unter Umständen einen Therapeuten zu Rate ziehen oder Magazine, Arbeitsbücher oder andere Hilfsmittel verwenden, um sich mit den Verletzungen in Ihrer Vergangenheit auseinander zu setzen. Was immer Gott Ihnen zeigt, beten Sie um die Kraft, an Ihrer eigenen Heilung mitzuarbeiten. Schleppen Sie sich nicht dahin in einer Beziehung zu Gott, die nur distanziert ist und in der Sie sich nicht wohlfühlen. Um in Gott wachsen zu können – um all das zu werden, wozu wir geschaffen sind –, müssen wir ganz eng mit ihm vertraut sein. Gott will, dass Sie sich bei ihm sicher fühlen. Er will, dass Sie wieder heil werden. Und er möchte nicht, dass Ihre Vergangenheit Sie in Fesseln legt. Er steht ganz eindeutig auf Ihrer Seite und wünscht sich, dass Sie ihn kennen und ihm vertrauen. Scheint Ihnen das unmöglich? Gott versteht Ihre Gefühle. Er selbst wird Sie leiten, wenn Sie sich um Heilung bemühen. Doch bemühen müssen Sie sich schon. Beten Sie darum, dass Gott Ihnen Mut und Kraft schenkt. Dann wird er sich mit Ihnen auf den Weg machen und Sie ganz behutsam leiten. Und Sie können sicher sein, dass er immer das Beste für Sie im Sinn hat.

Erst viele Monate nachdem ich die Bibelarbeiten zum Thema «Sich an Gott freuen» geleitet hatte, begann ich zu begreifen, welche Bedeutung dieses Seminar für mein Leben hatte. Bevor ich von den Affären meines Mannes erfuhr, war ich in meinem Leid von anderen isoliert, und ich war zu einem gewissen Grad auch von Gott abgeschnitten. Ich musste ganz neu und grundlegend lernen, dass Gott in meinem Leben ein liebender Vater sein wollte. Denn ich stand in keiner so engen Beziehung zu ihm, wie es nötig gewesen wäre, um dem kommenden Sturm in meinem persönlichen Leben zu widerstehen.

Gott benutzte das Bibelstudium in meiner Gruppe dazu, meine falschen Vorstellungen von seinem Wesen zu durchbrechen, so dass ich eine innigere Beziehung zu ihm entwickeln und es wagen konnte, mich rückhaltloser auf ihn zu verlassen. Tatsächlich war diese größere Nähe in meiner Beziehung zu Gott auch der erste Schritt zu einer besseren Ausgeglichenheit in meinem Verhältnis zu anderen Menschen. Denn zuerst müssen wir lernen, Gott zu vertrauen. Erst dann können wir es wagen, auch anderen Vertrauen entgegenzubringen. Doch es wird für uns einen großen Gewinn bedeuten, wenn wir beides lernen.

Der Preis der Isolation

Auch während der Jahre, in denen ich mich mit meinem Schmerz isolierte, handelte Gott in meinem Leben. Daran besteht kein Zweifel. Doch irgendwann holte mich schließlich die ganze Maskerade und das Durchwursteln ein, und mir wurde bewusst, welchen Preis ich für meine Isolation zahlen musste. (Dieses Bewusstwerden selbst war ein Zeichen, dass die Gnade Gottes in meinem Leben am Werk war.)

Denn obwohl ich es gerade lernte, eine engere Beziehung zu Gott aufzubauen, war ich gleichzeitig immer weniger in der Lage, in täglichen Situationen meine Gefühle zum Ausdruck zu bringen. Das ging so weit, dass ich kaum noch weinen konnte. Ich war einfach nicht mehr fähig, tief zu empfinden. Ich lebte die ganze Zeit wie auf Autopilot gestellt. Ich tat und sagte zwar, was von mir erwartet wurde. Aber im Innern fühlte ich mich völlig leblos. Meine Gefühle waren weggeschlossen, und ich hatte keinen Ort, wo ich mich sicher genug fühlte, um ihnen einmal Ausdruck zu geben. Genau das ist ein Teil des Preises, den die Isolation von uns fordert – unsere Gefühle machen dicht, und unser Herz erkaltet.

Lassen wir zu, dass unser Herz kalt wird, dann können wir uns, ohne es zu ahnen, in eine gefährliche geistliche Situation hineinmanövrieren. Denn wenn unser Herz sich einkapselt und dichtmacht, wenn wir nicht mehr empfinden können, dann laufen wir Gefahr, dass auch unsere Liebe erkaltet – unsere Liebe zu anderen und letztlich auch unsere Liebe zu Gott. Doch die Liebe ist es, die uns mit Gott verbunden hält. So hat Jesus seine Jünger gelehrt:

«Wie mich der Vater liebt, so liebe ich euch. Bleibt in meiner Liebe!» (Johannes 15,9). Liebe ist das große Gebot Gottes. Wir sollen den Herrn lieben von ganzem Herzen, mit ganzer Hingabe, mit all unserer Kraft und mit unserem ganzen Verstand und unseren Mitmenschen wie uns selbst (vgl. Lukas 10,27). Gott hat uns für die Liebe geschaffen, und er will nicht, dass unsere Liebe erkaltet. Denn er weiß, dass wir uns, wenn wir nicht mehr lieben können, von ihm entfernen. Dann werden wir nicht mehr in ihm «bleiben». Wir werden nicht mehr in der Lage sein, unsere Ziele zu erreichen. Wie Jesus verkündet: «Ich bin der Weinstock, und ihr seid die Reben. Wer bei mir bleibt, so wie ich bei ihm bleibe, der trägt viel Frucht. Denn ohne mich könnt ihr nichts ausrichten» (Johannes 15,5).

Ein weiterer Preis der Isolation und eine natürliche Folge unserer emotionalen Belastung besteht darin, dass das Verbergen unserer Probleme unser geistliches Leben erstickt.

In meinen ersten Jahren in Virginia merkte ich beispielsweise, dass ich mich beim Gottesdienst in meiner Gemeinde stark zurückhielt. Auch Möglichkeiten, mir von Gott Hilfe zusagen zu lassen, ließ ich ungenutzt verstreichen, weil ich Angst hatte, mir könnte meine Maske entgleiten. Ich wollte einfach nicht, dass die Leute dachten, ich könnte irgendwelche Bedürfnisse, Probleme oder Schwächen haben. Manchmal wurden bei uns im Gottesdienst alle nach vorne gerufen, die besondere Nöte hatten. Sie sollten zum Altar kommen, um dort Entscheidungen oder Versprechen, die das persönliche geistliche Leben betrafen, vor Gott zu bekräftigen. Ich erinnere mich daran, wie ich in diesen Momenten andere nach vorne gehen sah und mir wünschte, selbst auch mitgehen zu können. Aber jedes Mal zeigte sich das altbekannte Zögern: Ich war die Tochter von Billy Graham, und ich musste bedenken, welches Bild ich von mir entworfen hatte. Mein Leben hatte perfekt zu sein. Und ich selbst musste in allen Bereichen erfolgreich erscheinen.

Schließlich erkannte ich, dass ich mich in diesen Fällen Gott gegenüber verweigerte. Er war es, der mich bei verschiedenen Gelegenheiten aufrief, nach vorne zu gehen, doch ich weigerte mich, wenn auch nicht wirklich mit Absicht. Denn ich wollte mich eigentlich nicht verweigern. Ich wollte vielmehr frei sein, nach vorn zu gehen. Ich wollte mich ja verändern, und dafür brauchte ich dringend Gottes Führung. Mein ganzes Leben als Erwachsene hatte ich mich hinter eine Maske zurückgezogen. Daher würde es für mich ein schwieriger Prozess sein, davon frei zu werden und zu lernen, mich ehrlich und offen zu verhalten. Ich wusste nicht, was ich tun sollte, und Gott hat das gesehen. Nachdem er den Weg zur Heilung meiner Gefühle einmal mit mir begonnen hatte, ist er die ganze Strecke über bei mir geblieben. Er hat mich mit meinen Problemen nicht allein gelassen.

Sich aus der Isolation befreien

Während der Jahre in Virginia, noch bevor ich von Teds Affären wusste, kamen viele Dinge zusammen, die mich ermutigten, meine Isolation aufzugeben. Ich habe längst nicht alles richtig gemacht, aber Gott hat nie aufgehört, an mir zu arbeiten.

Heute sehe ich insbesondere, was für eine wichtige Rolle andere Menschen gespielt haben, als es darum ging, mich aus meinem schützenden Panzer hervorzulocken. Gott hat andere benutzt, um die Heilung in mir voranzubringen. Einer dieser Menschen war mein Mann. Obwohl meine Beziehung zu Ted noch immer sehr schwierig war, wurde sie in dieser Zeit doch kontinuierlich besser, und das lag vor allem an Teds Bemühungen. Er tat sehr viel, damit unser Verhältnis sich besserte. Wir verbrachten mehr Zeit zusammen und lernten es, ehrlicher miteinander zu reden. Und ich spürte, wie ich meinem Mann gegenüber offener wurde. Mein Herz öffnete sich. Und auch wenn wir in unserer Ehe immer noch einen weiten Weg vor uns hatten, wagte ich es, Ted auf einer tieferen Ebene zu vertrauen.

Auch im Gottesdienst und in der Gemeinde fing ich an, meine Zurückhaltung zu überwinden. Hier benutzte Gott meine Geschwister im Glauben, um mir zu helfen.

Unser Pastor sprach zum Beispiel vor der Gemeinde aufrichtig über seine eigenen Kämpfe und schuf dadurch eine Atmosphäre der Offenheit. Wie ich ihm so jede Woche zuhörte, dachte ich allmählich: «Vielleicht ist es okay, wenn man Schwierigkeiten hat. Vielleicht ist bei mir gar nichts verkehrt. Und vielleicht kann ich in dieser Gemeinde ehrlich sagen, wie es mir geht.» Wenn mein Pastor eine Maske getragen hätte, wenn er, wie ich, Angst davor gehabt hätte, dass jeder seine Fehler sehen kann, dann wäre ich unter Umständen geblieben, wie ich war: zögerlich und voller Angst; frustriert, festgefahren und allein. Ich bin wirklich dankbar, dass ich durch das Beispiel meines Pastors angespornt wurde, mich zu verändern. Mit seiner Ehrlichkeit baute er mir eine Brücke.

Bis dahin hatte ich gewissermaßen auf der einen Seite eines tiefen Grabens gestanden und war gefangen in der Isolation. Doch die Offenheit meines Pastors hat mich ermutigt, mich am Geländer der Brücke festzuhalten und Schritt für Schritt hinüberzugehen. An dieser Stelle habe ich erlebt, dass Ehrlichkeit den Weg für Gottes Handeln ebnet. Denn sie erzeugt Mut und führt dann in die Freiheit.

So fand ich eines Sonntagmorgens die innere Kraft, dem Aufruf zu folgen und nach vorne zum Altar zu gehen. Unsere Gemeinde hatte damals kein eigenes Gebäude. Wir trafen uns in der Synagoge einer nahe gelegenen Stadt, und der Gottesdienstraum war klein und sehr privat. Ich weiß noch genau, wie ich auf meinem Platz saß und mich fragte, ob ich aufstehen sollte. Ich zählte mir dann die Litanei all der Gründe auf, die dafür sprachen, einfach sitzen zu bleiben: Die Leute würden mich sehen. Ich wäre bloßgestellt. Aber diesmal wich die Litanei meiner schieren Not. Ich musste nach vorne gehen und in meinem Herzen einige Dinge mit Gott in Ordnung bringen. Ich hatte das Gefühl, wenn ich es nicht täte, würde ich etwas ganz Wesentliches verpassen, das Gott in mir tun wollte. Bevor ich noch länger darüber nachdenken konnte, stand ich von meinem Platz auf. Kurz fragte ich mich, was andere wohl dachten, aber diese Angst war schnell wieder verschwunden.

Obwohl ich schrecklich befangen war, als ich den schmalen Gang entlang nach vorne ging, fühlte ich mich frei, in diesem öffentlichen Rahmen ich selbst zu sein, und diese Erfahrung war wirklich erfrischend. Gott versicherte mir, dass er sich höchstpersönlich für ein paar Minuten um den Ruf unserer Familie kümmern würde. Meine Aufgabe bestand nur darin, mich ganz auf ihn zu konzentrieren.

Zu dieser Zeit begann ich mich auch in meinem persönlichen Leben nach größerer Freiheit zu sehnen. Ich wollte in emotionaler Hinsicht stärker werden und beschloss deshalb, mir Zeit zu nehmen, um mich mit persönlichen Problemen und Verletzungen aus meiner Vergangenheit zu beschäftigen. Ich war nun bereit, Gefühle wieder zuzulassen und mir meine eigenen Gedanken zu machen. Ich verspürte den starken Wunsch, endlich ich selbst zu sein und mich wirklich zu kennen. Und ich wollte wieder heil werden.

Es traf sich, dass auch eine Freundin aus meiner Gebetsgruppe sich intensiv mit ihrem Gefühlsleben auseinander setzen wollte, und wir vereinbarten, uns regelmäßig zu treffen. Abwechselnd erzählten wir, was uns auf dem Herzen lag. Dann beteten wir zusammen und prüften unsere Gedanken und Erinnerungen anhand der biblischen Wahrheiten. Ich hatte damals immer Karteikarten mit Bibelversen in meiner Handtasche und zog sie oft hervor, um meine Gedanken über mein Leben von der Bibel her zu erneuern – an der Ampel, in der Schlange an der Kasse oder wenn ich beim Schulfahrdienst auf die Kinder wartete. Verse aus dem Buch Hesekiel machte ich zu meinem Gebet, in welchem ich Gott um ein neues, weiches und lebendiges Herz bat (Hesekiel 36,26). Während ich, auch mit Hilfe von Büchern, an diesen Dingen arbeitete, begann mein Herz sich tatsächlich langsam zu öffnen. Zum ersten Mal seit Jahren erlebte ich starke Emotionen, von denen nicht alle angenehm waren. Als ich dann schließlich wieder weinen konnte, brach eine wahre Flut der Gefühle aus mir hervor.

Eine Maske abzulegen ist eine schmutzige und unordentliche Angelegenheit. Für mich war es jedenfalls so, und sicher manchmal auch für meinen Mann. Ich ließ zu, dass Gott die Verletzungen ans Tageslicht brachte, die sich jahrelang in mir angehäuft hatten, und Ted musste in der Folge mit meinen Gefühlsschwankungen zurechtkommen. Ich machte es ihm oft nicht leicht. In einem Moment entsprach ich ganz der tüchtigen, in sich ruhenden Partnerin, die Ted kannte. Doch im nächsten Moment konnte ich unsicher und ängstlich reagieren. Die Unausgeglichenheit blieb, und ich zog mich zurück.

Sicher war dieser Veränderungsprozess, den ich damals durchmachte, für Ted sehr hart. Doch ich bin überzeugt, dass meine Anstrengungen uns letztlich in unserer Ehe weiterhalfen. Wir konnten jetzt auf Dauer offener miteinander kommunizieren. Das stärkte unsere Beziehung in der Ehe und unterstützte gleichzeitig meine Heilung. Ich fand jedenfalls, dass das Ablegen meiner Maske zwar manchmal unangenehm, seinen Preis aber wert war.

Können Sie einige meiner Erfahrungen nachvollziehen? Vielleicht haben auch Sie bisher hinter einer Maske gelebt und Ihren Schmerz und Ihre Enttäuschung vor anderen versteckt und haben aus Angst vor Bloßstellung die Wahrheit vertuscht. Sie fühlen sich isoliert mit Ihren Verletzungen oder haben sich damit abgefunden, dass Sie mit einer schwierigen Situation in Ihrem Leben oder einer problematischen Entwicklung mehr schlecht als recht klarkommen. Möglicherweise kommt Ihnen meine Erfahrung des emotionalen «Dichtmachens» bekannt vor. Haben Sie noch Träume, und können Sie sich an Ihrem Leben freuen? Oder gleiten Sie durch die Tage, als seien Sie auf Autopilot geschaltet, und sind in Ihrem Alltag fast vollständig abgestumpft?

Wenn Gott Ihnen Bereiche Ihres Lebens zeigt, wo Sie in der Isolation gefangen sind und den Preis dafür bezahlen müssen, dann können Sie ihn bitten, dass er Sie befreit. Sie brauchen dabei keine Angst zu haben. Denn Gott wird ganz behutsam und doch grundlegend in Ihrem Leben ans Werk gehen. Als Jesus am Grab von Lazarus stand und seinen Freund von den Toten zurück ins Leben rief, forderte er die Beistehenden anschließend auf: «Löst die Binden und lasst ihn gehen!» (Johannes 11,44; Luther). Diesen Vers dürfen wir zu unserem eigenen Gebet machen. Gott kann unsere Fesseln und Binden lösen, so dass wir befreit werden von den Dingen, die uns daran hindern, eine tiefe Beziehung zu ihm und anderen zu erleben. Wenn das Ihr Wunsch ist, dann bitten Sie Gott einfach jetzt in diesem Moment und da, wo Sie sich gerade befinden, dass er Sie frei macht.

Wir müssen uns allerdings immer wieder bewusst machen, dass eine solche heilende Veränderung Zeit braucht. Ich selbst musste ja erst einmal sehen, dass in meinem Leben Veränderung nötig war. Als Nächstes musste ich erkennen, dass ich den Berg an Gefühlen nicht allein bezwingen konnte. Ich war auf Gottes Hilfe angewiesen und musste sie erbitten. Gott tat seinen Teil, und währenddessen spürte ich allmählich, wie er mich zu meinem Teil hinführte: Von mir wurde nämlich erwartet, dass ich einige Kraft aufwendete und Einsatz zeigte, um die mir gestellten Aufgaben zu erfüllen.

Ich kann gar nicht oft genug betonen, wie wichtig es ist, bei einem Veränderungsprozess, wie ich ihn durchgemacht habe, der Führung und Leitung Gottes zu vertrauen. Ich habe schon erwähnt, dass Gott immer wieder Menschen benutzt hat, die mir an verschiedenen Punkten und in unterschiedlichen Rollen geholfen haben.

In den Evangelien gibt es dazu ein schönes Beispiel. Hier wird berichtet, dass ein Gelähmter von einigen seiner Freunde zu Jesus getragen wurde (Lukas 5,17–20). Ich war überzeugt, dass diese Geschichte veranschaulichte, was ich tun sollte: nämlich mir von guten Freunden und lieben Menschen aus meiner emotionalen

Lähmung heraushelfen lassen. Zu diesen Leuten gehörten die Frauen aus meiner Gebetsgruppe.

Auch Sie können Gott bitten, Ihnen zu zeigen, wie er sich Ihren ganz individuellen Heilungsprozess gedacht hat, und sich dann bereit machen, diese Veränderung geschehen zu lassen. Wägen Sie die Kosten ab, wie Sie es auch bei jeder anderen Unternehmung tun würden. Und erwarten Sie nicht sofort Resultate. Rechnen Sie einfach mit Gottes Ergebnissen, denn die sind immer gut.

Wenn Sie jemandem helfen wollen

Wenn Sie einer Person helfen wollen, die sich abmüht, mit schwierigen emotionalen Problemen zurechtzukommen, möchte ich Sie ermutigen, sich noch einmal die Geschichte von dem Gelähmten in Lukas 5 anzuschauen.

Sie sehen, dass die Freunde des Mannes seine Not nicht einfach ignorierten. Sie haben ihn nicht einem Leben in der Unbeweglichkeit überlassen. Nein, diesen Freunden war es wichtig, dafür zu sorgen, dass er geheilt wurde. Und sie waren bereit, dafür ihre Zeit und Energie einzusetzen. Sie waren für ihn da. Außerdem wussten die Freunde, dass sie den Kranken unbedingt zu Jesus bringen mussten. Denn Jesus war der Heiler, die Freunde waren lediglich Helfer. Sie glaubten so fest daran, dass nur Jesus die Kraft hatte zu heilen, dass sie sogar ein Loch in das Dach des Hauses schnitten, in dem Jesus gerade predigte, um so die Menschenmenge zu umgehen und den Gelähmten hineinzubekommen. Dabei bewiesen die Freunde einiges an Beharrlichkeit. Sie ließen sich nicht einschüchtern und waren sehr kreativ in dem, wie sie halfen.

Versuchen Sie, die Prinzipien aus dieser Geschichte umzusetzen. Wenn Sie sehen, dass die betreffende Person Unterstützung braucht, dann seien Sie für sie da, so dass Gott durch Sie wirken kann. Bitten Sie Gott im Gebet, dass er Ihnen hilft, in einer guten und nützlichen Art und Weise auf die Not dieses Menschen einzugehen. Seien Sie auch bereit, ihn über eine längere Strecke zu begleiten, bis Gott Sie wieder aus dieser Verantwortung entlässt. Konzentrieren Sie Ihre Kraft auf die Aufgabe, die sich gerade anbietet, und lassen Sie sich dabei von Gott leiten. Und denken Sie immer daran, dass Jesus derjenige ist, der heilt. Ihre Aufgabe besteht «lediglich» darin, diese Person zu Jesus zu führen. Unter Umständen müssen Sie kreative Wege finden, um das zu tun. Denn es kann sein, dass Sie dabei auf viele Hindernisse stoßen. Bleiben Sie offen für Neues. Und wenn Sie den Eindruck haben, Gott möchte, dass Sie helfen, dann sollten Sie nicht der Versuchung erliegen, einfach aufzugeben. Bitten Sie Gott immer wieder, zu Ihnen zu reden und Ihnen zu zeigen, was Sie tun sollen. Er, dem Sie dienen, wird Sie führen und Sie nicht im Stich lassen. Auf ihn können Sie bedingungslos vertrauen.

Ein Schritt vor und zwei zurück

Wenn ich darüber nachdenke, was Gott alles an meinem Herzen getan hat, bevor ich die Affären meines Mannes entdeckte, staune ich immer wieder. Wäre die Wahrheit früher ans Licht gekommen, als ich noch emotional verschlossen war, mich von anderen distanzierte und weniger eng mit Gott verbunden war, weiß ich nicht, was passiert wäre. Wieder muss ich erkennen, dass Gott wusste, was mich erwartete, und in seiner Treue mein Herz vorbereitet hat, so dass es besser damit umgehen konnte. Natürlich hatte ich selbst nicht das Gefühl, dass ich in der Lage war, mit der Situation fertig zu werden. Ganz im Gegenteil, ich war völlig durcheinander. Doch ich habe mich nicht selbst zerstört. Ich schaffte es, trotz all dem durchzuhalten.

Weil ich mich jedoch ein Leben lang in der Kunst der Isolation geübt hatte, war ich, was das Authentisch-Sein anging, immer noch eine blutige Anfängerin.

Meine natürliche Reaktion nach Teds Bekenntnis an seinem Geburtstag bestand deshalb darin, mich erneut zu isolieren. In den Tagen nach unserem ersten Gespräch traf ich eine feste Entscheidung, wie ich mit dieser Krise in unserer Ehe umgehen wollte: Ich würde Ted schützen und die Sache mit ihm zusammen wieder in Ordnung bringen. Ich dachte, wenn ich das schaffte und wenn es mir gelänge, ein Zelt der Sicherheit über unserer Ehe auszuspannen, dann hätte Gott mehr Raum, um an unserer Beziehung zu arbeiten. Ted und ich würden dann nicht ständig Fragen von außen beantworten und Angriffen ausweichen müssen, sondern wir könnten uns ohne Störung darauf konzentrieren, das Loch im Gewebe unserer Beziehung zu flicken. Ich habe schon erzählt, dass unser Pastor und seine Frau, inzwischen enge Freunde von uns, die Einzigen waren, denen wir uns anvertrauten. Niemand sonst wusste für die nächsten anderthalb Jahre von unseren Schwierigkeiten.

Ich hatte noch andere Gründe, warum ich über unsere Probleme schwieg. Einer war, dass ich mich tief gedemütigt fühlte. Ich dachte, ich hätte als Ehefrau versagt, und zwar so gründlich, wie es nur möglich war. Ich kam zu dem Schluss, dass irgendetwas an mir Ted in die Arme anderer Frauen getrieben haben musste. Dadurch wurde ich nur noch unsicherer. Und natürlich wollte ich nicht etwas enthüllen, von dem ich immer mehr fürchtete, dass es letztendlich meine Schuld war. Ich konnte es nicht ertragen, dass andere von mir so schlecht denken sollten, wie ich es selbst im Moment tat. Denen die Wahrheit zu sagen, die ich liebte und denen ich vertraute, würde meine Schande und Scham nur noch größer machen.

Daneben trug auch die Sorge um das Wohl meiner Familie dazu bei, dass ich die Wahrheit über meine Situation verborgen hielt. Ich wollte meinen Eltern keine Probleme bereiten. Denn sie waren jetzt älter und hatten immer noch viele geistliche Verpflichtungen und eine Menge Stress zu bewältigen. Ich wollte sie nicht verletzen, wollte auch verhindern, dass sie schlecht von Ted dachten und er am Ende seinen Job verlor. Und ich wollte keinen Schatten auf die Evangelisationsarbeit meines Vaters werfen. Angesichts all dieser Aspekte war mir klar, dass ich innehalten und die Situation erst einmal einschätzen musste, bevor ich etwas unternahm. Und schließlich glaubte ich, dass Ted und ich diese Angelegenheit unter uns ausmachen und alles wieder ins Lot bringen könnten, ohne dass irgendjemand etwas davon erfuhr.

Aber es war inzwischen lange her, dass ich aus Gewohnheit die Kraftanstrengung unternommen hatte, die Fassade aufrechtzuerhalten. Ted reiste viel, und ich brauchte einfach mehr Unterstützung. Rückblickend wünsche ich mir, dass ich sofort professionelle Hilfe bei einem Seelsorger oder Therapeuten gesucht hätte. Ich wünschte auch, ich hätte mit meiner Familie gesprochen. Ich fühlte mich in meiner damaligen Situation schrecklich allein, und mein Gefühl der Isolation begann die Beziehung zu meiner Familie zu belasten. Ich zog mich auf auffällige Weise von allen zurück, vor allem aus Angst, ich könnte in ihrer Gegenwart meine Maske fallen lassen und die Wahrheit offenbaren. Allmählich wurden selbst beiläufige Gespräche zum Problem, weil meine Last so schwer wog. Ich hatte meine Lebensperspektive verloren und verhielt mich nicht mehr wie die Person, die meine Familie kannte. Unter dieser Spannung litten für eine gewisse Zeit unsere Beziehungen. Auch das war ein Preis, den ich für meine selbst gewählte Isolation zu zahlen hatte.

Noch immer fühlte ich mich zwar meiner ursprünglichen Entscheidung verpflichtet, unsere Ehekrise geheim zu halten. Aber tief in mir wollte ich nicht länger anderen etwas vormachen. Ich wusste, dass mein Rückzug ungesund war. Meine gefühlsmäßige Verwirrung zeigte sich auch darin, dass ich mir oft vorstellte, meine Eltern würden von selbst herausfinden, was ich durchmachte – Jesus würde es ihnen im Gebet offenbaren. Häufig malte ich mir ihre Reaktion aus. Sie wären so stolz auf mich, dachte ich. Sie würden mich loben für meine Tapferkeit in der Krise. Diese Fantasien machten mir bewusst, wie sehnsüchtig ich mir wünschte, dass meine Familie die Wahrheit erfuhr, und trotzdem gelang es mir nicht, mein selbst auferlegtes Schweigen zu brechen.

Geht es Ihnen ähnlich? Haben Sie sich mit einem belastenden Geheimnis, etwa dem Wissen um eine wichtige Entwicklung in Ihrem persönlichen Leben, von engen Freunden oder Ihrer Familie isoliert? Vielleicht ist es die Diagnose einer Krankheit, eine schwere Krise in Ihrer Ehe oder ein Problem mit einem Ihrer Kinder. Möglicherweise versuchen Sie, selbst mit den Schwierigkeiten zurechtzukommen. Sicher sollten wir weise vorgehen, wenn es darum geht, unsere persönlichen Anliegen mit anderen zu teilen. Aber wir sind nicht dazu geschaffen, unsere Lasten alleine zu tragen. Wir haben Gott, das ist wahr. Aber er hat uns auch Menschen zur Seite gestellt. Wir leben nicht in einem Vakuum.

Jemand hat einmal gesagt, dass ein Geheimnis immer schwerer wird, je länger man es mit sich herumträgt. Das stimmt. Wir brauchen enge Freunde und Familienmitglieder, die uns helfen, unsere Bürde zu tragen. Bedenken Sie die Kosten der Isolation, die in diesem Kapitel beschrieben sind. Und bitten Sie Gott, damit er Ihnen hilft, dass Ihnen das bewusst bleibt, um so keine falschen Vorstellungen davon zu bekommen, was Sie sich zumuten können.

Wenn Sie gerade versuchen, schwierige Lebensprobleme alleine zu lösen, und gerne Hilfe in Anspruch nehmen wollen, rate ich Ihnen, sich zunächst an eine Person Ihres Vertrauens zu wenden – an jemanden, der sich als vertrauenswürdig erwiesen hat. Treffen Sie Ihre Entscheidung sehr sorgfältig. Achten Sie darauf, wie diese

Person ihr Leben führt. Hat sie in Beziehungen mit anderen Menschen Integrität, eine gewisse Reinheit des Herzens und feste ethische Grundsätze bewiesen? Und liegt dieser Person Ihr Bestes am Herzen? Kann sie gut zuhören? Bitten Sie Gott, Sie zu leiten und Ihnen zu zeigen, auf wen Sie zugehen sollen.

Manche Ereignisse in unserem Leben fordern eine unmittelbare Reaktion. Häusliche Gewalt und Missbrauch des Ehepartners beispielsweise sollten unbedingt von unabhängiger Seite untersucht werden. Wenn Sie unter Missbrauch in der Ehe leiden – oder wenn Ihre Kinder missbraucht werden –, dann sollten Sie sich sofort um Hilfe bemühen. Als Erstes könnten Sie mit einer Kirche oder mit einem örtlichen Heim für Opfer häuslicher Gewalt Verbindung aufnehmen. Setzen Sie auf keinen Fall Ihre eigene Sicherheit oder die Ihrer Kinder aufs Spiel. Gott möchte, dass Sie sicher leben und dass es Ihnen gut geht, und Sie haben ihm gegenüber die Verantwortung, sich um Ihre Familie zu kümmern.

Für den Fall, dass es nicht unmittelbar um Ihre eigene Sicherheit oder die Ihrer Kinder geht, möchte ich Sie ermutigen, als Erstes zu überlegen, aus welchen Motiven heraus Sie Hilfe suchen. Wollen Sie wirklich, dass man Ihnen hilft, oder wollen Sie im Grunde nur Aufmerksamkeit und Mitgefühl? Beide Motive sind in jedem von uns zu einem gewissen Grad vorhanden, doch ein fähiger Gesprächspartner wird Ihnen helfen, diese Antriebe im Rahmen zu halten. Bitten Sie Gott dennoch, Ihnen jetzt schon den wahren Zustand Ihres Herzens zu enthüllen. Und wenn Sie feststellen, dass andere Motive (etwa Rachegefühle) stärker sind als der ernsthafte Wunsch nach Hilfe, dann beten Sie, dass Gott an Ihren Gefühlen arbeitet und Ihr Herz verändert.

Ihr Ziel kann es nicht sein, die Person, die Sie vielleicht verletzt hat, zu zerstören. Ihr Ziel besteht darin, selbst heil zu werden. Aber Sie sollten auch nicht die Möglichkeit, sich Rat und Hilfe zu holen, verpassen, nur weil Sie sich wegen Ihrer Motive Sorgen machen. Gehen Sie einfach mit offenen Augen und Ohren voran. Es kann sein, dass Ihr Ehepartner nicht mit zur Therapie oder in die Seelsorge gehen will. Das ist sein oder ihr gutes Recht. Sie können letzten Endes nur für sich selbst Entscheidungen treffen. Wenn Sie der Meinung sind, dass Sie Hilfe brauchen, dann bitten Sie Gott, Ihnen zu zeigen, was Sie tun sollen.

Wenn Sie jemandem helfen wollen

Falls eine Person allein mit schweren Problemen zu kämpfen hat, kann es ein Anfang sein, erst einmal für Ihren Gesprächspartner eine gewisse Sicherheit zu schaffen, indem Sie offen von Ihren eigenen Enttäuschungen und Krisen erzählen. Sie können davon berichten, welchen Einfluss schwierige Situationen in Ihrem Leben auf Ihre Gefühle gehabt haben; wie Sie mit Ihrem eigenen Versagen umgegangen sind; wie Gott in harten Zeiten die Dinge für Sie gewendet hat; wie auch Ihre tiefsten Verletzungen Gutes bewirkt haben. Zeigen Sie sich der Person gegenüber verletzlich. Haben Sie keine Angst, Ihre Fehler und Charakterschwächen mit ihr zu teilen. Denn Ihre Offenheit macht dieser Person klar, dass Sie sie nicht danach beurteilen werden, in welcher Situation sie sich gerade befindet. Denken Sie an das Beispiel meines Pastors. Ehrlichkeit baut eine Brücke zu dem Menschen, der leidet und sich zurückgezogen hat. Natürlich ist es auch wichtig, sensibel zu sein und zu wissen, wann man aufhören sollte zu reden. Aber Ihre Offenheit wird der betreffenden Person Mut machen. Sie braucht Mut, um aus der Isolation herauszutreten.

Ihre Hilfe kann möglicherweise darin bestehen, dass Sie der Person eine ehrliche Rückmeldung geben, während sie darüber nachdenkt, aus welchen Motiven sie sich um Hilfe bemüht. Bitten Sie Gott, dass er Ihnen hilft, diesen Menschen weiterzubringen. Es kann nützlich sein, wenn Sie von den Motiven erzählen, die Sie während vergangener Krisen bewegt haben. Vielleicht wollten Sie zum Beispiel Aufmerksamkeit von anderen oder Rache an einer bestimmten Person. Aber Gott hat Ihnen gezeigt, dass das der falsche Weg ist; dass eigentlich Sie derjenige waren, der sich verändern musste. Ich jedenfalls habe solche Momente der Einsicht erlebt. Wenn Sie Erfahrungen dieser Art der Person, die große Nöte hat, mitteilen, tragen Sie dazu bei, dass eine Atmosphäre der Geborgenheit entsteht, und fördern einen ehrlichen Austausch.

Sollte es passieren, dass die Person immer und immer wieder über dieselben Dinge spricht und scheinbar nicht bereit ist, vorwärts zu gehen, dann müssen Sie sich unter Umständen eine Zeit lang zurückziehen und warten. Bitten Sie Gott auch in dieser Situation um seine Leitung.

Ich habe mein Schweigen über das, was ich mit Ted durchmachte, nicht wirklich aus eigenem Antrieb gebrochen. Es war eher die blanke Not, die mich schließlich dazu brachte, meine Strategie zu ändern. Ich war schlicht mit meiner Kraft und meinen Möglichkeiten am Ende. Die zunehmende Belastung in meiner Beziehung mit Ted war zu einer schrecklichen Qual geworden. Es gab bestimmte Dinge und Mechanismen, die wir einfach nicht überwinden konnten. Wir hatten uns festgefahren. Schon seit langer Zeit sogar, und ich wusste es.

Ein Streit an einem Morgen im November gab für mich schließlich den Ausschlag. Mir war klar, dass ich mich aus Teds Gegenwart entfernen musste, und ich erkannte, dass ich sofort gehen sollte. Sonst wären meine Gefühle endgültig außer Kontrolle geraten. Ich konnte nicht mehr, hatte keinerlei Motivation und auch keine Kraft mehr. Und mir fehlte der Wille weiterzukämpfen.

Als Ted weg war, um etwas zu erledigen, packte ich meine Sachen und verließ das Haus. Ich sagte niemandem, wohin ich ging. Unsere drei Kinder hatten natürlich gemerkt, dass es zwischen ihren Eltern einen Konflikt gab. Aber sie wussten nichts Genaueres. Ich verbarg meinen eigenen Schmerz ja auch, so gut ich konnte. An jenem Morgen jedoch war mir deutlich bewusst, dass ich mich, was meine Gefühle betraf, auf dünnem Eis bewegte. Und ich erkannte, wenn ich nicht ginge, würden wir alle dafür bezahlen müssen. Die Zeit des Vertuschens war für mich damit ein für alle Mal vorbei. Ich konnte mich nicht länger zurücknehmen. Jetzt schien alles davon abzuhängen, dass ich festen Grund unter die Füße bekam.

Gedanken für schwere Zeiten

- Probieren Sie die in diesem Kapitel beschriebene Übung aus, und stellen Sie sich Gott als einen liebenden Vater vor. Wenn es Ihnen schwer fällt, sich Gott so persönlich und nah vorzustellen, beten Sie um den Mut, sich ehrlich zu fragen, was Sie daran hindert. Nehmen Sie sich vor, das zu tun, was nötig ist, um Ihre Beziehung zu Gott zu vertiefen. Er will, dass Ihnen das gelingt, und er wird Ihnen dabei helfen.
- Wenn Sie sich mit Ihrem Schmerz und Ihrer Enttäuschung isoliert haben und feststellen, dass Ihr Gefühlsleben erstarrt ist,

dann können Sie Gott bitten, Sie frei zu machen. Lassen Sie sich von ihm führen, und beginnen Sie, an Ihren Gefühlen zu arbeiten, wo es notwendig ist.

- Wenn Sie mit einem schweren Lebensproblem oder in einer Krise isoliert sind und Hilfe möchten, können Sie den ersten Schritt tun, indem Sie auf eine Person zugehen, die sich als vertrauenswürdig erwiesen hat. Bitten Sie Gott im Gebet, dass er Ihnen den richtigen Menschen zeigt.
- Untersuchen Sie Ihre Motive. Wollen Sie wirklich Hilfe, oder geht es Ihnen eher um Aufmerksamkeit? Wollen Sie Vergeltung? Falls negative Beweggründe mehr Gewicht haben als Ihr Wunsch nach Hilfe, bitten Sie Gott, Ihr Herz zu verändern. Aber verzichten Sie nicht darauf, professionelle Unterstützung in Anspruch zu nehmen. Tun Sie es einfach mit einem offenen Herzen.
- Wenn Ihre Situation eine Bedrohung für Ihre eigene Sicherheit oder die Sicherheit Ihrer Kinder darstellt, dann bemühen Sie sich bitte sofort um Hilfe von außen.

Wenn Sie helfen wollen

- Richten Sie sich nach den Grundsätzen, die in der Geschichte von dem Gelähmten in Lukas 5 zum Ausdruck kommen. Seien Sie immer bereit, der betreffenden Person zu helfen. Suchen Sie nach kreativen Wegen, seien Sie mit Hingabe dabei und verlassen Sie sich auf Gott. Führen Sie diesen Menschen zu Jesus als dem, der wirklich heilen kann.
- Schaffen Sie eine Umgebung, in der sich die Person sicher fühlt, und zwar indem Sie selbst offen über Ihre Kämpfe, Ihr Versagen und Ihre Enttäuschungen sprechen. Ihre Ehrlichkeit wird diesen Menschen ermutigen, sich ebenfalls zu öffnen – wenn nicht gleich, dann im Laufe der Zeit.
- Bitten Sie Gott, Sie zu führen, wenn Sie die Person auffordern, sich über die Gründe klar zu werden, warum sie Hilfe sucht. Und seien Sie selbst ehrlich, was Ihre eigenen Motive in den Krisensituationen, die Sie selbst erlebt haben, betrifft.

Bibelvers zum Thema

Denn ihr habt nicht einen knechtischen Geist empfangen, dass ihr euch abermals fürchten müsstet; sondern ihr habt einen kindlichen Geist empfangen, durch den wir rufen: Abba, lieber Vater! (Römer 8,15; Luther)

Impuls

Je länger Sie ein Geheimnis mit sich herumtragen, desto schwerer wird es. Wenn wir es lernen, zuerst Gott und dann anderen Menschen zu vertrauen, können wir kluge Zurückhaltung und gesunde Offenheit in ein sinnvolles Gleichgewicht bringen.

5 Kann ich wirklich vergeben?

Das ständige Ringen um Vergebung

Meine Mutter wusste, dass ich auf dem Weg war. Ich verließ das Shenandoah-Tal um die Mittagszeit, und als ich bis nach Black Mountain, Nordkarolina, gekommen war, rief ich bei unserem Pastor daheim in Virginia an. Bevor ich das Tal verließ, hatte er mir versprochen, er würde meine Mutter anrufen und ihr sagen, dass ich auf dem Weg zu ihnen sei. Er bestätigte mir nun, dass er das getan hatte, und als wir aufgelegt hatten, wählte ich sofort die Nummer meiner Mutter. Sie freute sich sehr. «Bist du bald da?» fragte sie. Nur die Montreat Straße und die steile Auffahrt zu unserem Haus trennten mich jetzt noch von Little Piney Cove, meinem Elternhaus. Jetzt brauchte ich mehr als je zuvor den Trost und die Ruhe, die von seinen gemütlichen Holzwänden ausgingen. Ich brauchte das Verständnis meiner Mutter und mein altes Bett. Ich sehnte mich einfach nach der vertrauten Umgebung meines früheren Zuhauses.

Der Nachmittag ging allmählich in den Abend über, und die Luft hier oben war kühler als im Tal. Es waren nur noch ein paar Tage bis Thanksgiving[7]. Ich stieg wieder ins Auto, Tränen liefen mir übers Gesicht, und ich betete: «Herr, hilf mir!» Ich hatte Angst, war nervös und voller Sorge.

Anderthalb Jahre lang hatte ich mir diese Fahrt vorgestellt und sie im Geiste hin und her gewendet. Sollte ich es meinen Eltern sagen? Die schreckliche Wahrheit enthüllen? Welche Auswirkungen würde ihr Wissen für Ted haben? Würde meine Eröffnung sein Verhältnis zu meinen Eltern dauerhaft beschädigen? Würden meine Eltern mich für eine furchtbare Versagerin halten? Würde ich die Scham darüber aushalten können? Würde ich es ertragen können, wenn sie Mitgefühl mit Ted zeigten?

Bis dahin hatte ich es geschafft, mich davon zu überzeugen, dass es ein Zeichen meiner großen Stärke war, wie ich die Last des Geheimnisses auf meine Schultern nahm. Ich schützte schließlich meine Ehe, oder etwa nicht? Ich arbeitete ja daran, unsere Schwierigkeiten mit Ted zusammen in den Griff zu bekommen. Wir hatten uns entschieden, nur mit unserem Pastor und seiner Frau über unsere Probleme zu sprechen. Wir klärten die Sache eben mit der Hilfe von Jesus. Würden meine Eltern mich nicht dafür loben, dass ich mit der Krise auf diese Weise umgegangen war und ich mich im Privaten um eine Lösung bemüht hatte?

Doch nach achtzehn Monaten, in denen ich mit Ted gerungen hatte, konnte ich nicht länger so tun, als sei alles in Ordnung. Ich war an eine Wand gestoßen. Ich hatte erkannt, dass ich ganz dringend meine Eltern brauchte. Und nun war ich auf dem Weg nach Hause, um meiner Mutter zu sagen, was geschehen war. Ich wollte es einfach nur sagen, wollte keine Antworten, keinen Rat. Vor diesen Dingen hatte ich im Grunde sogar ziemliche Angst. Denn ich war im Moment zu aufgewühlt und empfindlich, um Anweisungen anderer anzunehmen. Wie ein kleines Mädchen sehnte ich mich danach, mich in die Arme meiner Eltern zu flüchten und getröstet zu werden.

Doch gleichzeitig hatte ich Befürchtungen. Ich wollte meine Mutter nicht belasten. «Ich mache mir Sorgen, was passiert, wenn ich es ihr sage», hatte ich an diesem Nachmittag meinem Pastor erklärt. «Sie ist 68 und gesundheitlich angeschlagen.»

«Du bist 37 und emotional angeschlagen», hatte er geantwortet.

Und er hatte Recht. Die Depression hatte mich umschlossen wie ein undurchdringlicher Nebel. Flüchtige Gedanken an Selbstmord kamen und gingen. Ich musste darum kämpfen, einfach nur morgens aus dem Bett zu kommen. Die Müdigkeit, die fast alles andere verzehrende Frustration, der Selbsthass und das Gefühl der Ungerechtigkeit – all das war mehr, als ich auf Dauer ertragen konnte.

Als ich bei unserem Haus Little Piney Cove ankam, begrüßte mich meine Mutter voller Herzlichkeit. Wir setzten uns und redeten miteinander bei einem Teller Suppe. Ich sorgte dafür, dass das Gespräch sich nicht um mich drehte, und meine Mutter drang auch nicht darauf. Ich musste über sie staunen. Sie war so fröhlich, so ruhig und ausgeglichen, und doch wusste ich, dass sie wegen ihrer altersbedingten Arthritis starke Schmerzen hatte. Während ich so mit ihr sprach und an ihren Zustand und die Last all ihrer Verantwortung dachte, kamen mir meine eigenen Probleme mit einem Mal weniger bedeutsam vor. War es wirklich wichtig, dass ich ihr jetzt von Ted erzählte? Seine Affären waren doch schon vor Jahren zu Ende gegangen. Konnte ich nicht vielleicht doch einfach darüber hinwegkommen und vorwärts gehen?

Ich sagte mir, dass es unklug wäre, gleich an diesem ersten Abend irgendetwas zu erzählen. Denn ich stellte mir vor, meine Mutter würde sich Sorgen machen und dann nicht schlafen können. Dabei war sie trotz ihrer körperlichen Leiden in Wahrheit alles andere als emotional angeschlagen. Ganz im Gegenteil. Meine Mutter bezog ihre Kraft aus immensen emotionalen und geistlichen Reserven. Ich hatte mein ganzes Leben lang gesehen, wie sie unablässig und auf eine tiefe persönliche Weise die Gemeinschaft mit Gott pflegte. Ihr Leben ruhte auf ihrer freundschaftlichen Beziehung zu Christus, und ihre erstaunliche Kraft kam unzweifelhaft von ihm.

Doch wie würde sie reagieren, wenn ich es ihr sagte? Meine Mutter war sicherlich nicht naiv. Sie hatte auch die weniger angenehmen Seiten des Lebens kennen gelernt. Dann war sie aber auch eine Frau, die ihre Kinder kämpferisch beschützte. Sie hätte alles getan, um Schaden von uns abzuwenden. Andererseits hatte sie zeit ihres Lebens die vielen und oft merkwürdigen Menschen, die sie auf ihrem Weg traf, vorbehaltlos angenommen. Ich wusste also einfach nicht, was ich in meiner Situation von ihr zu erwarten hatte: Erschrecken, Mitgefühl, Kummer, sogar Barmherzigkeit gegenüber Ted? Ich hatte keine Ahnung.

Eigentlich wusste ich nicht einmal, was ich ihr sagen sollte. Ich war doch immer das sonnige Gemüt gewesen, das «gute» Kind in der Familie. Als Mittleres von fünf Sprösslingen hatte ich mich stets bemüht, keine Unruhe zu verursachen und nicht unnötig in Erscheinung zu treten. Ich wollte meinen Eltern gefallen. Deshalb war ich immer gutmütig, anpassungsfähig und hielt meine wahren Gefühle verborgen. In jedem Fall hatte ich nie etwas so Belastendes bei meinen Eltern abgeladen wie das, was ich nun meiner Mutter mitteilen wollte. Zwar sehnte ich mich danach, von ihr getröstet zu werden, aber die Aussicht, mich derart verletzlich zu machen, mich so bloßzustellen, erzeugte bei mir sehr unangenehme Gefühle. Den sicheren Bereich, in dem ich mich wohlfühlte, hatte ich längst verlassen.

Als ich mich an diesem Abend auf mein Zimmer zurückzog, machte ich mir Sorgen, was der nächste Tag wohl bringen würde. Ich hatte Angst.

In unserer Kindheit und Jugend hatten meine Geschwister und ich das Glück, jeder ein eigenes Schlafzimmer zu haben. Bis meine älteste Schwester Gigi auszog und heiratete, hauste mein jüngster Bruder Ned versteckt in einem kleinen Raum, in dem jetzt die Wäsche aufbewahrt wird. Doch nach Gigis Heirat wechselten alle anderen Kinder – Anne, Franklin, Ned und ich – die Zimmer. Ich bekam das Zimmer, in dem ursprünglich meine ältere Schwester Anne geschlafen hatte. Es lag direkt unter dem Dach unseres blockhüttenartigen Hauses und hatte eine Balkendecke. Inzwischen hatte meine Mutter den Raum rosa gestrichen und ihn mit einem alten Himmelbett, Frisierkommode, Nachttisch, mit einem bequemen Polstersessel und Bücherregalen, beladen mit Bänden über die britische Königsfamilie, ausgestattet. Denn wir beide interessierten uns für alles, was mit den «Royals» zu tun hatte.

An dem erwähnten Abend zu Hause bemerkte ich im Flur vor meinem Zimmer einen Stoß Zeitschriften. Da ich sowieso nicht schlafen konnte, wollte ich mich ablenken und einige dieser Hefte durchblättern. In einem gab es einen Stress-Test, den ich gleich für mich durchführte. Und die Ergebnisse bestätigten nur, was ich bereits wusste: dass nämlich meine Belastung durch Stress jedes vernünftige Maß überstiegen hatte. Die Einschätzung und Beschreibung meines Zustandes in der Zeitschrift hielt ich damals in meinem Tagebuch fest: Sie «leiden offensichtlich stark unter Überarbeitung und sollten Ihren [Lebens]stil radikal verändern. Suchen Sie, wenn nötig, professionelle Hilfe.»

«Okay», dachte ich. «Meine turbulenten Gefühle sind also eine Realität. Dass ich hier bin, um mit Mutter zu reden, ist gerechtfertigt.» Ich suchte fieberhaft nach irgendetwas, das mein Nach-Hause-Kommen als richtig bestätigen würde. Da brachte sogar ein nächtlicher Stress-Test aus einer alten Zeitschrift Trost und die Versicherung, dass ich das Richtige tat.

Früh am nächsten Morgen ging ich nach unten, um Kaffee zu machen und in dem Andachtsbuch «Daily Light» zu lesen, das ich schon benutzte, seit ich dreizehn Jahre alt war. Darin las ich folgenden Vers aus dem Buch Jesaja: «Mein blindes Volk werde ich auf Straßen und Wegen führen, die sie nicht kennen. Ich mache die Dunkelheit um sie her zum Licht. Alle Steine räume ich zur Seite, die Schlaglöcher fülle ich aus, damit sie auf einer ebenen Straße gehen können. Das alles will ich tun, mein Plan steht fest» (Jesaja, 42,16).

Beim Lesen dieses Verses empfand ich eine tiefe innere Gewissheit. Ich konnte mein Herz meiner Mutter gegenüber öffnen. Es würde gut gehen. Gott erinnerte mich an ein Prinzip, das er mir, seit ich von Teds Untreue erfahren hatte, immer wieder vor Augen geführt hatte: Er, der Herr, kannte meinen Weg. Mir fiel ein weiterer Vers aus dem Buch Hiob ein, den Gott mir einmal wichtig gemacht hatte: «Doch er kennt meinen Weg genau; wenn er mich prüfte, wäre ich rein wie Gold» (Hiob 23,10).

Er kennt meinen Weg genau. Gott wusste, was in meinem Leben geschah, und er wusste auch, was ich tun würde. Obwohl mein Weg ins Unbekannte führte, würde doch Gott dort bei mir sein. Ich wäre nicht allein unterwegs.

In diesem Zusammenhang wurde ich erneut an die drei grundlegenden Wahrheiten erinnert, die ich mir zu Eigen machen wollte: Gott liebt mich. Er wird mich führen. Und er wird aus meiner Situation etwas Gutes entstehen lassen.

Nachdem ich an diesem Morgen Zeit mit Gott verbracht hatte, setzte ich mich zu meiner Mutter ans Erkerfenster in der Küche. Sie trug noch ihren Morgenmantel und schaute auf das Bergpanorama, das sich ihr jeden Morgen bot. Jetzt hatte der Nebel alles eingehüllt, so dass die kahlen Bäume sich kaum gegen das alles aufsaugende Grau abzeichneten. Die Blumenkästen unter dem Fensterbrett standen leer. Aber mit dem Feuer, das im Kamin brannte, wirkte dieser Raum im Blockhaus gemütlich und einladend.

Ich goss mir eine Tasse Kaffee ein und ließ mich auf dem Sessel neben meiner Mutter nieder. Dann nahm ich all meinen Mut zusammen und fing an: «Mutti», sagte ich, «ich bin nach Hause gekommen, um zu reden.»

Der ältere Sohn

Ich schilderte meiner Mutter also meine Situation, beschrieb in etwa, was zwischen mir und Ted vorgefallen war, erzählte ihr von seinen Affären und etwas von den Umständen dieser Vorfälle. Ich malte die Ereignisse nicht groß aus und erwähnte nicht viele Details. Schließlich war die Beziehung meiner Mutter zu Ted etwas Dauerhaftes, und er würde wieder seinen Platz in der Familie finden müssen. Das wollte ich nicht jetzt schon unmöglich machen. Ich sagte meiner Mutter, dass die Jahre, in denen Ted mich getäuscht hatte, meine Fähigkeit, ihm zu vertrauen, vollkommen zerstört hatten und dass, weil kein Vertrauen mehr da war, sich auch meine Gefühle verflüchtigt hatten. Ich erklärte, dass Ted für mich zu einem Feind geworden war. Und doch war mein Ziel immer noch die Heilung meiner Gefühle. Meiner Meinung nach hatte ich gar keine andere Wahl. Ich hatte nur keine Ahnung, wie ich dahin kommen sollte. Gott selbst würde meine Liebe wiederherstellen müssen. Denn nur er konnte es tun.

Meine Mutter tröstete mich. Sie ließ mich reden – und weinen. Und sie gab mir den Rat, mich erst einmal auszuruhen. Sie versuchte auch, mir zu helfen, meine Gefühle zu ordnen, und äußerte ihre eigenen Gedanken. Kurz: Sie sprach mit mir wie eine Mutter mit ihrem geliebten Kind, und ich fühlte mich sehr erleichtert.

Aber während ich ihr zuhörte, musste ich feststellen, dass wir beide uns in verschiedenen Stadien befanden. Mir wurde neu klar, dass im Gegensatz zu mir, die ich schon seit mehr als einem Jahr mit der Untreue Teds zu tun hatte, meine Mutter gerade zum ersten Mal davon erfuhr. Jetzt musste ich ihr Zeit lassen, um das alles zu verdauen. Da ich sie jedoch mit der Belastung durch das, was ich ihr offenbart hatte, nicht allein lassen wollte, erlaubte ich ihr, meinem Vater und einem anderen nahen Familienmitglied davon zu erzählen.

Die Aussicht, dass noch weitere Menschen von meiner Situation erfahren würden, machte mir Angst. Ich hatte so lange allein mit meinem Schmerz gelebt, dass es mir Furcht einflößte, mir vorzustellen, was andere über mich denken, fühlen oder sagen würden, sobald sie von meinen Problemen erführen. In meiner Isolation hatte ich noch über eine gewisse Kontrolle verfügt. Die hatte ich nun aufgegeben, und die Angst vor der Meinung anderer schien mich völlig zu überwältigen. «Wird jeder von ihnen es wieder anderen erzählen?», fragte ich in meinem Tagebuch. «Das kann ich nicht ertragen. Es würde Ted verletzen, ihn entmutigen und ihm den Boden unter den Füßen wegziehen. Habe ich richtig gehandelt?»

Tatsächlich liebten meine Angehörigen Ted und empfanden Mitgefühl für ihn. Meine Emotionen angesichts dieser Reaktion meiner Familie waren allerdings gemischt. Obwohl ich wollte, dass sie Ted vergaben, fühlte ich mich dennoch durch diese Vergebung bedroht. Mir war schon bewusst, dass genug Liebe für alle da war. Aber gleichzeitig hatte ich den Eindruck, Verbündete zu brauchen – Menschen, die sich schützend um mich stellten und sich ganz allein auf meine Bedürfnisse konzentrierten. Wenn es möglich gewesen wäre, dann wollte ich, dass meine Familie Ted vergab und ihn gleichzeitig mit mir zusammen als Feind betrachtete. Die ganze Zeit lagen meine Gefühle im Widerstreit miteinander. Eigentlich wollte ich jedem die Möglichkeit geben, auf seine eigene Weise zu reagieren. Aber dann gab ich mich wechselweise verletzlich und abwehrend und versuchte die Reaktionen aller anderen zu beeinflussen.

Meistens fühlte ich mich wie der ältere Sohn in der biblischen Geschichte vom verlorenen Sohn. Im Lukas-Evangelium wird diese Geschichte von einem Mann und seinen beiden Söhnen erzählt. Der jüngere Sohn bittet seinen Vater, ihm sein Erbe auszuhändigen, und geht mit dem Geld in ein fernes Land. Dort vergeudet der Sohn das Erbe durch sein lockeres Leben und endet schließlich als Schweinehirt. Als er kurz vorm Verhungern steht, kommt der Sohn zur Vernunft, erinnert sich daran, dass sogar die Knechte seines Vaters besser wohnen und essen als er, und beschließt, nach Hause zurückzukehren. Er hat vor, dem Vater zu sagen, dass er es nicht wert ist, sein Sohn genannt zu werden, und ihn zu bitten, ihn, den Sohn, als Knecht anzustellen.

Als sich der jüngere Sohn dem Haus seines Vaters nähert, heißt es: «Der erkannte ihn schon von weitem. Voller Mitleid lief er ihm entgegen, fiel ihm um den Hals und küsste ihn» (Lukas 15,20). Der Sohn bricht dann vor seinem Vater zusammen und bekennt seine Schuld. Aber das Herz des Vaters ist voller Liebe. Er ruft seine Diener und sagt ihnen, sie sollen für seinen Sohn das schönste Gewand herbeibringen, ihm einen Ring an den Finger stecken und ihm Sandalen geben. Und dann kündigt der Vater noch ein Fest an. Er befiehlt seinen Dienern, ein gemästetes Kalb zu schlachten, denn: «Mein Sohn war tot, jetzt lebt er wieder. Er war verloren, jetzt ist er wiedergefunden» (Lukas 15,24).

Währenddessen kommt der ältere Sohn nach Hause, hört den Lärm des Festes und fragt einen Diener nach dem Grund. Als er von der Rückkehr seines Bruders erfährt, wird der ältere Sohn wütend und weigert sich, an der Feier teilzunehmen. Sein Vater fleht ihn an, der ältere Sohn aber sagt: «All diese Jahre habe ich mich für dich geschunden. Alles habe ich getan, was du von mir verlangt hast. Aber nie hast du mir auch nur eine junge Ziege gegeben, damit ich mit meinen Freunden einmal richtig hätte feiern können. Und jetzt, wo dein Sohn zurückkommt, der dein Geld mit Huren durchgebracht hat, jetzt lässt du sogar das Mastkalb schlachten!» (Lukas 15,29–30).

«Mein Sohn», entgegnet der Vater geduldig, «du bist immer bei mir gewesen. Was ich habe, gehört auch dir. Darum komm, wir haben allen Grund zu feiern. Denn dein Bruder war tot, jetzt hat er ein neues Leben begonnen. Er war verloren, jetzt ist er wiedergefunden!» (Lukas 15,31–32).

Meiner Ansicht nach war Ted der verlorene (jüngere) Sohn, von dem andere meinten, er habe Buße getan und sei «nach Hause zurückgekehrt». Man zeigte ihm Liebe und hieß ihn wieder in der Gemeinschaft willkommen. Ich dagegen war der ältere Sohn, der versucht hatte, alles richtig zu machen, der nicht vom Wege abgewichen war. Und ich hatte das Gefühl, nicht die Aufmerksamkeit und Fürsorge zu erfahren, die ich verdient hatte. Obwohl ich also durchaus nicht wollte, dass Ted von meiner Familie ausgestoßen wurde – im Gegenteil, ich wollte sicherstellen, dass er seinen Platz unter uns behalten würde –, war ich gleichzeitig nicht der Meinung, dass er eine Flut des Mitgefühls verdient hatte. Ich dachte, dass vielmehr *ich* eine Flut des Mitgefühls verdient hätte. Wie der ältere Sohn in der Geschichte hielt ich die unterschiedliche Behandlung, die uns widerfuhr, für ungerecht. Ich war unheimlich frustriert, und ich hatte noch eine Menge zu lernen.

«Vergebung kostet so viel»

Bald nachdem ich meine Mutter in Montreat besucht hatte, rief mich mein Vater von St. Martin in der Karibik an. Meine Mutter und er waren nach Thanksgiving dorthin gefahren, um mit einigen anderen Familienangehörigen Urlaub zu machen. Bei dem Gespräch mit Papa am Telefon wurde ich von meinen Gefühlen überwältigt und hatte große Mühe, mich zu beherrschen. Er sagte mir, wie sehr er mich liebte und unterstützte. Er sagte auch, er wisse, dass ich den ganzen Konflikt Jesus in die Hände gelegt hätte. Dann fragte er mich, ob ich, sobald ich könnte, zu ihnen auf die Insel kommen würde. Ich willigte ein und begann sogleich, meine Reise zu planen.

Die bevorstehende Fahrt machte mich nervös. Einerseits sah ich darin die Chance, mich von einem zärtlichen Vater trösten zu lassen. In mein Tagebuch schrieb ich den Vers aus Jesaja 32, Vers 2: «Jeder von ihnen wird für das Volk sein wie ein windgeschützter Ort im Sturm, wie ein Schutzdach beim Wolkenbruch». Daneben schrieb ich: «Jesus. Papa?» Ich wünschte mir sehr, dass mein Vater mich beschirmte und beschützte. Doch auf der anderen Seite betrachtete ich diese Reise eindeutig als ein Risiko. Denn ich war emotional stark angespannt, und ich hatte mich nie zuvor meiner Familie auf diese Weise anvertraut, hatte nie ein größeres Problem mit ihnen besprochen. Es machte mich wütend auf Ted, dass er mich in eine so ungeschützte Lage gebracht hatte. In meinem Tagebuch heißt es: «Ich brauche es jetzt einfach, dass meine Familie mich hält und es zulässt, dass ich leide.»

Kurz nachdem ich auf St. Martin bei dem Haus, in dem meine Eltern die Ferien verbrachten, angekommen war, zogen wir alle unsere Schwimmsachen an und machten uns auf den Weg zum Strand, um uns in der Sonne zu entspannen. Am Abend gingen wir essen, und nach unserer Rückkehr trafen wir uns im Wohnzimmer zum abendlichen Gebet und Bibellesen. Mein Vater sprach ein besonderes Gebet für Ted und mich, und ich fing an zu weinen. Als er fertig war, sagte ich meiner Familie, dass Gott jetzt schon in Teds Leben handelte und dass Ted sich weiterentwickelte. «Aber», brachte ich vor, «Vergebung kostet so viel.»

Wir sprachen darüber, dass die Vergebung für unsere Schuld Jesus sehr viel gekostet hatte – nämlich sein Leben. Wir kamen auf Beispiele von Folteropfern, die ihren Folterern vergeben hatten. «Ja», sagte ich, «aber sie mussten nicht mit ihren Peinigern zusammenleben.» Während der ganzen Zeit weinte ich in den Armen meines Vaters. «Tat so gut», schrieb ich über seine Umarmung. «Wie ein Schwamm, der alles Wasser aufsaugt.»

Nach und nach wurde mir bewusst: Wenn es *einen* Aspekt des Konfliktes mit Ted gab, der unüberwindlich schien, dann war es die Aufgabe der Vergebung. Die Enthüllung der Untreue meines Mannes zwang mich zu einer heftigen persönlichen Auseinandersetzung mit dem Thema Vergebung, die die folgenden Jahre über andauerte. Bereits in dem Moment, als Ted zugab, dass er mir untreu geworden war, hatte ich die Entscheidung getroffen, ihm zu vergeben. Aber als aus Wochen und Monaten Jahre wurden, meine Wut aufflammte und sich wieder legte und in meinem Herzen immer noch kein Vertrauen zu meinem Mann, kein Respekt und kein Mitgefühl für ihn zu finden waren, fragte ich mich allmählich, ob ich ihm denn wirklich vergeben hatte. Müsste ich mich nicht anders fühlen, wenn das der Fall wäre?

Was bedeutete Vergebung denn eigentlich? Wie sah sie aus? Während meines jahrelangen Kampfes mit dieser Frage erschien mir Vergebung manchmal wie eine offene Tür, die mich mit dem Versprechen der Befreiung lockte. Ein andermal sah ich Vergebung wie eine Mauer, die mich verurteilte, weil ich sie nicht überwinden konnte. Dann wieder, sobald andere von meiner Situation erfahren hatten, wurde Vergebung zu einem Knüppel, den einige dazu verwendeten, ihre «Du solltest»- und «Du müsstest»-Ratschläge zu verabreichen. Ich fand heraus: Wenn ich nicht die richtige Einstellung zeigte und nicht die richtigen Dinge sagte, wurde mein Zeugnis in den Augen anderer wertlos, weil ich nicht so *aussah*, als hätte ich vergeben. Ich bemühte mich, aufrichtig und ehrlich zu sein. Und doch war das, was ich tat, für einige Leute offenbar völlig ungenügend. Was sollte Vergebung sein? Ich wusste es jedenfalls nicht. Jeder schien seine eigene Definition zu haben.

Irgendwo stieß ich auf die Aussage, Vergeben heiße, so zu tun, als ob nichts geschehen wäre. Mein Schmerz war aber real und noch nicht verheilt. In meinem Leben war etwas Schreckliches passiert. Mein Innerstes war zerrissen, und das konnte ich nicht einfach leugnen. Verleugnung ist eine tolle Sache, aber sie funktioniert nur für eine gewisse Zeit. Ich konnte nicht so tun, als sei nichts geschehen – dafür war der Schmerz schlicht zu stark. Hieß das, ich hatte nicht vergeben?

Das geflügelte Wort vom «Vergeben und Vergessen» fiel mir ein. Ein Buch mit diesem Titel – «Vergeben und Vergessen. Wie wir die Wunden heilen, an denen wir keine Schuld tragen», von Lewis B. Smedes[8] –, das ich damals gelesen hatte, ist eines der besten Bücher zu diesem Thema, das mir je begegnet ist. Es hat mein Denken über Vergebung ganz wesentlich beeinflusst. Der Autor schreibt: «Sie müssen vergeben, gerade weil Sie nicht vergessen haben, was jemand getan hat ... Vergessen kann sogar ein gefährlicher Weg sein, auf dem wir versuchen, der inneren Arbeit an unserem Herzen, die wir Vergebung nennen, auszuweichen.»[9] Diese Feststellung brachte mir Erleichterung. Denn ich wusste, dass ich vergeben musste, und sah doch, dass ich nicht vergessen konnte.

Man sagte mir, ich müsste vergeben, so wie «Gott durch Christus» mir vergeben hatte. Was sollte das heißen? Ich dachte über folgende Bibelstelle nach: «Seid vielmehr freundlich und barmherzig, und vergebt einander, so wie Gott euch durch Jesus Christus vergeben hat» (Epheser 4,32). Ich wollte ja so vergeben, wie Gott es getan hatte. Aber wie sollte das aussehen? Was hieß vergeben «wie Gott durch Christus» ganz praktisch?

Dann las ich 2. Korinther 5, Vers 19: «Denn Gott ist durch Christus selbst in diese Welt gekommen und hat Frieden mit ihr geschlossen, indem er den Menschen ihre Sünden nicht länger anrechnet. Gott hat uns dazu bestimmt, diese Botschaft der Versöhnung in der ganzen Welt zu verbreiten.» In diesem Vers wurde erläutert, dass Gott der Welt die Sünden vergeben und mit ihr Frieden geschlossen, d. h. sie wieder mit sich selbst versöhnt hat. War es das, was Vergebung bedeutete – Frieden zu schließen mit dem Menschen, der einen verletzt oder verraten hatte? Gehörten Vergebung und Versöhnung zusammen, und war Versöhnung ein äußeres Zeichen der Vergebung, die im Innern stattgefunden hatte? Ich fragte mich, ob Vergebung für mich dann nicht nur hieße, mich so zu verhalten, als ob nichts geschehen wäre, sondern auch, weiterhin in einer engen ehelichen Beziehung mit meinem Mann zu leben.

Es sah also gemäß der Bibel so aus, als sollte ich eigentlich in der Lage sein, mich mit Ted zu versöhnen, wenn ich ihm wirklich vergeben hatte. Auf jeden Fall wollte ich Gott gehorsam sein, merkte jedoch auch, dass mein Leben nie wieder so sein würde wie vorher. Ich hatte mich verändert. Vergebung war die eine Sache. Aber Versöhnung schien für mich zunehmend auf einem ganz anderen Blatt zu stehen. Ich konnte mich mit einer Freundin versöhnen, die über mich getratscht oder mich von einem Treffen ausgeschlossen hatte. Ich konnte ihr vergeben und mich dann wieder mit ihr aussöhnen. Ich konnte auch einem Mitarbeiter vergeben, der Geld veruntreut hatte. Aber würde ich diesem Mitarbeiter wieder meine Finanzen anvertrauen? Würde ich mich wirklich auf diese Weise mit ihm versöhnen? Wäre das überhaupt ein weiser Zug? Allmählich begann ich den Unterschied zu begreifen: Während Vergebung an keine Voraussetzungen gebunden ist, ist Versöhnung in der Regel von äußeren Faktoren abhängig – hauptsächlich von der anderen Person, die uns verletzt hat.

Ich rang ganz ehrlich mit diesen Fragen. Ich wollte Antworten haben. Doch das war nicht so einfach.

Eines Tages telefonierte ich mit Onkel Clayton Bell, dem Bruder meiner Mutter, einem Pastor in Dallas. Ich hoffte auf seine tiefere Einsicht und fragte ihn: «Wie vergeben wir so, wie Gott uns durch Christus vergeben hat?» Ich hatte eine wohlüberlegte Erläuterung erwartet und hörte stattdessen seine sanfte Stimme mit der knappen Antwort: «Aus freien Stücken.»

In diesem Moment hatte ich das Gefühl, dass mir eine Last von den Schultern fiel. Denn aus freien Stücken vergeben, das konnte ich ganz sicher. Diese Entscheidung hatte ich ja schon getroffen. Hatte ich nicht bereits damals, als Ted mir zum ersten Mal von seinen Affären erzählte, beschlossen, ihm zu vergeben? Mit der Frage der Versöhnung hatte ich zwar nach wie vor zu kämpfen. Aber aus freien Stücken zu vergeben, das konnte ich mir vorstellen. Das konnte ich wirklich ganz ehrlich tun. Ich konnte vergeben, ohne im Gegenzug etwas dafür zu erwarten.

Vergebung ist «Gottes Sache»

Wenn wir vergeben, so wie Gott uns durch Christus vergeben hat, nämlich aus freien Stücken, dann erfahren wir Freiheit. Wir können den Wunsch nach Vergeltung und sogar die heimliche Sehnsucht danach aufgeben. Und demjenigen, der uns verletzt hat, geben wir die Gelegenheit zu einem Neuanfang. Denn wir nehmen Abstand von unserem (vermeintlichen) Anspruch, mit dem anderen abzurechnen. So befreit uns die Vergebung von dem Unrecht, das uns widerfahren ist: Wir müssen es nun nicht mehr Jahr für Jahr mit uns herumschleppen. Smede schreibt dazu: «Nur ein befreiter Mensch kann sich entscheiden, mit einem Unrecht zu leben, für das es keinen Ausgleich gegeben hat.»[10]

Vor einigen Jahren hörte ich an der Universität von Virginia einen Vortrag von Desmond Tutu, dem ehemaligen Erzbischof von Kapstadt, Südafrika, und Träger des Friedensnobelpreises von 1984. Ich hatte großes Interesse an seiner Person. Denn das Leben des Erzbischofs war ein Zeugnis für die Freiheit, die man erfährt, wenn man vergibt. Seine Lebensaufgabe hatte darin bestanden, sich mit gewaltlosen Mitteln gegen die Apartheid in Südafrika und alle ihre gewaltsamen Folgen zur Wehr zu setzen. Nach dem Zusammenbruch des Apartheid-Regimes war er der Vorsitzende der «Wahrheits- und Versöhnungskommission» in Südafrika und schrieb später ein Buch mit dem Titel «Keine Zukunft ohne Vergebung»[11]. Tutus Reaktion auf die schlimmen Ereignisse in seinem Leben fesselte mich, und ich wollte ihn unbedingt aus der Nähe sehen.

Nach dem Vortrag befand sich der Erzbischof in einem Raum mit verschiedenen anderen Nobelpreisträgern. Ich beobachtete ihn und hoffte herauszufinden, ob das, was ich für echt hielt, auch wirklich echt war. Was für ein Mann konnte das wohl sein, fragte ich mich, der den Leuten aus seiner Umgebung, die in schlimmster Weise gegen die Menschenrechte verstoßen hatten – Mördern, Folterern und Verschwörern –, vergeben hatte? Ich achtete auf das Verhalten des Erzbischofs und auf seine Körpersprache, während er im Raum umherging und mit anderen sprach. Und ich wurde nicht enttäuscht. Ich bemerkte, dass sein Gesicht beim Reden Freude ausstrahlte, er ließ anderen den Vortritt und lachte gern und oft. Hier war ein Mann, der wirklich in der Freiheit der Vergebung lebte. Nach dieser Begegnung bewunderte ich Erzbischof Tutu umso mehr und fasste den Vorsatz, selbst in noch größerem Maße diese Freiheit zu erfahren.

Vergebung bewirkt nicht nur Freiheit, sondern setzt auch Kraft frei – geistliche Kraft. Man denke nur an die Vergebung, die Gott uns durch Jesus Christus schenkt, und an ihre machtvollen Auswirkungen. Sie hat eine Revolution ausgelöst und im buchstäblichen Sinne die Welt verändert. Die allgemeine Lebensregel lautete nun nicht mehr «Auge um Auge, Zahn um Zahn», sondern jetzt galt ein anderes Prinzip: Halte ihm auch die andere Wange hin, lass ihm auch den Mantel, geh die Meile mit ihm (d. h. investiere etwas, lass es dich etwas kosten) – ja, liebe deine Feinde. Vergebung ist nicht leicht, so viel steht fest. Sie ist sicher nicht der einfachste Weg. Aber Vergebung ist der Weg unseres Erlösers.

Warum fällt es uns so schwer zu vergeben? Warum brauche ich so lange dafür? Die Antwort lautet: Weil ich egoistisch und stolz bin. Deshalb vergebe ich nur widerwillig. Weil ich mich gerne in Selbstmitleid wälze. Ich spiele im Grunde gern den Märtyrer und nähre meine liebgewordenen Wunden. Denn es ist leichter zu klagen als zu vergeben. Lieber gebe ich anderen die Schuld, als dass ich meine Verantwortung übernehme und meinen Teil beitrage.

Ich würde sogar *sehr viel lieber* anderen die Schuld geben. Denn mir fällt es leichter, der selbstgerechte ältere Bruder aus dem Gleichnis Jesu zu sein, als der verzeihende Vater des verlorenen Sohnes.

Vielleicht kämpfen auch Sie damit, einer Person in Ihrem Leben zu vergeben. Leisten Sie Widerstand und klammern sich an Schuldzuweisungen? Es gibt einige Symptome, die auf eine nachtragende Haltung und die Unfähigkeit zu vergeben hinweisen.

Fragen Sie sich einmal, ob Sie, sobald der Name der Person, die Sie verletzt hat, im Gespräch auftaucht, sofort eine kritische Bemerkung machen. Müssen Sie ihm oder ihr dann sofort einen Seitenhieb versetzen? Wenn Sie die Person sehen, was ist Ihr erster Gedanke? Denken Sie daran, was er oder sie Ihnen angetan hat? Vielleicht ziehen Sie sich schnell zurück und haben eine Mauer um sich herum errichtet, die der andere nicht überwinden kann. Halten Sie an Ihrer Sicht des Unrechts fest, ohne sich auch nur die Mühe zu machen, die Dinge aus seiner oder ihrer Perspektive zu sehen? Und die letzte und wichtigste Frage: Können Sie Gott mit Ihrem ganzen Wesen anbeten, ohne dass irgendwelche Hindernisse oder Gewissensdinge Sie blockieren?

Eine meiner Freundinnen hatte einmal mit Groll zu kämpfen. Eines Tages bat sie mich, mit ihr zu beten. Ich sagte: «Zuerst müssen wir das Thema Vergebung angehen. Wenn du eine Heilung deiner Gefühle erleben willst, dann musst du einige Dinge wieder ausgraben und daran arbeiten, dass du vergeben kannst.» Und sie erwiderte: «Das kann ich nicht, und ich werde es auch nicht machen.» Und wegen ihrer festgefahrenen Meinung war sie nicht in der Lage, den nächsten Schritt in ihrer Beziehung zu Gott zu tun. Sie lebte weiterhin mit ihrem Groll. Wenn wir uns weigern zu vergeben, bleiben wir stecken. Und wir schaden uns dadurch nur selbst. Denn der Groll ist wie ein heißes Stück Kohle in unserer Hand. Je länger wir daran festhalten, desto tiefer und großflächiger wird es sich in uns einbrennen.

Übrigens ist Vergebung nicht einfach eine Möglichkeit, die man in Betracht ziehen kann oder eben auch nicht. Sie ist ein Gebot: «Aber wenn ihr ihn um etwas bittet, sollt ihr vorher den Menschen vergeben, mit denen ihr nicht zurechtkommt. Dann wird euch der Vater im Himmel eure Schuld auch vergeben» (Markus 11,25). Man beachte die zweite Hälfte des Verses. Da heißt es, dass wir, wenn wir vergeben – also Gottes Gebot gehorchen –, Gott dadurch die Voraussetzung schaffen, auch uns zu vergeben. Stellen Sie sich einmal vor, welche Konsequenzen das für jemanden hat, der nicht vergeben will. Er oder sie blockiert so das Wirken der Vergebung Gottes in seinem oder ihrem Leben.

Vergebung ist nichts Natürliches. Vergebung ist auch nicht das Gleiche wie Selbstzufriedenheit, obwohl Letztere eine sehr gute Nachahmung der Vergebung sein kann. Vergebung heißt auch nicht, dass wir das Unrecht, das uns geschehen ist, entschuldigen oder leugnen. Was also ist Vergebung?

Vergebung ist eine «Sache Gottes». Sie ist ein Akt Gottes. Wenn wir uns entscheiden zu vergeben, dann folgen wir unserem Erlöser, der, als man ihn ans Kreuz genagelt hatte, sagen konnte: «Vater, vergib ihnen» (Lukas 23,34). *Vater, vergib.* Die Vergebung unseres Retters Jesus Christus geschah nicht blind und leichtfertig. Vergebung ist immer realistisch. Sie schaut dem Unrecht geradewegs in Gesicht und bezeichnet es als das, was es ist: Sünde. Gott hat unsere Sünde angesehen, sie als solche benannt und gesagt: *Jemand muss dafür sterben.*

Vergebung ist eigentlich einfach, aber gleichzeitig sehr schwer. Sie kostet uns etwas, und Gott weiß sehr genau, wie teuer sie bezahlt werden muss. Denn er sah zu, wie sein Sohn abgelehnt, verlassen, geschlagen und gedemütigt wurde, wie man ihn bespuckte, ihn quälte, verspottete und ihn schließlich ans Kreuz schlug, wo er einen der grausamsten Tode starb, die sich die Menschheit je ausgedacht hat. Gott hätte das nicht zulassen müssen, doch er tat es. Warum? Damit er mir vergeben konnte. Damit er Ihnen vergeben konnte.

Der Prozess der Vergebung

Oft wird übersehen, dass das Vergeben ein Prozess ist. In anderen Bereichen hingegen ist uns völlig klar, dass Veränderungen Zeit brauchen. Dazu ein Beispiel: Mein Sohn Graham hatte zeitweise ein nach den modernsten Grundsätzen ausgestattetes Fitnessstudio in Ashville in Nordkarolina. Die Leute kamen ins Studio und baten Graham, mit ihnen zusammen Trainingspläne zu entwickeln. Graham passte die Pläne den individuellen Bedürfnissen seiner Kunden an, und es dauerte nicht lange, bis diese neuen Kunden in Sportkleidung im Studio auftauchten. Sie machten ihre Übungen und waren anschließend zufrieden mit sich selbst, weil sie ihr Trainingsprogramm schafften.

Dann versuchten sie am nächsten Morgen aus dem Bett zu kommen. Möglich, dass sich jeder dieser Anfänger fragte: «Es tut so weh – warum mache ich das eigentlich? Warum habe ich mit diesem Programm angefangen? Ich fühle mich kein bisschen besser – im Gegenteil!» Aber wenn sie trotzdem weiterhin ins Studio gingen, wenn sie sich auf den Prozess einließen, dann verschwand zwar der Schmerz nicht einfach, aber schon bald wurden ihre Muskeln flexibler. Und schließlich konnten sie sich voller Bewunderung im Spiegel des Studios betrachten und feststellen, dass sie nun keine Anfänger mehr waren, sondern echte Bodybuilder.

Vergebung ist wie ein Fitnessprogramm, das Gott für uns zusammengestellt hat. Wenn wir uns zum ersten Mal daran versuchen, fühlen wir uns nicht besonders gut. Wir sind steif, das verordnete Training ist ungewohnt. Aber je mehr wir uns in der Vergebung üben, desto weniger anstrengend wird das Programm. Es kann sein, dass Sie in Ihrem Herzen immer wieder die gleiche Sache in Bezug auf die gleiche Person durchgehen müssen. Ich kann mich gar nicht erinnern, wie oft ich über meinen Mann gesagt habe: «Ich vergebe ihm seinen Ehebruch. Ich vergebe ihm seinen Ehebruch.» Sehr lange musste ich mich auf diese Dauer-Repetition stützen. Und ich habe mich dabei nie wohlgefühlt. Aber der Prozess der Vergebung wurde mit der Zeit einfacher. Und er wird auch für Sie einfacher werden. Durch Übung werden Sie «besser werden» im Vergeben. Sie werden feststellen, dass Sie langsam anfangen, sich in der Vergebung zu bewegen, in ihr zu leben. Und Sie werden die Kraft und die Freiheit entdecken, die das Vergeben schenkt. Aber dazu müssen Sie üben und Ihren Willen trainieren.

Wie schaffen wir es nun, uns durch den Prozess der Vergebung zu arbeiten? Mir hat es geholfen, mir diesen Prozess als eine Abfolge von verschiedenen Stufen vorzustellen. Die Stufen, die ich im Folgenden beschreibe, sind abgeleitet aus meinen eigenen Erfahrungen und dem, was ich über die Jahre aus vielfältigen anderen Quellen gelernt habe.

Erster Schritt:
Erkennen, dass Ihnen vergeben worden ist

Der erste Schritt ist der, dass wir erkennen, dass uns selbst in vollem Umfang vergeben worden ist. Wenn wir einem anderen Menschen vergeben wollen, dann müssen wir zunächst begreifen, dass Gott uns vergeben hat. Dieses Begreifen meint nicht eine einfache verstandesmäßige Anerkennung. Wir müssen vielmehr fähig werden, Gottes Vergebung in den Tiefen unseres Wesens zu empfangen. Es kommt darauf an, dass wir seine Vergebung in unserem Herzen spüren, damit die Gnade Gottes wirklich ein Teil von uns wird.

Wie macht man das? Als Erstes bitten wir Gott, dass er uns hilft, seine Vergebung zu verstehen. Dann bemühen wir uns selbst, die Wahrheit der Vergebung Gottes noch weiter in uns zu festigen. Mein Vorschlag wäre zum Beispiel, über die Kreuzigung nachzudenken und sich bewusst zu machen, welchen Preis Gott bezahlt hat, um uns zu vergeben. Wir können dabei die Bibel zu Hilfe nehmen und uns gedanklich und gefühlsmäßig ganz auf den Bericht der Passion Christi einlassen. Mir hat das sehr geholfen. In den letzten Jahren habe ich mich außerdem entschieden, ein Kreuz in meinem Zimmer aufzuhängen – als ständige Erinnerung an den Preis, mit dem Gott meine Vergebung erkauft hat.

Zweiter Schritt: Sich entscheiden, einem anderen Menschen zu vergeben

Sobald wir erkannt haben, dass Gott uns vergeben hat, können wir uns bewusst entscheiden, anderen zu vergeben. Das Werk Christi am Kreuz ist vollkommen, Gott hat uns vollständig vergeben. Deshalb sind auch wir aufgerufen, denen zu vergeben, die uns Leid angetan haben. Und indem wir vergeben, treffen wir die Entscheidung, das Unrecht ganz loszulassen.

Im Grunde haben wir als diejenigen, denen so viel vergeben ist, nicht das Recht, anderen Vergebung zu verweigern. Denn jedes Unrecht, für das wir jemand anderem vergeben, ist schließlich nur ein Schatten der Schuld, für die Jesus bezahlt hat, damit uns vergeben werden konnte. Gottes Weg ist eindeutig der Weg der Vergebung, und wenn ich ihm nachfolge, ist es daher auch mein Weg.

Unsere Entscheidung für die Vergebung ist eine Sache des Willens. Wir müssen beschließen, den Weg der Vergebung zu wählen. Haben wir die Entscheidung einmal getroffen, wird Gott in dieser Sache bei uns sein und uns die Kraft geben, das, was wir uns vorgenommen haben, auch zu erfüllen. Falls wir uns nicht so entscheiden, wird Gott uns nicht zwingen. Aber wenn wir uns für die Vergebung entschieden haben, wird er uns zur Seite stehen. Und wir sind auf seine Hilfe angewiesen! Denn aus unserer eigenen Kraft können wir keine tragfähige und tiefgehende Vergebung schaffen. Nur wenn Gott unsere Entscheidung wirksam werden lässt, wenn er uns in unserer Entscheidung befähigt, sind wir in der Lage, wirklich zu vergeben. Unsere Wahl öffnet gewissermaßen eine Tür und lädt Gott ein, die nötige Arbeit an unserem Herzen zu tun. Es ist ja nicht unser Werk, sondern Gottes Werk in uns. Paulus schreibt: «Alles kann ich *durch Christus*, der mir Kraft und Stärke gibt» (Philipper 4,13) [Hervorhebung durch die Autorin].

Sie sollten sich bewusst sein, dass Ihre eigene Fantasie ein großes Hindernis für den Prozess der Vergebung darstellen kann. Bei mir war es jedenfalls so. Als mehr über mein Privatleben bekannt wurde, stellte ich mir dauernd vor, was andere wohl über mich denken und sagen würden. Ich lebte mein Leben in den Köpfen anderer Menschen, völlig besessen von ihren Meinungen über mich. In meiner Vorstellung trug ich eine ganze Welt von fiktiven Gesprächen und Begegnungen herum, die die Wut auf meinen Mann nur noch mehr anfachten. Aber es redete ja gar nicht jeder über mich. Die Leute hatten ganz andere Dinge zu tun. Ich musste wieder zu den Grundsätzen zurückkehren, die ich aus dem Buch Jeremia gelernt hatte, und mich daran erinnern, dass letztlich Gott mich rechtfertigen würde. Er würde Gerechtigkeit herstellen und am Ende alles wieder zurechtbringen. Meine Aufgabe war einfach, ganz bewusst zu vergeben.

Auch unsere Gefühle können Schwierigkeiten verursachen. Ich habe mich meinetwegen entschieden zu vergeben, und dann kommt die betreffende Person durch die Tür – und ich empfinde genau dieselbe Wut, denselben Ärger. Ich habe die Erfahrung gemacht, dass ich immer wieder zu meiner ursprünglichen Entscheidung, meinem Mann zu vergeben, zurückkehren musste. Denn meine Emotionen gingen so wild durcheinander, dass ich mich manchmal fragte, ob ich überhaupt vergeben hatte. Als Hilfe notierte ich in meiner Bibel das Datum, an dem ich beschlossen hatte, Ted zu vergeben. Wenn ich dann durch negative Gefühle versucht war, meinen Entschluss zu bezweifeln, nahm ich dieses Datum und rief mir ganz bewusst meine damalige Entscheidung ins Gedächtnis.

Denke ich an die Auseinandersetzung mit meinen Gefühlen, stelle ich mir immer einen dieser aufblasbaren Clowns mit einem Gewicht an den Füßen vor, mit dem Kinder gerne spielen: Jedes Mal, wenn man auf den Clown schlägt und ihn zur Seite drückt, richtet er sich sofort wieder auf. Warum? Weil er unten ein Gewicht hat. Vergebung ist wie ein solches Gewicht. Gefühle werden in uns aufsteigen und uns aus dem Gleichgewicht bringen. Aber unsere Entscheidung, die freie Wahl, bewusst zu vergeben, wird uns wieder aufrichten. Wir werden dann zwar immer noch mal wütend, aber unser Entschluss wird uns wieder auf das Wesentliche ausrichten. Und außerdem werden wir mit jedem Schlag geschickter darin, uns wieder aufzustellen. So lernen wir, nicht bei jeder Gefühlswallung gleich zu Boden zu gehen.

Dritter Schritt: Sich durch das Wort Gottes korrigieren lassen

Drittens sollten wir unser Denken durch Gottes Wort korrigieren lassen. Auch das ist ein Prozess, der Zeit braucht. Sie erinnern sich: Gottes Zeitplan beruht auf der Perspektive der Ewigkeit.

Ich weiß noch, wie ich dachte, dass nach der Entscheidung, meinem Mann zu vergeben, unsere Beziehung einfach wieder in den Zustand der Normalität zurückkehren würde und dass wir mit unserem Leben einfach fortfahren könnten. Aber so war es nicht. Ich musste mich weiter an die Bibel halten und mir vornehmen zu glauben, was dort stand: nämlich dass Gott mit mir war; dass er den Weg, den ich einschlagen würde, kannte; dass er mich nicht verlassen noch von mir weichen würde; und dass er einen guten Plan für mein Leben hatte. Oft standen meine Gefühle und Gedanken im Gegensatz zum Wort Gottes. Doch die Bibel fordert uns dazu auf, alles menschliche Denken gefangen zu nehmen und es Christus zu unterstellen, weil wir ihm gehorchen wollen (vgl. 2. Korinther 10,5).

Der Entschluss, meine eigene Einstellung aufzugeben, wo sie von Gottes Wort abwich, war für mich harte Arbeit, aber es hat sich ausgezahlt. Die Bibel sagte mir beispielsweise, dass ich für Ted beten und um Gottes Segen für ihn bitten sollte. In 1. Petrus 3,9 las ich: «Vergeltet nicht Böses mit Bösem, bleibt freundlich, auch wenn man euch beleidigt, und bittet Gott um seinen Segen für den anderen.» Und je mehr ich für Ted betete, desto schwerer fiel es mir, ihm meine Vergebung zu verweigern. Ich lernte es, mich zu bemühen, meinen Mann so anzunehmen, wie er *war*, und nicht mehr zu erwarten, dass er so auf mich reagierte, wie ich das *wollte*. Weil ich das Wort Gottes auf mein Denken anwandte, lernte ich, aus freien Stücken zu vergeben. Und das bewirkte eine große Erleichterung.

Vierter Schritt: Sich um Versöhnung bemühen

Wenn wir verstanden haben, dass uns vergeben wurde, und wir die Entscheidung getroffen haben, auch anderen zu vergeben, wenn wir unser Denken anhand der Bibel erneuert haben und eine gewisse Veränderung in unserem Herzen feststellen können, dann sind wir vielleicht auch in der Lage, uns mit der Person, die uns verletzt hat, auszusöhnen. In dieser Frage wird sehr viel davon abhängen, ob sich im Herz und Leben dieses Menschen etwas bewegt hat. Man muss es immer wieder hervorheben, dass Vergebung und Versöhnung nicht dasselbe sind. Freundschaft ist nicht unbedingt ein Nebenprodukt der Vergebung. Für eine Versöhnung ist es nötig, dass wir beim anderen klare Zeichen einer ehrlichen und dauerhaften Umkehr und Veränderung wahrnehmen. Aber falls Versöhnung tatsächlich geschieht, ist es die Vergebung, die den Weg dafür erst frei macht. Denn wir können uns nicht vollständig versöhnen, solange wir nicht vergeben haben.

Christus ähnlicher werden

Halten Sie diesen Prozess der Vergebung mit seinen vier Schritten für einfach? Sicher nicht. Der Weg, auf dem ich lernte, meinem Mann zu vergeben, verlief auch ziemlich ungeordnet und chaotisch. Ich kam schlecht damit klar und habe mich meistens nicht richtig verhalten. Mein Leben hat sich wirklich nicht in einer geraden Linie entwickelt. Doch mit der Zeit habe ich begonnen zu sehen, wie Gott die Krise in meiner Ehe dazu benutzt hat, mich Christus ähnlicher zu machen.

Christus litt, und er vergab den Menschen. Das waren zwei «Fähigkeiten», in denen ich große Defizite hatte, und durch mein Leid machte ich in dieser Hinsicht eine Veränderung durch. Obwohl ich in vielen Bereichen immer noch völlig unzulänglich war, lernte ich, in meinem eigenen Herzen mehr von Christus zu erfahren.

Inzwischen verstehe ich meine Krise nicht nur als einen Berg, den ich überwinden musste, damit ich mein Leben weiterleben konnte, sondern auch als eine Gelegenheit für mich, dem «Sohn ähnlich zu werden» (Römer 8,29). Das ist eine völlig andere Perspektive, zu sehen, dass Gott in unserem Leben auch durch die Menschen, denen wir vergeben müssen, seinen Plan erfüllt! Zugegeben, es ist nicht leicht, diesen Standpunkt einzunehmen. Doch wenn wir uns erst einmal dazu entschließen, wenn wir die Schönheit einer solchen Sicht unseres Lebens erkennen können, dann werden wir befreit. Jetzt, wo ich begreife, wie Gott das Leid, das Ted mir zugefügt hat, dazu benutzte, sein Ziel in mir zu erreichen, kann ich Gott mit noch größerer Dankbarkeit loben. Ich habe lange gebraucht, um an diesen Punkt zu kommen. Aber schließlich bin ich dort angelangt. Und das können auch Sie.

Wo stehen Sie beim Thema Vergebung? Seien Sie einmal ehrlich vor sich selbst. An welchem Schritt arbeiten Sie im Moment? Bitten Sie Gott, dass er Ihnen hilft zu erkennen, wie viel Ihnen vergeben worden ist? Oder treffen Sie gerade die Entscheidung, einem anderen Menschen zu vergeben? Vielleicht sind Sie auch dabei, Ihr eigenes Denken anhand der Bibel zu korrigieren. Möglicherweise haben Sie erkannt, dass Sie einem Menschen, der Ihnen Leid zugefügt hat, wirklich vergeben haben. Und nun sind Sie bereit, über Versöhnung nachzudenken. Egal in welchem Stadium Sie sich befinden: Bitten Sie Gott, dass er Ihnen Kraft zum Durchhalten schenkt. Denn um diesen Weg zu gehen, brauchen wir Ausdauer und Geduld, und wir können sie uns nicht selbst geben. Geduld oder Langmut erscheint in der Bibel als eine «Frucht des Geistes» (Galater 5,22; Luther). Das heißt, sie wird mit der Zeit wachsen und reifen, wenn wir unser Leben in der Verbindung mit Gott führen.

Wahrscheinlich haben Sie schon erkannt, in welchem Stadium des Prozesses Sie sich gerade befinden und was Sie brauchen, damit es weitergeht. Dann beten Sie um das, was Sie nötig haben. Vielleicht haben Sie gemerkt, dass Sie nicht wirklich glauben, dass Gott Ihnen alles vergeben hat. Bitten Sie ihn, dass er Ihnen hilft, auf einer ganz tiefen persönlichen Ebene zu verstehen, was er für Sie am Kreuz getan hat. Und machen Sie sich immer wieder bewusst, wenn Sie in der Lage sein wollen, einem anderen Menschen vollständig zu vergeben, dass Sie zuallererst die vollkommene Vergebung, die Gott Ihnen anbietet, ergreifen müssen.

Falls Sie sich gegen die Entscheidung zu vergeben sträuben, geben Sie Ihren Widerstand zu. Sagen Sie Gott Ihre Gefühle. Ganz ehrlich. Lassen Sie es zu, dass er den wahren Zustand Ihres Herzens aufdeckt. Und laden Sie ihn ein, Ihre Einstellung zu ändern und Sie dahin zu bringen, dass Sie wirklich von ganzem Herzen vergeben wollen. Die Entscheidung für die Vergebung müssen Sie allerdings bewusst treffen. Denn wenn Sie sich nicht bewusst für die harte Arbeit der Vergebung entschieden haben, werden Sie immer hin und her schwanken. Dann werden Sie nur halbherzig handeln, und das wird Ihr Bemühen, in Ihrem Leben vorwärts zu gehen, behindern. Wie die Bibel es lehrt: «Ein Zweifler ist unbeständig auf allen seinen Wegen» (Jakobus 1,8; Luther).

Vielleicht haben Sie sich entschieden zu vergeben und versuchen nun jeden Tag, Ihr Denken durch die Wahrheit der Bibel zu erneuern. Aber Sie sind entmutigt, weil Sie nicht den Eindruck haben, in Ihrem Herzen irgendwelche Fortschritte zu machen. Sie fühlen sich kalt, widerwillig und angeekelt. Halten Sie inne, und bitten Sie Gott, Ihnen die Augen zu öffnen für die vielen kleinen Dinge, mit denen er Sie unterstützt. Blicken Sie zurück, und versuchen Sie sein Handeln in Ihrem täglichen Leben zu erkennen. Es kann eine Hilfe sein, Ihre momentane Situation beiseite zu legen und sich Zeit zu nehmen, Gott anzubeten, weil er Gott ist. Er hat Macht über alles, und er sorgt für Sie: sein Kind, das er liebt. Loben Sie ihn im Glauben, auch trotz Ihrer Gefühle. Und bitten Sie Gott, dass er Sie seine Gegenwart erfahren lässt und Sie dadurch mit neuer Kraft erfüllt.

Wenn Sie darum beten, dass mit einem Menschen, der Sie verletzt hat, eine Versöhnung möglich wird, dann bitten Sie Gott auch, Sie zu leiten und Ihnen Weisheit zu schenken. Suchen Sie sich außerdem Menschen, die Ihnen Rat geben und Sie mit der biblischen Wahrheit vertraut machen. Lesen Sie beständig in der Bibel und verbringen Sie täglich Zeit mit Gott. Allgemein ist es hilfreich, die Gemeinschaft von gläubigen Christen zu suchen. Sie sollten sich auch bewusst machen, dass Sünde in Ihrem Leben, die Sie nicht bekannt haben, Sie von Gott trennt. Halten Sie deshalb Ihr Herz vor Gott rein. Und erinnern Sie sich immer wieder neu daran, dass Sie es nötig haben, Gottes Stimme zu hören, und es sich daher nicht leisten können, die enge Beziehung zu ihm zerbrechen zu lassen.

Wenn Sie jemandem helfen wollen

Als Freund oder als Verwandter von jemandem, der darum ringt, vergeben zu können, können Sie allein schon durch Ihr Wissen um die verschiedenen Stufen des Vergebens eine Hilfe sein.

Bitten Sie Gott, Ihnen zu helfen, dass Sie verstehen, welcher Art der schwierige Prozess ist, den die betreffende Person in ihrem

Bemühen um Vergebung durchmacht. Denken Sie immer daran, dass dies eine sehr herausfordernde Aufgabe ist, die auch Zeit braucht. Erkennen Sie an, dass im Herzen eines Menschen mehr vorgeht, als Sie sehen können. Meinen Sie nicht, dass die Person sich im Groll eingemauert hat, nur weil sie an einem Tag verbittert scheint. Und widerstehen Sie der Versuchung zu urteilen. Einmal ist dieser Mensch vielleicht ganz ruhig, wenn er von der Person spricht, die ihm Leid zugefügt hat. Ein andermal ist er völlig aufgebracht. Lassen Sie einfach den Prozess der Vergebung seinen Gang nehmen.

Manchmal müssen wir gegenüber denen, die wir lieben, tatsächlich eine Grenze ziehen, dann nämlich, wenn sie zulassen, dass ihre Gefühle Überzeugungen nähren, die dem Wort Gottes widersprechen. In anderen Situationen jedoch sollten wir sehr behutsam sein. Gott kann Ihnen da helfen. Denken Sie auch an die Worte Jesu: «Bleibt fest mit mir verbunden ... Ich bin der Weinstock, und ihr seid die Reben» (Johannes 15,4–5). Als Helfer der betreffenden Person ist es wichtig, dass Sie eng mit Jesus verbunden bleiben. Denn er ist Ihre Quelle. Und letztlich ist er der wahre Helfer.

Wenn Versöhnung für die Person ein Thema ist, wird sie viel Gebet um Weisheit brauchen und wird unter Umständen Sie um Rat bitten. Sie sollten darauf vorbereitet sein. Sie könnten einen Anfang machen, indem Sie sich intensiv mit der Bibel beschäftigen. Denn schließlich sollte es stets Ihr Ziel sein, diesen Menschen auf die Wahrheit hinzuweisen, die wir im Wort Gottes finden.

In manchen Fällen müssen Sie ihn oder sie vielleicht auch an einen Seelsorger oder ausgebildeten Therapeuten verweisen. Versuchen Sie auch hier nicht, selbst den Retter zu spielen, sondern rufen Sie sich in Erinnerung, dass allein Gott der Retter ist. Er lässt Sie nicht allein in dem Bemühen, der Person Hilfe und Rat zu geben.

Nutzen Sie das Potenzial, das Sie vorfinden: Ihre Gemeinde, Seelsorger und Therapeuten, Bücher und erfahrenere Christen, die in der Situation dieses Menschen die Rolle des Mentors übernehmen können. Gott hat Ihnen nicht die Aufgabe übertragen, selbst für all das zu sorgen, was nötig ist, um die betreffende Person zu unterstützen. Und nehmen Sie sich dabei vor Ihrem eigenen Stolz in Acht, damit Sie am Ende nicht noch zur Isolation dieses Menschen beitragen.

Bei der Arbeit an den verschiedenen Stadien der Vergebung, im Vertrauen auf Gottes Kraft, seine Unterstützung und Hilfe, werden Sie folgende Erfahrung machen: Wenn Sie dahin kommen, dass Sie Gott im Voraus für das danken, was er durch den Menschen, der Ihnen Unrecht getan hat, wie auch durch das Unrecht an sich in Ihrem Leben tut, dann gewinnen Sie neue Hoffnung.

Wir haben uns schon damit beschäftigt, wie entscheidend es ist, zurückzuschauen und Gott dankbar zu sein für das, was er bisher schon für uns getan hat. Wir haben auch gesehen, welche Kraft es uns verleiht, wenn wir ihn mitten in unseren gegenwärtigen Problemen loben. Doch es ist genauso wichtig, Gott für das zu preisen, was er noch tun wird. Er kennt ja unser ganzes Leben von Anfang bis Ende (Hiob 34,21; Psalm 139,1–16). Alles, was geschieht, will Gott für seine guten Absichten verwenden, von denen die zentralste, wie schon erwähnt, die ist, uns Christus ähnlicher zu machen. Das ist ein Grund, Gott zu loben! In Jesus bleiben wir nie dauerhaft an irgendeinem Punkt stecken, wir sind nie verloren. Sondern mit ihm haben wir immer eine Zukunft. Wie es im Buch Jeremia heißt: «Denn ich allein weiß, was ich mit euch vorhabe: Ich, der Herr, werde euch Frieden schenken und euch aus dem Leid befreien. Ich gebe euch wieder Zukunft und Hoffnung» (Jeremia 29,11).

Ich möchte Sie ermutigen, sich jetzt einen Moment Zeit zu nehmen und alle Ihre Ängste, Ihre Verletzungen und Enttäuschungen vor Jesus abzuladen und ihm für seine Liebe zu danken. Danken Sie ihm, dass er sich um Sie kümmert. Und sagen Sie ihm, dass Sie glauben wollen, was die Bibel sagt: nämlich dass er Ihnen Zukunft und Hoffnung geben will. Loben Sie Gott für diese Zukunft, egal wie Sie sich im Moment gerade fühlen. Mitten in Ihrer Hoffnungslosigkeit können Sie Gott loben für die Hoffnung, die er Ihnen gibt. Wenn es Ihnen eine Hilfe ist, dann nehmen Sie den Vers aus dem Buch Jeremia und beten Sie ihn als Lobpreis Gottes:

Herr, ich lobe dich, weil du mich kennst und weißt, was du mit mir vorhast. Du bist ein allwissender Gott, der alle Weisheit besitzt, und dafür preise ich dich. Ich lobe dich für deine Güte. Alles, was du für mein Leben geplant hast, ist gut, weil du selbst gut bist. Ich danke dir, Gott, dass du eine Zukunft für mich bereithältst. Und auch wenn ich mich im Moment hoffnungslos und verzweifelt fühle, bin ich sicher, dass das nicht dein Plan für mich ist. Denn dein Plan ist es, mir neue Hoffnung zu geben!

Ich preise dich dafür, und ich bin voller Erwartung und voller Vertrauen. Bitte gib mir die Gnade, dass ich erwartungsvoll ausharren kann. Dir will ich gefallen.

Indem Sie Gott auf diese Weise für Ihre Zukunft loben, setzen Sie Ihren Glauben ganz praktisch um. Sie zeigen Gott, dass Sie ihm vertrauen wollen. Sie sagen ihm, dass Sie ihm glauben wollen. Und das ist genug. Er wird Ihr kleines bisschen Glaube nehmen und es wachsen lassen. Er wird Ihnen helfen, so dass Sie fähig werden, ihm wirklich zu vertrauen. Sie brauchen keine Angst zu haben. Immer wenn wir aus reinem Herzen etwas für Gott tun wollen, reagiert er schon auf die kleinste unserer Bewegungen in seine Richtung.

Gedanken für schwere Zeiten

- Gehen Sie noch einmal die Symptome für Groll durch. Treffen einige davon auf Sie zu? Falls ja, bitten Sie Gott, Ihnen zu helfen, sich wirklich für Vergebung zu entscheiden.
- Wo stehen Sie im Prozess der Vergebung? Mit welcher Stufe setzen Sie sich gerade auseinander? Sind Sie dabei zu begreifen, dass Gott Ihnen vergeben hat? Oder treffen Sie gerade die Entscheidung, einem anderen Menschen zu vergeben? Oder benutzen Sie die Bibel, um Ihr Denken zu erneuern? Beten Sie um Geduld und Ausdauer und dafür, dass Gott Ihnen gibt, was nötig ist, damit Sie den Prozess durchhalten.
- Wenn Sie für die Versöhnung mit einem Menschen, der Sie verletzt hat, beten, bitten Sie Gott um Führung. Lassen Sie sich auch von anderen Christen raten. Verbringen Sie täglich Zeit mit Gott, und lesen Sie in der Bibel. Bleiben Sie in engem Kontakt mit ihm, und bringen Sie die Dinge möglichst bald vor ihm in Ordnung. Suchen Sie außerdem die Gemeinschaft mit anderen überzeugten Christen.
- Nehmen Sie sich Zeit, Gott für das zu loben, was er durch Ihren Kampf, anderen zu vergeben, tun wird. Danken Sie ihm dafür, dass er Sie Christus ähnlicher macht und Ihnen Zukunft und Hoffnung gibt.

Wenn Sie helfen wollen

- Machen Sie sich bewusst, dass die Vergebung ein Prozess ist, und seien Sie geduldig mit der betreffenden Person. Lernen Sie zuzuhören. Verurteilen Sie nicht, und maßen Sie sich nicht an zu wissen, was im Herzen dieses Menschen vorgeht.
- Seien Sie in dieser schwierigen Situation bereit, der Person zuzuhören und sie zu ermutigen. Und bitten Sie Gott, Ihnen zu zeigen, wie Sie das tun können. Bleiben Sie objektiv, aber seien Sie dennoch hilfreich. Vertrauen Sie darauf, dass Gott Ihnen zur Seite steht.
- Beten Sie für die Person und ihren Weg durch die verschiedenen Phasen der Vergebung. Falls nötig, führen Sie sie zurück zu den Aussagen der Bibel.
- Wenn die Person um Versöhnung betet, sollten Sie die Bereitschaft haben, sie in diesem Zusammenhang auf die biblische Wahrheit hinzuweisen. Ziehen Sie auch in Erwägung, diesen Menschen an einen ausgebildeten Seelsorger oder Therapeuten zu verweisen. Versuchen Sie vor allen Dingen nicht, selbst den Retter zu mimen. Nutzen Sie stattdessen das Potenzial, das Sie in Ihrer Umgebung vorfinden.

Bibelvers zum Thema

Aber wenn ihr ihn um etwas bittet, sollt ihr vorher den Menschen vergeben, mit denen ihr nicht zurechtkommt. Dann wird euch der Vater im Himmel eure Schuld auch vergeben. (Markus 11,25)

Impuls

Vergebung ist «Gottes Sache». Sie ist ein Prozess, der harte Arbeit und große Ausdauer erfordert. Aber Gott wird uns in jeder Phase befähigen. Denn er ist in unserem Herzen am Werk, damit wir tun können, was er von uns möchte.

6

Wie mache ich Frieden mit Gott?

Sich dafür entscheiden, ihm zu vertrauen

Zwei Jahre nach dem Ausbruch unserer Ehekrise hatte Ted einen Herzinfarkt.

Wir hatten uns inzwischen getrennt, nachdem auch der entschlossene Versuch, mit Hilfe eines Therapeuten an unserer Ehe zu arbeiten, scheinbar keinen Fortschritt gebracht hatte. Nun hofften wir, unsere Probleme irgendwie lösen zu können, wenn wir etwas Freiraum voneinander bekamen.

Nach seinem Herzinfarkt kehrte Ted auf unsere Farm im Tal zurück, um sich dort zu erholen. Und er sah nicht gut aus, war grau geworden und wirkte alt und gebeugt. Es war nicht zu übersehen, dass er keine Energie und keinen Elan mehr besaß.

Ich hoffte damals ganz ehrlich, dass es durch Teds Herzinfarkt möglich sein würde, die Liebe zwischen uns neu zu entfachen. Doch Teds gesundheitliche Erholung war noch nicht weit fortgeschritten, da beherrschten wieder unsere alten Muster das Feld. Immer noch entdeckte ich an meinem Mann Verhaltensweisen, die mir nicht gerade das Gefühl vermittelten, ich könnte ihm wieder vertrauen. Mein Vertrauen hatte sich eigentlich beinahe ganz verflüchtigt. Trotzdem rangen wir weiter um Heilung in unserer Ehe, obwohl eine Versöhnung so weit weg schien wie zuvor. Ich war entmutigt. «Ich wünschte, ich könnte mehr mit ihm fühlen», schrieb ich in mein Tagebuch. «Aber mein Herz ist kalt.»

Bald nach Teds Rückkehr auf die Farm, als ich mir sicher sein konnte, dass sein Zustand stabil war, unternahm ich eine schon vorher geplante Reise nach China mit meiner Mutter und meinen beiden Schwestern Gigi und Anne. Ich brauchte ganz dringend neue Hoffnung und betete, dass diese Reise mir frische Kraft geben würde. Wenn Gott mir doch nur ein Zeichen geben könnte, mit dem er bekräftigte, dass Versöhnung tatsächlich möglich ist – wenn er also meine Herzenseinstellung meinem Mann gegenüber verändern könnte –, dann hätte ich wenigstens etwas, worauf ich aufbauen konnte. Doch wie die Dinge standen, quälte ich mich mit dem Gedanken, was die Zukunft wohl bringen würde, da ich nicht sicher war, wie viel länger ich an meinem Entschluss, in unsere Ehe zu investieren, festhalten konnte. Ich glaubte, nur Gott könnte meiner nachlassenden Entschiedenheit aufhelfen, denn ich hatte sehr wenig Kraft, das weiterhin selbst zu tun.

Die Fahrt nach China wurde zu einem einmaligen Erlebnis. Meine Mutter hatte die ganzen fast 69 Jahre ihres Lebens darauf gewartet, ihren Töchtern ihre erste Heimat zu zeigen – Tsingkiangpu, heute ein Teil des großen Stadtgebiets von Huaiyin in der Provinz Jiangsu. Dass wir diese sehr persönliche, nostalgische Reise mit ihr zusammen erleben konnten, erfüllte für meine Schwestern und mich die exotischen Geschichten unserer Kindheit mit neuem Leben. Wir lernten auf diese Weise unsere Mutter besser verstehen: ihre Liebe zu alten Dingen, ihre Sorgfalt, ihre Sammelleidenschaft und ihren Blick für das Schöne. Ich werde nie die erwartungsvollen Gesichter der chinesischen Christen vergessen, die selbst ein Zeugnis waren für die dauerhafte Wirkung, die die Arbeit der Missionare hinterlassen hatte. Oder wie ich hinaufschaute zu dem Fenster des Zimmers, in dem meine Mutter geboren wurde. Oder wie ich zusammen mit meiner Mutter und meinen Schwestern oben auf der Chinesischen Mauer stand. Diese Momente sind für mich unschätzbar wertvoll und können durch nichts ersetzt werden.

Als wir im Mai 1989 in China ankamen, war das die Zeit, als dort die Demonstrationen für Demokratie auf eine Krise zusteuerten. In verschiedenen Hotels konnten wir CNN[12] empfangen und uns so über die wachsenden Spannungen auf dem Laufenden halten. Und von unseren Hotelzimmern in Peking aus hörten wir das Tosen der demonstrierenden Menge. Als Kind der 60er-Jahre bewegten mich diese politischen Entwicklungen sehr stark. Meine Schwester und ich gingen hinauf zum Tianamen-Platz, um unsere

Unterstützung für die Demonstranten zu zeigen, und trafen auf eine überwältigende Menschenmenge, die sich ausdehnte, so weit das Auge reichte.

Neben diesen mutigen Leuten zu stehen, gab mir das Gefühl, Teil eines bedeutenden historischen Ereignisses zu sein, bei dem der Wille des Volkes auf beeindruckende Weise Ausdruck fand. Zwar herrschte eine Atmosphäre der Begeisterung, aber meine Mutter fürchtete, dass eine Niederschlagung der Bewegung durch die Regierung unmittelbar bevorstand, und leider sollte sie Recht behalten.

Wir verkürzten schließlich unsere Reise und verließen das Land wenige Tage, bevor Regierungstruppen die Demonstranten auf dem «Platz des himmlischen Friedens» niedermetzelten. Ich litt mit den hoffnungsvollen Chinesen, mit denen ich Seite an Seite gestanden hatte. Viele Menschen waren getötet worden, und ich fragte mich, ob man auch ihre Hoffnung vernichtet hatte. Was würde wohl aus diesem Volk werden?

Während unserer China-Reise war ich in Gedanken und in meinen Gebeten ständig mit schwierigen persönlichen Fragen zu einer möglichen Versöhnung mit Ted beschäftigt.

Bei unserem Besuch in Schanghai nahmen wir dann an einem großen Gebetstreffen der Mu'en Kirche teil, wo meine Mutter, meine Schwestern und ich je eine kurze Ansprache hielten. An einem Punkt der Veranstaltung wurde dazu aufgefordert, nach vorn zum Altar zu kommen, dort niederzuknien und zu beten. Ich ging nach vorne, und dort auf den Knien unter den vielen Menschen am Altar sagte ich dem Herrn, dass ich entschlossen war, meinen Beitrag zu leisten, um unsere Ehe zusammenzuhalten. Ich bat ihn eindringlich, mein Herz meinem Mann gegenüber zu verändern. Ich wollte wirklich fähig sein, mich zu versöhnen, und hatte Angst vor dem, was ich fühlte.

Dieser Augenblick mit Gott war ein wichtiger Moment der Entscheidung, soweit ich zu einer solchen überhaupt in der Lage war. «Ich hoffe, dass ich einen wichtigen Schritt getan habe, was die Entscheidung angeht, unsere Ehe wieder aufzubauen», notierte ich in meinem Tagebuch, «... und eine Scheidung nicht in Betracht zu ziehen.»

Mein Herz jedoch blieb weiterhin leer, und ich hörte nicht auf, Gott zu bitten, dass er mich heilt, stärkt und wiederherstellt – und mich so verändert, dass ich mit meinem Mann noch einmal neu beginnen konnte. Aber die Wochen unserer Reise zogen an mir vorbei, und ich hatte das deutliche Gefühl, dass etwas in mir abgestorben war. Wenn ich über Teds Affären nachdachte, konnte ich mir nicht vorstellen, noch einmal als seine Frau mit ihm zusammenzuleben, ohne einen großen Teil meines Herzens zurückzuhalten. Ich konnte mir überhaupt nicht vorstellen, ihm von neuem zu vertrauen. Und ich wusste einfach nicht, wie ich eine Ehe wieder zusammenflicken sollte mit einem Menschen, der mich so tief verletzt hatte.

Am Abend von Teds 44. Geburtstag, zwei Tage vor meiner Rückkehr aus China in die USA, war ich mit meinen Schwestern und meiner Mutter in Paris. Ich wollte gar nicht zurück nach Hause und weinte mich in dieser Nacht in den Schlaf. Damals waren es genau zwei Jahre, seit ich von Teds Affären erfahren hatte. Seitdem hatte sich unser beider Leben so stark verändert, und ich selbst war so müde und erschöpft. «Ich bin nicht stark genug, um das länger auszuhalten», steht in meinem Tagebuch. «Aber ich habe den Eindruck, dass alle anderen einschließlich Gott das von mir erwarten.»

Als ich das Flugzeug für die Rückreise bestieg, hatte ich keine Ahnung, was ich tun sollte. Die Zukunft erschien mir wie ein gähnender Abgrund, und Furcht war das Einzige, was ich empfinden konnte. Die Reise nach China war eine gute Erholung von der Realität meiner Ehe gewesen. Aber abgesehen davon hatte sich in Bezug auf mein persönliches Leben in meinem Herzen absolut gar nichts verändert. Ich hatte Gott gebeten, mir neue Liebe für meinen Mann zu schenken, wenigstens einen kleinen Hoffnungsschimmer. Jetzt, auf dem Weg zurück in die USA, war davon überhaupt nichts zu spüren.

Die Folgen abwägen

In den Monaten nach meiner Rückkehr aus China kämpfte ich dagegen an, emotional abzustürzen. Hatte ich denn nicht mit allem, was in mir war, darum gebetet und gefleht, dass Gott in meinem Herzen etwas Außergewöhnliches tat? Warum war kein Wunder geschehen? Ich kannte Geschichten, wie Gott die Herzen anderer Menschen und ihre Ehen geheilt hatte. Aber bei mir hatte sich nichts verändert. Gott schien mein Gebet nicht erhört zu haben. Vielleicht hatte er es nicht für richtig gehalten, mir zu helfen. Oder, so fragte ich mich, war ich selbst diejenige, die Gott behinderte? War etwas mit mir nicht in Ordnung? War ich zu eigenwillig, war ich hartherzig?

Immer wieder tauchte der Wunsch, sich dauerhaft aus diesem Leben zu verabschieden, in meinen Gedanken auf. Ich brach häufig in Tränen aus. Erschöpfung war damals meine ständige Begleiterin. Ich hatte das Gefühl, einen langsamen, qualvollen Tod zu sterben. Während sich die Monate dahinschleppten, wurde ich überwältigt von der Vergeblichkeit meiner Lage und kam zu dem Schluss, dass ich so nicht weiterleben konnte – nur im Warten darauf, dass irgendetwas passierte.

Schließlich hielt ich folgende Einschätzung meiner Ehe fest: «Das geistliche Gewebe unserer Gemeinschaft ist zerstört; was ich auch versuche, darauf oder darüber zu legen, es bleibt zerrissen. Und jetzt ist es Gottes Verantwortung, dieses Tuch unserer Verbindung wieder zusammenzuweben. Ich kann keine geistliche Heilung bewirken. Das kann nur Gott ... Es ist vorbei.»

Zu diesem Zeitpunkt waren wir so weit gekommen, dass das Auftrennen meiner ehelichen Bindung an Ted uns als einzige realistische Möglichkeit erschien. Ich sah zwar, dass Ted sich verändert hatte. Aber das waren noch nicht die Veränderungen, die mich eine enge persönliche Beziehung mit ihm wieder hätten wagen lassen. Die Veränderungen gingen nicht tief genug, um mich davon zu überzeugen, meine Schutzschilde fallen zu lassen und Ted von ganzem Herzen zu vertrauen. Ich hatte ihm vergeben, aber eine enge, intime Beziehung schien nicht mehr möglich zu sein.

Mir war bei alledem klar, dass ich von der Bibel her durchaus Gründe hatte, mich scheiden zu lassen. Denn Ted hatte unsere Gemeinschaft und die Heiligkeit der Ehe durch seinen Ehebruch bereits verletzt. Eine Scheidung käme in unserem Fall dem Eingeständnis gleich, dass eine Versöhnung nicht mehr zu bewerkstelligen war.

Doch ich wollte eigentlich keine Scheidung. Ich wollte auf keine Weise Gott verletzen oder ihm missfallen. Gott stand schließlich auf der Seite der Ehe. Er hat die Ehe eingesetzt als ein Abbild der heiligen Beziehung von Christus zu seiner Gemeinde. Und weil er weiß, dass Männer und Frauen Schwierigkeiten haben, sich aufeinander einzustellen, hat er uns bestimmte Grundsätze gegeben, damit unsere Ehen gelingen.

Meine Ehe jedoch war offenbar gescheitert. Ich wusste zwar, dass dieses Scheitern nicht nur meine Schuld war, doch ich fürchtete, Gott zu missfallen, weil ich mich unfähig fühlte, mich mit Ted auszusöhnen. Ich fürchtete, dass Gott mich, wenn ich mich scheiden ließ, nicht mehr gebrauchen könnte. Ich machte mir Sorgen, dass er mich gewissermaßen als Ex-Gotteskind betrachten würde. Kurzum, dass er mich fallen lassen und ausrangieren würde.

Außerdem hatte ich schlicht und ergreifend Angst vor der Schande einer Scheidung. Nun wurde mir mit einem Mal bewusst, dass ich, bevor ich von Teds Affären wusste, geschiedene Leute als Menschen zweiter Klasse betrachtet hatte. Und jetzt wollte ich unbedingt verhindern, dass andere Christen so über mich dachten. Da ich aufgrund der Evangelisationstätigkeit meines Vaters in christlichen Kreisen recht bekannt war, wusste ich genau, dass meine veränderte Lebenssituation nach einer Scheidung höchstwahrscheinlich nicht unbemerkt bleiben würde. Man würde mich kennen als «die geschiedene Tochter von Billy Graham».

Mir, die ich jahrelang darum gerungen hatte, mich von der Sorge um die Meinungen anderer Leute frei zu machen, erschien die Bezeichnung «geschieden» als so ziemlich das widerwärtigste Etikett überhaupt. Ich meinte, dann trüge ich das Wort «Versagerin» buchstäblich auf der Stirn, so dass es alle sehen und mich verurteilen konnten.

Zusätzlich zu diesen Befürchtungen gab es auch noch die größeren Veränderungen meines Lebensstils, die eine Scheidung mit sich bringen würde. Mein ganzes Leben als Erwachsene war ich verheiratet gewesen. Jetzt hatte ich einfach auch Angst, allein zu sein – ohne einen Gefährten, ohne die besondere, ganz enge Verbindung und die Vorrechte, die es in der Ehe gab. Ich konnte mir nicht ausmalen, wie das Leben als Geschiedene aussehen sollte. Trotz unserer problematischen Verhaltensmuster konnte ich mir ein Leben ohne Ted im Grunde nicht vorstellen. Immerhin waren wir ja zusammen erwachsen geworden. Wie würden meine Tage aussehen, wenn er nicht mehr da war?

Eine Scheidung würde in jeder Beziehung Unsicherheit bedeuten. Unser Leben auf der Farm war für mich die Erfüllung eines Traumes gewesen. Dort war ein idealer Platz für die Kinder, und ich hatte uns da ein Zuhause geschaffen. Wenn Ted und ich uns scheiden ließen, würde ich die Farm verlassen müssen. Auch meine finanzielle Situation würde sich verändern. Dann wäre ich selbst dafür verantwortlich, mein Einkommen zu verwalten, und müsste zum Beispiel meine eigene Steuererklärung ausfüllen. Bisher hatte nämlich Ted alle unsere geschäftlichen und finanziellen Angelegenheiten geregelt. Angesichts dieser ganzen Herausforderungen hatte ich keine Ahnung, wo ich überhaupt beginnen sollte.

Beim Abwägen der Folgen einer Scheidung machte mir eines am meisten Sorge, und das waren die Auswirkungen für unsere Kinder. Ich litt sehr stark mit ihnen. Ich war zwar der Meinung, dass Teds Untreue die Einheit der Familie schon beschädigt hatte, aber die Kinder wussten bisher nicht, was wirklich geschehen war. Sicher hatten sie Hinweise auf einen Konflikt zwischen ihren Eltern aufgeschnappt. Doch insgesamt hatten Ted und ich unsere Kämpfe ziemlich gut versteckt. Für die Kinder war die Familie deshalb eigentlich so intakt wie immer. Und es wurde mir furchtbar schwer ums Herz, wenn ich daran dachte, was eine Scheidung vielleicht für sie bedeuten würde. Welche Probleme würden sie als Folge dieser Scheidung mit in ihr Leben nehmen? Würden sie schwere Wunden davontragen, die nur mit Hilfe jahrelanger Seelsorge und Therapie geheilt werden könnten? Wären sie vielleicht später unfähig, selbst in einer Ehe glücklich zu werden? Als unsere Kinder noch klein gewesen waren, hatte ich ihnen immer versprochen, ihr Vater und ihre Mutti würden sich nie scheiden lassen. Jedes Kind braucht schließlich diese Sicherheit. Aber was würde es für sie bedeuten, wenn dieses Versprechen nun gebrochen würde?

Über diese Dinge machte ich mir lange und sehr sorgfältig Gedanken. Ich versuchte dabei nicht, die möglichen Konsequenzen herunterzuspielen, denn mir war klar, dass ich realistisch bleiben musste. Am Ende kam ich jedoch zu dem Ergebnis, dass eine Scheidung trotz allem der Weg war, den ich jetzt einzuschlagen hatte.

Eines Tages, als wir uns in der Küche unterhielten, berichtete ich Ted von meiner Entscheidung. Ich saß am Tisch und erklärte ihm, dass ich nicht mehr die Hoffnung hätte, unsere Ehe könnte noch gerettet werden. Dass ich eigentlich keine Trennung wollte, aber keinen anderen Weg sähe und deshalb eine Scheidung anstreben würde. Teds Gesichtsausdruck, den ich nach all den gemeinsamen Jahren so gut deuten konnte, spiegelte seinen Schmerz und seine Bestürzung. Seine Augen füllten sich mit Tränen. Mir brach es das Herz, ihn so zu sehen, und wir hielten uns gegenseitig in den

Armen und weinten. – Nicht lange danach bereiteten wir die rechtlichen Schritte vor, um eine Scheidung einzuleiten.

Mit der Schuld ringen

Wenn ich überlegte, was Ted und ich im Begriff waren zu tun, blieben meine Gedanken oft bei Schuldzuweisungen hängen.

Als Erstes beschuldigte ich Ted wegen seiner Affären; dann mich selbst, weil ich nicht fähig war, mich wieder mit ihm zu versöhnen. Ich kam mir vor wie das schwache Glied in einer langen Kette christlicher Führungspersönlichkeiten und fragte mich, ob durch die Entscheidungen, die ich getroffen hatte, nun die Zukunft eines großartigen Erbes auf dem Spiel stand. Manchmal gab ich außerdem Gott die Schuld an meiner Situation. Denn ich hatte den Eindruck, er habe mich im Stich gelassen. Immerhin hatte ich getan, wozu er mich meiner Meinung nach berufen hatte: Ich war ihm treu. Ich zog unsere Kinder groß, war für meinen Mann da und engagierte mich im Dienst für Gott. Hätte Gott da nicht Teds Ehebruch verhindern können? Hätte er nicht eingreifen können? Aus welchem Grund auch immer hatte er es jedenfalls nicht getan. Nun lag unsere Ehe in Trümmern, allem Anschein nach ohne Hoffnung auf Wiederherstellung, und Ted und ich waren in einem destruktiven Schema gefangen. Es waren Jahre ins Land gegangen, und immer noch zeigte sich kein wirklich gangbarer Weg, um unsere Probleme lösen und dann doch zusammenbleiben zu können. Ich konnte nicht leugnen, dass ich in dieser Lage wütend war auf Gott.

Ich rang mit Gott darum, wie mein Leben sich entwickelt hatte. Doch ich hatte eigentlich gar nicht den Wunsch, ihn zu beschuldigen, wollte stattdessen an dem festhalten, wovon ich ein Leben lang behauptet hatte, dass ich es glaubte: dass er gut war und dass er auf meiner Seite stand. Ich wollte glauben, was die Bibel über ihn sagte. Wieder einmal rief ich mir meine Vorbilder in Erinnerung: meine Eltern und Großeltern. Sie schienen es doch zu schaffen, Gott zu vertrauen, wenn es schwierig wurde. Was war denn bei mir anders? Was in mir stand einem wirklich tiefen Glauben im Weg?

Ich sehnte mich nach dem Vertrauen, das es dem Hiob der Bibel, der alles verloren hatte, möglich machte, von Gott zu sagen: «Gewiss wird Gott mich töten, dennoch vertraue ich auf ihn!» (Hiob 13,15). Und: «Der Herr hat's gegeben, der Herr hat's genommen; der Name des Herrn sei gelobt!» (Hiob 1,21; Luther). Doch ich musste erfahren, dass diese Art von Glauben ihren Preis hat. Wenn ich einen solch starken Glauben haben wollte, dann würde ich mehr tun müssen, als umherzutaumeln, wenn die Wellen der Gefühle und des Zweifels über meinem Leben zusammenschlugen. Ich musste das bisschen Glauben, das ich hatte, in die Praxis umsetzen und eine klare Position beziehen.

Was das genau hieß? Dass ich, selbst wenn Gott sonst nichts für mich tat, meinen Zorn ihm gegenüber loslassen musste. Es war an der Zeit, dass ich den Kampf aufgab und meinen Frieden mit Gott machte.

Und wie habe ich das gemacht? Letztlich, indem ich im Angesicht meiner Situation bewusst die Entscheidung traf, anzunehmen, was die Bibel über Gott aussagt. Zum Beispiel: «Der Herr ist gerecht in allen seinen Wegen und gnädig in allen seinen Werken» (Psalm 145,17; Luther). Ich konnte die Wege Gottes nicht verstehen. Früher als Kind hatte ich nicht begriffen, warum Darlene Deibler Rose so schweres Leid ertragen musste, warum sie in einem japanischen Gefangenenlager inhaftiert wurde und ihren Mann verlor, obwohl sie doch Gott so treu gedient hatte. Jetzt verstand ich nicht, warum ich, obwohl ich doch versucht hatte, Gott treu zu sein, diesen Zusammenbruch meiner Ehe durchleiden musste. Aber ich erreichte irgendwann den Punkt, an dem ich erkannte, dass ich auch meine Fragen abgeben musste. Ich wusste ja, dass ich in diesem Leben nicht auf alles eine Antwort bekommen würde. In der Zwischenzeit jedoch war es meine Aufgabe, meinen Frieden mit Gott zu machen. Ich musste mich entscheiden, ihm zu vertrauen und an seine Güte zu glauben, auch ohne alle Antworten zu haben. Das war der einzige Weg. Sonst würde ich nicht in der Lage sein, weiterzumachen.

Sie haben die Wahl

Wie sehen im Moment Ihre Gefühle Gott gegenüber aus? Sind Sie wütend auf ihn? Sind Sie frustriert? Vielleicht haben Sie den Eindruck, dass er Sie sich selbst überlassen hat? Sie fühlen sich von Gott im Stich gelassen, verraten. Wenn es Ihnen so geht, dann denken Sie an Jeremia. Er war ehrlich mit Gott, und auch Sie können vor Gott ganz ehrlich sein. Sagen Sie ihm, was Sie auf dem Herzen haben und wie Sie sich fühlen. Sie können das ruhig tun und ganz Sie selbst sein, denn Gott kann mit der Wahrheit umgehen. Aber wenn Sie damit fertig sind, wenn Sie all die Enttäuschung und den Schmerz zum Ausdruck gebracht haben, kommen Sie zu einem Punkt der Entscheidung. Sie werden vor eine Wahl gestellt und können sich entscheiden, entweder zu glauben, dass Gott auf Ihrer Seite ist oder dass er gegen Sie ist; dass er gut ist oder dass er nicht gut ist; dass er Sie liebt oder dass er Sie ablehnt. Am Ende Ihrer Gefühlsstürme werden Sie diese Weggabelung erreichen. Und wie Hiob haben Sie die Möglichkeit zu wählen, was Sie glauben wollen.

Achten Sie in diesem Kontext einmal darauf, was die Bibel uns über Gott sagt. Da heißt es in den Psalmen: «Der Herr ist auf meiner Seite» (Psalm 118,6). Und an anderer Stelle: «Der Herr ist mein Licht und mein Heil ... Der Herr ist meines Lebens Kraft» (Psalm 27,1; Luther). Und Jeremia schreibt: «Denn der Herr ist gut zu dem, der ihm vertraut und ihn von ganzem Herzen sucht» (Klagelieder 3,25). Rufen Sie sich die wunderbaren Worte ins Gedächtnis, die Jeremia inmitten der Grausamkeiten, die er erlebte, niederschrieb: «Die Güte des Herrn hat kein Ende, sein Erbarmen hört niemals auf, es ist jeden Morgen neu! Groß ist deine Treue, o Herr! Darum sage ich: Herr, ich brauche nur dich! Auf dich will ich hoffen» (Klagelieder 3,22–24).

Glauben Sie diesen Aussagen über Gott? Glauben Sie, dass der Herr auf Ihrer Seite ist, dass er die Kraft Ihres Lebens ist, dass er gut ist und sein Erbarmen niemals aufhört? Können Sie in Ihrer jetzigen Situation zu Gott sagen: «Deine Treue ist groß»? Ich möchte Sie ermutigen, sich Zeit zum Beten zu nehmen und Gott zu bitten, dass er Ihnen neu den Willen gibt, zu glauben, was sein Wort über ihn sagt. Beten Sie auch um den Mut, ihm zu vertrauen. Beten Sie um Glauben. Es ist nicht viel, was Sie brauchen. Jesus hat gesagt, dass wir viel tun können, wenn unser Glaube nur so groß ist wie ein Senfkorn (Lukas 17,5–6).

Bitten Sie Gott, dass er Ihnen hilft bei der Entscheidung, seiner Güte zu vertrauen. Und wenn Sie sich einmal dafür entschieden haben, werden Sie – wie bei dem Entschluss, denen zu vergeben, die Ihnen Unrecht getan haben – feststellen, dass Gott eingreift und Sie in Ihrer Entscheidung stärkt. Wenn dann die Stürme des Lebens hereinbrechen, wird diese Entscheidung Ihnen ein sicherer Anker sein. Und Gott selbst wird sein Teil tun und dafür sorgen, dass der Anker hält.

Wahrscheinlich wird es auch nötig sein, dass Sie Gott gegenüber zugeben, ihn angeklagt zu haben, und dass Sie deswegen Buße tun. Von Hiob sagt die Bibel: «Obwohl dieses Leid über ihn hereinbrach, versündigte Hiob sich nicht. Kein böses Wort gegen Gott kam über seine Lippen» (Hiob 1,22). Ich war sicher nicht so rein wie Hiob. In meinem Leben musste ich an verschiedenen Stellen Gott sagen, dass es mir leidtat, an ihm gezweifelt zu haben. Ich habe ihn um Vergebung gebeten für mein Misstrauen und meine vorwurfsvolle Haltung. Aber obwohl ich seine Wege nicht verstanden habe, ist Gott mir treu gewesen, auch dann, als ich ihm gegenüber alles andere als treu war. Ich habe ihm nicht vertraut, und er hat mich trotzdem geliebt. Er war dennoch gut zu mir. In lichten Momenten, wenn mir Gottes treue Liebe klar vor Augen stand, habe ich Tränen der Scham geweint – so wie der Apostel Petrus weinte, als ihm bewusst wurde, dass er Jesus verraten hatte.

Auch Sie können erfahren, dass es nach Zeiten der Wut auf Gott auch wieder solche Momente gibt. Halten Sie Ihr Herz offen und lassen Sie es zu, dass Gott Ihnen die Wahrheit über seine Liebe zeigt, dann werden Sie erleben, wie Ihnen das Herz bricht, wenn Sie an Ihre eigene Treulosigkeit denken. Sie brauchen diese Augenblicke nicht zu fürchten. Heißen Sie sie vielmehr willkommen! Denn wir können nur reingewaschen werden, wenn wir unsere Sünden und unser Versagen in Demut vor Gott bringen. Er wird Sie nicht abweisen, sondern Sie heilen. Er wird Ihnen vergeben und Ihnen ganz nah kommen. Wie es uns in Psalm 34,19 zugesagt wird: «Der Herr ist nahe denen, die zerbrochenen Herzens sind, und hilft denen, die ein zerschlagenes Gemüt haben» (Luther).

Wenn Sie jemandem helfen wollen

Wenn die betreffende Person mit ihrem Zorn auf Gott ringt, dann sollten Sie sich bewusst machen, dass er oder sie einen Prozess durchmacht, der unter Umständen länger dauert und sehr anstrengend sein kann. Sie dürfen vertrauen, dass Gott diese Person heilen wird. Er wird sie zu einem Punkt der Entscheidung führen, und sie wird Gelegenheit haben, sich für das Vertrauen auf Gott zu entscheiden. Ihre Aufgabe ist es, diesen Menschen auf dem Weg dahin zu ermutigen.

Sie können zum Beispiel versuchen, im Gespräch hin und wieder an die Ereignisse zu erinnern, bei denen Gott im Leben dieser Person seine Güte demonstriert hat. Sie wird vielleicht nicht alles, was Sie sagen, gerne hören, aber bemühen Sie sich immer, ihren Blick wieder auf die Treue und Liebe Gottes zu lenken. Nehmen Sie sich auch Zeit zum Zuhören. Dieser Mensch hat möglicherweise den Eindruck, dass seine Gefühle einen Verrat an Gott darstellen. Vielleicht schämt sich die Person ihrer Gefühle. Seien Sie in dieser Situation sehr behutsam und nicht zu schnell entsetzt über das, was Sie zu hören bekommen. Lassen Sie die Person aussprechen, was sie beschäftigt, und führen Sie sie dann ganz sanft zurück auf die biblische Wahrheit. Beten Sie täglich für diesen Menschen, und bitten Sie darum, dass er, wenn er den Punkt der Entscheidung erreicht hat, den Mut bekommt, Gott zu vertrauen.

Absturz

Während Ted und ich uns darauf vorbereiteten, die für eine Scheidung nötigen Schritte einzuleiten, nahm ich alle Kraft zusammen, um mich schon einmal auf das einzustellen, was ich zu erwarten hatte, sobald die Neuigkeit bekannt wurde. Ich hatte Angst, andere würden mich verurteilen, weil ich nicht in der Lage gewesen war, mich mit Ted zu versöhnen. Ich fürchtete, man würde mich für eine Versagerin halten und mir vorwerfen, ich hätte Ted gar nicht vergeben. Die zu erwartenden Reaktionen anderer Leute jagten mir Furcht ein, doch ich versuchte, mich daran zu erinnern, dass ich nur das tat, was ich für das Beste hielt. Und ich wusste, dass letztlich nur ich allein beurteilen konnte, ob eine Versöhnung mit Ted wirklich möglich war. Denn niemand anders war in der Lage, unsere Beziehung von innen her einzuschätzen. Nur Ted und ich wussten genau, wie es zwischen uns stand.

Das Scheitern unserer Ehe ordnete ich schließlich etwa folgendermaßen ein: Ich hatte mein Eheversprechen sehr ernst genommen. Und ich hatte an unserer Beziehung hart gearbeitet. Nie hätte ich mir träumen lassen, dass in meiner Ehe einer den anderen betrügen würde. Ich wollte nicht, dass meine Ehe zerstört wird, und ich verabscheute, was geschehen war. Doch ich konnte nun nichts mehr daran ändern. Ich musste darauf vertrauen, dass Gott sich inmitten der Konsequenzen, die die Zerstörung unserer Beziehung nach sich zog, um mich und meine Kinder kümmern würde. Unsere Kinder hatte ich schon vor ihrer Geburt in Gottes Hände gelegt, also gehörten sie zu ihm. Er trug die Verantwortung für sie, wie auch für uns alle. Ich musste einfach glauben – und ich entschied mich ganz bewusst dafür –, dass Gott treu sein würde, wenn Ted, die Kinder und ich nun ins Unbekannte hinausgingen.

Vielleicht war das die Weggabelung in meinem Leben, an der meine Beziehung zu Gott vollständig zu meiner eigenen wurde. Jetzt musste ich selbst auf Gott hören und erkennen, was er mir sagen wollte. Immer wenn ich ruhig wurde, schien es mir, als würde Gott meinen Entschluss bestätigen. Es kann sein, dass ich mich irrte, als ich meinte, dass ich in diesen Momenten Gottes Stimme hörte. Aber ich erfuhr Erleichterung und bekam Frieden.

Ich möchte an dieser Stelle aber ausdrücklich betonen, dass eine Ehe, die durch Ehebruch beschädigt worden ist, nicht in einer Scheidung enden muss. In der Bibel werden Männer und Frauen, deren Partner Ehebruch begangen haben, zwar offenbar von den Eheversprechen entbunden (Matthäus 19,9), doch Gott kann das Zerbrochene wieder zusammenfügen und eine Versöhnung möglich machen. Wenn in Ihrer Ehe ein Ehebruch geschehen ist, möchte ich Ihnen dringend raten, Ihrem Partner gegenüber bestimmte Grenzen zu ziehen, die deutlich machen, was Sie geben können und was nicht. Holen Sie sich außerdem möglichst bald Unterstützung von anderen Christen, und beginnen Sie, sich aktiv um Heilung zu bemühen. Machen Sie sich klar, dass es nur schädlich ist, wenn Sie sich mit Ihrem Wissen isolieren.

Gott kann Ihre Ehe retten. Tun Sie Ihren Teil, und lassen Sie ihn den seinen tun. In meiner damaligen Lebenssituation, nachdem ich alles sorgfältig und im Gebet vor Gott abgewogen hatte, gewann ich jedoch die Überzeugung, dass Gott mich schließlich aus der Beziehung entließ. Doch wie gesagt, das mag für Sie ganz anders aussehen. Bemühen Sie sich deshalb, darauf zu hören, was Gott Ihnen in Ihrer speziellen Situation sagt.

Nach meinem Entschluss zur Scheidung rief ich mit Zittern und Zagen meine Eltern an. Ich war sehr nervös und hatte Angst, sie würden mich verurteilen. Dabei wünschte ich mir, dass sie mich anhörten und sahen, dass ich getan hatte, was ich konnte, um unsere Ehe aufrechtzuerhalten. Ich hatte das Problem von allen Seiten beackert: Ich hatte gebetet, hatte intensiv in der Bibel gelesen. Ich hatte Rat von außen in Anspruch genommen und über Jahre daran gearbeitet, mich mit Ted zu versöhnen. All diese Dinge erklärte ich Mutter und Papa, und tatsächlich haben sie mich nicht verurteilt. Stattdessen versicherten sie mir immer wieder neu, wie sehr sie mich liebten. Ich war ihr Kind, das großes Leid erlebte, und sie wünschten mir, dass ich wieder heil würde. Natürlich kann ich ihre Geschichte nicht für sie erzählen, doch ich kann mir den Schmerz vorstellen, den die Scheidung ihnen bereitet haben muss. Ich bin mir sicher, dass dabei auch ihnen das Herz brach.

Wie ich es erwartet hatte, so geschah es auch: Kaum hatte die Nachricht von meiner bevorstehenden Scheidung sich verbreitet, begannen wohlmeinende Leute mich zu drängen, ich sollte Ted vergeben und mich mit ihm versöhnen. Ich hörte nun von dem «neuen Ted». Er hätte sich verändert. Er hätte angefangen, sein Leben in Ordnung zu bringen. Ich sollte wirklich in der Lage sein, ihn zu lieben. Es wäre meine Aufgabe, dafür zu sorgen, dass unsere Beziehung «funktionierte», und ich müsste ihm vergeben. Bei mir entstand langsam der Eindruck, als sei ein Kreis gezogen worden, und ich, die treue Ehefrau, bliebe außen vor.

Ich stand unter enormem Druck, weil wieder andere mich ansprachen und wissen wollten, was mit unserer Ehe passiert war. Gleichzeitig jedoch musste ich erkennen, dass ich mir diesen Druck zu einem gewissen Grad selbst zuzuschreiben hatte. Denn meine Entscheidung, anderen nicht schon früher die Wahrheit über Ted und mich zu eröffnen, bedeutete, dass die Menschen, die uns am nächsten standen, sich nun sehr anstrengen mussten, angesichts unserer bevorstehenden Scheidung mit der veränderten Situation klarzukommen. Liebe Menschen hatten sicher das Recht, meine Einschätzung in Frage zu stellen. Aber ich war so fragil und erschöpft, dass ich kaum weitermachen konnte. Die Verpflichtung, die ich empfand, mich ständig zu rechtfertigen und meine Gründe zu erläutern, hat mich fast zerbrochen.

In einem speziellen Fall war ich derart enttäuscht und frustriert, dass ich beinahe den Bezug zur Realität verloren hätte. Wenn ich mich recht erinnere, war es einige Wochen nachdem ich den Entschluss gefasst hatte, mich scheiden zu lassen, dass unser Pastor vorhatte, eine Predigt zum Thema Vergebung zu halten. Er wollte die eheliche Untreue als Beispiel verwenden, und da er wusste, dass ich in keinem stabilen Zustand war, rief er mich am Samstagabend an, um mich im Vorhinein über das Thema und das geplante Beispiel zu informieren. Ich dankte ihm für sein Einfühlungsvermögen, meinte aber, mit der Predigt schon umgehen zu können.

Nun, ich konnte es nicht. Der Tagebucheintrag nach dem Gottesdienst ist kurz und bündig: «Die Predigt handelte nur von der Güte Gottes gegenüber denen, die ihr Verhalten bereuen und Buße tun. Was sagt Gott aber zu denen, an denen gesündigt worden ist?»

Wahrscheinlich hat unser Pastor eine sehr vielschichtige Predigt gehalten. Ich aber hörte nur das eine: Wenn mir Unrecht angetan worden war, brauchte ich *nur* zu vergeben. Dann würden sich meine Probleme lösen. Konflikte würden geklärt, und es würde sich Frieden einstellen. Es würde Heilung geschehen. Aber da saß ich und hatte jahrelang darum gerungen zu begreifen, wie Vergebung denn aussah. Und immer noch kämpfte ich jeden Tag dafür, im Herzen bereit zu sein, Ted zu vergeben. Ich hörte mir die Ermahnungen anderer an, ich sollte vergeben und mich mit ihm versöhnen. Und doch spürte ich bei all dem, dass mein Herz kalt war wie Stein. Damals auf meinem Platz im Gottesdienst war ich überzeugt, dass es für mich keine Rettung mehr geben könne.

Einen Augenblick lang glaubte ich eine Lüge. Ich hatte das schreckliche Gefühl, dass Gott an mir vorbeigegangen war, dass er jetzt mit mir fertig war, dass ich den Anforderungen nicht gerecht geworden war. Er hatte zwar versucht, mich zu heilen, war meine Schwachheit aber inzwischen leid. Am Ende hatte ich gar nicht richtig vergeben. Vielleicht konnte ich überhaupt nicht vergeben und würde den Rest meines Lebens in diesem unsicheren, traurigen Zustand verbringen. Konnte es sein, dass es gar keine Hoffnung mehr gab? Es schien nicht so, als ob Gott mir geben würde, was er allen anderen versprochen hatte. Vielleicht hatte ich mehr gesündigt, als Gottes Gnade vergeben konnte?

Möglicherweise zum ersten Mal in meinem Leben fühlte ich mich auf eine endgültige Weise von Gott getrennt. Ich hatte mich doch so sehr bemüht zu vergeben. Aber schließlich hatte es den Anschein, als wären alle meine Anstrengungen umsonst. Nun dachte ich, Gott hätte mich verstoßen und wäre nicht mehr auf meiner Seite. In diesem Moment war ich blind für alles außer meinem Schmerz und dem schier endlosen Kampf.

Als der Gottesdienst vorbei war, rannte ich förmlich aus der Kirche. Auf der Heimfahrt zitterte ich am ganzen Körper. Ich stellte das Auto in der Einfahrt ab und ging sofort ins Badezimmer, um nach Rasierklingen zu suchen. Hektisch durchwühlte ich erst meine Schubladen, dann Teds Ablagen und fummelte an den verschiedensten Dingen herum. Gedanken an die Kinder gingen mir durch den Kopf. Ich wusste, dass sie sich auf mich verließen und dass ein Selbstmord sie ganz tief treffen würde. Aber der Schmerz war so unvorstellbar groß. Ich war richtig betäubt davon. Ich suchte und suchte, aber nirgendwo fanden sich irgendwelche Rasierklingen. Nichts. Nirgends. Schließlich gab ich es auf und ließ mich in einen Sessel fallen. Ich atmete tief durch und rief dann eine Freundin an.

Im Rückblick halte ich es für unwahrscheinlich, dass ich wirklich ernst gemacht hätte, selbst wenn mir zu Hause Rasierklingen in die Hände gefallen wären. Mir wurde wieder bewusst, dass ich drei Kinder hatte, die es in ihrem Leben sehr viel schwerer haben würden, wenn ihre Mutter Selbstmord verübte. Außerdem wollte ich sie aufwachsen sehen. Ich wollte wissen, was das Morgen bringen würde.

Doch ein solcher Vorfall war ein klares Alarmsignal, ein deutlicher Hilferuf. Er war ein Hinweis auf meine vollständige Verzweiflung und Not. Denn ich brauchte dringend Hilfe und Unterstützung. Mehr als je zuvor. Glücklicherweise hatte ich offenbar meine Not erkannt und deshalb zum Telefon gegriffen und mich an eine Freundin gewandt. Meine Freundin kam dann auch sofort, um nach mir zu sehen, und sie half mir, wenigstens für den Moment mein Gleichgewicht wiederzufinden. Der korrigierende Einfluss eines liebevollen Menschen auf unsere verzerrte Sicht der Realität ist ganz beträchtlich. Wir brauchen andere Menschen. Sie sollten nie unterschätzen, wie viel Heilung Gott durch einen Freund oder eine Freundin in Ihr Leben fließen lassen kann.

Haben Sie je etwas Ähnliches erlebt? Haben Sie schon einmal ernsthaft darüber nachgedacht, sich das Leben zu nehmen oder sogar versucht, es zu tun? War der Schmerz schon einmal so stark? Wenn ja – und wenn Sie bei den Problemen, die Sie so weit getrieben haben, bisher noch keine ausreichende Hilfe bekommen haben –, dann würde ich Ihnen empfehlen, sofort bei einem anderen Menschen Rat zu holen. Suchen Sie sich einen Seelsorger oder einen professionellen Therapeuten, der oder die Ihnen helfen kann, Ihre Dunkelheit zu verlassen und ins Licht hinauszutreten. Sie sollten nicht von sich verlangen, so großes Leid allein zu tragen. Sorgen Sie auch dafür, dass Menschen Ihres Vertrauens von Ihrer Situation erfahren. Und bitten Sie diese Freunde, in engem Kontakt mit Ihnen zu bleiben. Versuchen Sie nicht, Ihren Schmerz vor ihnen zu verstecken, sondern seien Sie ehrlich mit ihnen. Dann wird

Gott andere gebrauchen, um Ihnen zu helfen. Denken Sie an die Geschichte von Jesus und dem Gelähmten. Dieser Mann wäre nie ohne die Hilfe seiner Freunde zu Jesus gekommen.

Wenn Sie jemandem helfen wollen

Wenn eine Ihnen nahe stehende Person versucht hat, Selbstmord zu begehen, oder eine solche Absicht geäußert hat, sollten Sie sich sofort an einen professionellen Therapeuten oder an einen Seelsorger wenden, der im Umgang mit solchen Situationen Erfahrung besitzt. Unterstützen Sie die Person dabei, unverzüglich therapeutische oder seelsorgerliche Hilfe in Anspruch zu nehmen. Sie könnten die nötigen Telefonnummern heraussuchen und wenn nötig selbst einen Termin vereinbaren. Wenn die Person das wünscht, sollten Sie sie zu dem Gespräch begleiten. Beten Sie die ganze Zeit über weiter für sie und mit ihr. Zeigen Sie ihr auf ganz einfache Weise Ihre Fürsorge. Sie könnten ihr beispielsweise eine Mahlzeit vorbeibringen. Sie könnten sich häufig melden, um zu sehen, wie es ihr geht. Oder Sie könnten einen gemeinsamen Ausflug unternehmen, zum Beispiel zusammen in der Sonne spazieren gehen. Es hilft schon, wenn Sie diesem Menschen solche kleinen Dinge geben, auf die er sich freuen kann.

Achten Sie darauf, dass Sie sorgfältig zuhören, wenn die Person von den Kämpfen und Schmerzen erzählt, die sie gerade durchmacht. Erinnern Sie sich selbst daran, dass dieser Mensch von den Umständen überwältigt wird und deshalb die Dinge nicht mehr so sehen kann, wie sie wirklich sind. Haben Sie Geduld, zeigen Sie der Person Ihre Liebe und bringen Sie sie immer wieder in Kontakt mit den Menschen und den Dingen, die sie gerade nötig hat.

Nach meinem Beinahe-Selbstmordversuch stellte ich mir folgende Frage: Bedeutete die Tatsache, dass ich tief genug in der Verzweiflung versunken war, um mich genötigt zu fühlen, mein Bad nach Rasierklingen zu durchsuchen, dass Gott mich fallen gelassen hatte? Hieß es, dass Gott mich in meiner Entscheidung, ihm zu vertrauen, nicht gestärkt hatte? Hatte er sich damit als nicht vertrauenswürdig erwiesen? Wir werden immer wieder versucht sein, dem Feind unserer Seelen, den die Bibel als «Verkläger» und «Vater der Lüge» bezeichnet, Glauben zu schenken (Offenbarung 12,10; Johannes 8,44; Luther). Aber die Existenz der Versuchung bedeutet nicht, dass Gott versagt hat. Im Gegenteil, die Versuchung stellt für Gott eine Gelegenheit dar, sich als unser Retter zu erweisen und uns einen Ausweg zu zeigen. Die Bibel stellt fest:

> Was eurem Glauben bisher an Prüfungen zugemutet wurde, überstieg nicht eure Kraft. Gott steht zu euch. Er lässt nicht zu, dass die Versuchung größer ist, als ihr es ertragen könnt. Wenn euer Glaube auf die Probe gestellt wird, schafft Gott auch die Möglichkeit, sie zu bestehen. (1. Korinther 10,13)

Gott wusste, wie verletzlich ich war, wenn über Vergebung gepredigt wurde. Er wusste im Voraus, wie ich reagieren würde. Und er sah, dass ich meinen Blick von ihm abgewendet und stattdessen auf die scheinbar erdrückenden Umstände meines Lebens gerichtet hatte. Aber er wusste auch, dass es bei mir zu Hause keine Rasierklingen gab. Und er wusste, was ich brauchte, um meine Gedanken wieder zurück zur Wahrheit zu bringen: die Liebe und Unterstützung einer Freundin, die bereit war, mir zu helfen, wieder ganz ich selbst zu werden.

Ich will hier nicht versuchen, dem sehr komplexen und schwierigen Thema des Selbstmords mit platten Antworten zu begegnen. Ich kann nur aus meiner eigenen Erfahrung sprechen. Und ich habe erlebt, dass Gott sich zeigte, als ich dabei war abzustürzen, und dass er mich wieder in die Wirklichkeit zurückgeholt hat. In die Realität seiner Liebe und seiner Güte. Und zur Realität meiner Entscheidung, ihm zu vertrauen.

Es kann sein, dass auch Sie schon einmal versucht waren, Ihr Leid zu beenden, indem Sie Ihrem Leben ein Ende machen. Dann ist es mein Gebet, dass Gott Ihnen deutlich macht, wie er mitten in Ihrem Leid an Ihrer Seite war, und dass er Ihnen zeigt, wie er eine Möglichkeit geschaffen hat, die Versuchung zu bestehen. Ich wünsche Ihnen, dass Sie seine große Liebe zu Ihnen erkennen und seine Entschlossenheit, Ihren Fuß vor dem «Strick des Jägers» zu bewahren, wie es in den Psalmen heißt (Psalm 91,3; Luther). Gott ist auf Ihrer Seite. Wenn Sie in Ihren Kämpfen müde werden und aufgeben wollen, dann erinnern Sie sich daran, dass «Zuflucht ist bei dem alten Gott und unter den ewigen Armen» (5. Mose 33,27; Luther). Gott wird Sie nie loslassen, nie verlassen oder allein zurücklassen. Niemals.

Gedanken für schwere Zeiten

- Sind Sie wütend auf Gott und meinen, dass er Sie im Stich gelassen hat? Dann sagen Sie Gott, wie Sie sich fühlen. Sprechen Sie aus, was Sie bedrückt.
- Achten Sie auf das, was die Bibel über Gott und seine Liebe sagt. Denken Sie nach über Verse, die seinen Charakter beschreiben.
- Bitten Sie Gott um den Mut zu glauben, was die Bibel über ihn sagt. Treffen Sie ganz bewusst die Entscheidung, seiner Güte zu vertrauen.
- Sagen Sie Gott, dass Ihnen Ihre vorwurfsvolle Haltung ihm gegenüber leidtut. Bitten Sie ihn, Ihnen zu vergeben, und lassen Sie sich von ihm reinigen.
- Wenn Ihre Ehe durch Untreue und sexuelle Freizügigkeit Schaden genommen hat, dann können und sollten Sie sich vor Augen führen, dass Gott Ihre Beziehung immer noch retten kann. Bemühen Sie sich darum zu verstehen, was Gott über Ihre Situation sagt.
- Wenn Sie jemals die Möglichkeit erwogen haben, Ihrem Leben ein Ende zu setzen, und sich noch nicht ausreichend um Hilfe gekümmert haben oder sie noch nicht ausreichend erhalten haben, dann tun Sie das unverzüglich. Suchen Sie sich einen Seelsorger oder einen Therapeuten, der Ihnen helfen kann. Erzählen Sie außerdem nahen Freunden von Ihrem Leid und bitten Sie sie, in engem Kontakt mit Ihnen zu bleiben.

Wenn Sie helfen wollen

- Denken Sie daran, dass die betreffende Person in ihrem Leid einen längeren Prozess durchmacht. Ihre Gefühle bezüglich Gott können schwanken. Verurteilen Sie sie nicht, weil sie Wut empfindet.
- Ermutigen Sie die Person, indem Sie sehr einfühlsam auf Beispiele für die Güte Gottes in ihrem täglichen Leben hinweisen. Führen Sie diesen Menschen ganz behutsam wieder zurück zur Wahrheit der Liebe Gottes.
- Hören Sie ihm aufmerksam zu und erlauben Sie ihm, sein Innerstes mit Ihnen zu teilen.
- Beten Sie jeden Tag für die Person. Bitten Sie Gott, dass er ihr den Mut gibt, die Entscheidung zu treffen, ihm zu vertrauen.
- Wenn die Person einen Selbstmordversuch hinter sich hat oder Selbstmordgedanken hegt, sollten Sie sofort den Rat eines Seel-

sorgers oder eines professionellen Therapeuten einholen. Helfen Sie diesem Menschen, sich sofort um Unterstützung zu bemühen. Beten Sie für ihn und hören Sie ihm zu. Bleiben Sie in seiner Nähe, und bringen Sie ihn mit hilfreichen Menschen und Ressourcen in Kontakt.

Bibelvers zum Thema

Der Herr hat's gegeben, der Herr hat's genommen; der Name des Herrn sei gelobt! (Hiob 1,21; Luther)

Impuls

In unseren inneren Kämpfen kommen wir unweigerlich an den Punkt, wo wir uns entscheiden müssen, ob wir Gott vertrauen oder an ihm zweifeln wollen. Durch die Entscheidung, ihm zu vertrauen, machen wir unseren Frieden mit ihm.

7

Wie können wir in einem Übergangsstadium existieren?

Wie wir es lernen, in Zeiten der Unsicherheit ruhig zu bleiben

Unsere Scheidung war im März 1991 abgeschlossen, wenige Monate nachdem ich vierzig geworden war. In diesem Schuljahr war Noelle die Einzige gewesen, die bei mir zu Hause gelebt hatte. Windsor, die in die siebte Klasse ging, hatte ich bei einem Internat in der Nähe angemeldet, und Graham, inzwischen in seinem zweiten Jahr in der Highschool, war nach Dallas gezogen, wo Ted nun wohnte. So hatte ich mit einem Mal statt drei Kindern nur noch eines zu Hause. Und auch Noelle hatte nur noch etwas mehr als ein Jahr bis zum College. Die rechtlichen Formalitäten zwischen Ted und mir waren abgeschlossen, nach all dem Durcheinander kehrte nun Ruhe ein, und für mich gab es endlich eine gewisse Atempause. Aber jetzt rang ich mit meiner Einsamkeit, denn ich vermisste meine Kinder.

«Es ist alles so ruhig», schrieb ich in mein Tagebuch. «Noelle ist für den Tag aus dem Haus. Man hört den Kühlschrank summen. Das ist die Zeit, nach der ich mich gesehnt habe, aber jetzt scheint sie so leer – und endlos.»

Das Leben, wie ich es kannte, hatte sich völlig verändert. Ich war jetzt keine Ehefrau mehr. Meine Kinder wurden erwachsen. Wer war ich überhaupt? Womit sollte ich meine Zeit verbringen? Wie konnte ich mich selbst neu definieren?

Ich versuchte, mit einer positiven Einstellung nach vorne zu sehen, war aber meistens eher entmutigt. An manchen Tagen fühlte ich mich derart erschöpft, dass ich morgens kaum aus dem Bett kam. Ein Arzt beschrieb mir meinen Zustand in folgendem Bild: Hinter mir konnte ich den Sturm erkennen, der die Verwüstungen meines Lebens angerichtet hatte; vor mir sah ich den Strand, den ich erreichen wollte, aber meine Füße steckten im Schlamm fest. Die Beschreibung hätte nicht treffender sein können. Es war unverkennbar, dass ich mich in einem unangenehmen Übergangsstadium befand.

Nur ganz langsam entwickelte sich für mich ein neues Leben. Da ich der Meinung war, ich sollte etwas in mich investieren, bewarb ich mich für das Studienprogramm für Erwachsene am Mary Baldwin College in Staunton, Virginia, und nahm bald mein früheres Studium wieder auf, das ich Jahre zuvor abgebrochen hatte, um zu heiraten. Das College war bereit, einen Teil meiner nachweislichen «Lebenserfahrung», wie die Reise nach China oder meine Arbeit für Harper & Row (damals schon HarperCollins), anzuerkennen. Ich arbeitete hart, und am Ende meines ersten Semesters gelang es mir, recht gute Prüfungsergebnisse zu erzielen. Eine wunderbare Bestätigung für mein angeschlagenes Selbstbewusstsein!

Auch Noelle bewarb sich bei verschiedenen Colleges und entschied sich schließlich für eines in Virginia. Im Frühjahr 1992 machte sie ihren Highschool-Abschluss. In diesem Sommer kam Windsor aus ihrem Internat zurück, und ich meldete sie für ihr erstes Jahr bei einer öffentlichen Highschool an. Graham, der einen Teil des Sommers mit uns zu Hause verbrachte, sprach davon, nach seinem eigenen Highschool-Abschluss in Dallas im folgenden Frühjahr ein kleines College oder eine Bibelschule zu besuchen. So machten die Kinder Pläne, und ich versuchte, mich an die Veränderungen anzupassen.

Daneben konzentrierte ich mich darauf, einen Interessenten für die Farm zu finden, die nun schon einige Zeit zum Verkauf stand. Obwohl der Gedanke daran mir wehtat, war mir sehr wohl bewusst, dass es nur klug war, mich von dem ganzen Besitz oder wenigstens von einem Teil zu trennen. Denn meine finanzielle Situation ließ eigentlich keine andere Wahl. Ich hatte schon alles so weit wie möglich zurückgefahren, um die Farm auch mit meinem reduzierten Einkommen noch halten zu können. Aber die Betreuung der Mitarbeiter und der Unterhalt von Gelände und Gebäuden waren dann doch eine zu große Belastung. Ich brauchte jetzt unbedingt einen Käufer. Nachdem ich schließlich jahrelang darauf gewartet hatte, die Farm verkaufen zu können – was mir als bedeutungsvoller Akt erschien –, hatte ich Ende 1992 endlich einen Kaufvertrag. Und wieder einmal bereitete ich mich darauf vor, den Schritt ins Unbekannte zu wagen.

Das waren für mich schwierige Monate. Denn ich hatte schlicht keine Vorstellung, wie mein Leben nach dem Verkauf der Farm aussehen sollte. Ich war dabei, für unsere Familie zu sorgen, mit unserer Trauer über den Verlust der Farm umzugehen und musste mich außerdem von Komplikationen im Zusammenhang mit einer gerade überstandenen Operation erholen. Für den Übergang mietete ich dann ein Farmhaus ganz in der Nähe, in der Meinung, die Kinder und ich könnten dort bleiben, bis ich etwas Dauerhaftes gefunden hatte. Und fast im gleichen Moment wurde die Suche nach einem dauerhaften Zuhause für mich zu einer alles verzehrenden Leidenschaft. Mein Ziel war es, uns so schnell wie nur irgend möglich aus diesem neuerlichen Übergangsstadium zu befreien.

In der Folge besichtigte ich Häuser von einem Ende des Tales bis zum anderen und dachte sogar einmal kurz daran, Virginia ganz zu verlassen, um wirklich neu anfangen zu können. Dabei betete ich, dass Gott mir zeigen würde, wo er mich haben wollte. Im Frühjahr 1993 hatte ich dann endlich ein Haus in der Nähe unseres Tales gefunden, von dem ich meinte, dass es für uns geeignet wäre. Ich verliebte mich regelrecht in dieses Anwesen, ein schönes Gebäude, errichtet im Williamsburger Kolonialstil, und fing an mir auszumalen, wie wir darin leben würden. Da ich nie zuvor selbst ein Haus gekauft hatte, wusste ich nicht viel darüber, wie man einen fairen Preis verhandelt. Doch ich machte ein Angebot, das ich für angemessen hielt, und vertraute Gott, dass er mich leiten würde.

Aber dann kam es zu einer überraschenden Wende. Noch bevor ich das Büro meines Maklers erreicht hatte, um den Vertrag zu unterschreiben, trat ein anderer Kaufinteressent auf den Plan und machte ein höheres Angebot. Daraufhin erhöhte auch ich, aber nicht deutlich genug. Ich war zu aufgeregt, um mich auf eine noch größere Ausgabe einzulassen, und hatte den Eindruck, dass ich auf das Haus verzichten musste. Ich war wie betäubt und konnte fast nicht glauben, dass ich nach all den Monaten des Herumrennens nun wieder ganz am Anfang stand.

Das alles verwirrte und überwältigte mich. Schließlich hatte ich gedacht, dass Gott bei diesen Plänen dabei gewesen war. Hatte ich seine Stimme etwa überhört? Und woher sollte ich jetzt die Energie nehmen, um mit dem Herumschauen und Planen wieder von vorne zu beginnen?

In jedem Leben gibt es entscheidende Momente, die den eigenen Weg auf bedeutsame Weise verändern. Die Erfahrung, dieses Haus an einen anderen Interessenten zu verlieren, war für mich ein solcher Moment. Hin und wieder schaue ich zurück und überlege, wie anders mein Leben sich entwickelt hätte, wenn ich damals mein Gebot stärker erhöht und das Haus gekauft hätte. Wenn man all das bedenkt, was nun folgte, dann sehe ich, dass ich den Kindern und mir selbst sehr viel Schmerz hätte ersparen können. Ich hätte meine finanzielle Sicherheit bewahrt, und vielleicht hätte ich mich schneller von unserer Scheidung erholt.

Natürlich sind solche Erwägungen nicht sehr hilfreich. Immer noch muss ich mich daran erinnern, dass ich in dieser Zeit versuchte, so gut ich konnte Gott nachzufolgen. Mein Herz und meine Absichten waren rein. Ich wollte wirklich, dass Gott unser neues Heim aussucht, dass er meinen Weg plant, und ich vertraute, dass der Herr mich führen würde. Obwohl ich nicht verstehen konnte, warum ich das Haus verloren hatte, merkte ich, dass ich darauf vertrauen musste, dass Gott es besser wusste. Was dann während der nächsten zwölf Monate geschah, vieles verursacht durch mein eigenes schlechtes Urteilsvermögen, führte schließlich dazu, dass ich vollständig zusammenbrach. Aber ich hatte mich doch entschieden, mein Vertrauen auf Gott zu setzen, oder etwa nicht? Bald lernte ich, dass das hieß, ihm sogar meine schlimmsten Fehler anzuvertrauen.

Überhastete Entscheidungen

An dem Wochenende, nachdem der Hauskauf gescheitert war, fuhr ich nach Fort Lauderdale in Florida, um meine älteste Schwester Gigi und deren Familie zu besuchen. Ich fühlte mich orientierungslos und war deprimiert. Was sollte ich jetzt tun? So viele Objekte hatte ich in unserem Tal besichtigt, und das alles mit keinem produktiven Ergebnis. Ich wusste nicht, ob ich tatsächlich die Kraft hatte, all diese Häuser noch einmal anzuschauen. Am Ende war es vielleicht Gottes Plan, dass ich ganz woanders leben sollte. Ich war bereit, diese Möglichkeit in Betracht zu ziehen – im Grunde war ich allerdings so ausgelaugt, dass ich wahrscheinlich für beinahe jede Möglichkeit offen gewesen wäre.

«Ich bin so frustriert ...», steht dazu in meinem Tagebuch, «... da dachte ich doch, ich wüsste, wo es langgeht. Aber jetzt habe ich keine Ahnung. Bin furchtbar enttäuscht. ... Wenn ich mich doch nur schnell verlieben könnte, heiraten und dann irgendwo hinziehen, um bei ihm zu sein. Das würde einfach alle Probleme lösen!»

Das habe ich leichtfertig hingeschrieben, aber teilweise war es dennoch ernst gemeint. Denn letzten Endes wollte ich wieder heiraten. Ich kannte die unterschiedlichen Meinungen zum Thema Scheidung und Wiederheirat, war aber überzeugt, dass ich die Freiheit besaß, wieder zu heiraten. Nach meiner Ansicht war vom biblischen Standpunkt eine neue Beziehung für mich möglich, da meine Ehe mit Ted aufgrund von Ehebruch aufgelöst worden war. Und in meiner unsicheren Lage begann ich mich nach der Sicherheit, die eine Partnerschaft geben konnte, zu sehnen. Einsam und abgekämpft, wie ich war, verspürte ich großes Verlangen nach der Freundschaft, die man in der Ehe erleben kann. Mehr als alles andere war es vielleicht der Wunsch, sich wieder zu Hause zu fühlen. Und aus dieser Perspektive schien es sehr verlockend, mein Leben wieder mit einem Gefährten zu teilen.

Inzwischen war ich mit Gigi in Lauderdale unterwegs, um mir verschiedene Häuser anzusehen. In dieser Stadt zu leben hätte viele Vorteile, so schien es mir. In der Nähe von anderen Familienmitgliedern zu sein würde sowohl den Kindern als auch mir gut tun. Zudem kannte ich hier eine lebendige Gemeinde, in die wir uns einbringen konnten. Ich fragte mich außerdem, ob ich nicht die größere Betriebsamkeit in Fort Lauderdale der kleinstädtischen Atmosphäre in unserem Tal vorziehen würde. Vielleicht sollte ich ja wirklich über einen Umzug nach Florida nachdenken. Ich war mir nicht sicher, und deshalb ging ich die Jagd nach einem Haus genauso an, wie ich es in unserem Tal getan hatte, nämlich als jemand, der sich bemüht, den Willen Gottes zu erkennen. Dabei blieb ich immer offen für Neues. Vielleicht zu offen.

Unter den Häusern, die ich mir ansah, fiel eines ganz besonders auf. Ich wusste, ich konnte es für einen vernünftigen Preis bekommen, anschließend durch einen Bauunternehmer verschiedene Renovierungen vornehmen lassen und das Haus insgesamt als Investition betrachten. Diese Idee gewann tatsächlich augenblicklich eine gewisse Eigendynamik, und ich beschloss, sie unbedingt weiterzuverfolgen.

Ich ließ mir im Grunde genommen gar keine Zeit, einmal einen Schritt zurückzutreten und genauer über dieses Vorhaben nachzudenken. So traf ich einen Unternehmer, der die Renovierungen, die ich mir vorstellte, für einen annehmbaren Preis durchführen wollte. Ich machte ein Angebot, er akzeptierte es. Und nur eine Woche nachdem ich ein Haus in Virginia an einen anderen Interessenten verloren hatte, war ich selbst Besitzerin eines Hauses in Florida geworden.

Ich hatte das Zwischenstadium abgekürzt. Ich hatte einen Ort gefunden, an den ich gehen konnte. Aber in meinem Kopf drehte sich alles. War das die Art, wie Gott handelte? In mein Tagebuch notierte ich: «Wie um alles in der Welt soll ich das alles jemandem erklären?»

Wie sich herausstellte, waren die Kinder überhaupt nicht glücklich über meine Entscheidung. Kein Wunder, nur eine Woche zuvor hatte ich sie davon überzeugt, dass das Anwesen, das ich in Virginia verloren hatte, ideal gewesen wäre. Noelle sagte mir, der Kauf des Hauses in Fort Lauderdale sei einfach zu viel für sie. Graham machte deutlich, dass er Florida hasste. Und Windsor war wütend, weil die neuen Pläne sie am meisten von allen betreffen würden.

Ich jedoch dachte immer noch, dass ich mein Bestes täte, um unser gemeinsames Leben zu ordnen. Ich hatte versucht, sowohl an meine drei Kinder als auch an meine eigene Zukunft zu denken. Allerdings hatte ich natürlich keine Zeit gehabt, mir irgendetwas genauer zu überlegen – alles schien schließlich so schnell zu gehen. Doch ich gab mir Mühe. Ich hatte ja keine Vorlage, keine Blaupause, wie man aus einer Phase des Übergangs wieder herausfindet. Also betete ich einfach und ging weiter auf dem Weg, den ich für richtig hielt.

In Wahrheit freute ich mich schon auf den Umzug nach Florida. Dass ich nun selbständig ein Haus gekauft hatte, gab mir neue Kraft und Selbstbewusstsein. Und die Vorstellung, neu anzufangen, weckte Hoffnung. Ich wollte mir mein eigenes Nest bauen, und schon begann meine kreative Ader sich zu regen. Ich fing an, im Shenandoah-Tal nach dekorativen Steinen zu suchen, mir Stoffmuster anzusehen, Raumpläne zu zeichnen und die Antiquitätenläden zu durchstöbern. Ich kaufte mir Bücher über Hauseinrichtung und schickte einige meiner Möbel zu einer Auktion. Kurzum: Ich wurde geschäftig. Sehr geschäftig sogar. Jetzt schien ich auf einmal wieder mehr Energie zu haben, und ich nutzte sie auch.

Doch während sich meine Tage bis an den Rand mit Aufgaben und Erledigungen füllten, drang eine Frage allmählich an die Oberfläche: War all diese Geschäftigkeit eine natürliche Folge meiner neu entfachten Begeisterung, oder war es der Versuch, mich davon abzuhalten, das, was ich gerade tat, in Frage zu stellen? Ich dachte an die negativen Reaktionen der Kinder auf meine neuen Pläne. Hätte ich darauf mehr achten sollen? War das Entsetzen meiner Kinder vielleicht ein Zeichen, dass ich mein Vorhaben noch einmal überdenken sollte?

Ich wusste es nicht. Und aus welchem Grund auch immer entschied ich mich in diesem Moment nicht dafür, einen Gang zurückzuschalten, damit ich darüber beten und es herausfinden konnte. Es kann sogar sein, dass ich es bewusst vermied, intensiv über meiner Entscheidung zu beten. Ich beschränkte mich stattdessen einfach darauf, Gott zu bitten, meine Pläne zu blockieren, wenn sie nicht seinem Willen entsprachen. Meine Vorgehensweise bestand darin, weiterhin durch offene Türen hindurchzugehen, bis Gott sie zuschlug. Jetzt, wo ich mich einmal in eine Richtung auf den Weg gemacht hatte, ging ich also einfach weiter vorwärts.

Abgesehen von den Aktivitäten rund um Hauskauf und Umzug belegten mich noch einige andere Tätigkeiten mit Beschlag. Ich hatte zu der Zeit HarperCollins bereits verlassen und war bei einem anderen Verlagshaus, McCracken Press, eingestiegen, und zwar als Lektorin mit der Aufgabe, neue Buchprojekte an Land zu ziehen. Und zwischen den Reisen nach Florida, wo ich mich mit dem Unternehmer traf, der das Haus renovierte, arbeitete ich mit meiner Schwester Gigi auch noch daran, ein gemeinsames Buchprojekt abzuschließen.

Das Tempo meines Lebens beschleunigte sich plötzlich rasant und erreichte ein solches Niveau, dass ich es fast nicht mehr bewältigen konnte. Doch ich fühlte mich an meine Verpflichtungen gefesselt. Wie sollte ich denn die Geschwindigkeit reduzieren? Es schien einfach unmöglich. Nicht, dass Geschäftigkeit für mich ein ganz ungewohnter oder unangenehmer Lebensstil gewesen wäre. Ich war zum Teil durchaus daran gewöhnt, einen vollen Terminkalender zu haben. Das Aktiv-Werden war meine übliche Reaktion auf Stress. Diesmal jedoch begann ich mir Sorgen zu machen, dass mein irres Tempo vielleicht doch etwas zu viel sein könnte.

Geschäftigkeit als Falle

Mein Tempo bei der Entscheidung, nach Florida zu ziehen, war tatsächlich ein bisschen zu hoch, was mir dann später klar wurde. Mitten in der Phase des Übergangs war ich offenbar nicht in der Lage, mein eigenes Verhalten besonders klar zu beurteilen. Denn die Betriebsamkeit war meine Art, mit den Problemen fertig zu werden.

Ich war mit Absicht so geschäftig, um meine Gedanken von dem Schmerz, der Angst und der Unsicherheit fern zu halten, die ich angesichts der Zukunft empfand. Ich wollte verhindern, dass diese Gefühle mich beherrschten. Ich wollte nicht in der Einsamkeit stecken bleiben. Das waren ja durchaus löbliche Wünsche, aber auf diese Weise verhinderte ich genauso jeden Gedanken an einige wichtige Punkte, die ich hätte klären müssen, bevor ich die Kinder – besonders Windsor – und mich selbst in einen anderen Bundesstaat verpflanzte.

Am Ende kam es so weit, dass meine ständige Geschäftigkeit mich aus dem Gleichgewicht warf. Und sobald ich einmal mein Gleichgewicht verloren hatte, war es natürlich noch wahrscheinlicher, dass ich weitere Fehler beging und in meinem Leben noch mehr zerstört wurde. Was beides kurz darauf auch tatsächlich geschah. Meine Geschäftigkeit half mir nur bis zu einem gewissen Punkt, mit meiner Situation zurechtzukommen. Danach wurde sie für mich zur Falle.

Ohne Zweifel kann Betriebsamkeit in schwierigen Zeiten eine echte Tugend sein. Denn es ist doch häufig so, dass wir in unserem Schmerz sehr selbstzentriert sind, und das zu unserem eigenen Schaden. Ständig denken wir über die Ungerechtigkeit unserer Situation nach, über das, was uns angetan wurde, und über die Frustration, Einsamkeit und Furcht, die wir empfinden. Regelmäßig verhaken wir uns in hypothetischen Szenarien: Wenn unser Leben doch nur so oder so verlaufen wäre, dann, so denken wir, dann ...

Wir beschäftigen uns immer mehr mit unseren eigenen Bedürfnissen, unseren Enttäuschungen und Verletzungen. Und schließlich macht uns die ständige Fixierung auf uns selbst völlig unproduktiv. Wir leiden noch mehr, auch unsere Beziehungen werden in

Mitleidenschaft gezogen. Und erst Wochen oder Monate später wird uns bewusst, dass wir uns festgefahren haben.

Wenn wir dagegen etwas zu tun haben, hilft uns das, unsere Gedanken von uns selbst abzulenken. So verleiht Aktivität unserem Leben einen Grad von Normalität. Indem wir unsere Energie und unsere Fähigkeiten einsetzen, fangen wir an, uns wieder als Menschen zu fühlen. Wir wissen, dass wir ein Ziel haben, auch wenn dieses Ziel an einem bestimmten Tag vielleicht nur darin besteht, beispielsweise die Materialien für eine Renovierung im Haus zu kaufen.

Übertriebene Geschäftigkeit jedoch kann uns daran hindern, in Zeiten des Übergangs Gottes Plan für unser Leben zu erkennen. Sie kann auch verhindern, dass wir uns nach einer persönlichen Krise wieder ganz erholen. Sicher ist es wenig nützlich, wenn wir uns zu sehr mit unserem Schmerz befassen. Aber an manchen Punkten ist es nötig, dass wir das, was uns passiert ist, beurteilen lernen, und dabei auf das hören, was Gott zu sagen hat. Wir müssen Gottes Sicht der Vergangenheit kennen lernen, damit wir besser verstehen können, was er mit, in und durch uns in der Zukunft tun will. Das Bemühen um diese Sicht Gottes erfordert Konzentration und Entschlossenheit. Und Zeit. Ich wünschte, ich hätte das damals schon erkannt. Dann hätte ich mir selbst und anderen eine Menge Herzeleid ersparen können. Es ist mein Gebet, dass die folgenden Ratschläge Ihnen helfen, schmerzhafte Fehlentscheidungen, wie ich sie in den nächsten Abschnitten beschreibe, zu vermeiden.

In der Zeit des Übergangs die Stille mit Gott pflegen

Um von Gott Klarheit über unsere Ziele und neue Orientierung zu erhalten, ist mehr erforderlich als hin und wieder ein kurzer Augenblick. In Phasen, wo sich in unserem Leben wichtige Veränderungen vollziehen, brauchen wir mehr als nur die tägliche Stille Zeit. Gott zu suchen ist eben keine einfache Übung, die in einem Schritt abgeschlossen ist. Wenn wir ihn suchen wollen, müssen wir über einen ganzen Zeitraum unseren Lebensrhythmus verlangsamen, damit wir überhaupt in der Lage sind, ihn zu hören. Denn es kann sehr schwierig sein, Gottes Stimme zu hören, solange wir noch heftig bewegt sind durch persönlichen Schmerz und größere Umwälzungen in unserer Lebenssituation. Nach einer Krise oder einer größeren Veränderung in unserem Leben ist es daher wichtig, dass wir die Stille einüben. In der Bibel heißt es dazu: «Seid stille und erkennet, dass ich Gott bin!» (Psalm 46,11; Luther).

Wie aber können wir Stille einüben? Zum Beispiel, indem wir unsere Termine, wo es geht, reduzieren und Aktivitäten herausnehmen, die entweder unnötig sind oder uns zu viel Kraft rauben. Indem wir für uns selbst Auszeiten planen und unsere Stille Zeit mit Gott halten. Indem wir Entspannung zur Priorität machen. Denn oft passiert es, dass wir in einem verrückten Tempo gefangen sind und meinen, es gäbe keinen Ausweg. Manchmal füllen sich unsere Terminkalender selbstverständlich aus gutem Grund. Aber wir können immer noch ein Eckchen für uns selbst finden. Falls eine unserer Aktivitäten oder Verpflichtungen verhindert, dass wir uns um unsere persönlichen Bedürfnisse kümmern, dann sollten wir möglicherweise diese Aktivität aufgeben. Stille, Ruhe und Entspannung sind Dinge, die Gott wichtig sind. Auch wenn wir nur kleine Schritte unternehmen können, um unsere Geschäftigkeit herunterzufahren, werden wir uns selbst damit einen großen Dienst erweisen.

Abgesehen davon, dass wir Zeit für Ruhe und Entspannung reservieren, können wir die Stille auch ganz gezielt in unserer «Stillen Zeit» vor Gott pflegen. Ich sinne beispielsweise oft über biblische Texte nach und versuche so, meine Zeit mit Gott abwechslungsreicher zu gestalten. Bei der Stille geht es natürlich letztlich nicht darum, irgendetwas zu tun. Doch wenn wir unsere Gedanken zur Ruhe bringen und über bestimmte Grundsätze oder Eigenschaften Gottes nachdenken, kann uns das tatsächlich verändern. In meinen Übungen wähle ich meistens einen Vers oder den Teil eines Verses aus und denke darüber nach, was er aussagt, was er für mein Leben bedeutet und was er mir über Gott mitteilt. Häufig lege ich mich dabei ausgestreckt auf den Boden, damit mein Körper sich entspannt und mein Geist frei wird von störenden Gedanken. Und in dieser Stille lasse ich mich dann ganz vom Inhalt des Bibelverses ausfüllen.

In einem dieser Momente der Besinnung entstand meine tiefe Überzeugung, dass Gott in meinen Trümmern am Werk ist. Damals begann ich meine Übung mit dem Lesen von Jesaja 51,3:

> Und nun will ich Jerusalem trösten. Noch liegt die Stadt in Trümmern, doch ich werde mich über sie erbarmen und das ganze Land wieder aufblühen lassen. Ich werde diese Wildnis in einen blühenden Garten verwandeln, schön und prächtig

wie der Garten Eden. Freudenschreie und lauten Jubel wird man dort hören und Lieder, mit denen die Menschen mir danken. (Jesaja 51,3)

Während ich in meinem Zimmer auf dem Boden lag, versuchte ich mir vorzustellen, wie Gott voller Erbarmen auf uns herabblickt. Ich bemühte mich, seinen Gesichtsausdruck zu sehen. Wie sah er aus? Welche tiefen Emotionen vermittelten seine Augen? Ich verharrte eine ganze Zeit lang bei diesem Bild vom Gesicht Gottes.

Als Nächstes dehnte ich meine Gedanken auf das Thema «Trümmer» aus. Dieser Vers sprach davon, dass Gott sich über meine Trümmer erbarmen würde – über alle meine Trümmer. Ich fragte mich, was denn die Trümmer meines Lebens waren: offensichtlich meine gescheiterte Ehe und unsere auseinander gebrochene Familie. Meine Kinder, die so sehr zu leiden hatten. Der Verlust der Farm, der Verlust stabiler Verhältnisse. Die Vernichtung meiner Träume und mein eigenes Versagen. Ich stellte mir vor, wie die Dinge, die in meinem Leben geschehen waren, Gott wohl das Herz zerrissen, und dachte an seinen Kummer meiner Verletzungen und meines Schmerzes wegen. Jetzt erschien mir Gottes Erbarmen viel persönlicher. Ich erkannte, dass sein Blick, der voller Mitleid war, sich auf mich richtete.

Nachdem ich einmal angefangen hatte, die Tiefe des Erbarmens Gottes mir gegenüber zu begreifen, ging ich noch weiter und sann nach über sein Versprechen, meine Trümmer wieder zusammenzusetzen – meine Wüste in einen blühenden Garten zu verwandeln und mir Freude und ein neues Lied zu schenken. Das Festhalten an diesen Gedanken gab mir das Vertrauen, dass ich sicher war unter der Fürsorge Gottes, dass er einen Plan für mein Leben hatte und dass ich für die Zukunft Hoffnung haben konnte. Ich bekam inneren Frieden, wurde ruhig und zufrieden. Nun war ich in der Lage, all diese Vorstellungen in einem Dankgebet zusammenzufassen:

Danke, Herr, dass du voll Erbarmen bist und mir die Trümmer meines Lebens nicht zum Vorwurf machst. Danke, dass es dich schmerzt, wenn ich Schmerzen erleide. Ich bin so dankbar, dass du mich wiederherstellen wirst. Du willst wieder aufbauen, was eingerissen worden ist. Ich möchte gerne deine Freude erfahren. Du hast sie mir versprochen, und dafür danke ich dir.

Können Sie sich vorstellen, dass in einer Phase des Übergangs ein solches intensives Sich-Einlassen auf die biblischen Texte während unserer Stillen Zeit einen sehr positiven Effekt haben kann? Nach solchen Augenblicken haben wir eine neue Sicht der Dinge gewonnen. Wir denken anders über unsere Situation, und diese Veränderung unseres Denkens bereitet den Weg für Veränderung auch in anderen Bereichen. Die Bibel sagt: «Ändert euch durch Erneuerung eures Sinnes» (Römer 12,2; Luther). Zu dem Werk der Heilung, das Gott in einer Zeit des Übergangs an uns tut, gehört auch eine Überprüfung unserer Gedankenwelt. Gott möchte uns so leiten, dass wir schließlich das Übergangsstadium hinter uns lassen. Aber er weiß auch, dass wir seine Leitung nur empfangen können, wenn wir entsprechend denken. Die Kultivierung der Stille – sei es nun speziell im Gebet oder im größeren Rahmen, indem wir unsere Terminpläne verändern – befähigt uns zu hören, was Gott zu unseren Meinungen und Denkgewohnheiten zu sagen hat. Und dann können wir unsere Einstellungen und unser Verhalten entsprechend ändern.

Wie wir lernen, Stille einzuüben

Leben Sie gerade im Übergang? Vielleicht stopfen auch Sie Ihren Kalender voll mit Arbeit, Aktivitäten und Ereignissen und warten ungeduldig darauf, dass Sie endlich aus dieser Phase herauskommen und wieder mit Ihrem normalen Leben weitermachen können. Kann es sein, dass Sie jeden Tag hektisch von einer Sache zur anderen rennen, mit wenig oder gar keinen Verschnaufpausen? Ist Ihre tägliche Zeit mit Gott weniger geworden oder schon ganz verschwunden?

Falls das bei Ihnen zutrifft, möchte ich Ihnen Mut machen, einmal zurückzutreten und Ihre momentane Ausrichtung kritisch zu überprüfen. Rufen Sie sich ins Gedächtnis, dass Betriebsamkeit an sich noch nichts Schlechtes ist. Lediglich die übertriebene Geschäftigkeit führt dazu, dass wir den Boden unter den Füßen verlieren. Überlegen Sie, welche Dinge Sie vorläufig aus Ihrem Plan streichen können. Fragen Sie sich, welche Aktivitäten wirklich notwendig und wertvoll sind, und konzentrieren Sie sich auf diese. Die anderen stellen Sie für einen Moment auf die Seite. Später können Sie immer noch darauf zurückkommen, aber im Augenblick ist es für Sie vielleicht wichtiger, zur Ruhe zu kommen.

Wenn Sie die ersten Schritte unternehmen, um Ihren Terminkalender den neuen Prioritäten anzupassen und von Ballast zu befreien, schlage ich vor, dass Sie gleich bestimmte Auszeiten für sich selbst einplanen. Sie könnten zum Beispiel spazieren gehen, Musik hören, ins Fitnessstudio gehen oder sich Zeit nehmen für Ihr größtes Hobby. Regelmäßige nicht verplante Zeiten fördern die Entspannung. Indem wir es lernen, einen Gang zurückzuschalten, werden wir ruhiger und konzentrierter. Nervosität und Angst schwinden langsam. Wir sind auch nicht mehr so schnell wütend oder fühlen uns provoziert. Man kann uns insgesamt nicht so leicht aus dem Gleichgewicht bringen. Das Ganze ist eine allmähliche, aber sehr wichtige Entwicklung. Sind wir dann einmal in der Ruhe angekommen, sind wir in einer viel besseren geistigen Verfassung, um die Stimme Gottes zu hören.

Falls Sie die tägliche Stille Zeit mit Gott vernachlässigt haben, dann fangen Sie neu damit an. Und verurteilen Sie sich nicht selbst, weil Sie vom Kurs abgekommen sind. Beginnen Sie einfach neu. Gehen Sie in diese Zeit der Stille mit dem Wunsch, Gottes Plan für Sie zu verstehen. Nehmen Sie sich jedoch davor in Acht, die Bibel so zu interpretieren, dass sie Ihren eigenen Plänen entspricht. Wir verbringen manchmal tatsächlich Stunden mit Gott und haben hinterher doch nicht begriffen, was er zu uns gesagt hat. Denken Sie daran, seinen Willen zu suchen und nicht Ihren eigenen.

Warum versuchen Sie nicht einmal, einen Teil Ihrer Stillen Zeit zum Nachsinnen über einen Bibelvers zu verwenden? Sie können, wenn Sie möchten, mein eigenes Beispiel als Muster nehmen. Wählen Sie einen Vers aus, der zu Ihrem Herzen spricht. Machen Sie es sich dann an einem Ort bequem, wo Sie nicht gestört werden. Entspannen Sie sich und lassen Sie alle Gedanken und Aufgaben von sich abfallen. Werden Sie ganz ruhig. Betrachten Sie dann eine bestimmte Aussage oder eine Idee in dem Vers, den Sie ausgesucht haben. Denken Sie über diese Aussage nach, und fragen Sie sich, was sie bedeutet, was sie Ihnen persönlich sagt und was sie Ihnen über Gott mitteilt. Setzen Sie sich dabei nicht unter Druck – bleiben Sie ruhig. Bitten Sie Gott, Ihnen etwas Neues zu zeigen, Sie auf irgendeine Weise zu verändern.

Sie können nach und nach weitere Aussagen und Ideen aus Ihrem Vers in Ihr Nachdenken integrieren. Lassen Sie es dabei zu, dass Gott Ihnen immer klarer zeigt, was dieser Vers Ihnen ganz speziell zu sagen hat. Und wenn Sie allmählich mehr verstehen, beginnen Sie Gott zu danken für das, was er Ihnen deutlich macht. Danken Sie ihm für die Dinge, die Sie über sein Wesen gelernt haben, und bitten Sie darum, dass er Ihnen hilft, das Gelernte auf Ihre Situation anzuwenden.

Manchmal wartet Gott, bevor er uns seine Führung schenkt

Es gibt Zeiten in unserem Leben, da bitten wir Gott um Führung, erhalten aber praktisch keine Antwort. Gott spricht eben nicht immer sofort zu uns, wenn wir zu ihm kommen. Manchmal ist seine einzige Antwort Schweigen. Aber Gottes Entscheidung, in dieser Zeit zu schweigen, bedeutet nicht, dass er uns verlassen hat – im Gegenteil: Er ist uns genauso nah wie vorher. Das Schweigen Gottes bedeutet lediglich, dass er entschieden hat zu warten.

In einer Phase des Übergangs glauben wir doch oft, wir warteten darauf, dass Gott uns zeigt, was wir tun sollen, während unter Umständen in Wahrheit Gott auf uns wartet. Aber worauf wartet Gott denn? Vielleicht darauf, zu sehen, wie sehr wir wirklich mit ihm zusammen sein wollen. Werden wir ihn zum Beispiel weiterhin suchen, sogar wenn wir ihn weder hören noch fühlen, oder werden wir es aufgeben? Möglicherweise gibt uns Gott durch sein Warten die Zeit, in einem bestimmten Bereich unseres Gefühlslebens heil zu werden. Nicht immer, wenn wir meinen, wir seien bereit, uns von Gott führen zu lassen, sind wir es auch tatsächlich. Doch da Gott an unserem Wohlergehen liegt und er möchte, dass wir bei unseren zukünftigen Anstrengungen erfolgreich sind, wird er uns seine Führung nicht geben, solange wir nicht darauf vorbereitet sind. Das ist einfach nicht seine Art. Denn er ist für uns, nicht gegen uns.

Nehmen Sie den Propheten Elia. Nachdem Gott ihn gebraucht hatte, um auf dem Berg Karmel die Baalspriester bloßzustellen und schließlich zu töten, erfuhr Elia von den Drohungen Isebels, der Frau des Königs, die sich nun gegen ihn selbst richteten. Daraufhin floh er in die Wüste. Dort brach er unter einem Ginsterstrauch zusammen und bat den Herrn, ihn sterben zu lassen. Elia war in diesem Moment völlig erschöpft und sah keine Hoffnung mehr. Hinter ihm lag eine große Anstrengung. Der Sieg Gottes über die Baalspriester auf dem Karmel markierte das Ende eines Kapitels im Leben des Propheten. Er befand sich in einem Zwischenstadium. Und er sagte Gott ganz deutlich, wie es ihm ging: Er war kurz davor aufzugeben. Bereit, alles hinzuwerfen. Er wollte Erleichterung. Vielleicht kennen Sie solche Gefühle.

Gott hat Elia nicht sofort geantwortet. Nein, er wartete, bis sein Prophet eingeschlafen war, und dann schickte er einen Engel mit einer schlichten Botschaft: «Elia, steh auf und iss!» (1. Könige 19,5). Und Elia tat, was der Engel ihm sagte, und legte sich wieder hin, nur um von dem Engel ein zweites Mal geweckt zu werden und die gleiche Aufforderung zu erhalten. Wie es ihm gesagt worden war, aß und trank Elia. Dann machte er sich auf eine vierzigtägige Reise zum Berg Horeb, dem «Berg Gottes» (Vers 8).

Auch als er auf dem Berg angekommen war, erhielt Elia nicht sofort neue Weisung von Gott. Zuerst forderte Gott Elia auf, ihm mitzuteilen, was ihn bedrückte: «Elia, was tust du hier?» (1. Könige 19,9). Und in seiner Antwort bringt Elia dann seine Gefühle noch viel deutlicher zum Ausdruck als unter dem Ginster: «Ach Herr, du großer und allmächtiger Gott, mit welchem Eifer habe ich versucht, die Israeliten zu dir zurückzubringen! Denn sie haben den Bund mit dir gebrochen, deine Altäre niedergerissen und deine Propheten ermordet. Nur ich bin übrig geblieben, ich allein. Und nun trachten sie auch mir nach dem Leben!» (Vers 10).

Wieder besteht Gottes Antwort an seinen Propheten aus einer simplen Anweisung. Er befiehlt Elia, sich auf dem Berg hinzustellen und sich darauf vorzubereiten, dass Gott an ihm vorübergeht. Da heißt es:

> Auf einmal zog ein heftiger Sturm herauf, riss ganze Felsbrocken aus den Bergen heraus und zerschmetterte sie. Doch der Herr war nicht in dem Sturm. Als Nächstes bebte die Erde, aber auch im Erdbeben war der Herr nicht. Dann kam ein Feuer, doch der Herr war nicht darin. Danach hörte Elia ein leises Säuseln. Er verhüllte sein Gesicht mit dem Mantel, ging zum Eingang der Höhle zurück und blieb dort stehen.
> (1. Könige 19,11–13)

Erst jetzt war Gott so weit, auf die Sorgen des Propheten einzugehen und ihm genauere Weisung zu geben.

Sehen Sie die verschiedenen Stadien, die in dieser Geschichte hervorgehoben werden? Schritt für Schritt führte Gott Elia aus dem Zwischenstadium, in dem er sich anfänglich befand. Zunächst, als er in die Wüste floh und unter dem Ginsterstrauch zusammenbrach, war der Prophet verzweifelt, niedergeschmettert und voller Angst. Er wünschte sich sogar den Tod. Gott wusste, dass Elia sich in dieser Situation erst einmal ausruhen musste. Elia brauchte einfache Nahrung, nicht die Ankündigung eines großartigen Plans für seine Zukunft.

Als der Prophet dann stark genug war, konnte er die Reise zum Berg Gottes unternehmen. Auf dem Weg gewann Elia wieder Selbstvertrauen. Nun war er nicht mehr auf der Flucht vor Isebel, sondern unterwegs zu Gott hin. Sein Handeln beruhte jetzt auf einer guten Motivation und Absicht. Er ging seinen Weg als von Gott heil gemachter Mensch, statt wie vorher ängstlich davonzulaufen.

Dann, aus einer Position der Stärke heraus, sprach Elia mit Gott über seine Frustration: nicht nur über die speziellen Drohungen Isebels gegen ihn, sondern auch über den Kontext dieser Drohungen – den geistlichen Verfall Israels – und die Furcht, die Enttäuschung und die Isolation, die er, Elia, als Folge davon empfand. Jetzt, da er wieder mehr Kraft besaß, konnte Elia sein eigenes Herz besser verstehen und Gott gegenüber seine Gefühle vollständiger ausdrücken. Während er sich darin geübt hatte, in einem Übergangsstadium ruhig auszuharren, hatte sich tatsächlich sein Gebet verändert und war umfassender geworden.

Aus dieser Perspektive erscheint Gottes Entschluss, mit der Antwort auf die ursprüngliche Bitte seines Propheten abzuwarten, als ein Akt der Gnade. Denn Gott wusste, dass Elias erstes Gebet – die Bitte, sterben zu dürfen – nicht seinem eigentlichen Wunsch entsprach. Gott wollte aber auf die wahren Anliegen, die Elia im Herzen trug, antworten. Und deshalb wartete er, bis Elia in der Lage war, sie zu artikulieren.

Schließlich ist es auch interessant zu sehen, wie Gott Elia seine Gegenwart zeigt: in einem «leisen Säuseln», oder wie es in der Lutherübersetzung heißt, in einem stillen, sanften Sausen (1. Könige 19,12; Luther). Gott war in keiner der beeindruckenden Naturerscheinungen gegenwärtig: weder im Wind, noch im Erdbeben oder im Feuer. Seine Stimme war ganz leise, fast nicht wahrnehmbar. Doch Elia konnte sie hören. Denn nun war der Prophet fähig, das Flüstern Gottes zu vernehmen, weil er selbst still geworden war. Schon seit vierzig Tagen war er still gewesen vor Gott – zuerst unter dem Ginsterstrauch, dann als er allein durch die Wüste zum Horeb ging. In dieser Zeit hatte Elia sich erholt. Er verzehrte sich nicht mehr in Angst und Sorge. Zwar hatte er noch immer ein Anliegen, das er vor Gott bringen wollte, aber dieses Anliegen lähmte ihn nicht länger. Elia hatte seine Mitte wiedergefunden, war ruhig und erwartungsvoll. Gott musste kein Feuerwerk abbrennen, um zu diesem Propheten zu sprechen. Er konnte ihn vielmehr durch die kleinste Bewegung erreichen. Eben weil Elia bereit war, nachdem er still geworden war.

Lassen Sie sich von Gott aus dem Übergangsstadium herausführen

Wenn Sie gerade eine Übergangsphase erleben, dann dürfen Sie damit rechnen, dass Gott in dieser Zeit zu Ihnen spricht. Aber seien Sie geduldig und denken Sie daran, dass er dann spricht, wenn er es für richtig hält.

Wie spricht Gott denn überhaupt zu uns? Zum Beispiel durch sein Wort, die Bibel, durch unsere Lebensumstände und durch den Rat anderer Christen. Gott spricht auch zu unserem Verstand. Manchmal benutzt er ein «Aha-Erlebnis». Ein andermal ist es ein allmähliches Bewusstwerden. Seien Sie offen für das, was Gott Ihnen zu sagen hat, auch wenn es sich völlig von dem unterscheidet, was Sie erwartet haben. Vielleicht möchten Sie, dass Gott Ihre eigenen Pläne bestätigt – aber er hat möglicherweise etwas ganz anderes mit Ihnen vor.

Wie in der Geschichte von Elia kann es sein, dass Gott Ihnen etwas recht Einfaches mitteilen will. Seien Sie deshalb nicht enttäuscht, wenn Gott über einige Tage, Wochen oder Monate hinweg nicht mehr sagt als: «Steh auf und iss!» Tun Sie, wozu Sie meinen, dass Gott Sie auffordert. Vielleicht ist eine solche schlichte Botschaft genau das, was Sie momentan brauchen. Vielleicht ist es eine Aufforderung, sich einmal auszuruhen. Oder Sie haben es nötig, dass Gott Ihnen sagt: «Vertrau mir!» oder «Halt! Nicht weiter!»

Sie selbst wissen nicht wirklich, was Sie brauchen; nur Gott weiß es. Immerhin hat er Sie geschaffen. Er weiß, wo Sie gerade stehen. Erinnern Sie sich immer wieder daran, dass er alle Macht besitzt. Und vertrauen Sie sich dem Tempo an, das Gott für Ihre Übergangszeit festgelegt hat. Wenn er Sie eine ganze Weile an diesem ruhigen und schlichten Ort sein lässt, danken Sie ihm dafür. Lehnen Sie sich nicht auf gegen das Stadium, in dem Sie sich im Augenblick befinden. Haben Sie es nicht zu eilig, aus dieser Phase herauszukommen. Denn Gott geht es darum, dass Sie wieder heil werden.

Vielleicht sind Sie momentan stärker als noch vor einigen Monaten oder Jahren. Sie sind stark genug, vorwärts zu gehen, so wie Elia auf seinem Weg zum Horeb. Doch wenn Sie von Gott noch nichts über seine Pläne für Ihre Zukunft gehört haben, dann rate ich Ihnen dringend, nichts zu unternehmen. Es stimmt, Elia war unterwegs, aber unterwegs zu Gott, um ihn zu hören. Er brach nicht auf zu einer Reise in eigener Sache. Täuschen Sie sich nicht. Sie mögen stärker sein, als Sie es vorher waren, aber nach Gottes Einschätzung sind Sie vielleicht trotzdem noch nicht bereit, Weisung über die nächste Phase Ihres Lebens zu erhalten. Es ist nicht Ihre Aufgabe, sich selbst aus dem Zwischenstadium des Übergangs zu befreien. Gott ist derjenige, der die Phasen unseres Lebens festlegt. Er wird Sie vorwärts bringen, wenn er es für richtig hält. Ich wünschte, ich hätte das selbst besser verstanden, aber ich war zu sehr damit beschäftigt, mein Leben wieder in geordnete Bahnen zu lenken.

Wenn Sie sich schon seit einiger Zeit um eine Antwort von Gott bemühen und langsam frustriert sind, möchte ich Ihnen Mut zusprechen: Erzählen Sie Gott von Ihrer Frustration und bitten Sie ihn, dass er Ihnen Frieden schenkt. Bitten Sie auch um die Geduld, weiter zu warten. Zeiten des Übergangs sind eine Gelegenheit, in unserem Vertrauen auf Gott zu wachsen. Verpassen Sie diese Möglichkeit nicht! Stützen Sie sich ganz auf Gott, und sagen Sie ihm, wie es Ihnen geht. Lassen Sie sich von ihm zeigen, wie und wo Sie das Tempo Ihres Lebens reduzieren sollten und wie Sie an dem Punkt, wo Sie gerade stehen, in Frieden leben können.

Ja, Sie werden manchmal frustriert sein, ungeduldig, ängstlich und entmutigt. Da sollten wir uns nichts vormachen. Sie werden ausbrechen wollen. Und Sie werden ganz sicher versucht sein, irgendetwas zu unternehmen, um sich selbst aus dieser Situation zu befreien. Aber anstatt diesem Wunsch nachzugeben – anstatt die Sache in die eigenen Hände zu nehmen und ohne klare Leitung impulsiv zu handeln –, sollten Sie versuchen, Ihre Wünsche und Gefühle vor Gott zu bringen. Sagen Sie ihm ganz ehrlich, was Sie empfinden. Sie können sich Bibelstellen suchen, die Ihre Not in Worte fassen, und diese dann als Gebete verwenden. Bleiben Sie in Gottes Nähe und warten Sie darauf, dass er Ihnen sagt, was Sie tun sollen.

Unter Umständen geht es Ihnen auch wie Elia, als er am Horeb angekommen war, und Sie sind jetzt in der Lage, Ihre Gefühle gegenüber Gott viel freier zum Ausdruck zu bringen. Lassen Sie sich Mut machen durch die Gewissheit, dass Gott zur rechten Zeit auf Ihre Anliegen antworten wird. Bis dahin freuen Sie sich an der Wohltat, einfach so Ihr Herz vor Gott auszuschütten. Dadurch, dass Sie Ihre Gefühle im Gebet mit Gott teilen, werden Sie ihm näher kommen, und Sie werden außerdem Ihr eigenes Herz besser verstehen lernen. Häufig wissen wir gar nicht, was wir alles in unserem Innern herumtragen, bis wir anfangen, unsere Gefühle vor Gott beim Namen zu nennen. Es könnte auch sein, dass Sie feststellen, dass Ihre Sicht der eigenen Bedürfnisse und Wünsche sich während der Phase des Übergangs verändert oder dass sich Ihr Blick generell geweitet hat. Vielleicht erkennen Sie jetzt in Ihrem Leben bestimmte Verhaltens- oder Denkmuster, die korrigiert werden sollten. Oder Ihnen wird klar, dass Gott sich nicht nur um diese Muster kümmern will, sondern auch um ihre Ursachen. Er hat doch viel größere Pläne mit uns als wir selbst!

Halten Sie bei allem stets fest an dem Vertrauen, dass Gott Ihnen, wenn er es für richtig hält, zeigen wird, was Sie tun sollen. Sobald der richtige Zeitpunkt gekommen war, sprach Gott zu Elia und gab ihm ganz genaue und klare Anweisungen (1. Könige 19,15–18). Gott wird für Sie dasselbe tun. Mag sein, dass er auf die gleiche Weise zu Ihnen redet wie zu Elia. Oder eben auch nicht. Aber er wird Ihnen die Führung geben, die Sie brauchen, und zwar genau dann, wenn Sie sie brauchen.

Sie sollten sich immer bewusst sein, dass Sie nicht wissen, wie Gottes Pläne für Ihre Zukunft aussehen. Und deshalb haben Sie auch keine Ahnung, welche Vorbereitungen diese Pläne vielleicht erforderlich machen. Gott geht niemals ohne Vorbereitung ans Werk. Und da unser Leben nicht nur durch das bestimmt wird, was Gott in uns persönlich tun will, sondern auch durch das Zusammenkommen von Menschen, Ereignissen und Gelegenheiten, wird Gott auch all diese Dinge vorbereiten, damit er uns zu größerer Reife in Christus führen und uns der Erfüllung seiner Absichten näher bringen kann.

Paulus zitiert Jesaja und schreibt: «Was kein Auge jemals sah, was kein Ohr jemals hörte und was sich kein Mensch vorstellen kann, das hält Gott für die bereit, die ihn lieben» (1. Korinther 2,9). Während Sie sich in der schwierigen Phase des Übergangs befinden, bereitet Gott für Sie etwas Wunderschönes und Außergewöhnliches vor, etwas, das Sie sich mit Ihrem begrenzten menschlichen Verstand gar nicht vorstellen können. Wollen Sie ihm vertrauen? Bitten Sie Gott, dass er Ihnen dabei hilft. Sie sollen wissen, dass er Sie liebt, Sie führen wird und aus Ihrer Situation etwas Gutes entstehen lässt.

Wenn Sie jemandem helfen wollen

Wenn die betreffende Person gerade eine schwierige Übergangszeit durchlebt, machen Sie sich als Erstes klar, dass es keine festgelegte Zeitspanne gibt, in der eine Heilung stattfinden sollte. Möglicherweise befreit Gott die Person relativ schnell aus diesem Zustand, vielleicht lässt er sie aber auch länger dort. Damit Sie diesen Menschen ermutigen können, geduldig und gelassen zu bleiben, egal wie lange diese Übergangszeit dauert, müssen Sie natürlich erst einmal selbst geduldig und gelassen sein.

Denken Sie daher daran, dass Gott die Situation dieser Person in der Hand hält. Er wird zur rechten Zeit alles bereitstellen, was sie braucht, um vorwärts zu gehen. Auch wenn Sie im täglichen Leben des anderen keinerlei Hinweise auf die Führung Gottes ausmachen können, danken Sie Gott trotzdem. Loben Sie ihn dafür, dass er mit diesem Menschen einen Plan hat und die Umsetzung dieses Planes im Auge behält.

Wenn Sie auf diese Weise sich selbst Mut machen, stärken Sie Ihren eigenen Glauben. Außerdem tragen Sie dazu bei, dass Sie im Herzen Frieden finden über das Leben dieses Menschen. Und Sie können dann Ihrerseits diesen Frieden bereitwillig an andere weitergeben. Andererseits wird Ihre Ungeduld bezüglich der Lebensumstände der betreffenden Person – Ihr dringender Wunsch, dass Gott alles nach Ihrem Zeitplan wieder in Ordnung bringt – dazu führen, dass es Ihnen schwer fällt, der Person die Unterstützung zu geben, die sie nötig hat. Bitten Sie deshalb Gott, dass er Sie im Leben dieses Menschen als Fürsprecher der Stille, der Geduld und des Glaubens gebraucht. Beten Sie, dass er Sie tatsächlich zu einem solchen Fürsprecher macht. Denn das können Sie nicht selbst bewirken.

Sollten Sie feststellen, dass die Person ihr Leben in einem Tempo führt, das ein Innehalten praktisch nicht zulässt, und dass sie durch jeden Tag und jede Woche rast, scheinbar ohne jede richtige Atempause, dann fordern Sie sie behutsam auf, sich einmal zu überlegen, welche Aktivitäten sie vorläufig streichen könnte. Wenn dieser Mensch offensichtlich Angst hat, kürzer zu treten, weil er befürchtet, dann zu viel Zeit zur Verfügung zu haben, dann weisen Sie darauf hin, dass das manchmal notwendig ist. Womit selbstverständlich nicht völlige Bewegungslosigkeit und auf keinen Fall Isolation gemeint ist, sondern der Vorschlag, ein Gleichgewicht herzustellen. Motivieren Sie die Person, sich Zeit zu nehmen, um sich mit diesen Fragen auseinander zu setzen.

Sie sollten sich bewusst sein, dass die Person in dieser Übergangsphase vielleicht öfter zu Ihnen kommt, um über dieselben Frustrationen und Ängste angesichts ihrer momentanen Lebenslage zu reden. Nehmen Sie sich auf jeden Fall Zeit zuzuhören. Und werden Sie nicht ungeduldig. Rufen Sie sich in Erinnerung, dass Sie eine Umgebung schaffen wollen, in der sich dieser Mensch frei fühlt, ehrlich zu sein. Aber gehen Sie gleichzeitig sorgsam mit Ihrer eigenen Zeit und Kraft um.

In manchen Fällen ist ein betroffener Mensch zeitweise in bestimmen emotionalen Mustern festgefahren, und wenn wir nicht aufpassen, passiert uns das Gleiche. Legen Sie fest, wie viel Zeit und Energie Sie der Person geben wollen, damit Sie wirklich eine Hilfe sind. Aber bewahren Sie ein gesundes Gleichgewicht, so dass Sie selbst dabei nicht vollkommen ausgelaugt werden.

Sobald Sie spüren, dass dieser Mensch schon eher in der Lage ist, Ratschläge von Ihnen anzunehmen, ermutigen Sie ihn vorsichtig, sich die Vorteile einer solchen Übergangsphase zunutze zu machen. Sie können ihn beispielsweise ermuntern, diese Zeit als Gelegenheit zu sehen, Ruhe zu finden und sich gesunde Essgewohnheiten und ein vernünftiges Fitness-Bewusstsein anzueignen. Wie Elia braucht dieser Mensch vielleicht die Möglichkeit, sich von einer schwierigen Erfahrung zu erholen. Oder er äußert den Wunsch, mehr Zeit mit Gott zu verbringen, weiß aber nicht, wie. Dann können Sie dazu ermutigen, die tägliche Stille vor Gott zu pflegen und sich, wann immer möglich, mehr Freiräume zum Entspannen zu schaffen. Machen Sie der Person auch deutlich, dass ihr, wenn sie die Stille einübt, eine solche Übergangsphase helfen wird, Gottes Absichten besser zu verstehen, und sie außerdem vorbereiten wird auf das, was noch vor ihr liegt.

Schließlich sollten Sie immer darauf achten, dass Sie äußerst behutsam vorgehen, wenn Sie Menschen auf diese Weise Anstöße geben wollen. Es kann passieren, dass die Person Sie gar nicht hören kann – weil Kummer oder Verzweiflung zu stark sind. Wieder gilt, dass Ihre Sensibilität aus Ihrem eigenen Vertrauen zu Gott entspringt und aus Ihrer Fähigkeit, die Entwicklung im Leben dieses Menschen geduldig zu verfolgen, egal wie lange sie sich hinzieht.

Noch einmal: Seien Sie behutsam der Person gegenüber, und suchen Sie Gelegenheiten, ihre Erwartungen für die Zukunft positiv zu stärken. Versichern Sie der Person, dass Gott alles in der Hand hält und dass er Gutes mit uns im Sinn hat.

Die Probleme der Kinder

Wenn es irgendetwas gab, das mich wenigstens etwas bremste und mich zum Nachdenken brachte, dann waren es die Schwierigkeiten meiner Kinder. Denn mit dem Näherrücken des Umzugs von Virginia nach Florida machten sich diese Probleme stärker als bisher bemerkbar.

Um die Kinder auf unsere Ortsveränderung vorzubereiten, plante ich für den Muttertag eine Reise nach Fort Lauderdale, damit sie unser neues Haus sehen und die Stadt kennen lernen konnten. Noelle und Windsor kamen mit. Sie waren von unserer künftigen Nachbarschaft nicht gerade begeistert, und sie beide und auch Graham – der noch in Dallas war – verloren nach unserer Rückkehr irgendwie den Halt. Graham und Windsor stritten sich nun öfter heftig am Telefon. Windsor schlich sich eines Abends mit einer Freundin davon, und das Auto, in dem sie unterwegs waren, blieb am Straßenrand liegen. So bekam ich um fünf Uhr morgens einen Anruf von der Polizei. Außerdem hatte Graham, der in ein paar Wochen die Highschool abschließen würde, keinerlei Pläne, weder für den Sommer noch für das nächste Schuljahr. Und ich fragte mich, warum er scheinbar so ziellos und unmotiviert war.

Noelle ihrerseits hatte vor, auf ein anderes College zu wechseln, konnte sich aber nicht entscheiden, auf welches. Sie hatte ebenfalls noch keine Ahnung, wo sie ihren Sommer verbringen würde. Sie beharrte darauf, dass sie nicht mit mir nach Florida kommen wollte, und wirkte leicht desorientiert. Ich machte mir echte Sorgen um sie.

Dann erhielt ich noch eine weitere bedrückende Nachricht: Die Betreuerin der weiblichen Studenten informierte mich, dass Noelle an Bulimie erkrankt war und sehr damit zu kämpfen hatte. Für mich war das ein heftiger Schlag. Offenbar hatte Noelle mit der Psychologin über ihren Zustand gesprochen, weil sie wusste, dass Bulimie gefährlich war. Das häufige Erbrechen bei dieser Krankheit kann zu inneren Schädigungen führen. Wie ich jetzt erfuhr, hatte Noelle diese Essstörung in ihrem letzten Highschool-Jahr bekommen und suchte nun Unterstützung.

Die Nachricht von Noelles Kampf gegen die Bulimie brach mir das Herz. Doch ich war nicht völlig überrascht. Denn Bulimie ist eine Störung, die mit dem Wunsch nach Kontrolle zu tun hat, und Noelle hatte in letzter Zeit über so viele Dinge in ihrem jungen Leben die Kontrolle verloren, dass es irgendwie Sinn machte, dass sie nun versuchte, wenigstens ihren Körper unter Kontrolle zu halten. Ich litt unglaublich für sie und mit ihr. Und ich war zornig auf die Krankheit. Wir sprachen zwar offen über ihre Schwierigkeiten. Dennoch war mir klar, dass ich Noelle nicht zwingen konnte. Bulimie kann eben nicht allein dadurch überwunden werden, dass man sich den Tatsachen stellt. Es handelt sich um eine «verborgene» Störung. Die Betroffenen brauchen Zeit und, davon bin ich überzeugt, professionelle Hilfe, um der Krankheit von innen her den Boden zu entziehen. Ich selbst fühlte mich hilflos und gleichzeitig verantwortlich. Das Ganze machte mir großen Kummer.

In dieser Zeit schlug ich mich wegen der vielfältigen Probleme, die meine Kinder entwickelten, sehr stark mit Schuldgefühlen herum. Schließlich hatten ihr Vater und ich uns scheiden lassen. Dann hatte ich die Farm verkauft und die Kinder in eine lediglich vorläufige neue Umgebung gebracht. Und jetzt war ich ohne Vorwarnung dabei, unser Nest in einen anderen Bundesstaat zu verlegen. Hatte ich durch mein Verhalten vielleicht Noelles Essstörung herbeigeführt? Hatte ich die Verhaltensprobleme von Windsor heraufbeschworen? War ich diejenige, die Graham ein Leben ohne viele Orientierungshilfen beschert hatte, weil ich ihn zu seinem Vater geschickt hatte, dessen Terminkalender immer sehr voll war?

Ich litt mit den Kindern. Und ich zweifelte an meinen eigenen Entscheidungen. Dennoch versuchte ich, uns in der Richtung voranzubringen, für die ich mich einmal entschieden hatte: nach Florida. Aber hin und wieder fragte ich mich dann doch, was in aller Welt ich da eigentlich tat.

Schließlich kam ich zu der Erkenntnis, dass ich ganz neu den Entschluss fassen musste, das Leben meiner Kinder Gott anzuvertrauen. Außerdem war es wichtig, dass ich für meine Kinder da war und meine Kraft in ihre Zukunft investierte. Es würde ihnen nichts nützen, wenn ich in Selbstvorwürfen stecken blieb. Also ging ich in mich, wie schon vorher, und versuchte festzustellen, in welcher Hinsicht ich tatsächlich für das Leid der Kinder verantwortlich war und wo nicht. Das herauszufinden hatte ich mich schon seit der Scheidung bemüht. Aber nun, als die Kinder Probleme bekamen, wurde mir klar, dass ich Trauer und Reue loslassen und mich mehr denn je auf Gott verlassen musste. Schon vor ihrer Geburt hatte ich meine Kinder ja Gott anbefohlen. Und dann, als die Scheidung bevorstand, hatte ich ihr Leben noch einmal in Gottes Hände gelegt. Es war jetzt an mir, Gott zu vertrauen, dass er die Kinder auch beim Übergang ins Erwachsenendasein beschützen und ihre Gefühle heilen würde. Ich lernte damals, dass es eine Sache war, Gott zu vertrauen, bevor die Probleme im Leben meiner Kinder auftraten. Es war etwas ganz anderes, dieses Vertrauen jeden Tag zu bekräftigen, sobald die Schwierigkeiten einmal angefangen hatten. Manchmal hatte ich Angst um die Kinder, aber dann dachte ich daran, was Jeremia über Gott gesagt hatte: «Groß ist deine Treue, o Herr!» (Klagelieder 3,23). Diese Wahrheit nahm ich Tag für Tag für meine Kinder in Anspruch.

Aus einem Impuls heraus handeln?

In den Wochen vor meinem Umzug nach Florida traf Noelle schließlich die Entscheidung, dass sie den Sommer über im Shenandoah-Tal, wo wir bisher gewohnt hatten, bleiben und danach im Herbst auf ein College in einem anderen Bundesstaat wechseln würde. Irgendwie fand ich Trost bei dem Gedanken, dass Noelle noch dort bleiben würde, wenn auch nur für wenige Monate. Denn inzwischen war ich traurig, unser bisheriges Zuhause, unsere Freunde und die gewohnte Umgebung zu verlassen. Das Wissen, dass Noelle noch eine Weile in Virginia wohnen würde, ließ unseren Wegzug weniger endgültig erscheinen. Ich konnte immer noch zurückkehren. Ich konnte sie besuchen gehen.

Trotzdem nahm meine nostalgische Verbundenheit mit Virginia ungeheure Ausmaße an. Ich trauerte um den Verlust meines vertrauten Lebens und begann schon jetzt, diesen Verlust schmerzlich zu empfinden. Auf seinem Höhepunkt bewirkte mein Kummer noch eine andere Entscheidung: In den letzten Tagen vor dem Umzug wuchs in mir mit einem Mal die Überzeugung, dass es ein Fehler war, nach Florida zu gehen. Plötzlich schien das eine völlig unvernünftige Idee zu sein. Wir hatten acht Jahre im Tal gelebt, die Mädchen waren dort glücklich, und wir hatten viele Freunde. Nachdem ich mich mit einigen Leuten meines Vertrauens beraten hatte, beschloss ich also, alles abzusagen. Ich nahm Kontakt auf zu dem Unternehmer und dem Makler in Florida, und sagte ihnen, sie sollten ihre Arbeit in dieser Sache einstellen. Denn ich hatte einfach keinen Frieden dabei, unseren Wegzug nach Florida weiter zu verfolgen.

Aber kaum hatte ich die Richtung geändert, fing ich an zu überlegen, ob ich nicht doch zu meinem ursprünglichen Plan zurückkehren sollte. Ich konnte nicht sagen, welche Entscheidung denn nun impulsiver gewesen war – die, überhaupt nach Florida zu ziehen, oder die allerneueste, alles wieder abzublasen. Welche Entscheidung sollte ich jetzt rückgängig machen? Meine Gefühle brachten mich gehörig ins Schleudern. Man muss dabei bedenken, dass es für mich ungewohnt war, selbständig gewichtige Entscheidungen zu treffen. Ich war daher außerordentlich empfindlich und leicht beeinflussbar und hatte kein Zutrauen zu meinen eigenen Instinkten.

In diesem Punkt bezahlte ich wirklich den Preis für meine Unfähigkeit, still zu werden vor Gott. Die Entscheidung für Florida war möglicherweise sogar von Anfang an richtig gewesen. Das Haus in Fort Lauderdale hatte ich schnell, und ohne es groß geplant zu haben, gekauft. Auch bei diesem Schritt hatte ich nach Gottes Willen gefragt und tat das auf eine Weise, die für mich Sinn machte: nämlich indem ich hinausging und Häuser besichtigte. Ich wollte nicht zu Hause sitzen und auf den göttlichen Blitz warten, der mir in einer plötzlichen Erleuchtung zeigen würde, was ich zu tun hatte. Ich versuchte einfach, mich pragmatisch zu verhalten.

Die Ruhe über dieser Entscheidung zum Hauskauf konnte jedoch nie wirklich in mir Wurzeln schlagen, weil ich mir nicht die nötige Zeit mit Gott nahm, um Klarheit über mein Vorgehen zu gewinnen. Ich war einfach zu sehr beschäftigt. Wäre ich in der Lage gewesen, mein Tempo zu reduzieren, hätte Gott mir die Einsichten, die ich brauchte, sicher geschenkt. Er hätte mir klargemacht, wohin er mich in meinem Leben führen wollte und was ich tun musste, um seinen Zielen zu entsprechen. Doch ohne diese Einsicht hatte ich keine Ahnung, ob ich dem Willen Gottes folgte, wenn ich nach Florida ging, oder nicht. Und deshalb schwankte ich hin und her.

Am Schluss hörte ich auf die Argumente der Befürworter meines Umzugs und veränderte meine Entscheidung noch einmal. Ich rief den Makler und die anderen erneut an und sagte ihnen, sie sollten die Arbeit an unserem Haus wieder aufnehmen. Ich würde also doch nach Florida gehen. Aber ich war schrecklich durcheinander.

Weil ich es versäumt hatte, Stille einzuüben, war ich außerdem nicht vorbereitet auf die noch unsichtbaren Herausforderungen, die kurz darauf in mein Leben traten. Ich hatte den Eindruck, dass ich mir gegenüber dasselbe tat, was ich nach dem Zusammenbruch meiner Ehe mit Ted meiner Familie gegenüber getan hatte. So wie ich meinen Verwandten nicht genügend Zeit gegeben hatte, um mit der Wirklichkeit unserer desolaten Ehe klarzukommen, bevor sie sich bereits mit der Scheidung abfinden mussten, so ließ ich jetzt mir selbst nicht ausreichend Zeit, um mich an all die Veränderungen zu gewöhnen, bevor ich weitere lebensverändernde Entscheidungen traf.

Sogar wenn der Umzug nach Florida Gottes Wille für mich gewesen sein sollte, war ich, bis ich dort ankam, durch das ganze Hin und Her aus dem Gleichgewicht geraten. Weil ich es versäumt hatte, vor Beginn dieses neuen Lebenskapitels still zu werden und Gottes Willen zu suchen, war ich nun sehr unsicher. Als mir dann der Wind ins Gesicht blies, und das ziemlich heftig, stolperte ich deshalb und stürzte schließlich zu Boden.

Gedanken für schwere Zeiten

- Befinden Sie sich gerade in einer Phase des Übergangs? Wenn dem so ist und außerdem Ihre Tage völlig verplant sind mit verschiedenen Aktivitäten, dann versuchen Sie einmal herauszufinden, welche Unternehmungen wirklich notwendig und wertvoll sind, und lassen Sie alle anderen vorläufig sein.

- Reservieren Sie ganz bewusst Ruhezeiten für sich selbst. Verbringen Sie jeden Tag Stille Zeit mit Gott und machen Sie es sich zur Gewohnheit, über biblische Texte nachzusinnen.
- Erwarten Sie, dass Gott zu Ihnen redet, aber denken Sie daran, dass er dann reden wird, wenn er es für richtig hält. Es kann sein, dass Gott eine Weile schweigt oder etwas anderes sagt, als Sie erwartet haben. Und auch wenn er Ihnen eine ganz schlichte Botschaft gibt, tun Sie dennoch das, was Gott Ihnen Ihrer Meinung nach sagen will.
- Treffen Sie keine gewichtigen Entscheidungen, ohne dass Sie in diesem Punkt die Führung Gottes erhalten haben. Geben Sie Ihre Frustration über die ungewisse Übergangszeit an ihn ab und bitten Sie ihn, Ihnen die Geduld zu schenken, auf seinen Zeitpunkt zu warten.
- Vertrauen Sie darauf, dass Gott Ihnen, wenn die Zeit gekommen ist, zeigen wird, was Sie tun sollen. Er bereitet eine gute Zukunft für Sie vor.

Wenn Sie helfen wollen

- Erinnern Sie sich immer wieder daran, dass Gott den Heilungsprozess im Leben der betreffenden Person in der Hand hält. Bitten Sie Gott, dass er Ihnen neue Hoffnung gibt für die Zukunft dieses Menschen.
- Ermutigen Sie die Person, in der Phase des Übergangs, die sie erlebt, die Stille vor Gott einzuüben. Machen Sie deutlich, wie wichtig es ist, dass sie im täglichen Leben ein gesundes Gleichgewicht zwischen Aktivität und Ruhe findet. Fordern Sie diesen Menschen behutsam auf, seinen Tagesplan so zu verändern, dass noch Zeit für persönliche Ruhepausen bleibt.
- Seien Sie geduldig, wenn die Person immer wieder mit denselben Anliegen und Sorgen zu Ihnen kommt. Aber gehen Sie gleichzeitig sorgsam mit Ihrer eigenen Zeit und Kraft um. Machen Sie der Person Mut, die Chancen, die eine solche Übergangszeit bietet, zu nutzen.
- Weisen Sie diesen Menschen hin zu Gott und ermutigen Sie ihn in seinem geistlichen Leben.

- Gehen Sie einfühlsam vor, wenn Sie Rat anbieten. Und bemühen Sie sich, ein guter Zuhörer zu sein. Erinnern Sie die Person außerdem daran, dass Gott für sie einen guten Plan hat.

Bibelvers zum Thema

Seid stille und erkennet, dass ich Gott bin! (Psalm 46,11; Luther)

Impuls

Übertriebene Geschäftigkeit kann zur Falle werden. Sorgen Sie deshalb in Zeiten des Übergangs dafür, dass Sie ausreichend Gelegenheit zur Ruhe haben. Lernen Sie es, still zu werden, und verbringen Sie Zeit mit Gott. Er wird Ihnen seine Leitung geben, wenn Sie so weit sind.

8

Ich will kein Durchhaltevermögen – ich will hier raus!

Wie wir selbst oft Gottes heilendes Handeln verhindern

Im Juli 1993 zog ich nach Fort Lauderdale. Windsor setzte ich in ein Flugzeug, so dass sie sich mit Gigis Kindern treffen und mit ihnen eine Reise nach Colorado unternehmen konnte. Noelle zog bei Freunden ein und blieb für den Rest des Sommers im Tal. Zum ersten Mal zog ich ganz alleine um. Das Familien-Nest war tatsächlich leer. Doch ich hoffte, dass mein kleines Haus und die neue Umgebung mich bei meinem Neustart inspirieren würden.

In den Wochen unmittelbar vor meinem Umzug hatte mir das Leben noch eine plötzliche, aber nicht ganz und gar unwillkommene Überraschung beschert. Bei einem meiner Besuche in Florida, um den Ortswechsel vorzubereiten, hatte mich Gigi einem verwitweten Mann vorgestellt, der mich ziemlich beeindruckt hatte. Frank, wie ich ihn hier nennen will, kam mit den besten Empfehlungen aus berufenem Munde. In seiner Gemeinde genoss er großes Ansehen, und es hieß, er habe bei einer der evangelistischen Veranstaltungen meines Vaters vor einigen Jahren sein Leben Jesus anvertraut.

Bei unserem ersten Treffen lud mich Frank zum Abendessen ein und behandelte mich sehr respektvoll. Sein Benehmen zeigte, dass er mit den feineren Dingen des Lebens vertraut war, und er machte insgesamt einen recht charmanten Eindruck. Ich genoss den

Abend, beschloss aber, dass Frank und ich nicht gut zusammenpassten. Er schien für mich eine zu starke Persönlichkeit zu haben. Ich wollte vorsichtig sein.

Die Menschen um mich herum vertraten jedoch die Ansicht, ich sollte Frank wenigstens eine Chance geben. Man stellte ihn mir als einen wohletablierten, angesehenen Mann dar, der in der Lage war, mich zu versorgen, für mich zu planen und sich um mich zu kümmern. Ich hörte mir das an und dachte nach, denn ich hatte immer noch kein Vertrauen zu meinem eigenen instinktiven Eindruck, der etwas ganz anderes besagte.

Dann bat mich Frank um ein zweites Treffen – dieses Mal, wie ich mich erinnere, lud er mich zu einer Fahrt in seinem Boot ein. Wieder verbrachte ich eine angenehme Zeit, aber ich fühlte mich nicht besonders zu meinem Begleiter hingezogen. Er schien ein starker Mann zu sein, der sein Leben im Griff hatte. Außerdem war er sehr attraktiv, und er setzte sich auch treu in seiner Gemeinde ein. Doch ich war einfach nicht besonders interessiert.

Trotzdem begann ich nach dem Umzug in das Haus in Fort Lauderdale, mich regelmäßig mit Frank zu treffen. Da ich in der Gegend neu war, fühlte ich mich vielleicht zu unsicher, um seine Einladungen abzulehnen. Er schien ein gläubiger Mann zu sein, und mit jedem Mal, wo ich ihn sah, fühlte ich mich stärker zu ihm hingezogen. Frank besaß gute Umgangsformen und verhielt sich höflich und zuvorkommend. Dazu verfügte er über eine erstaunliche Ausstrahlung: Wenn er den Raum betrat, dann veränderte das die ganze Atmosphäre. Und ich fühlte mich durch seine Aufmerksamkeiten geschmeichelt.

Im August kam Windsor von der Reise nach Colorado zurück, und Noelle zog vorübergehend bei mir ein, bevor sie dann zur Samford University nach Birmingham, Alabama, gehen würde. Inzwischen hatte Frank uns alle eingeladen, mit ihm zusammen eine Bootsfahrt durch die Bahamas zu unternehmen. Die Mädchen schienen davon nicht sonderlich begeistert, aber wir sagten dennoch Ja. Ich dachte, das würde ein neues Erlebnis für uns werden und uns Spaß machen. Die Reise wäre außerdem einmal eine Erholung von den Renovierungsarbeiten, die immer noch in unserem Haus vor sich gingen.

Windsor und Noelle konnten sich jedoch definitiv nicht mit diesem «neuen Erlebnis» anfreunden. Die meiste Zeit verbrachten sie damit, sich zu streiten und zu zanken, und sie schienen überhaupt keinen Spaß an der Sache zu haben. Es war auch klar, dass die beiden Mädchen Frank nicht besonders gut leiden konnten. Mich dagegen packte die Romantik dieser Bootsfahrt. Ich war fasziniert von dem Vertrauen, das Frank ausstrahlte. Er schien wirklich ein Mann zu sein, der für mich und die Kinder sorgen konnte, und ich bemerkte, wie mein ursprünglicher Widerstand gegen seine starke Persönlichkeit sich allmählich legte. Ganz im Gegensatz zu meiner früheren Einstellung war es jetzt so, dass ich anfing, mich auf seine Kraft zu verlassen, um mich selbst sicher zu fühlen.

Während der gemeinsamen Reise sprachen Frank und ich mehr als einmal über die Möglichkeit einer Heirat. Im Rückblick wird mir deutlich, dass solche Gespräche ganz offensichtlich nicht zu der fehlenden Tiefe unserer Beziehung passten. Schließlich kannten Frank und ich uns erst seit ein paar Monaten. Trotzdem sagte ich ihm, dass ich ihm, wenn er mir einen Heiratsantrag machen würde, die Antwort geben würde, die er hören wollte.

Ich war mir dabei selbst nicht einmal sicher, was ich mit dieser Aussage meinte. Auf jeden Fall rechnete ich nicht damit, dass ein solcher Heiratsantrag unmittelbar bevorstand. Aber die bloße Idee war aufregend genug. Ich wurde ganz vom Gefühl des Moments mitgerissen, unsicher, wie ich war, und deshalb voller Sehnsucht nach Sicherheit und Ordnung. Innerhalb von kurzer Zeit war mir Frank ziemlich wichtig geworden, und es tat mir gut, mich begehrt zu fühlen.

Am letzten Abend unserer Bootstour blieben die Mädchen an Bord, während Frank und ich an Land gingen. Wir spazierten den Strand entlang und unterhielten uns. Dann, wie er so im Mondlicht dastand, drehte sich Frank zu mir um und fragte mich, ob ich ihn heiraten würde. Ich weiß noch, dass ich erstaunt war, dass er mir so bald nach unserem Austausch über das Thema schon einen Antrag machte. Aber wie ich es versprochen hatte, gab ich ihm die Antwort, von der ich meinte, dass er sie hören wollte. Ich sagte Ja. Und ich glaube, dass ich mit dieser Antwort Gottes Pläne für meine nahe Zukunft verhinderte.

Auch heute noch kann ich nicht sagen, weshalb ich damals so impulsiv reagiert habe. Sicherlich wollte ich, dass sich jemand um mich kümmerte. Ich wollte ein geordnetes Leben. Doch unsere noch so junge Beziehung hatte sich offensichtlich noch überhaupt nicht bewähren können. Ich vermute heute, dass die Vertrauensbeweise von Menschen aus Franks Gemeinde mir ausreichten, um mich davon zu überzeugen, dass er einen guten Ehemann abgeben würde. Wie leicht man mich offenbar beeinflussen konnte! Warum hielt ich mich nicht etwas zurück, wartete und beobachtete für mich selbst, wie sich die Beziehung zwischen Frank und mir entwickelte?

Natürlich war ich in meiner damaligen Situation leicht verletzlich. Ich lebte nach wie vor in einer Phase des Übergangs, versuchte mich an eine ungewohnte Umgebung zu gewöhnen und mir ein neues Leben aufzubauen. Das alles war nicht einfach. Nach Jahren, in denen ich im größtenteils ländlichen Shenandoah-Tal gelebt hatte, wohnte ich nun allein in einer unbekannten Stadt. Ich hatte eigentlich erwartet, dass eine solche Veränderung mich in positiver Weise herausfordern würde, doch die neue Umgebung rief in mir stattdessen ein Gefühl der Unsicherheit hervor. Beispielsweise achtete ich jetzt bewusst auf meine persönliche Sicherheit: Die Türen hielt ich immer verschlossen, auch wenn ich zu Hause war, und die Scheiben meines Autos ließ ich aus Sicherheitsgründen dunkel tönen. Darin spiegelte sich eine Einstellung, die mir bisher eigentlich fremd gewesen war.

Andere praktische Aspekte des Lebens blieben mir auch weiterhin fremd. So kämpfte ich nach wie vor damit, herauszufinden, wie ich meine Finanzen in den Griff bekommen konnte, obwohl ich inzwischen seit ungefähr zwei Jahren von Ted geschieden war. Tatsächlich lief es so, dass ich, anstatt meine Befürchtungen zu überwinden und die Grundlagen des Umgangs mit finanziellen Dingen zu lernen, einfach jemand anderen anheuerte, der sich dann um mein Geld kümmerte. Das war ein großer Fehler. Denn hätte ich mich selbst um meine Finanzen gekümmert, auch wenn es zu Beginn mehr schlecht als recht gegangen wäre, hätte mir das ein neues Maß an Selbstvertrauen gegeben. Die Selbständigkeit in diesem einen Bereich hätte mir Halt verliehen und dann auch in andere Lebensbereiche ausgestrahlt. Damals jedoch gab ich die Verantwortung aus der Hand, hauptsächlich aus Angst und einem Gefühl der Unzulänglichkeit heraus.

Wenn ich heute zurückschaue, dann erkenne ich, dass ich letztlich nicht daran glaubte, dazu fähig zu sein, mir ohne einen Ehemann ein eigenes Leben aufzubauen. Ich hatte nie ein anderes Leben kennen gelernt, und wahrscheinlich war mein Vertrauen zu Gott nicht so groß, dass ich mir vorstellen konnte, er könnte mir eine völlig neue Rolle beibringen. Also ergaben sich für mich zwar Gelegenheiten, als Single meinen Weg zu machen, aber mir fehlte der Mut, diese Möglichkeiten beim Schopf zu packen. Da ich das Problem lieber ein für alle Mal lösen wollte, gab ich jemand anderem – in diesem Fall einem Menschen, den ich kaum kannte – die Autorität, mein Leben für mich aufzubauen. Und ich ließ mir selbst keine Zeit, um mich an meine neue Umgebung zu gewöhnen. Ich gab Gott keine Zeit, um in mir die Stärke und Unabhängigkeit heranzubilden, die ich in dieser Phase meines Lebens brauchte. Ich hatte mir nicht vorgenommen, Gottes Plan zu durchkreuzen. Aber durch meine unklugen Entscheidungen habe ich genau das getan.

Ich weiß nicht, wo Sie in Ihrem Leben im Moment stehen. Vielleicht befinden auch Sie sich noch in einer Übergangsphase. Es passiert leider so oft, dass wir in unserem Bemühen, die Frustration des Wartens in einer Übergangszeit zu mildern, schließlich alles nur noch schlimmer machen. Die Frage ist, wie wir das vermeiden und uns vor uns selbst schützen können.

Ein Weg, den ich seither gelernt habe, besteht darin, sich einen Kreis von Vertrauten aufzubauen, der, wenn möglich, Freunde, Familienmitglieder und einen Seelsorger oder Therapeuten umfasst – alles Menschen, denen unser Bestes am Herzen liegt. Zusammen bilden diese Menschen dann Ihr Sicherheitsnetz. Ratschläge dieser Leute sollten Sie nicht einfach ignorieren. Machen Sie sich ihnen gegenüber verantwortlich. Und vertrauen Sie diesen Freunden und Verwandten, dass sie mithelfen, Sie durch die Phase der Instabilität hindurchzuführen. Auch wenn Sie den Eindruck haben, dass Ihre Helfer Sie oder Ihre Situation nicht ganz verstehen, hören Sie sich trotzdem ihren Rat an und denken Sie sorgfältig darüber nach. Denn unter Umständen haben Ihre Freunde einen Blick für das Ganze, wie er Ihnen im Moment nicht möglich ist. Und halten Sie sich andererseits fern von Leuten, die Sie nicht gut kennen oder denen Ihr langfristiges Wohlergehen nicht wichtig ist. Denn solche Menschen können Sie leicht in eine völlig verkehrte Richtung lenken.

Wenn Sie jemandem helfen wollen

Wenn einer Ihrer Freunde oder Verwandten gerade eine Zeit der Instabilität durchlebt, dann sollten Sie sich bewusst machen, wie anfällig die Person dafür ist, falsche Entscheidungen zu treffen. Mag sein, dass sie in ihrem Verhalten Ihnen gegenüber vollkommen «normal» wirkt. Dennoch ist sie noch dabei, sich von einer Krise zu erholen, und muss sich mit einem Verlust in ihrem Leben auseinander setzen. Deshalb ist sie höchstwahrscheinlich nicht im Vollbesitz ihrer Kräfte. Sie sollten sich vor Augen halten, dass dieser Mensch mit Gefühlen kämpft, die, wenn man ihnen freien Lauf lässt, ihn dazu bringen können, das Falsche zu tun. Überlegen Sie, was Sie selbst tun können, um die Person seelisch aufzubauen, wenn sie mit Emotionen wie Einsamkeit, Frustration, Unsicherheit, Ungeduld oder Verzweiflung ringt.

Achten Sie auch auf die Gewohnheiten dieses Menschen. Verbringt er viel Zeit allein zu Hause? Ist er in einer festen Routine gefangen, von der es kaum Abweichungen gibt? In welchen Bereichen könnte sein Alltag ein wenig frischen Wind gebrauchen? Gehen Sie auf ihn zu in einer Weise, die ihm das Gefühl gibt, geliebt und geborgen zu sein und Ihnen etwas zu bedeuten. Sie können die Person zum Beispiel einladen, mit Ihnen ins Kino zu gehen. Oder zu Ihnen und Ihrer Familie zum Essen zu kommen. Es ist wichtig, dass dieser Mensch weiterhin körperliche Bewegung hat: Sie könnten ihn zu einem gemeinsamen Spaziergang anregen. Schicken Sie ihm eine Karte oder sagen Sie ihm, worum Sie jeden Tag für ihn beten. Und sorgen Sie dafür, dass Sie auch wirklich beten!

Diese kleinen Aufmerksamkeiten von Ihrer Seite werden der Person zu verstehen geben, dass sie geschätzt wird. Obwohl sie natürlich letzten Endes selbst für ihre Entscheidungen verantwortlich ist, können Sie dazu beitragen, dass die Person sich auf die richtigen zubewegt – einfach indem Sie sich die Zeit nehmen, sich um sie zu kümmern.

Wenn dieser Mensch scheinbar dabei ist, eine wichtige Entscheidung zu treffen, die ihn in eine falsche Richtung führen könnte, kann es nötig sein, dass Sie eingreifen und eindringlich davon abraten. Stellen Sie ihm jedoch zunächst Fragen zu seinem Entschluss. Warum ist er beispielsweise der Meinung, dass diese Entscheidung die richtige ist? Was spricht dafür, was dagegen? Bitten Sie ihn, zu beschreiben, wie er meint, dass sich sein Entschluss auf die ihm wichtigen Menschen in seinem Leben auswirken wird. Was würde diese Entscheidung für den Partner dieses Menschen bedeuten? Für seine Kinder, seine Geschwister oder seine Eltern? Fordern Sie die Person auf, ihre Entscheidung aus unterschiedlichen Blickwinkeln zu betrachten. Und ermutigen Sie sie, das Für und Wider sorgfältig abzuwägen.

Wenn Sie mit diesem Menschen über solche Dinge sprechen, tun Sie das auf liebevolle Weise. Sie sollten sich nicht scheuen, mutig Ihren Rat vorzubringen, falls Sie den Eindruck gewinnen, dass er in die falsche Richtung läuft. Erinnern Sie ihn aber daran, dass der Grund für Ihr großes Interesse an seinen Angelegenheiten allein darin besteht, dass Sie ihn lieben und für sein Leben das Beste wollen, so wie es auch Gott möchte.

Es kann gut sein, dass Sie sich noch an andere Vertraute aus dem engeren Freundes- und Verwandtenkreis der Person wenden müssen. Dazu sollten Sie sie aber um Erlaubnis bitten. Sonst könnte sie das Gefühl bekommen, Sie hätten sie verraten oder sich mit anderen gegen sie verschworen.

Vielleicht kommen Sie auch an den Punkt, wo Sie die Leitung der Gemeinde dieses Menschen mit zu Rate ziehen wollen. Bevor Sie diesen Schritt tun, sollten Sie sich jedoch beraten lassen und überhaupt sehr behutsam vorangehen. Schließlich müssen Sie wohl akzeptieren, dass Sie jemanden nicht daran hindern können, etwas zu tun, wenn er fest dazu entschlossen ist. An einem bestimmten Punkt müssen wir einfach loslassen und Menschen ihre Fehler begehen lassen.

Ich hatte in meiner Situation wunderbare Freunde und Familienmitglieder, die mir gute, nützliche Ratschläge gaben. Ich war nur zu dickköpfig und eigensinnig, um darauf zu hören. Wie sehr ich das seitdem immer wieder bereut habe!

Damals hatte ich es eilig, mein Leben in die Richtung in Gang zu bringen, die ich mir wünschte. Ich kann Ihnen nur raten, dass Sie, anders als ich, dem Drang widerstehen, es mit allem eilig zu haben. Beziehungen, wenn Sie denn von Gott gewollt sind, werden erst mit der Zeit entstehen. Gott bringt die Dinge zu seiner Zeit zusammen und wird Sie nicht im Eiltempo durch den Heilungsprozess Ihres Lebens drängen.

Wenn Sie sich gehetzt fühlen, dann nehmen Sie etwas Abstand und fragen Sie sich, warum Sie so empfinden. Bitten Sie Gott, Ihnen die Quelle Ihrer Aufgeregtheit und Sorge zu zeigen. Aber handeln Sie nicht, während Sie nervös und besorgt sind.

Gott offenbart uns seinen Weg, indem er uns Frieden schenkt. Wenn Sie keinen Frieden haben über einer Entscheidung, dann halten Sie inne. Ich möchte Ihnen empfehlen, dass Sie wie nach dem Tod eines Angehörigen für wenigstens ein Jahr nach Ihrer Krisenerfahrung keine wichtige Entscheidung treffen. Gott hat schließlich alle Zeit der Welt. Wenn Sie von Herzen seinen Willen tun wollen, dann wird er seine Führung so deutlich machen, dass Sie sie nicht verpassen können. Bis dahin können Sie daran festhalten, dass er möchte, dass Sie wieder heil werden; er selbst will Sie vollständig heilen.

Vielleicht haben Sie bereits eine Entscheidung getroffen, die Ihr ganzes Leben offenbar zum Schlechteren verändert hat. Und Sie sind deswegen am Boden zerstört. Dann können Sie Trost finden in dem Versprechen Gottes, sogar unsere Fehler dazu zu benutzen, dass sein großer Plan in unserem Leben vorankommt. Machen Sie sich klar, dass Scheitern und Versagen nie endgültig sind. Die Trümmer unseres Lebens sind ja gerade der Ort, an dem Gott zu wirken beginnt. Sein Wort verspricht uns: «Das eine aber wissen wir: Wer Gott liebt, dem dient alles, was geschieht, zum Guten. Dies gilt für alle, die Gott nach seinem Plan und Willen zum neuen Leben erwählt hat» (Römer 8,28).

Lieben Sie ihn? Streben Sie danach, seinen Willen zu tun? Falls ja, dann gilt diese Zusage auch für Sie. Teilweise müssen wir mit den Konsequenzen unserer Entscheidungen leben. Aber Gott liebt uns immer noch. Er will uns immer noch erlösen. Erinnern Sie sich an Ihre Entscheidung, Gottes Güte zu vertrauen. Gott wird tatsächlich aus dem, was jetzt ganz abgestorben aussieht, neues Leben entstehen lassen. Er wird unser Chaos am Ende in etwas Schönes verwandeln: «Jetzt aber will ich euch in reichem Maß zurückgeben, was diese gefräßigen Tiere Jahr für Jahr vernichtet haben» (Joel 2,25). Ich war damals gerade dabei, diese Wahrheit auf die harte Tour zu lernen.

Alles schmilzt dahin

Meine Töchter waren über meine Verlobung mit Frank extrem beunruhigt. Beide setzten sich heftigst dagegen zur Wehr. Weil Graham in Dallas wohnte, betraf ihn meine Entscheidung nicht derart unmittelbar. Er wollte lediglich, dass ich glücklich war. Ich sah es so, dass die Kinder nun ihr eigenes Leben verfolgten. Und statt dass mich ihre Reaktion vorsichtiger gemacht hätte, war ich der Meinung, dass ich nun als praktisch alleinstehende Frau zwar bei meinen Entscheidungen an die Kinder denken sollte, aber nicht zulassen dürfte, dass ihre Bedürfnisse diktierten, was für mich am besten zu sein schien. Das war meine Logik, obwohl es mit meiner Fähigkeit, zu beurteilen, was für mich das Beste war, offensichtlich nicht weit her war.

Nach der Bootstour begannen die Mädchen und ich mit den Vorbereitungen für das kommende Schuljahr. Ted organisierte es so, dass er Noelle zur Samford University bringen konnte. Und Windsor hatte ich hier schon bei einer christlichen Schule angemeldet. Doch sie war mit dieser Entscheidung nicht einverstanden. Deshalb schaute ich nach einem Internat, und schließlich entschieden wir uns für eine Schule in Südkarolina. Nachdem Noelle nach Birmingham zur Universität aufgebrochen war, fuhren Frank und ich Windsor zu ihrer neuen Schule.

Windsor ins Internat zu bringen sollte eine sehr schmerzhafte Erfahrung werden. Auf dem Weg nach Südkarolina schien sie zwar dorthin zu wollen, aber sobald wir auf dem Schulgelände angekommen waren, fühlte sie sich gar nicht mehr wohl bei dem Gedanken, dort zu bleiben. Sie hatte ja bisher schon so viel Veränderung erlebt. Im Grunde genommen hatte sie die ganzen prägenden Jahre der Kindheit und die Zeit als junge Erwachsene in immer neuen Phasen des Übergangs verbracht. Als Ted und ich zum ersten Mal nicht mehr zusammenlebten, war Noelle gerade in der fünften Klasse. Jetzt war sie in der zehnten. Dazwischen lagen die Scheidung, der Verkauf der Farm, der Auszug ihrer Schwester und ihres Bruders und dann mein Umzug nach Florida. Nun, als wir Südkarolina und damit auch wieder eine neue Schule erreichten, war Noelle erschöpft und aufgelöst. Ich konnte ihr keinen Vorwurf machen. Sie sagte, sie wolle nicht, dass ich gehe, und so kostete es mich eine Menge Kraft, dennoch an unserer Entscheidung festzuhalten.

Als Frank und ich durch die Tore des Schulgeländes davonfuhren, verspürte ich jedoch eine Woge der Erleichterung. Wenigstens waren die Mädchen jetzt versorgt. Ich wusste, dass ich unbedingt Ruhe brauchte, und Frank zog alle Register, damit ich mich angenommen und geschätzt fühlte. Ich überzeugte mich selbst davon, dass ich nun Sicherheit finden und eine lange ersehnte Zeit der Freude anbrechen würde.

Aber es dauerte nicht lange, bis ich in meiner Beziehung zu Frank auf die ersten Warnzeichen stieß. Bei verschiedenen Gelegenheiten machte er bestimmte Bemerkungen, denen ich mehr Aufmerksamkeit hätte schenken sollen. Eine gute Freundin aus

Virginia besuchte mich in Florida und sagte mir ins Gesicht, dass es ein Fehler wäre, Frank zu heiraten. Diese Freundin kannte mich wirklich gut. Sie hatte mich während der Scheidung von Ted und in der Zeit danach begleitet. Sie kannte auch die Kinder. Nachdem sie mich und Frank zusammen erlebt hatte, brachte sie dann ihre Besorgnis unverhohlen zum Ausdruck.

Während ich meiner Freundin zuhörte, wie sie mir ihre Sorge angesichts einer bevorstehenden Heirat mitteilte, musste ich ihr eigentlich zustimmen. Ihre Ermahnung, die Hochzeit abzusagen, schien mir in dem Augenblick vernünftig. Meine Pläne aufzugeben schien der richtige Weg zu sein. Ich empfand inneren Frieden, wenn ich daran dachte, so zu handeln. Doch kaum hatte meine Freundin das Flugzeug nach Hause bestiegen, kehrte ich zu meinem vorherigen Denken zurück.

Kann sein, dass ich Angst hatte, Frank loszulassen. Ich war abhängig geworden von der Sicherheit, die er mir vermittelte. Denn er war inzwischen zu einem wichtigen Bestandteil meiner neuen Identität geworden. Der Gedanke daran, dass meine Pläne mit Frank nicht funktionieren könnten, jagte mir Furcht ein. Dann wäre ich wieder allein und erneut in einer Übergangsphase. Ich hörte also die Warnungen, redete mir aber ein, dass alles gut ausgehen würde.

Dann kam es hart auf hart. Im Spätherbst, bei einem hitzigen Wortwechsel, machte Frank ein paar Aussagen, die mich derart verletzten, dass ich mich aus der Beziehung zurückzog. Ich war völlig am Boden. Freunde und Verwandte standen voll und ganz hinter meiner Entscheidung, unser Verhältnis sofort zu beenden. Also floh ich zum Haus meiner Eltern nach Nordkarolina, um einen klareren Kopf zu bekommen und Trost zu finden in den Armen meiner Familie.

Doch einige Zeit später fingen Frank und ich wieder an, miteinander zu reden. Wir diskutierten unsere Trennung, und Frank begann von Neuem, um mich zu werben. Ich wollte widerstehen, aber am Ende setzte sich seine Stärke durch. Er strahlte einfach Vertrauen aus, ich dagegen war mir meiner selbst nicht sicher. Es dauerte nicht lange, bis ich einwilligte, unsere Beziehung wieder aufzunehmen und, so unglaublich das klingen mag, auf eine Heirat hinzuarbeiten.

Während dieser hektischen Monate betete ich weiterhin zu Gott und las jeden Tag in der Bibel. In meinen Augen schien jedoch nichts von dem, was ich las, mir anzudeuten, dass ich mich bremsen sollte. Aber wollte ich wirklich von Gott hören, was er über meine Heiratspläne zu sagen hatte? Wahrscheinlich eher nicht. Rief ich im Gebet zu Gott, um seine Führung zu erhalten? Ich bezweifle es. Ich bat Gott wohl, zu mir zu reden, aber ich vermute, dass ich letzten Endes nur das hörte, was ich hören wollte. Wahrscheinlich suchte ich mir die Bibelverse heraus, die meine eigenen Pläne bekräftigten.

Befinden auch Sie sich in einer Situation, wo Sie Entscheidungen treffen müssen? Suchen Sie wirklich Gottes Willen? Seien Sie einmal vollkommen ehrlich zu sich selbst. Vielleicht sind Sie diesmal besonders gefährdet, eine falsche Entscheidung zu treffen. Wenn das so ist, dann erkennen Sie Ihre Gefährdung an. Täuschen Sie sich nicht selbst. Möglicherweise haben Freunde Sie davor gewarnt, in eine bestimmte Richtung zu gehen, aber Sie verspüren keine Lust, ihrem Rat zu folgen. Vielleicht sieht es so aus, als könnte die von Ihnen eingeschlagene Richtung eine ganze Anzahl Ihrer Probleme auf einmal lösen. Haben Sie sich vorgenommen, den Weg zu gehen, der vielversprechend scheint? Oder wollen Sie wirklich hören, was Gott zu sagen hat? Kann sein, dass Ihr Weg sogar der richtige ist. Aber es könnte auch ein Umweg sein – einer, der Sie teuer zu stehen kommt. Widerstehen Sie deshalb der Versuchung, das zu ergreifen, was wie eine schnelle Lösung aussieht. Denken Sie daran, dass Gott es nie eilig hat. Was er tut, ist nicht oberflächlich, sondern gründlich und tiefgehend.

Sollten Sie feststellen, dass Sie beim Beten und beim Lesen der Bibel nicht wirklich offen sind für Gott, dann bitten Sie ihn, Ihr Herz zu verändern. Es wäre keine gute Idee, die Sache selbst in die Hand zu nehmen. Denn wie die Bibel es ausdrückt: «Manch einer wähnt sich auf dem richtigen Weg – und läuft geradewegs in den Tod» (Sprüche 14,12).

Ich habe mich oft gefragt, ob ich auf einen entschiedenen und gut begründeten Einspruch gegen meine Ehe mit Frank positiv reagiert hätte. Wahrscheinlich nicht. Die wichtigen Menschen in meinem Leben versuchten ja, mich zurückzuhalten. Meine Eltern riefen mich an und drängten mich, die Hochzeit nicht weiter zu verfolgen. Und auch andere Verwandte äußerten, dass sie gegen eine Heirat waren. Ganz offensichtlich hörte ich jedoch nicht auf sie. Wieder achtete ich nur auf die Zeichen, die meine eigenen Pläne unterstützten.

Die Leute in der Gemeinde freuten sich für Frank und mich, und obwohl diese Menschen nur flüchtige Bekannte waren, sah ich diese Begeisterung von anderen Christen als ein Zeichen, dass Gott mein Handeln billigte. In meiner Vorstellung, denke ich, war der Plan schon fix und fertig. Ich konnte die Hochzeitszeremonie schon förmlich vor mir sehen.

Als die Kinder über Weihnachten weg waren, setzten Frank und ich unsere Hochzeit spontan für den Neujahrstag fest. Ich rief die Kinder an, um ihnen die Neuigkeit mitzuteilen. Graham blieb gelassen und dachte vielleicht, seine Mutter würde schon die richtige Entscheidung für ihr Leben treffen. Windsor dagegen war ziemlich wütend, und Noelle war ärgerlich und weigerte sich zu kommen. Schließlich kamen dann trotzdem alle drei Kinder nach Florida und waren für die Hochzeit bei mir.

Unsere Vermählung bestand aus einer einfachen Zeremonie, die in Gegenwart von ein paar Gästen in meinem Wohnzimmer stattfand. Nachdem Frank und ich unser Eheversprechen abgelegt hatten, gingen meine Töchter unter Tränen wieder zurück in Windsors Zimmer. Ich redete ihnen gut zu, dass sie doch versuchen sollten, sich mit mir zu freuen, und sagte, sie würden sich mit der Zeit an die neue Konstellation in unserer Familie gewöhnen.

Unterdessen war ich wirklich begeistert von meinem neuen Leben. Ich weiß noch, wie ich einer Freundin von meinem Glück erzählte und sagte, ich sei so glücklich, dass «ich platzen könnte». Hier war ich also und hatte einen Mann, der sich um mich kümmern würde, einen Mann, der die Verantwortung trug. Das Haus sah so schön aus, und die Gäste waren glücklich. Alles schien einfach traumhaft – wenigstens in diesem Moment.

Als Frank und ich uns dann bereitmachten, um aus dem Haus zu gehen, entdeckte ich jedoch erste Hinweise auf eine andere Realität. Ich erfuhr, dass er für das Abendessen keine Reservierung vorgenommen hatte. Und weil es der Neujahrsabend war, wurde es zu einer ziemlichen Qual, ein Restaurant ausfindig zu machen, das genug Plätze für unsere kleine Gruppe zur Verfügung hatte. Als wir ein Lokal erreichten, das so aussah, als könnte es genügend Platz haben, stieg Frank aus dem Auto und ging auf das Restaurant zu, wie ich mich erinnere, ohne auf meine Seite zu kommen und mir die Tür zu öffnen, wie es sonst als Gentleman seine Gewohnheit war. Nach dem Essen verbrachten wir die Nacht in einem trostlosen Hotel. Und ich fühlte mich schon da nicht mehr geborgen und wertgeschätzt.

Am nächsten Morgen schlug ich mein Andachtsbuch «Daily Light» auf und las einen bekannten Bibelvers, der mich während der Scheidung von Ted aufrechtgehalten hatte. Einen Vers, den ich auch manchmal als Gebet für unsere Kinder gelesen hatte: «... denn ich weiß genau, an wen ich glaube. Ich bin ganz sicher, dass Christus mich und all das, was er mir anvertraut hat, bis zum Tag seines Kommens bewahren wird» (2. Timotheus 1,12). Dann standen dort auch die folgenden Verse: «Denn ich bin ganz sicher: Weder Tod noch Leben, weder Engel noch Dämonen, weder Gegenwärtiges noch Zukünftiges, noch irgendwelche Gewalten, weder Hohes noch Tiefes oder sonst irgendetwas können uns von der Liebe Gottes trennen, die er uns in Jesus Christus, unserem Herrn, schenkt» (Römer 8,38–39). Diese Worte trösteten mich. Denn sie sprachen von der Treue Gottes, und in diesem speziellen Moment musste ich wirklich daran erinnert werden, dass Gott bei mir war. Denn ich wusste einfach nicht, was ich tun sollte.

Schon zu diesem frühen Zeitpunkt wurde mir klar, dass mein Leben mit Frank unter Umständen nicht so aussehen würde, wie ich mir das ursprünglich vorgestellt hatte, und ich war entsetzt.

In den darauf folgenden Wochen wurde meine Sorge um unsere Ehe nur noch größer. Mit der Zeit begann Frank mich anders zu behandeln. Vor der Hochzeit dachte ich, er wäre ein Mann, der mich liebte und für mich sorgen würde. Sobald wir geheiratet hatten, gewann ich jedoch einen ganz anderen Eindruck. Jetzt erinnerte ich mich an bestimmte Szenen und Gespräche aus der Zeit, als wir miteinander ausgegangen waren – Dinge, die mir damals schon hätten auffallen sollen. Und allmählich kam ich zu einigen Schlussfolgerungen über meinen neuen Ehemann, die mir vor der Hochzeit verborgen geblieben waren.

Ich war so darauf versessen gewesen, zu bekommen, was ich wollte, dass ich tatsächlich nur das wahrgenommen hatte, was mit meinen Absichten übereinstimmte. Nun aber ergaben meine Beobachtungen ein sehr entmutigendes Bild meiner momentanen Lage und der Person, der ich mich anvertraut hatte. Ich war verwirrt und am Ende und fragte mich, wie ich es bewerkstelligen könnte, dass unsere Beziehung doch noch irgendwie funktionierte.

Tatsächlich kam es dann so, dass nach wenig mehr als einem Monat Ehe meine Beziehung zu Frank völlig auseinander brach.

Eines Nachmittags hatten wir einen Streit, und Frank sagte einige Dinge, die mich um meine persönliche Sicherheit fürchten ließen. Die Szene spielte sich in seinem Haus ab. Ich besaß aber noch immer mein eigenes Haus in Fort Lauderdale, und nach Franks im Streit geäußerten Bemerkungen setzte ich mich einfach ins Auto und fuhr dorthin.

Damals hatte ich eigentlich noch nicht die Absicht, mich dauerhaft von Frank zu trennen. Doch noch bevor ich mein Ziel erreichte, veränderte sich meine Einstellung grundlegend. Denn Frank rief mich auf meinem Autotelefon an und machte einige Aussagen, die meine Befürchtungen noch weiter steigerten. Nach diesem Anruf war mir endgültig klar, dass ich nicht wieder zu ihm zurückkehren konnte. Jetzt war ich überzeugt, dass ein solcher Schritt sehr unklug wäre und ich damit unter Umständen sogar mein eigenes Wohlergehen aufs Spiel setzte.

Sobald ich das Gespräch mit Frank beendet hatte, stellte ich automatisch um auf mein Krisenprogramm. Sofort wählte ich vom Auto aus die Nummer meiner Mutter in der Hoffnung, sie würde mir in diesem Moment der Panik helfen, aber sie war gerade bei einer Veranstaltung und nicht erreichbar. Als sie dann schließlich zurückrief, erklärte ich, warum es so dringend war:

«Mutti», sagte ich, «Frank und ich haben uns gestritten. Ich kann nicht mehr zurückgehen.»

Ohne zu zögern antwortete sie mit ihrer festen und doch liebevollen Stimme: «Komm nach Hause», forderte sie mich auf. «Komm nach Hause, Kind.»

Gedanken für schwere Zeiten

- Erleben Sie gerade eine Phase des Übergangs? Dann suchen Sie sich einen Kreis von Menschen, denen Sie vertrauen, und lassen Sie sich von ihnen helfen, die richtigen Entscheidungen zu treffen. Hören Sie sich die Ratschläge an und wägen Sie sie sorgfältig ab. Machen Sie sich diesen Leuten gegenüber verantwortlich. Und verlassen Sie sich nicht auf Menschen, die Sie nicht gut genug kennen oder denen es nicht um Ihr Bestes geht.
- Haben Sie es nicht eilig mit Dingen, die Ihr Leben verändern werden. Treffen Sie keine Entscheidung aus Angst, sondern warten Sie darauf, dass Gott Ihnen bei einem Entschluss Frieden schenkt.

- Falls Sie bereits eine Entscheidung getroffen haben, die Sie nun bedauern, denken Sie daran, dass Scheitern nichts Endgültiges ist. Gott liebt Sie immer noch. Vielleicht müssen Sie mit den Folgen Ihrer Entscheidung leben, aber Gott verspricht, dass er selbst aus den Trümmern Ihres Lebens etwas Schönes machen wird.
- Befinden Sie sich an einem Punkt, wo Sie sich entscheiden müssen? Und bemühen Sie sich wirklich, für Ihre Entscheidung Gottes Willen zu erfahren? Seien Sie ehrlich zu sich selbst. Wenn Sie merken, dass Sie mehr an Ihren eigenen Plänen interessiert sind als an Gottes Plan, bitten Sie ihn, Ihr Herz zu verändern. Sie sollten die Sache jedenfalls nicht selbst in die Hand nehmen.

Wenn Sie helfen wollen

- Befindet Sich Ihr Freund oder Verwandter in einer Zeit des Übergangs? Dann halten Sie sich vor Augen, wie anfällig die Person im Moment dafür ist, falsche Entscheidungen zu treffen. Sie erholt sich schließlich noch immer von einer schweren Krise. Sagen Sie ihr daher sehr behutsam, dass Sie sich Sorgen um sie machen.
- Überlegen Sie, was Sie tun können, um diesen Menschen aufzubauen. Achten Sie dabei auf seine Gewohnheiten. Und kümmern Sie sich um ihn auf eine Weise, die ihm das Gefühl vermittelt, dass Sie ihn lieben und wertschätzen und dass er sich geborgen fühlen kann. Ermutigen Sie ihn, sich Ihnen mitzuteilen, und seien Sie ein geduldiger Zuhörer.
- Vielleicht ist die Person dabei, eine größere Entscheidung zu treffen, die sie möglicherweise in die falsche Richtung führt. Dann kann es nötig sein, dass Sie ihr einen ganz deutlichen Rat erteilen. Stellen Sie diesem Menschen Fragen zu seiner Entscheidung, und fordern Sie ihn heraus, diese aus verschiedenen Blickwinkeln zu betrachten.
- Sie sollten stets auf eine liebevolle Art mit der Person sprechen. Scheuen Sie sich dabei nicht, mutig Ihren Rat vorzubringen, aber machen Sie ihr immer wieder deutlich, dass Sie sie lieben und das Beste für sie wollen, so wie es Gottes Willen entspricht.
- Wenn die betreffende Person davor steht, eine lebenswichtige Entscheidung zu treffen, ist es wahrscheinlich notwendig, andere Menschen aus dem engen Kreis der Vertrauten der Person hinzuzuziehen. An einem bestimmten Punkt müssen Sie unter

Umständen auch Gemeindeleiter mit einbeziehen. Suchen Sie immer Rat bei anderen, bevor Sie etwas unternehmen, und machen Sie sich bewusst, dass Sie es vielleicht auch zulassen müssen, dass die Person einen Fehler begeht.

Bibelvers zum Thema

Manch einer wähnt sich auf dem richtigen Weg – und läuft geradewegs in den Tod. (Sprüche 14,12)

Impuls

Gott hat es nicht eilig. Wenn Sie sich gedrängt fühlen, eine bestimmte Entscheidung zu treffen, dann halten Sie inne und stellen Sie sich ein paar Fragen. Hören Sie außerdem auf Freunde und Ratgeber, die Ihnen nahe stehen.

Habe ich mehr gesündigt, als Gottes Gnade vergeben kann?

Die heilende Umarmung Gottes erfahren

Nach unserem Streit verließ Frank die Stadt für einige Tage. Bevor er zurückkehrte, wollte ich schon auf dem Weg nach Montreat zu meinen Eltern sein. Das zu bewerkstelligen, kam einer Herkules-Aufgabe gleich.

Ich holte also meine Habseligkeiten aus Franks Haus und hinterließ ihm einen erklärenden Brief. Dann bestellte ich einen Handwerker und ließ die Schlösser in meinem Haus auswechseln. Und anschließend schrieb ich es zum Verkauf aus und besorgte mir Angebote von Umzugsfirmen. Ich fand auch noch einen Mieter, der das Haus bis zu einem Verkauf bewohnen würde. Schließlich lud ich alle meine wichtigen Wertsachen ins Auto und fuhr ab. Wie ich es schaffte, so schnell alles Nötige zu organisieren, ist mir immer noch ein Rätsel. Jedenfalls war meine Schwester Gigi mir dabei eine sehr große Hilfe.

Auf dem Weg nach Montreat holte ich Windsor von ihrem Internat in Südkarolina ab. Noelle und Graham hatte ich schon am Telefon Bescheid gesagt. Und beide machten sich Sorgen um mein Wohlergehen und meine Sicherheit. Ich hatte auch mit Ted gesprochen, der sehr freundlich und besorgt war.

Als ich Windsor sagte, ich hätte Frank verlassen, reagierte sie sehr heftig. Wir saßen gerade im Auto, und Windsor war so mitgenommen, dass sie laut schluchzend aus dem Wagen sprang. Gerade erst hatte sie sich an den Gedanken gewöhnt, dass ihre Mutter wieder geheiratet hatte. Und nun, in weniger als sechs Wochen, hatte sich alles wieder verändert. Ohne jede Vorwarnung. Das war für eine Fünfzehnjährige wirklich ein harter Brocken. Für mich selbst natürlich nicht weniger. Angesichts des Kummers meiner Tochter versuchte ich zwar, mich zu beherrschen. Aber ich sorgte mich doch wegen des Schadens, den ich ihr zweifellos zugefügt hatte.

Gigi hatte meine Eltern in Montreat vorher angerufen und ihnen gesagt, wann sie mich und Windsor erwarten konnten. Ich fühlte mich vernichtet, wie jemand, der nur noch mit den Bruchstücken des eigenen Lebens nach Hause kommt. Die Übergangszeit, die ich durch die Heirat mit Frank unbedingt hatte abkürzen wollen, war nun heftiger über mich hereingebrochen als je zuvor. Die Scham darüber lastete schwer auf mir; ich fürchtete mich davor, meinen Eltern in die Augen zu sehen. Denn ich dachte, ich würde nicht fertig werden mit dem, was sich vielleicht darin spiegelte: Missbilligung? Verlegenheit? Gar Verurteilung? Ich wollte einfach nur weglaufen und mich irgendwo verkriechen. Aber das konnte ich ja nicht. Ich hatte keinen anderen Ort, an den ich gehen konnte.

Im Rückblick bin ich ganz überwältigt von der Güte Gottes und von seinem perfekten Zeitplan. Denn in dieser meiner dunkelsten Stunde griff Gott ein, und zwar durch eines der stärksten Bilder für sein Handeln, das mir in meinem Leben je begegnet ist. Neben meiner traurigen Tochter fuhr ich den Berg hinauf zum Haus meiner Eltern, «Little Piney Cove». Fragen rasten mir durch den Kopf, Angst stieg in mir auf und ein Gefühl der Demütigung, das meine Hoffnung fast ganz erstickte. Doch ich fuhr immer weiter auf das Haus zu. Ich konnte meine Fehler nicht rückgängig machen, ich wusste, dass ich mich ihnen stellen musste. Zwar empfand ich, dass ich es nicht wert war, nach Hause kommen zu dürfen, aber ich brauchte meine Eltern.

Ich hatte gerade erst das obere Ende der Zufahrt erreicht, als ich meinen Vater auf dem Parkplatz warten sah. Ich öffnete die Autotür und hatte kaum Zeit, den Fuß aufzusetzen, da war er schon bei mir. Dieser liebe Vater, der genug Grund gehabt hätte, mich zu tadeln, schloss mich einfach in seine starken Arme, zog mich eng an sich und begrüßte mich mit den einfachen Worten: «Willkommen zu Hause.»

Die Umarmung meines Vaters in diesem Augenblick war für mich eine der tiefsten Gesten der Annahme, die ich je erfahren habe. Ganz zerbrochen zu sein und dennoch angenommen. Sich hässlich zu fühlen und doch geliebt zu sein. Sich wie eine Ausgestoßene vorzukommen und trotzdem willkommen geheißen zu werden. Und das ohne jedes Zögern. Ich staunte über diesen Kontrast zwischen meinem eigenen Herzen, das voller Scham und Selbstverachtung war, und dem meines Vaters, so voller Liebe. In seinen Armen habe ich wohl vieles gleichzeitig empfunden: Bestürzung, Erleichterung, Dankbarkeit, Geborgenheit und ungläubiges Staunen. Auf jeden Fall fühlte ich mich vollkommen zerrüttet. Und durch seine Umarmung zeigte mein Vater mir, dass ich mich auch so fühlen durfte. Er verurteilte mich nicht, und er erwartete keine Rechtfertigung oder Erklärung von mir.

Die Liebe meiner Eltern ging weit über das herzliche Willkommen hinaus. Ich blieb ungefähr zwei Monate in Montreat, und während dieser Zeit waren Mutti und Papa voller Liebe für mich da. Sie hielten mir nie irgendwelche Predigten oder gaben mir die Schuld an dem, was geschehen war. Stattdessen zeigten sie mir die Barmherzigkeit Gottes. Ihr Mitgefühl gab mir neue Kraft und überraschte mich zum Teil auch. Denn auf der Fahrt von Fort Lauderdale hatte ich mir vorgestellt, dass meine Impulsivität bei der Hochzeit mit Frank, mein Eigensinn und meine Uneinsichtigkeit – kurz: meine Sünden – meine Beziehung zu den anderen Mitgliedern der Familie beschädigen würden. Daher war ich darauf gefasst, dass meine Eltern zum Ausdruck bringen würden, wie sehr sie von mir enttäuscht waren. Ich, das mittlere Kind, das sich immer bemüht hatte, allen zu gefallen, hatte nun Unheil heraufbeschworen, das nicht nur mein eigenes Leben, sondern auch das Leben anderer betreffen würde. Wie konnten meine nächsten Verwandten mir all das, was ich getan hatte, vergeben?

In diesen Monaten, die ich in Montreat verbrachte, kämpfte ich mit Schuldgefühlen, die mich fast zu überwältigen drohten. Vorher hatte ich damit gerungen, dass ich mich für die Probleme der Kinder verantwortlich machte; nun, nach der Tortur mit Frank, gingen meine inneren Kämpfe noch weit über das hinaus, was ich davor erlebt hatte. Jetzt lag ich im Bett und verurteilte mich selbst, weil noch vor sechs Monaten diese ganze Katastrophe nicht stattgefunden hatte und eigentlich vermeidbar gewesen wäre. Weniger als ein Jahr zuvor hatte ich noch nicht einmal Virginia verlassen. Aber jetzt war mein Leben plötzlich völlig durcheinander. Ja, eigentlich mehr als das: Es war überhaupt nicht mehr im Lot.

Ich hatte meine Kinder aus dem Gleichgewicht gebracht und empfand mich selbst als unzuverlässige Mutter. Wie konnte ich den Respekt meiner Kinder wiedergewinnen? Wie konnte ich sie nur davon überzeugen, dass sie sich auf mich verlassen konnten? Und wie würde ich mir selbst jemals vergeben können? Es fiel mir unendlich schwer, mich dieser neuen Realität zu stellen. All mein Stolz brach in sich zusammen. Bald hatte ich keinerlei Selbstachtung mehr, auf die ich mich hätte stützen können.

Früher hatte ich mich wie der ältere Bruder in der Geschichte vom verlorenen Sohn gefühlt, den man scheinbar vergessen hatte. Jetzt dagegen nahm ich ganz klar selbst die Rolle des verlorenen Sohnes ein. Ich war diejenige, die ihre Möglichkeiten vergeudet hatte; diejenige, deren Leben in Trümmern lag und die nun reumütig wieder nach Hause zurückkehren musste. Ich erinnere mich, dass ich in dieser Situation, nachdem ich all diese Fehler begangen hatte, Ted auf einmal besser verstehen konnte. Jahre zuvor hatte ich ihn verurteilt, weil er sich meiner Meinung nach wie der verlorene Sohn verhalten hatte, und hatte meine eigene Wut darüber genährt, dass ich zum Opfer geworden war. Jetzt war plötzlich ich selbst der verlorene Sohn bzw. die verlorene Tochter, und diesmal waren in der Tat andere die Opfer.

Als Teds Affären ans Licht gekommen waren, ärgerte es mich, dass meine Freunde und meine Familie ihn mit offenen Armen empfingen. Doch nach meinem Florida-Erlebnis erkannte ich, wie dringend ich selbst darauf angewiesen war, dass mich diese Arme aufnahmen. Mein Leben hing davon ab, dass ich erhielt, was ich nicht verdient hatte: Die Wärme und die bedingungslose Liebe, die mein Vater so wunderschön versinnbildlichte, als er mich in der Einfahrt vor unserem Haus begrüßte, ohne auf meine Schwächen zu schauen, sondern nur auf das Kind, das sich verirrt hatte und nun nach Hause zurückgekehrt war. Jetzt wurde mir auch klar, dass es in der Geschichte vom verlorenen Sohn gar nicht um die Söhne geht. Im Mittelpunkt steht vielmehr die unvergleichliche, alles umfassende Liebe des Vaters.

Die Monate in Montreat bei meinen Eltern waren für mich Monate der Erholung. Einen Großteil der Zeit verbrachte ich damit, mich auszuruhen oder zu beten. Regelmäßig schrieb ich in mein Tagebuch und versuchte so, meine wirbelwindartigen Erfahrungen in Florida zu verarbeiten. Ich schickte einen Brief an meine Familie, in dem ich sie um Vergebung bat, dass ich eine solche Schande über sie gebracht hatte. Währenddessen spürte ich damals ganz deutlich, dass Gott mir half, mich selbst besser zu verstehen. Und ich lernte ganz neu die Tiefe seiner Liebe zu mir kennen.

Eines Sonntagmorgens saß ich mit meiner Mom im Gottesdienstraum der Presbyterianischen Kirche[13] in Montreat. Eine Freundin meiner Mutter war mit uns zum Gottesdienst gegangen, und wie immer saßen wir im hinteren Teil des Raumes auf der rechten Seite. Der Saal war sehr gut gefüllt, und unser lieber, jahrzehntelanger Freund und Pastor Calvin Thielman predigte über die Geschichte von der Frau, die Jesus die Füße salbte.

In dieser Geschichte kommt eine Frau von zweifelhaftem Ruf in ein Haus, in dem Jesus gerade zu Tisch liegt. Sie hat ein Gefäß mit kostbarem Salböl bei sich. Dann tritt sie hinter Jesus und beginnt, seine Füße mit ihren Tränen zu bedecken, sie zu küssen und mit ihrem Haar zu trocknen, um sie dann mit teurem Öl zu salben. Als der religiöse Führer, in dessen Haus sich die Szene abspielt, das sieht, sagt er zu sich selbst: «Wenn dieser Mann wirklich ein Prophet wäre, müsste er doch wissen, was für eine Frau ihn da berührt. Sie ist doch eine stadtbekannte Hure!» (Lukas 7,39).

Dann erzählt Jesus ein Gleichnis über Schuld und Vergebung und macht deutlich, dass ein Mensch, dem viel vergeben worden ist, auch viel liebt, wogegen jemand, dem wenig vergeben worden ist, auch nur wenig liebt. «Sieh diese Frau, Simon!», sagt Jesus zu dem religiösen Führer. «Ich kam in dein Haus, und du hast mir kein Wasser für meine Füße gegeben, was doch sonst selbstverständlich ist. Aber sie hat meine Füße mit ihren Tränen gewaschen und mit ihrem Haar getrocknet. Du hast mich nicht mit einem Kuss begrüßt. Aber seit ich hier bin, hat diese Frau immer wieder meine Füße geküsst. Du hast meine Stirn nicht mit Öl gesalbt, während sie dieses kostbare Öl sogar über meine Füße gegossen hat. Ich sage dir: Ihre große Schuld ist ihr vergeben; und darum hat sie mir so viel Liebe gezeigt.» Zu der Frau sagte Jesus: «Deine Sünden sind dir vergeben» (Lukas 7,44–48).

Aufmerksam verfolgte ich die Predigt über diesen Text und hatte allmählich den Eindruck, als würde Calvin seine Botschaft direkt an mich richten. Ich weiß noch, dass er sagte, der Duft des kostbaren Öls, das die Frau bei sich trug, sei erst freigesetzt worden, als sie das Gefäß zerbrochen hatte. Er benutzte das als Bild dafür, dass auch unsere Zerbrochenheit einen angenehmen Duft freisetzt, den Gott wahrnimmt. Calvin führte weiter aus, dass Gott, wenn wir mit unseren Möglichkeiten am Ende sind und dann zu ihm kommen und ihm das bringen, was wir haben, unsere Gabe annimmt und anschließend beginnt, uns zu verändern. In diesem Moment damals im Gottesdienst hatte ich das überwältigende Gefühl, dass Gott unmittelbar zu meinem Herzen sprach. Ich verspürte den starken Wunsch, mein Leben vor Gott in Ordnung zu bringen: meine Sünde zu bekennen und einen neuen Anfang zu machen. Es war, als ob an diesem Punkt etwas in mir aufbrach und Gott bereits anfing, mich durch seine Liebe zu verändern.

Als Calvin seine Predigt beendet hatte, setzte die Orgel ein, und wir waren kurz davor, einen abschließenden Choral zu singen. Da geschah etwas Unerwartetes. Ich glaube, der Organist schaute zu Calvin, und Calvin gab ihm ein Zeichen, dass er aufhören solle zu spielen. Unser Pastor, ein hochgewachsener Texaner mit silbernem Haar, sah eindrucksvoll aus, wie er so dastand in seiner langen schwarzen Robe und erklärte, er halte es für angebracht, den Gottesdienst nicht zu beenden, sondern den Besuchern die Möglichkeit zu geben, nach vorne an den Altar zu kommen und ihre persönlichen Anliegen mit Gott zu regeln.

Ich erinnere mich nicht mehr genau, was er sagte, nur dass ich in diesem Moment wusste, auch ich sollte nach vorne gehen. Kaum war mir das klar geworden, da sah ich mich dem üblichen Ansturm von Bedenken ausgesetzt: Ich bin die Tochter von Ruth und Billy Graham. Die ganze Gemeinde wird mich sehen. Was werden sie wohl von mir denken? Wie komme ich darauf, so etwas zu tun? Doch der Drang, nach vorne zu gehen, war schließlich stärker als mein Wunsch, mich zu verstecken. Ich dachte: «Das ist etwas zwischen Gott und mir. Ich muss diese Last einfach abladen. Ich will wieder heil werden.»

Also trat ich in den Gang und ging los. Niemand sonst in der ganzen Versammlung rührte sich. Ich nahm den wenigen Mut, den ich besaß, zusammen, schaute auf und sah, wie Calvin vorne dastand und auf mich wartete. Als ich bei ihm war, breitete er seine Arme aus und umarmte mich herzlich. Ich brach zusammen und weinte. Dann bat er seinen Mitarbeiter, den Gottesdienst zu beenden, und führte mich in sein Arbeitszimmer.

Dort weinte ich hemmungslos. Ich war vollkommen aufgelöst, innerlich vollständig zerbrochen, ich war wirklich ganz unten angekommen. Calvin sah, in welcher Verfassung ich mich befand, und ließ mich sagen, was immer mir auf dem Herzen lag. Er stellte mich nicht in Frage und kritisierte mich auch nicht. Stattdessen war er freundlich und sanft, und er betete mit mir.

Calvin hatte einige schwierige Abschnitte meines Lebens mitbekommen. Er wusste zum Beispiel, was ich während der Scheidung von Ted durchgemacht hatte und wie mich die Probleme meiner Kinder belastet hatten. In diesem Augenblick war er für mich da, tröstete mich und gab mir Gelegenheit, meine tiefsten Empfindungen auszudrücken, indem ich Gott meine Sünden bekannte, Buße tat und Gott um Vergebung bat. Die behutsame Art Calvins und das Gefühl des Angenommenseins, das er mir vermittelte, waren wie Balsam für meine Seele.

Jetzt ließ ich all meine aufgestauten Gefühle los – die Angst, die Schuldgefühle, die Sorge und die Selbstanklage, die Scham und die Demütigung. Ich hatte Florida so überstürzt verlassen und die ganze Zeit versucht, mich unter Kontrolle zu behalten und stark zu sein. Dort in Calvins Büro hatte ich das Gefühl, dass die Schleusentore meiner Seele geöffnet wurden. Nun musste ich mich nicht mehr mit Gewalt beherrschen, musste nicht mehr stark sein. Ich konnte meine Sünden und Fehler loslassen, und ich erlebte eine Befreiung, die beinahe körperlich zu spüren war. Als ob Gott selbst mir die Last abgenommen hätte.

Calvin erzählte mir, er wisse gar nicht, warum er sich gedrängt gefühlt hatte, in diesem Gottesdienst einen solchen Aufruf auszusprechen. Denn es war für ihn keineswegs üblich, regelmäßig Menschen nach vorne zu rufen. Genauso wenig konnte er sagen, warum der Organist genau in dem Moment in seine Richtung geblickt und es ihm auf diese Weise ermöglicht hatte, den Verlauf des Gottesdienstes spontan zu ändern. Als Calvin mir das sagte, wurde mir bewusst, dass Gott selbst den Gottesdienst unterbrochen hatte – und dass er ihn ganz bestimmt für mich unterbrochen hatte. Gott streckte sich nach mir aus. Er wollte mich erlösen. Ich war ihm wichtig, und sogar in meinem Versagen liebte er mich so sehr, dass er die Pläne meines Pastors änderte, um mein Leben zu berühren. Bei meiner Rückkehr nach Hause hatte mein leiblicher Vater mich in seine Arme aufgenommen. Jetzt tat Gott, der ewige Gott, das Gleiche: Er umschloss mich mit seinen Armen.

Die ausgebreiteten Arme Gottes

Diese Botschaft von der Liebe Gottes war für mich in meiner damaligen Situation ganz entscheidend.

Die Erfahrung der Scheidung von Ted hatte schon viel in mir zerbrechen lassen. Aber was ich nach meinem Weggang aus Florida durchlitt, war ein echter und vollständiger Zusammenbruch. Ich wusste damals weder, ob ich je in der Lage sein würde, mir selbst zu vergeben, noch, ob ich mich je von dieser schweren Krise erholen würde. Als ich an jenem Tag nach vorn an den Altar ging, zeigte mir Gott die Macht seiner Liebe, Menschen zu verändern. Seine Liebe erlöste mich von meinen Sünden und von den Fehlern, die ich begangen hatte. Seine Liebe war es, die mir meine Last von den Schultern nahm und mir neue Hoffnung gab.

Obwohl die Zukunft noch viele Schwierigkeiten und große Anstrengungen für mich bereithielt, glaube ich nicht, dass ich mich jemals wieder selbst verurteilt habe wegen meiner Heirat mit Frank. Denn ich fühlte mich reingewaschen und stärker als je zuvor geborgen in Gottes Liebe. Ich hatte ein tieferes Verständnis seiner unglaublich großen Gnade gewonnen. Ich musste zwar noch einen ganzen Prozess durchleben, aber etwas in mir hatte sich bereits verändert. Die Heilung konnte beginnen.

Vielleicht können auch Sie sich mit dem verlorenen Sohn identifizieren. Haben Sie Chancen vertan? Folgenreiche Fehler gemacht oder sich von den Menschen, die Sie lieben, entfernt? Haben Sie gesündigt? Und wollen Sie zu Gott zurückkehren, ihn um Vergebung bitten und neu anfangen? Denken Sie daran, dass Gott Sie sieht. Er kennt Ihre Situation, und er will Sie erlösen.

Es kann sein, dass andere Menschen Sie nicht so uneingeschränkt aufgenommen haben, wie der Vater in der Geschichte vom verlorenen Sohn diesen aufgenommen hat. Doch Gott wartet auf Sie mit ausgebreiteten Armen. Vielleicht waren Ihre Verwandten Ihnen gegenüber nicht barmherzig. Aber Gott überschüttet Sie mit seinem Erbarmen. Verstecken Sie sich nicht aus Scham vor ihm. Denn seine Arme sind weit offen. Er ist bereit, Ihnen zu vergeben.

Wenn Sie sich entschließen, zu Gott zurückzukommen und Ihre Sünden zu bereuen, dann wird Gott sofort darauf antworten. Sein Herz freut sich über Ihre Rückkehr! Er vergibt Ihnen. Er hat Ihre Sünde ganz weit von Ihnen fortgeworfen: «So fern, wie der Osten vom Westen liegt» (Psalm 103,12). Nun sind Sie frei: frei zu leben und frei, wieder heil zu werden. In Gott haben Sie immer eine zweite Chance. Danken Sie ihm von Herzen dafür, und denken Sie dabei an die Offenheit, mit der die Frau im Haus des religiösen Führers Jesus ihre Dankbarkeit für seine Liebe ausdrückte. Allein dadurch, dass sie zu ihm kam, ging sie schon ein Risiko ein. Doch es muss etwas an Jesus gewesen sein, das sie unwiderstehlich anzog. Sie goss ihr kostbares Öl über ihm aus und trocknete seine Füße mit ihrem Haar. Auf diese Weise betete sie ihn an. So wie Jesus diese Frau zu sich gezogen hat, will er auch Sie ganz in seine Nähe ziehen. Danken Sie Gott, und loben Sie ihn für die Liebe, die er Ihnen anbietet, und für die Möglichkeit, noch einmal ganz neu zu beginnen.

In solchen Momenten der Buße, in denen wir die Nähe Gottes spüren, fordert er uns häufig auf, etwas zu tun, um unsere Reue und unsere Liebe zu ihm zu bekräftigen. Für mich hieß das, in den Gang zu treten und in der Gemeinde nach vorne zu gehen. Und Gott wusste ganz genau, dass es mir nicht leicht fiel, vor einer versammelten Menge so herauszutreten. Zwar hatte ich auch vorher in der Gemeinde schon auf solche Aufrufe, nach vorne zu kommen, reagiert. Doch ich neigte insgesamt dazu, mich mit meinen tiefsten Gefühlen an einen privaten Ort zurückzuziehen. Gehorsam ist jedoch ein Zeichen unserer Liebe zu Gott. Jesus hat einmal gesagt: «Wenn ihr mich liebt, werdet ihr so leben, wie ich es euch gesagt habe» (Johannes 14,15). Mich hat Gott in diesem Gottesdienst in Montreat aufgefordert, gegen meine persönliche Neigung zu handeln und nach vorne zu gehen. Ich war ihm gehorsam, und er hat dort vorn auf mich gewartet.

Gott wusste ebenso, dass ein wichtiger Teil meiner Heilung darin bestand, dass ich öffentlich Buße tat und meine Gefühle zeigte. Schließlich hatte ich mein ganzes Leben peinlich darauf geachtet, nur ja den richtigen Eindruck zu erwecken und die richtigen Dinge zu tun. Es war mir regelrecht zur Gewohnheit geworden, mich zu verbergen. Doch das tat mir nicht gut, denn das Verstecken war auch eine Form der Bindung. Gott dagegen wollte, dass ich frei wurde. So bedeutete die Prüfung meines Gehorsams gleichzeitig eine Gelegenheit, Freiheit zu erfahren – die Freiheit, Gott ohne Hindernisse zu lieben und mich vor anderen verletzlich zu machen. Und durch meinen Gehorsam gegenüber Gott nahm meine Heilung ihren Anfang.

Vielleicht identifizieren Sie sich in der Geschichte vom verlorenen Sohn eher mit dem älteren Sohn. Sie sind frustriert und haben das Gefühl, ungerecht behandelt zu werden. Sie kommen sich vor, als wären Sie unsichtbar, während der «verlorene Sohn» in Ihrem Leben scheinbar die ganze Aufmerksamkeit erhält und man nur ihm oder ihr immer wieder auf die Schulter klopft. Vielleicht sind Sie verbittert über diese unterschiedliche Behandlung, die Ihnen einerseits und dem «verlorenen Sohn» andererseits zuteil wird. Sie fühlen sich im Prinzip verraten. Wenn Sie so empfinden, dann reden Sie ganz ehrlich mit Gott. Es ist gut für Sie, Ihre Gefühle auszudrücken. Sagen Sie ihm, dass diese scheinbare Ungerechtigkeit Sie verletzt.

Erinnern Sie sich noch an die Botschaft von dem Topf mit kochendem Wasser, der umkippt, im ersten Kapitel des Buches Jeremia? Dieses Bild sollte zeigen, dass Gott sein Volk für seine Sünden strafen würde. Denn unser Gott ist ein gerechter Gott. Er wird auch Sie rechtfertigen und eines Tages umfassend Gerechtigkeit schaffen. Mag sein, dass die Umstände Ihnen momentan nicht gerecht erscheinen, aber Gott überblickt Ihr ganzes Leben von Anfang bis Ende. Und er hat nicht einseitig Partei ergriffen für den «verlorenen Sohn». Denn er liebt uns alle mit derselben uneingeschränkten, überwältigenden Liebe. Denken Sie an Ihre Entscheidung, Gottes Güte zu vertrauen. Dieser gute Gott wird Sie nicht vergessen und wird es nicht versäumen, Ihnen zu helfen. Er sieht Sie, er liebt Sie, und Ihre Gefühle und Probleme sind ihm wichtig.

Was empfinden Sie für den «verlorenen Sohn» in Ihrem Leben? Sind Sie vielleicht neidisch? Oder wütend und voller Groll? Ich möchte Ihnen Mut machen, falsche Einstellungen zu bekennen und Gott zu bitten, dass er Ihr Herz verändert. Rufen Sie sich ins Gedächtnis, was der Vater in der Geschichte zu dem älteren Bruder sagt: «Mein Sohn, du bist immer bei mir gewesen. Was ich habe, gehört auch dir. Darum komm, wir haben allen Grund zu feiern. Denn dein Bruder war tot, jetzt hat er ein neues Leben begonnen. Er war verloren, jetzt ist er wiedergefunden!» (Lukas 15,31–32).

Gott freut sich darüber, dass Sie treu gewesen sind. Sie haben die ganze Zeit über eine ungebrochene Beziehung mit dem Vater genossen und sich an seinem Wohlgefallen erfreuen können. Er hat nie aufgehört, sich über Sie zu freuen. Genießen Sie diese Freude Gottes an Ihnen! Was im Leben des «verlorenen Sohnes» geschieht – die Annahme durch Gott, die er erfährt –, hat nichts mit Ihnen zu tun. Gott gibt Ihnen hier außerdem die Möglichkeit, unabhängig von dem Verhalten anderer Menschen um Sie herum, für einen Augenblick sich selbst zu vergessen und sich darüber zu freuen, dass jemand, der in der falschen Richtung unterwegs war, umgekehrt ist und gerettet wurde.

Diese Chance, sich mit dem Himmel zu freuen, sollten Sie eigentlich nicht verpassen! Bitten Sie Gott, dass er Ihnen hilft, Ihre Gefühle zu überwinden und Ihre Wut auf die Menschen, die vielleicht ihre ganze Aufmerksamkeit auf die Person in der Rolle des «verlorenen Sohnes» konzentrieren, abzulegen. Lassen Sie Ihr Herz von Gott umgestalten, damit auch Sie den «Heimkehrer» mit offenen Armen empfangen können.

Wenn Sie jemandem helfen wollen

Vielleicht haben Sie die verantwortungsvolle Aufgabe, für einen Freund oder Verwandten die Rolle des liebenden Vaters einzunehmen wie der Vater des verlorenen Sohnes in der Geschichte. Es ist wirklich etwas Großartiges, wenn man einem zerbrochenen Menschen die Gnade und Barmherzigkeit Gottes zeigen kann! Gott gibt Ihnen in einem solchen Moment ein großes Privileg. Danken Sie ihm, dass er Sie dafür ausgesucht und Ihnen das Herz eines anderen Menschen anvertraut hat. Jetzt eröffnet Gott Ihnen die Gelegenheit, seine Nähe und Liebe einem anderen Menschen vorzuleben. Denn: «Der Herr ist nahe denen, die zerbrochenen Herzens sind, und hilft denen, die ein zerschlagenes Gemüt haben» (Psalm 34,19; Luther).

Bitten Sie Gott darum, dass Sie denjenigen, der demütig zu Ihnen zurückkommt, voller Liebe annehmen können. Und dass er Ihnen seine Liebe für diese Person schenkt. Denken Sie daran, was der Vater in der Geschichte getan hat, als er seinen Sohn auf der Straße erblickte: «Voller Mitleid lief er ihm entgegen, fiel ihm um den Hals und küsste ihn» (Lukas 15,20). Der Vater hat nicht voller Zurückhaltung auf seinen Sohn gewartet. Er konnte einfach nicht mehr ruhig dastehen. Sein Herz war so voll Liebe, dass er losrannte, um seinen Sohn willkommen zu heißen. So reagiert auch Gott, wenn Menschen, die ohne ihn gelebt haben, zu ihm zurückkehren. Sein Herz fließt über für die, die verloren waren, dann aber doch zurückkommen.

Lassen Sie es daher nicht zu, dass Verletzungen aus der Vergangenheit oder Enttäuschung über die betreffende Person Ihnen die Chance nehmen, barmherzig zu sein, gerade jetzt, wo sie Reue zeigt. Halten Sie nicht verbissen an dem Unrecht fest, das Ihnen geschehen ist, und versäumen Sie nicht die Möglichkeit, dem anderen Gottes Liebe zu zeigen.

Wenn Sie sich entschließen, die Rolle des liebenden Vaters in der Geschichte vom verlorenen Sohn anzunehmen – d. h. einen Freund wieder in Ihrem Leben willkommen zu heißen und Gottes Barmherzigkeit vorzuleben –, dann wird Gott selbst eingreifen und Sie befähigen, das auch zu tun. Er wird Ihnen die Fähigkeit verleihen, sich dem Menschen in Not ganz hinzugeben. Und während Sie so handeln, erleben Sie, wie Gott Sie immer mehr in die Lage versetzt, anderen gegenüber barmherzig zu sein und sie wieder aufzurichten. Je mehr Sie geben, desto größer wird Ihre Fähigkeit zu geben, bis unsere Herzen dann beinahe so überfließen für andere wie das Herz Gottes. Denn nichts hat solche Macht, uns zu verändern, wie die Liebe. Außerdem sagt schon die Bibel: «Geben macht glücklicher als Nehmen» (Apostelgeschichte 20,35).

Setzen Sie also Ihren Glauben in die Praxis um, und öffnen Sie Ihre Arme für andere Menschen.

Nach Hause gehen

Während der Monate in Montreat bei meinen Eltern mussten viele Entscheidungen getroffen werden. Nicht gerade die einfachste davon war, was ich bezüglich meiner Ehe mit Frank unternehmen sollte. Ich war mir sicher, dass Gott von mir erwartete, dass ich auf mein persönliches Wohlergehen achtete und mich um meine Kinder kümmerte. Und ich war der Meinung, dass eine Rückkehr in die Ehe mit Frank meine Fähigkeit, dieser zweifachen Verantwortung gerecht zu werden, in Frage stellen würde. Trotzdem forschte ich weiter in der Bibel und suchte außerdem Rat bei vertrauenswürdigen Menschen.

Nach vielem Beten und Suchen kam ich zu dem Schluss, dass ich nicht zu Frank zurückgehen sollte und dass ich gute Gründe hatte, die Ehe zu beenden. Dabei hoffte ich, die Bibel richtig interpretiert zu haben. Ich hatte mich ja beraten lassen von Menschen, die in der Sache unparteiischer, älter und weiser waren als ich. Und meine Ratgeber dachten genau wie ich, dass meine Ängste vor einer Rückkehr in die Ehe mit Frank sehr wohl begründet waren. Schließlich warf ich mich ganz auf die Barmherzigkeit Gottes und machte den Schritt vorwärts.

Wie sich jedoch bald herausstellte, war das Vorwärtsgehen keine einfache Angelegenheit. Die erste größere Entscheidung, die ich treffen musste, war die, wo ich in Zukunft leben wollte. Und das fiel mir ziemlich schwer. Seit meiner Ankunft in Montreat im Februar hatte ich am Fuß des Berges im ersten Haus unserer Familie gewohnt, das wir das «Alte Haus» nannten. Und jetzt überlegte ich, ob nicht vielleicht doch das der Ort war, wo ich mich niederlassen sollte. Montreat war ein stabiles, gottesfürchtiges Städtchen, das viel näher an Windsors Internatsschule lag und wo es auch eine gute christliche Gemeinde gab, die ich besuchen konnte. Im März neigte ich inzwischen sehr dazu, einfach zu bleiben, und unterzeichnete spontan einen Vertrag für ein kleines, gelbes viktorianisches Landhaus. Wie schon einmal in Florida sah ich hier die Möglichkeit, ein hübsches Haus in Stand zu setzen, und dachte, der Kauf wäre eine gute Investition. Aber ich handelte schon wieder sehr impulsiv.

Danach wurde ich wie erwartet vom Wind der Unentschlossenheit hin und her geblasen. Nach ein paar Wochen hatte ich plötzlich Heimweh nach Virginia und meinen dortigen Freunden. Also änderte ich meine Entscheidung, in Montreat zu bleiben, und sagte meiner Mutter, ich würde nun «nach Hause gehen», um mich nach einer Bleibe umzusehen. In unserem alten Tal fand ich tatsächlich eine vielversprechende Eigentumswohnung, konnte mich aber nicht sofort zum Kauf entschließen. Nordkarolina und Montreat wäre vielleicht wirklich eine gute Idee, und ich wollte diese Pläne nun doch nicht zu schnell rückgängig machen. Die Bedeutung von «schnell» war zu diesem Zeitpunkt natürlich bereits relativ. Denn alles schien gleichermaßen sehr schnell zu gehen.

Im April konnte ich mein Haus in Fort Lauderdale mit Gewinn verkaufen, und ich fuhr noch einmal hin, um meine Sachen zusammenzupacken. Wohin die Möbelpacker das alles bringen sollten, stand allerdings noch nicht fest. Ich bin ziemlich überzeugt, dass diese Leute mich für eine der verrücktesten Personen hielten, mit denen sie je zu tun hatten. Am Tag des Verladens wusste ich noch immer nicht, ob ich die Möbel nach Nordkarolina oder nach Virginia bringen lassen sollte. Ich erwog sogar, in Florida zu bleiben.

«Möchten Sie vielleicht noch in einen weiteren Bundesstaat ziehen?», fragte einer der Möbelpacker.

«Nein», antwortete ich lachend. «Entweder Nordkarolina oder Virginia.» Die ganze Geschichte wirkte immer mehr wie eine Wiederholung meiner Wankelmütigkeit vor dem Umzug nach Florida.

Am Ende fasste ich den Entschluss, zurück ins Shenandoah-Tal zu ziehen. «Der Grundsatz, nach dem ich handle», notierte ich in mein Tagebuch, «besteht darin, dass ich an den Ort zurückkehre, wo meine Fehler angefangen haben.» Ich machte einen Verweis auf den Befehl des Engels an Hagar, die Magd Sarais: «Geh zu ihr zurück. Bleib ihre Sklavin!» (1. Mose 16,9). Später fügte ich hinzu: «Vielleicht heißt das, zurückkehren an einen Ort der Niederlage und dann einen Sieg erleben.» Es waren die Scheidung von Ted und der folgende Verkauf der Farm gewesen, die mir den Boden unter den Füßen weggezogen und mich aus dem Gleichgewicht gebracht hatten. An diesem Punkt war mein Leben außer Kontrolle geraten. Nun dachte ich, dass es für mich an der Zeit war, zurückzugehen – zurück nach Hause, nach Virginia –, um dort noch einmal neu zu beginnen.

Allerdings hatte ich nicht wirklich das Gefühl, durch die Rückkehr nach Virginia einen neuen Anfang in meinem Leben zu machen. Schließlich war ich nur für neun Monate nicht in unserem alten Tal gewesen. Andererseits empfand ich es schon so, als würde ich mit eingezogenem Schwanz zurückkommen. Ich sagte mir zwar, dass ich wahrscheinlich gerade mal das Klatschthema eines einzigen sozialen Anlasses abgeben würde, und bemühte mich, dem erhobenen Hauptes entgegenzusehen. Gott hatte mir schließlich vergeben. Was waren schon die Kommentare anderer Leute, wenn mein himmlischer Vater meine Sünde ausgelöscht hatte. Er würde mir einen Weg bahnen und alles am Ende wieder in Ordnung bringen. Denn er würde mich rechtfertigen. Meine Aufgabe, daran musste ich mich erinnern, bestand darin, ihm zu vertrauen.

Gott vertrauen, das erkannte ich jetzt, würde mehr bedeuten, als nur zu sagen: «Okay, Gott, ich vertraue dir», und dann fröhlich meinen alten Weg weiterzugehen. Vertrauen hieß, an meiner einmal getroffenen Entscheidung des Vertrauens festzuhalten und mich an Gott zu hängen, als ginge es um mein Leben. Als Jakob am Jabbok mit Gott rang, sagte er: «Ich lasse dich nicht eher los, bis du mich gesegnet hast!» (1. Mose 32,27). Jakob glaubte, wenn er sich nur an Gott festklammern konnte, dass Gott ihn segnen würde. Mir war klar, dass ich genau das tun musste, als ich mich jetzt auf den Weg zurück nach Virginia machte.

Meine Entscheidung für das Vertrauen auf Gott würde unter Umständen einige alte Wunden wieder aufbrechen lassen. Wahrscheinlich würde es nicht leicht sein, an den Ort zurückzugehen, an dem meine Fehler ihren Anfang genommen hatten. Doch ich konnte es tun, weil ich wusste, dass Gott mit meiner Rückkehr in das alte Tal letztlich ein gutes Ziel verfolgte. Vermutlich hatte ich durch meine jüngsten Entscheidungen in Florida Gottes Plan für mein Leben in gewisser Hinsicht blockiert. Aber sein übergreifender Plan für mich berücksichtigte sogar meine Sünde. Denn er wusste, wie er meine Fehler zu etwas zusammenflechten konnte, das seinen Absichten nützlich war. Darauf musste ich vertrauen. Und ich war entschlossen, Gott nicht loszulassen, bis er mich segnen würde.

Gedanken für schwere Zeiten

- Können Sie sich mit dem verlorenen Sohn identifizieren? Haben Sie gesündigt oder Fehler gemacht, die Ihnen nun das Gefühl geben, Sie hätten Ihr Leben zerstört? Verstecken Sie sich nicht aus Scham vor Gott. Er empfängt Sie mit offenen Armen. Der Feind Ihrer Seele ist es, der Sie verdammt – nicht Ihr himmlischer Vater.
- Danken Sie Gott für seine Gnade – dafür, dass er Ihnen eine zweite Chance gibt. Und erinnern Sie sich daran, wie deutlich und geradeheraus die Frau, die Jesus mit kostbarem Öl salbte, ihm ihre Dankbarkeit für seine Liebe gezeigt hat.
- Vielleicht möchte Gott, dass Sie etwas Bestimmtes tun, um Ihre Reue zu bekräftigen. Wenn Sie gehorsam sind, werden Sie wachsen und Schritt für Schritt Heilung und Freude erleben.
- Identifizieren Sie sich mit dem älteren Bruder des verlorenen Sohnes? Haben Sie das Gefühl, dass man Sie ungerecht behandelt oder Ihr Dasein und Ihre Treue für selbstverständlich nimmt, während der «verlorene Sohn» in Ihrem Leben die ganze Aufmerksamkeit erhält? Dann sprechen Sie mit Gott über Ihre Empfindungen.
- Rufen Sie sich in Erinnerung, dass Gott gerecht ist. Seine Liebe ist vollkommen unparteiisch. Er liebt Sie genauso, wie er den «verlorenen Sohn» liebt. Wenn Sie gegenüber dem «Verlorenen»

in Ihrem Leben negative Einstellungen und Gefühle hegen, dann bekennen Sie sie vor Gott, und bitten Sie ihn, Sie zu verändern.

- Versuchen Sie zu sehen, dass Gott Ihnen die Gelegenheit gibt, sich mit ihm darüber zu freuen, dass jemand, der in der falschen Richtung unterwegs war, nun umgekehrt ist. Lassen Sie Ihre Wut los, und lassen Sie Gott Ihr Herz verändern, damit auch Sie den anderen mit offenen Armen empfangen können.

Wenn Sie helfen wollen

- Hat Gott Ihnen die Möglichkeit gegeben, für einen «verlorenen Sohn» in Ihrem Leben die Rolle des Vaters zu übernehmen? Sie sollten sich bewusst machen, welch ehrenvolle Aufgabe das ist, die Gott Ihnen da anvertraut hat. Es ist nichts weniger als die Chance, einem zerbrochenen Menschen Gottes Liebe zu vermitteln.
- Bitten Sie Gott, dass er Ihnen hilft, diesen Menschen so zu sehen, wie er ihn sieht, und dass er Ihnen sein Erbarmen für den zurückkehrenden «verlorenen Sohn» schenkt. Lassen Sie es nicht zu, dass Verletzungen aus der Vergangenheit oder die Enttäuschung über diese spezielle Person Ihnen die Möglichkeit nehmen, Gottes Gnade und Liebe vorzuleben.
- Gott wird Ihnen die Fähigkeit verleihen, den «Verlorenen» voller Erbarmen zu empfangen, und auch die Freiheit, es wirklich mit Freude zu tun.
- Setzen Sie Ihren Glauben in die Praxis um, und öffnen Sie Ihre Arme für andere Menschen.

Bibelvers zum Thema

Zuflucht ist bei dem alten Gott und unter den ewigen Armen. (5. Mose 33,27; Luther)

Impuls

Gott wartet nur darauf, uns zu vergeben und uns in seine Arme zu schließen.

10

Wer bin ich?

Wie wir lernen, authentisch zu sein

Schüchtern und unsicher – um nicht zu sagen voller Angst – trat ich ans Mikrofon. Vor mir ein Saal voller Leute. Neben mir die Organisatoren dieser Gemeindeveranstaltung. Ich fragte mich, was sie wohl von mir wussten. Kannten sie meine jüngste Vergangenheit? Was waren wohl in diesem Moment ihre Gedanken? Ich schämte mich. Warum war ich überhaupt hier? Warum hatte ich bloß zugesagt?

Ich war hierher, nach Owen Sound in Ontario, gereist, um bei dieser Veranstaltung ein Zeugnis zu geben, weil John Wesley White, ein ehemaliger Evangelist bei der Organisation meines Vaters (Billy Graham Evangelistic Association), mich eingeladen hatte.

In Wirklichkeit aber hatte mich diese Einladung erst einmal schockiert. Gerade erst war ich nach den Erlebnissen in Florida in unser Tal zurückgekehrt und hatte mich eigentlich darauf eingestellt, nun ein ruhiges Leben zu führen. Ich wusste zwar, dass Gott mir meine Fehler vergeben hatte und dass er mich liebte. Aber ich rechnete nicht damit, dass er mich bei irgendeiner öffentlichen christlichen Veranstaltung gebrauchen würde. Hatten meine falschen Entscheidungen mich in seinen Augen nicht disqualifiziert? Ich fühlte mich jedenfalls vollkommen unzureichend, als müsste Gott sich für mich schämen. Seine Vergebung war mir eigentlich genug. Mehr erwartete ich gar nicht.

Und doch wollte ich glauben, dass Gott noch mehr für mich bereithielt. Windsor, die inzwischen von ihrer Internatsschule nach Hause gekommen war, redete mir zu, die Einladung zu diesem Treffen anzunehmen. Doch ich hatte keine Ahnung, was ich denn Brauchbares zu bieten hätte. Und ich hatte Angst, dass man über mich richten, mich kritisieren und zu mir auf Distanz gehen würde. Trotzdem weckte die bloße Tatsache, dass man mich gefragt hatte, den wenn auch nur schwachen Funken einer positiven Erwartung. Vielleicht hatte Gott für mich doch etwas zu tun. Vielleicht hatte er mit mir doch eine Absicht, wie bescheiden auch immer. In meinem Herzen wagte ich diese Hoffnung.

Jetzt, als ich auf dem Podium stand, fragte ich mich allerdings, was ich mir dabei gedacht hatte, als ich Ja sagte. Wie konnte ich denn ein Zeugnis geben? Was konnte ich schon sagen, außer dass ich furchtbar versagt hatte? Ich hatte alles zerstört – was sollte Gott bitte mit einer solchen Aussage anfangen können? Sicher erwarteten die Leute, dass ich ihnen etwas Bedeutungsvolles mitteilte: Immerhin war ich die Tochter von Billy Graham ...

Aber als ich so dastand, wurde mir klar, dass ich nichts anderes tun konnte, als ich selbst zu sein. Ich würde ehrlich sein müssen, sonst würde ich Gott keine Ehre machen. Und ich wollte unbedingt Gott ehren. So vieles hatte ich verloren. Worauf sonst kam es denn an, wenn nicht darauf, Gott zu ehren?

Also fing ich an, über einen Bibeltext zu sprechen, den ich an jenem Morgen in meiner Stillen Zeit gelesen hatte. Ursprünglich hatte ich etwas anderes vorgesehen, doch in allerletzter Minute spürte ich, dass Gott mich in eine neue Richtung leitete. Der bekannte Text, den ich dann las, stammt aus den Psalmen:

> Er weidet mich auf saftigen Wiesen und führt mich zu frischen Quellen. Er gibt mir neue Kraft. Er leitet mich auf sicheren Wegen, weil er der gute Hirte ist. (Psalm 23,2–3)

Wort für Wort ging ich mit meinen Zuhörern diesen Abschnitt durch und teilte mit ihnen, was Gott mir meiner Meinung nach in meiner Stillen Zeit deutlich gemacht hatte. Ich erläuterte, dass Gott manchmal Umstände und Ereignisse in unserem Leben benutzt, um uns zur Ruhe zu zwingen. Wir haben es nötig, still zu werden, und wenn wir es nicht freiwillig tun, dann wird Gott uns dahin bringen – zu unserem Besten.

Ich wies auf Folgendes hin: Wenn Gott uns zur Ruhe zwingt, dann gibt er uns auch saftige grüne Weiden, auf denen wir uns ausruhen können. Die Farbe Grün ist dabei ein Hinweis auf das Vorhandensein von Leben. Es ist Gottes Absicht, uns zu erneuern, uns neu mit Leben zu erfüllen. Und deshalb verlangt er nicht, dass wir uns in den Staub werfen. Als Nächstes, so beschrieb ich es, geht Gott vor uns her und zeigt uns den Weg. Er führt uns zu frischen Quellen. Quellen und Wasser stehen für neue Belebung und Erfrischung und auch für Reinigung. Gott reinigt uns von unserer Sünde, unserer Schuld und Schande.

Ich erzählte der Versammlung von meiner Liebe zu dem sanften Plätschern eines ruhigen Baches, das ich dem mächtigen Tosen des Ozeans vorzog. Ich sprach davon, dass der Ort, an dem Gott mein Herz reinwäscht und mich dann wiederherstellt, ein ganz ruhiges Plätzchen ist. Er nimmt die Bruchstücke und fügt sie wieder zusammen: mein Bedauern und meine Reue, meine Verletzungen und meine Scham. Er baut etwas auf aus meinen Trümmern und meinen Ruinen. Und schließlich, wenn er mich wieder heil macht, führt er mich auf sicheren Wegen. Warum? Weil er der gute Hirte ist. Bei meiner Heilung geht es letztlich nicht um mich. Gott will, dass man ihm die Ehre gibt für das Gute, das aus meinem Leben entsteht. Er ist der Grund, warum ich lebe. Deshalb geschieht auch meine Erneuerung und Heilung für ihn.

Während ich sprach, schaute ich ins Publikum und hatte keine Ahnung, was mich erwartete. Ich wusste nur, dass ich an dem Platz war, wo Gott mich in diesem Moment haben wollte. Ich erzählte von meinem Zerbruch bei der Scheidung und von den Depressionen, mit denen ich zu kämpfen hatte. Ich war emotional noch nicht in der Lage, das, was in meinem Leben geschehen war, in größeren Einzelheiten zu beschreiben. Aber mir war bewusst, dass ich zu einem gewissen Grad ehrlich und offen sein musste. Weil ich das tat, gelang es mir, so authentisch von Gottes Leben spendender, heilender Liebe zu sprechen, wie mir das zuvor noch nie gelungen war. Denn ich befand mich damals mitten in dem Erneuerungsprozess, den Gott in mir bewirkte – ja, ich war wirklich mittendrin. Und von dieser Position aus konnte ich tatsächlich mit Überzeugung sprechen.

Meine Zuhörer schienen auf meine Offenheit positiv zu reagieren, und soweit ich erkennen konnte, war das alles, was Gott von mir erwartete. Ich war zufrieden, dass Gott mich irgendwie benutzt hatte, um anderen zu helfen, und erleichtert, dass man mich nicht abgelehnt hatte.

Nach der Veranstaltung auf dem Weg zum Flughafen in Toronto bekam ich jedoch einen Eindruck, dass Gott mir noch etwas zeigen wollte. Ein verheiratetes Paar war so freundlich, mich zu fahren, und unterwegs berichtete ich ihnen etwas detaillierter von einigen schwierigen Erfahrungen in meinem Leben. Und dies bewirkte etwas sehr Schönes. Dass ich auf diese Weise mein Herz öffnete, bewegte diese Leute dazu, ihrerseits einige ihrer Schmerzen und Kämpfe mit mir zu teilen. Und in dieser Atmosphäre der gegenseitigen Offenheit und Verwundbarkeit konnten wir uns gegenseitig trösten und ermutigen.

Ehrlichkeit hatte eine Brücke geschaffen, über die einer dem anderen dienen konnte. Ich fühlte mich an die Lektion erinnert, die ich Jahre zuvor von meinem Pastor in Virginia gelernt hatte. Seine Ehrlichkeit bezüglich der Kämpfe in seinem eigenen Leben hatte mir damals den Mut gegeben, offener über meine eigenen Nöte zu sprechen. Und das hatte in der Folge mein persönliches Wachstum gefördert und in einigen wichtigen Bereichen eine Heilung meiner Gefühle sehr viel leichter gemacht. Offenbar war es zum damaligen Zeitpunkt wichtig, dass ich diese Lektion wieder neu lernte. Was wollte Gott in meinem Leben sehen? Ehrlichkeit und Authentizität, damit er mich für seine Ziele gebrauchen konnte? Bestimmt.

Immer noch hinter einer Maske

Zurück zu Hause, forderte dann die Aufgabe, mein Leben in unserem Tal wieder aufzubauen, ihren Tribut. In meiner neuen Position als Koordinatorin für die Beziehungen zu den Spendern bei «Samaritan's Purse» (Geldbörse des Samariters), einer internationalen christlichen Hilfsorganisation, für die mein Bruder Franklin als Präsident und Vorsitzender tätig war, arbeitete ich so viel, dass ich schließlich vor Erschöpfung fast zusammenbrach. Ich war orientierungslos und emotional abgestumpft. «Ich muss zugeben, dass ich vieles nur aus Gewohnheit tue», steht dazu in meinem Tagebuch. «Meine große Leidenschaft gilt nicht Gott. Ich empfinde eigentlich keine Leidenschaft für irgendetwas. Bin schlicht zu müde, fühle mich abgekämpft und niedergeschlagen. Ich weiß nicht, wie ich da herauskommen soll, sondern setze einfach einen Fuß vor den anderen.»

Auch meine Kinder schienen aus der Bahn geworfen zu sein. Bald nachdem Windsor vom Internat nach Hause gekommen war, wurde sie schwierig und streitsüchtig. Sie besuchte Sommerkurse an der staatlichen Highschool und fing an, mit einer Gruppe von Leuten herumzuziehen, die wohl kaum ihre besten Seiten ans Licht brachten. Sie wurde in dieser Zeit immer selbstkritischer, und wir beide gerieten ständig aneinander. Heftige Stimmungsumschwünge waren folglich an der Tagesordnung.

Noelle wohnte in diesem Sommer ebenfalls zu Hause, und zu meinem großen Kummer litt sie weiter unter Bulimie. Wir sprachen zusammen über ihren Zustand. Dabei versuchte ich, einfühlsam zu sein, und ermutigte sie, zu sagen, was sie bedrückte. Sie ging daneben auch weiter zu ihrer Therapeutin. Dennoch machte ich mir Sorgen. Ich wünschte mir so verzweifelt, dass meine Tochter gesund würde. Einmal mehr fühlte ich mich verantwortlich.

Graham hatte damals ebenfalls seine eigenen Probleme. Nach einem Jahr auf dem Bibel-College entschloss er sich, ein vierjähriges theologisches Seminar zu besuchen. Ich fuhr mit ihm, um verschiedene Schulen anzusehen. Doch er war unschlüssig, wohin er gehen sollte, und auch, womit er sich überhaupt befassen wollte. Irgendwie schien er ohne Orientierung, uninteressiert und distanziert. Und ich stellte mir unwillkürlich die Frage, ob diese Distanziertheit zum Teil damit zu tun hatte, dass er so lange von seinen Schwestern und mir getrennt gewesen war. Die Hinweise auf den Zusammenbruch unserer Familie schienen im Leben der Kinder allgegenwärtig, und der Kampf, dennoch in meinem Leben nach vorn zu blicken, wurde nun sehr hart.

«Ich bin jetzt bei ... 48 Kilo angekommen!» So habe ich es in meinem Tagebuch festgehalten. «Ich wache auf und zittere!»

Und doch verhielt ich mich nach außen weiterhin so, als liefe bei mir alles glatt. Obwohl ich es mit den Jahren gelernt hatte, offener zu werden, und obwohl ich erlebt hatte, wie Gott meine Ehrlichkeit in Ontario benutzt hatte, neigte ich offensichtlich immer noch dazu, im täglichen Leben meine wahren Gefühle zu verbergen. Eine Freundin sagte mir, sie sei überrascht zu hören, dass ich emotionale Probleme hätte. «Die Leute erwarten von mir, dass ich mich auf eine bestimmte Weise verhalte, und darin bin ich wirklich gut!», schrieb ich. Aber ich wollte nicht mehr länger so leben – hinter einer Maske. Ich sehnte mich so sehr danach, endlich die Person zu entdecken, als die Gott mich geschaffen hatte. Ich wollte seinen Plan für mein Leben verstehen. Und ich wollte im Leben anderer von Nutzen sein, vor allem, indem ich ehrlich und authentisch lebte. Doch es schien so, als sei ich dazu nicht in der Lage. Ich wusste jedenfalls nicht, wie ich das schaffen sollte.

In der Hand des Töpfers

In der Mitte des Sommers und auf den Rat meiner Ärztin hin, begann ich regelmäßig zu einer professionellen Therapeutin zu gehen. Meine Ärztin war der Ansicht, dass der Stress, die Sorge und die ganze Belastung, die ich in den letzten Jahren erlebt hatte, teilweise durch ungelöste emotionale Probleme verursacht worden waren. Sie meinte, eine längere Therapie würde mir helfen, mich mit diesen Dingen auseinander zu setzen, und sie empfahl mir eine exzellente ortsansässige Therapeutin, die dann ganz wesentlichen Anteil daran hatte, dass ich wieder auf die Beine kam.

Eins der wichtigsten Dinge, die ich damals durch persönliches Studium und auf anderen Wegen lernte, war, dass das Authentisch-Werden – d. h. das Hineinwachsen in die Person, die Gott vor sich sah, als er mich erschaffen hat – nicht von mir selbst abhängt. Wie es in einem meiner Lieblingsverse aus der Bibel heißt: «Und doch ist es Gott allein, der beides in euch bewirkt: Er schenkt euch den Willen und die Kraft, ihn auch so auszuführen, wie es ihm gefällt» (Philipper 2,13). Mir wurde klar, dass ich mich nicht selbst zu heilen brauchte. Es war nicht an mir, die dazu nötige Weisheit, Kraft oder das erforderliche Wissen aufzubringen. Natürlich kam mir selbst bei meiner Wiederherstellung und bei meinem persönlichen Wachstum durchaus eine gewisse Rolle zu. Meine Aufgabe war es, Gott zu lieben und das zu tun, was er meiner Ansicht nach von mir verlangte. Doch es wurde mir nun bewusst, dass es Gott, der Schöpfer, war, der mich, sein verwundetes Geschöpf, heilen wollte.

Als unser Schöpfer übernimmt Gott Verantwortung für uns. Im Buch Jeremia verwendet er den Vergleich mit einem Töpfer, der den Ton bearbeitet, um unser Verhältnis zu ihm zu beschreiben. Der Prophet berichtet: «Ich ging dorthin und sah, wie der Töpfer gerade ein Gefäß auf der Scheibe drehte. Doch es misslang ihm. Er nahm den Ton und formte ein neues Gefäß daraus, das ihm besser gefiel» (Jeremia 18,3–4).

Werden, wie Gott uns haben möchte, und lernen, authentisch zu leben, ist wie so vieles andere im Leben ein Prozess, und zwar einer, der von Gott gelenkt wird. Gott ist der Töpfer, wir sind der Ton. Wenn wir in manchen Bereichen Mängel haben, brauchen wir uns nicht zu fürchten. Schließlich befinden wir uns in der Hand des Töpfers. Wir müssen zwar unseren Beitrag leisten und mit Gott zusammenarbeiten, aber er wird uns neu formen, so wie es ihm gefällt.

Er ist in diesem Moment bereits dabei, genau das zu tun. Kann sein, dass wir sein Handeln nicht sehen – und wenn doch, dass es uns nicht gefällt –, aber er ist auf jeden Fall am Werk. Auch in diesem Augenblick arbeitet Gott an unseren Fähigkeiten, gibt uns mehr Geduld, lässt unsere Gefühle reifer werden, stärkt unsere Entschlossenheit und entwickelt unsere Ausdauer. Ständig ist er damit beschäftigt, uns zu den Menschen zu machen, die er in uns sieht. In diesen Prozess bezieht er sogar alle unsere Fehler, unsere Beziehungen, unsere Umstände und unsere fehlgeschlagenen Pläne mit ein. Er verwendet alles in unserem Leben, nichts ist daher vergeblich.

Manchmal bereitet uns das Leben solche Sorgen, dass wir den Eindruck gewinnen, Gott habe Urlaub genommen. Aber dem ist ganz und gar nicht so: Er ist vollzeitlich am Werk. Wir sind sein Kunstwerk, sein Stolz, und er arbeitet ohne Unterlass daran, uns zu vollenden.

Wie sieht mein Selbstbild aus?

Durch die Arbeit mit meiner Therapeutin erkannte ich, dass ein Schlüssel zum Authentisch-Werden darin lag, ein gesundes Selbstbild zu entwickeln. Tatsächlich hat unser Selbstbild Einfluss auf jeden Lebensbereich. Unsere Entscheidungen, unsere Beziehungen und unsere Vorlieben und Abneigungen haben ihren Ursprung in dem, was unser Herz erfüllt – was wir uns selbst über uns sagen. Wenn wir nur wenig von uns halten, dann bleiben wir stets anfällig dafür, Entscheidungen zu treffen, die unsere ureigensten Interessen gefährden. Dann kann es passieren, dass wir uns in Beziehungen unter Wert verkaufen. Oder wir gehen dieselben unklugen Verpflichtungen ein wie alle anderen, weil wir nicht den Mut haben, uns an Gottes Wort zu halten. Wir verändern uns, um in die Gruppe hineinzupassen, in der wir uns gerade bewegen. Ein negatives Selbstbild hindert uns zu sehen, wer wir wirklich sind, und dann auch so zu sein. Es kann auch verhindern, dass wir Gottes Stimme hören und ihr gehorchen, und es kann die Absichten Gottes in unserem Leben blockieren.

Wie also können wir ein gesundes Selbstbild entwickeln? Wenn das so entscheidend ist für ein authentisches Leben, wie überwinden wir dann unsere Unsicherheiten und fangen an, wieder heil zu werden? Als Erstes müssen wir begreifen, wie ein solches positives Selbstbild überhaupt aussieht. Im Lauf der Jahre habe ich gelernt, dass es mindestens die folgenden drei Elemente umfasst: ein Empfinden der Zugehörigkeit, ein stabiles Selbstwertgefühl und ein Bewusstsein der eigenen Kompetenz.

Wir alle brauchen dieses Gefühl, dazuzugehören – das Empfinden, dass wir geliebt, gewollt und angenommen sind. Denn wir sind als Menschen auf Gemeinschaft und Beziehung angelegt. In der Bibel heißt es dazu: «Den Einsamen gibt er ein Zuhause» (Psalm 68,7). Und ganz am Anfang der Schöpfung sagt Gott selbst: «Es ist nicht gut, dass der Mensch allein lebt» (1. Mose 2,18). Wir sind nicht dazu geschaffen, von anderen isoliert zu leben. Und das ist auch der Grund, warum uns die Isolation so teuer zu stehen kommt, eben weil dieser Zustand für uns unnatürlich ist.

Neben dem Gefühl, einen Platz zu haben, an den wir gehören, ist es für unser Selbstbild genauso wichtig, dass wir uns als wertvoll empfinden. Jesus hat gesagt, dass er gekommen ist, um uns Leben im Überfluss zu geben (Johannes 10,10). Wie aber sollen wir ein erfülltes Leben haben, wenn wir uns in dieser Welt so wertlos vorkommen? Jeder braucht das Gefühl, wichtig zu sein – die Erfahrung, dass man gewollt und wertgeachtet ist und geschätzt wird. Wir alle brauchen die Überzeugung, dass wir anderen etwas zu bieten haben. Sonst lässt unsere Motivation deutlich nach, und wir scheuen vorm Leben zurück. Dann verpassen wir das ganze Ausmaß der Freude, das Gott uns erleben lassen möchte.

Schließlich brauchen wir für ein gesundes Selbstbild auch die Gewissheit, dass wir mit unseren Lebensumständen zurechtkommen; dass wir in der Lage sind, mit dem fertig zu werden, was das Leben uns schickt; dass wir den Herausforderungen ins Auge sehen können. Wenn uns die Dinge des Lebens völlig überwältigen können, dann verlieren wir die Hoffnung. Deshalb heißt es bei Jeremia: «Die Güte des Herrn ist's, dass wir nicht gar aus sind» (Klagelieder 3,22; Luther). Jeremia wusste, dass Gott nicht wollte, dass er in seinem Leben von Furcht und Sorge besiegt wurde.

Leider lassen wir sehr oft zu, dass unser Selbstbild viel zu stark von den falschen Quellen beeinflusst wird. Wir bemühen uns, ein Empfinden der Zugehörigkeit, ein stabiles Selbstwertgefühl und ein Bewusstsein der eigenen Kompetenz aufzubauen, verwenden dafür jedoch gewissermaßen die falschen «Materialien». Wir definieren uns selbst über unsere Beziehungen, unsere Leistungen und unsere Stellung. Unsere Identität gewinnen wir über unseren Beruf oder unseren Besitz. Es ist nichts Falsches dabei, stolz zu sein auf das, was wir erreicht haben, auf unsere Kinder, unsere Ehepartner oder unseren beruflichen Erfolg. Wir sollen ruhig unseren Erfolg und unsere Stellung anerkennend betrachten. Hier liegt nicht das Problem. Problematisch wird es vielmehr dann, wenn wir unsere Identität auf diese Dinge gründen. Für mich hieß das ganz konkret: Ich bin die Tochter von Billy Graham. Die Beziehung zu meinem Vater ist Teil dessen, *was* ich bin. Aber sie definiert nicht, *wer* ich bin. Diese Beziehung reicht nicht aus, um mein Leben darauf aufzubauen.

Ich habe folgende Erfahrung gemacht: Wenn wir unsere Identität von Beziehungen abhängig machen, dann erwarten wir von anderen Menschen, dass sie für uns eine Funktion erfüllen, die nur Gott erfüllen kann. Dann erwarten wir von anderen, dass sie auf alle unsere Bedürfnisse eingehen und uns wieder heil machen. Das kann jedoch kein Mensch leisten. Wenn wir unseren Selbstwert von unseren Kindern abhängig machen, werden wir immer enttäuscht werden. Denn unsere Kinder scheinen ja quasi auf der Welt zu sein, damit wir uns unzulänglich fühlen! Wenn wir von unserer Familie erwarten, dass sie uns ein Gefühl der Zugehörigkeit und der Bestätigung gibt, dann müssen wir bald erkennen, dass die allermeisten Familien in gewisser Hinsicht Problemfamilien sind! Und wenn unser Wert und unsere Fähigkeit von der eigenen Leistung abhängt, werden wir immer versagen. Denn es wird uns nie gelingen, so viel zu leisten, dass wir unser Bedürfnis nach Wertschätzung, Annahme und Kompetenz wirklich befriedigen. Es wird immer jemanden geben, der nur darauf wartet, es besser zu machen.

Oft schauen wir auf den äußeren Anschein und die Leistungen anderer Menschen, um unseren eigenen Fortschritt und den Erfolg auf unserem Lebensweg einzuschätzen. Ich selbst habe mich lange Zeit mit meinen beiden hübschen Schwestern Gigi und Anne verglichen. Dabei schien ich immer schlecht abzuschneiden. Meine Schwestern hatten Anerkennung erhalten für ihren Dienst im Reich Gottes, und sie hatten preisgekrönte Bücher verfasst. Im Gegensatz dazu fühlte ich mich wenig attraktiv und ziemlich erfolglos. Ich schien keine bedeutende Berufung zum Dienst für Gott zu haben. Nun hatte ich auch noch eine Scheidung erlebt. Nahm ich das Leben meiner Schwestern als Maßstab, dann war ich noch mehr entmutigt. Ja, manchmal verlor ich beinahe jede Hoffnung. Und mein Selbstbild litt unter diesen Vergleichen. Was hatte ich in meinem Leben schon vorzuweisen? Meiner Meinung nach nicht gerade viel.

Aber die Bibel sagt uns, dass es reine Zeitverschwendung ist, uns mit anderen zu vergleichen: «Wie unverständig sie doch sind! Sie stellen ihre eigenen Maßstäbe auf, um sich dann selbst daran zu messen» (2. Korinther 10,12). Sich zu vergleichen ist schlicht unklug und kontraproduktiv. Letztlich lenkt ein solches Verhalten sogar vom Heilungsprozess Gottes in unserem Leben ab. Jeder von uns, ob er es zugibt oder nicht, hat Probleme. Jeder kennt Kummer und Schmerzen. Wir aber urteilen oft nur nach dem äußeren Schein und stellen dann Leute auf ein Podest. Dabei ist keiner gegen Schwierigkeiten in der einen oder anderen Form gefeit.

Eine Freundin von mir aus der ersten Zeit meiner Ehe in Philadelphia hat mir später gesagt, dass sie mich damals beneidete. Ich hatte ein hübsches Haus, ein nagelneues Auto und einen gut aussehenden Mann. Wir gingen gemeinsam auf Reisen. Wir schienen ein aufregendes Leben zu führen. In den Augen meiner Freundin machte meine Welt einen perfekten Eindruck. Sie hatte ja keine Ahnung, dass ich versuchte, meine auseinander brechende Ehe am Leben zu halten, so gut ich es eben konnte, und dass ich dabei große Schwierigkeiten hatte. Meine Freundin fand einfach den oberflächlichen äußeren Schein meines Lebens beneidenswert. Sie war im Prinzip neidisch auf meine Maske. Aber wenn sie tiefer hätte blicken können, hätte sie das ganze Paket meines damaligen Lebens dann noch haben wollen? Wohl kaum.

Neid ist jedoch nicht nur unproduktiv, sondern auch schädlich. Nicht umsonst lautet das letzte der Zehn Gebote: «Du sollst nicht begehren» (5. Mose 5,21). Die Begierde – die übersteigerte Sehnsucht nach etwas, das uns nicht gehört – ist Sünde, und Sünde schadet uns in jedem Fall. Indem wir unzufrieden werden und aufhören, Gott zu vertrauen, öffnen wir der Begierde die Tür. Wir glauben dann nicht länger, dass Gott für uns ist, und wir beginnen daran zu zweifeln, dass er einen guten Plan für unser Leben hat. Stattdessen meinen wir mit der Zeit, selbst dafür verantwortlich zu sein, dass unser Leben wieder in Ordnung kommt. Und in unserem Verlangen nach einer schnellen Lösung sehnen wir uns dann nach dem Leben, der Ehe, der ganzen Situation oder Stellung eines anderen Menschen. Das ist Unzufriedenheit in ihrer schlimmsten Form.

In der Bibel werden wir jedoch aufgefordert, mit dem, was wir haben, zufrieden zu sein und Gott zu vertrauen. «Denn Gott hat uns versprochen: ‹Ich lasse dich nicht im Stich, nie wende ich mich von dir ab›» (Hebräer 13,5). Zufrieden sein heißt dabei nicht, dass wir uns gleich mit weniger zufrieden geben, als wir uns in unserem Leben wünschen. Es heißt, dass wir lernen, dort zu blühen, wo wir sind, und Gott zu vertrauen, dass er uns den nächsten Schritt führt, sobald er es für richtig hält. Gott ist ja der Töpfer. Er arbeitet ständig daran, uns zu den Menschen zu machen, die wir nach seinem Willen sein sollen. Wir tragen in diesem Prozess unseren Teil bei, aber wir müssen nicht alles allein hinbekommen. Und das sollte uns Hoffnung geben.

«Wer bin ich?» – Wie würden Sie selbst diese Frage beantworten? Was sagen Sie über sich selbst? Wie definieren Sie sich? Sind Sie die reichste Frau in der Stadt? Der erfolgreichste Jurist in Ihrer Firma? Sind Sie an der Schule Ihrer Kinder die aktivste Mutter? Oder wohnen Sie im größten Haus Ihrer Straße? Sind Sie die Frau eines bekannten Politikers? Oder der Mann einer mit Preisen ausgezeichneten Unternehmerin? Sind Sie die Mutter von Soundso? Oder Soundsos Bruder? Welche Bezeichnungen haben Sie sich für Ihre Identität ausgesucht? Vielleicht haben Sie ein Etikett akzeptiert, das andere Ihnen angeheftet haben, und auf diese Weise zugelassen, dass andere Menschen Sie definieren.

Betrachten Sie einmal für einen Moment diese verschiedenen Bezeichnungen. Vermitteln sie Ihnen wirklich das Gefühl, auf dieser Welt eine Bedeutung zu haben? Oder – und es ist schwer, diese Frage ehrlich zu beantworten – tragen Sie diese Etiketten nur, wie ich es oft getan habe, um sich angesichts der zerbrochenen Dinge in Ihrem Leben besser zu fühlen? Es kann sehr schwierig sein, uns von unseren verschiedenen Etiketten zu verabschieden und anzuerkennen, dass wir uns dahinter versteckt haben. Aber wir müssen vor uns selbst ehrlich werden. Und sind diese Bezeichnungen denn überhaupt zutreffend? Geben sie uns das Wertgefühl, das wir uns so verzweifelt wünschen? Wenn wir uns das Ganze ansehen, sind wir dann wirklich zufrieden mit der Identität, die wir uns zusammengebastelt haben, oder sehnen wir uns nicht doch nach mehr?

Nehmen Sie sich bitte einen Augenblick Zeit, darüber nachzudenken und sich selbst diese Fragen zu beantworten. Und bitten

Sie Gott, dass er Ihnen hilft, zu verstehen, was es für Sie persönlich bedeutet, authentisch zu leben.

Andererseits kann es auch sein, dass Sie meinen, in Ihrem Leben gar nichts vorweisen zu können, dass Sie eigentlich über gar keine positiven Etikettierungen verfügen. Vielleicht betrachten Sie sich selbst als wertlos, erbärmlich und hoffnungslos. Möglicherweise glauben Sie, dass die einzigen Hinweise auf Ihre Identität in Ihrem Scheitern zu finden sind: einer gescheiterten Ehe, anderen gescheiterten Beziehungen oder einem gescheiterten geschäftlichen Unternehmen. Sagen Sie Gott, wie Sie sich selbst bezeichnen. Erzählen Sie ihm von Ihren Frustrationen, Ihren Enttäuschungen und Verletzungen. Er versteht Sie.

Und lassen Sie sich dann von Gott zeigen, wie *er* Sie sieht. Er hat seinen eigenen Sohn gesandt, damit er für Sie starb – so viel sind Sie ihm wert. Er sehnt sich danach, Ihnen ganz nah zu sein. Er findet Sie faszinierend und will eigentlich immer mit Ihnen zusammen sein. Was auch in Ihrem Leben passiert ist, Gott verurteilt Sie nicht. Denn: «Wer nun mit Jesus Christus verbunden ist, wird von Gott nicht mehr verurteilt» (Römer 8,1). Gott liebt Sie, und er möchte Sie am liebsten auf die Töpferscheibe setzen und Sie heil machen. Er möchte Sie zu einem Gefäß formen, an dem alles stimmt.

Sind Sie jemand, der sein Versagen und seine Unzulänglichkeiten durch die Brille des Erfolgs anderer Leute betrachtet? Würden Sie Ihr Leben gerne gegen das von jemand anderem eintauschen? Haben Sie schon einmal jemanden so sehr beneidet, dass Sie dessen Leben haben wollten, anstatt Ihr eigenes? Vielleicht haben Sie in übersteigertem Maße den Besitz eines anderen Menschen begehrt, seine Stellung, seine Ehe oder irgendetwas anderes, das ihm gehört. Dann bitten Sie Gott, Ihnen zu vergeben, und sagen Sie ihm, dass Sie sich ändern wollen.

Bitten Sie ihn auch, dass er Sie zufrieden macht mit dem Platz, an dem Sie sich in Ihrem Leben gerade befinden. Fassen Sie ganz neu den Entschluss, Gott zu vertrauen, und bitten Sie ihn um den Mut und die Fähigkeit, auch weiterhin am Vertrauen festzuhalten. Denn es ist so menschlich, das Vertrauen zu verlieren. Gott aber kennt unsere Schwächen. David sagt es folgendermaßen: «Er vergisst nicht, dass wir nur Staub sind» (Psalm 103,14). Doch Gott tadelt Sie nicht dafür, dass Sie Staub sind. Er liebt Sie sogar umso mehr wegen Ihrer Schwäche, und er sehnt sich danach, Ihnen seine

Stärke zu schenken (2. Korinther 12,9–10). Ihre Aufgabe ist es, die richtige Haltung einzunehmen und weiter Ihren Beitrag zu leisten, während Gott sein Werk in Ihnen tut.

Wenn Sie jemandem helfen wollen

Hat jemand, dem Sie nahe stehen, Probleme mit einem negativen Selbstbild? Es kann sehr schmerzlich sein, wenn wir zusehen müssen, wie die Menschen, die uns am Herzen liegen, sich in ihrem Leben abmühen, ihrer selbst nicht sicher sind und insgesamt von Unsicherheit beherrscht werden. Wie sehr es uns dann drängt, das Problem für sie zu lösen! Wenn sie doch nur sehen könnten, wie wichtig sie sind, ja, dass sie etwas Besonderes sind!

Leider ist es gar nicht einfach, jemandem mit wenig Selbstbewusstsein zu helfen. Denn das Selbstbild einer Person ist ein komplexes Gewebe von verschiedenen Strängen, die einzigartig sind für das Leben und die Persönlichkeit dieses speziellen Menschen. Um wirklich zu seiner Heilung beitragen zu können, sind wir auf die Führung des Schöpfers angewiesen. Wir werden nur in dem Maß helfen können, wie wir uns von Gott leiten lassen.

Fangen Sie damit an, dass Sie zugeben, zu einem Prozess der Heilung im Leben dieser Person nur wenig beisteuern zu können. Und denken Sie daran, dass Sie lediglich ein Werkzeug Gottes sind. Nur er kann diesen Menschen tief in seinem Innern anrühren und ihn dauerhaft verändern. Sie können versuchen, ihn zu ermutigen, indem Sie ihm sagen, wie sehr Gott ihn liebt. Aber bevor die Person die Wahrheit der Liebe Gottes nicht in ihrem eigenen Herzen begreift, werden Ihre Worte nicht die gewünschte Wirkung erzielen. Es liegt allein in Gottes Verantwortung, das Herz der Person zu verändern. Denn nur Gott kann die tiefsten Winkel eines Herzens erreichen und dem Menschen, den Sie lieben, seinen Frieden zusprechen. Rufen Sie sich in Erinnerung, dass Gott der heilende Schöpfer ist und die betreffende Person sein verwundetes Geschöpf.

Leben Sie Ihre Abhängigkeit von Gott ganz praktisch, indem Sie Zeit im Gebet verbringen, bevor Sie Zeit mit diesem Menschen verbringen. Denn für ihn zu beten ist das Wichtigste, was Sie überhaupt für ihn tun können. Beten Sie zum Beispiel darum, dass er den Veränderungen, die Gott in seinem Herzen bewirken will, offen gegenübersteht. Hören Sie auf Gott und seien Sie selbst offen für seine Anweisungen. Er wird Ihnen mitteilen, was Sie sagen sollen, wie und wann Sie die Person ermutigen und wann Sie sich zurückziehen sollen, damit er, der Schöpfer, wirken kann.

Beten Sie auch darum, dass Gott das Herz der Person vorbereitet, damit sie Ihre Ermutigungen aufnehmen kann. Bitten Sie Gott, dass er ihr die Wahrheit der Bibel erschließt und ihr deutlich macht, was sie ihr zu sagen hat. Gott zeigt Ihnen möglicherweise eine bestimmte Verheißung, die Sie der Person weitergeben sollen. Oder er will, dass Sie Ihre Freizeit mit diesem Menschen verbringen und so Liebe greifbar machen, anstatt nur abstrakt über sie zu reden. In welche Richtung Sie sich auch von Gott führen lassen, der Schlüssel dazu, dass Sie tatsächlich wirksam helfen können, liegt darin, dass Sie lernen, sich auf den Schöpfer zu verlassen. Wenn wir mit unserer Hilfe für andere etwas bewirken können, dann kommt das allein von Gott.

Unsere wahre Identität in Christus

Wir können uns zwar bemühen, uns aus den Materialien und den Vorgaben dieser Welt ein Selbstbild zusammenzubauen, aber unsere wahre Identität finden wir nur in Gott. Er ist die eine wahre Quelle der Identität. Nicht unser Ehepartner, nicht unsere Eltern, nicht unsere Stellung oder unser Status. Auch nicht unsere Kinder, sondern allein Gott. Von Christus sagt die Bibel: «Denn in ihm wohnt die ganze Fülle der Gottheit leibhaftig und an dieser Fülle habt ihr teil in ihm» (Kolosser 2,9–10; Luther). In Christus haben wir also Anteil an der göttlichen Fülle und Vollkommenheit. Was kann man einer solchen Fülle noch hinzufügen? Etwa eine neue Frisur? Ein neues Auto oder ein größeres Haus? Wenn wir unsere Stellung in Christus begreifen, dann wird uns mit einem Mal bewusst, dass Leistungen, Besitztümer und Erwartungen im Zentrum unseres Seins nichts zählen. Allein in Christus sind wir nämlich die Menschen, die wir ursprünglich sein sollten. Und in ihm haben wir alles, was wir brauchen, um authentisch zu leben. Wirklich alles.

Bei Gott finden wir all das, was zu einem gesunden Selbstbild gehört – das Empfinden der Zugehörigkeit, ein stabiles Selbstwertgefühl und ein Bewusstsein der eigenen Kompetenz.

«Schon vor Beginn der Welt, von allem Anfang an, hat Gott uns, die wir mit Christus verbunden sind, auserwählt» (Epheser 1,4).

Denken wir nur einen Moment darüber nach. In Gott wissen wir, wo wir hingehören. Denn er hat uns dazu bestimmt, dass wir zu ihm gehören. Als er die Sterne in den Raum schleuderte und die Planeten in ihre Umlaufbahn setzte, da kannte er auch schon Ihren Namen. Er wusste, wo Sie leben würden, wer Ihre Eltern sein würden. Er wusste, wen Sie heiraten würden oder ob Sie ledig bleiben würden. Er kannte Ihre Vorlieben und Ihren Geschmack. Ja, er hat schon damals an Sie gedacht und Sie auserwählt. Während Gott mit all den anderen Dingen beschäftigt war, hat er auch an Sie gedacht. Und er hat Sie schon damals sehr geliebt. Ist das nicht wunderbar?

In der Bibel ist an vielen weiteren Stellen davon die Rede, dass wir in Christus den Ort gefunden haben, an den wir gehören. In Epheser 2,19 heißt es: «So seid ihr nicht länger Fremde und Heimatlose; ihr gehört jetzt als Bürger zum Volk Gottes, ja sogar *zu seiner Familie»* [Hervorhebung durch die Autorin]. Als ich diesen Vers in meiner Bibel entdeckte, schrieb ich an den Rand: «Ich gehöre dazu.» Und ich möchte Sie ermutigen, dasselbe zu tun als Erinnerung daran, dass Sie als Christ zur ewigen Familie Gottes gehören.

Vielleicht haben Sie in den Beziehungen zu Ihrer irdischen Familie tiefe Spaltungen erleben müssen. Aber die Familie Gottes ist ewig – seine Liebe zu uns hat kein Ende. Die Bibel macht ganz klar, dass uns nichts von dieser Liebe Gottes in Jesus Christus scheiden kann. (Römer 8,35–39).

Das Geschenk der Liebe von Gott anzunehmen ist unser Part. Gottes Liebe zu uns hört nie auf, aber dennoch können wir uns entscheiden, sie anzunehmen oder abzulehnen. Gott hat uns erwählt, damit wir zu seiner Familie gehören. Aber er wartet darauf, dass wir ihn wählen. Haben Sie die Liebe Gottes, die er Ihnen in Jesus schenkt, schon angenommen? Haben Sie sich entschieden, Jesus nachzufolgen, und ihn in Ihr Herz aufgenommen? Schon durch unsere Geburt sind wir zwar Geschöpfe Gottes. Doch wir müssen uns erst entscheiden, seine Kinder zu werden und uns seiner Familie anzuschließen. Das ist ein Unterschied mit ewigen Konsequenzen. Es ist nicht so, dass Gott uns mehr oder weniger liebt, je nachdem, wie unsere Entscheidung ausfällt. Der Unterschied besteht vielmehr im ewigen Schicksal unserer Seelen. Als Geschöpfe Gottes empfangen wir seine Liebe. Aber als seine Kinder haben wir eine persönliche Beziehung zu ihm und ein Zuhause.

Wenn Sie Christus in Ihr Herz einladen und ein Kind Gottes werden möchten, dann wird Ihnen der Abschnitt «Willkommen zu Hause» am Ende dieses Buches weiterhelfen. Dort erfahren Sie, wie Sie das tun können.

In Gott finden wir auch das zweite Element eines gesunden Selbstbildes: ein stabiles Selbstwertgefühl. Für Gott *sind* wir wertvoll. Er hat uns einen Wert gegeben, als er uns geschaffen hat. Unser Wert ist daher etwas Immanentes, in uns Innewohnendes. Das heißt, er hängt nicht von unserer Einkommensgruppe ab oder von unserem Lebenslauf. Unser Wert ist unabhängig von dem Einfluss, den wir in unserer Gemeinde und Nachbarschaft ausüben. Er hat auch nichts zu tun mit den Erfolgen unserer Kinder, unserer beruflichen Bekanntheit oder der Zahl unserer Begabungen und Talente. Die Bibel sagt uns, dass wir Gottes Werk sind (Epheser 2,10). Wir sind definiert durch die Beziehung zu unserem Schöpfer, und von ihm erhalten wir unseren Wert. Wenn er uns geschaffen hat, dann müssen wir einen Wert haben. Schließlich schafft Gott keinen wertlosen Abfall.

Wir sind so wertvoll, dass Gott uns – ja, uns! – seinem geliebten Sohn zum Geschenk gemacht hat. In Johannes 17,24 bezeichnet Jesus die Menschen, die ihm durch die Jahrhunderte nachgefolgt sind, als «alle, die Gott mir gegeben hat». Insgesamt viermal beschreibt Jesus in diesem Kapitel uns, seine Nachfolger, auf diese Weise. Nämlich als solche, die ihm von Gott anvertraut worden sind (Verse 6, 9 und 24).

Versuchen Sie sich einmal an das schönste Geschenk zu erinnern, das Sie je einem anderen Menschen gemacht haben. Vielleicht haben Sie es selbst angefertigt, oder Sie haben Geld gespart, um es zu kaufen. Unter Umständen haben Sie auch Nachforschungen angestellt, um herauszufinden, ob es wirklich das ist, was dieser Mensch gern hat oder was er haben wollte – die richtige Größe oder die richtige Farbe. Vielleicht haben Sie Ihr Geschenk ganz persönlich gestaltet, es sorgfältig geplant und dann Zeit, Überlegung und Energie in die Vorbereitung investiert. Warum tun Sie so etwas? Weil Ihr Geschenk Ihre Liebe für den Beschenkten widerspiegelt. Weil Sie dem anderen mit dem Geschenk einen Teil von sich selbst gegeben haben.

Stellen Sie sich nun Gottes Freude vor, als er Sie Jesus zum Geschenk machte. Die Übergabe wurde gut vorbereitet. Sie waren genau das, was Jesus wollte, hatten gewissermaßen die richtige

Größe und die richtige Farbe. Er hat Sie in Handarbeit aus den besten Materialien geformt, sorgfältig und unter Berücksichtigung aller Details. Sie sind ein Einzelstück, einzig in Ihrer Art. Gott hat Sie geschaffen, damit Sie seine Liebe zu seinem Sohn widerspiegeln.

Versuchen Sie einmal, sich vorzustellen, was das bedeutet! Sie sind ein Ausdruck der vollkommenen, grenzenlosen Liebe Gottes. Und Gott hat, als er Sie seinem Sohn schenkte, auch einen Teil von sich selbst gegeben. Wenn Sie sich das nächste Mal klein machen wegen eines Versagens oder einer Unzulänglichkeit, dann denken Sie daran, wer Sie geschaffen hat und für wen Sie geschaffen wurden. Wenn Gott Sie als wertvoll bezeichnet, dann sind Sie es auch.

Auch den dritten Aspekt eines gesunden Selbstbildes erhalten wir von Gott: das Bewusstsein der eigenen Kompetenz. Wir können das Auf und Ab des Lebens nicht wirklich allein meistern. So einfach lässt sich unser Leben nicht handhaben. Und Gott hat es auch gar nicht so vorgesehen, dass wir die Lasten des Daseins aus eigener Kraft schultern. Er will vielmehr, dass wir von ihm Kompetenz und Stärke empfangen. Eigentlich ist es kein Wunder, dass wir so schnell die Orientierung verlieren. Denn unser Können ist bald am Ende. Gottes Können jedoch hat Bestand. Die Schreiber der Bibel haben diese Wahrheit begriffen. So erläutert der Apostel Paulus den Philippern, dass der Schlüssel zur Zufriedenheit darin liegt, in jeder Situation darauf zu vertrauen, dass Gott uns das nötige *Können* verleiht: «Ich *kann* satt sein und hungern; ich *kann* Mangel leiden und Überfluss haben. Alles *kann* ich *durch Christus, der mir Kraft und Stärke gibt»* (Philipper 4,12–13) [Hervorhebung durch die Autorin].

Rufen wir uns noch einmal das von Gott selbst verwendete Bild des Töpfers und seines Tons in Erinnerung. Gott ist der Töpfer, und wir sind die Tongefäße auf seiner Töpferscheibe. Wie kann man Ton charakterisieren? Er ist gewöhnlich, alltäglich und funktional. Als Tongefäße sind wir außerdem sehr zerbrechlich. Wenn wir mit anderen Gefäßen unterwegs sind, werden wir leicht angestoßen und hin und her geschoben. Dadurch bekommen wir Macken und Sprünge. Vielleicht gehen wir sogar kaputt. Wir sind ohne Zweifel fehlbar und unvollkommen.

Doch wen benutzt Gott, um seine Pläne und Absichten umzusetzen? Als ich zuletzt in der Bibel gelesen habe, hat Gott jedenfalls keine vollkommenen Leute benutzt. Abgesehen von Jesus erscheint in der ganzen Bibel überhaupt keine vollkommene Person. Denn Gott arbeitete mit gewöhnlichen Leuten. Mit Menschen, die versagt hatten – Menschen, die nicht zurechtkamen oder mit ihrem Leben nicht allein fertig wurden und völlig davon abhängig waren, dass er ihnen die Fähigkeit gab und alles andere, was sie brauchten, damit sie überleben konnten. Das waren schwache Menschen, die ihre Kraft von Gott erwarteten. Gott hat sich für seine Pläne keiner selbstgerechten religiösen Führer bedient. Nein, er gebrauchte die Zerbrochenen, die Leidenden und Demütigen. Er hat sie emporgezogen und ihnen all das gegeben, was nötig war, damit sie etwas erreichen konnten. Dasselbe tut er auch heute noch für uns.

Authentisches Leben in der Praxis

Mit meiner Therapeutin arbeitete ich beständig daran, Verletzungen aus meiner Vergangenheit von der Wurzel her zu überwinden, destruktive emotionale Muster zu untersuchen und neue Sichtweisen auf mein Leben zu entwickeln. Das war einer der Wege, die ich einschlug, um mich nach meinen bitteren Erfahrungen in Florida wieder mehr um mich selbst zu kümmern. Außerdem erneuerte ich alte Freundschaften und schrieb mich für das Herbstsemester wieder beim Mary Baldwin College ein. Und ich konnte feststellen: Nachdem ich Gott erlaubt hatte, das Fundament meines Selbstbildes auszubessern, begann er langsam, Dinge auf diesem Fundament aufzubauen. Er erweiterte mein Leben, ließ meine Beziehungen wachsen, gab mir Dinge zu tun und erweckte ganz neu meine Interessen. Stein um Stein errichtete er für mich aus meinen Trümmern ein authentisches Leben.

Im September des Jahres 1994 unternahm ich mit der Organisation Samaritan's Purse eine kurze Informationsreise nach Ruanda, Kenia und Zaire. In Ruanda leistete Samaritan's Purse Hilfe nach dem blutigen Bürgerkrieg zwischen den Hutu und den Tutsi. Meine Erwartung war die folgende: Wenn ich selbst aus erster Hand erfuhr und erlebte, was die Organisation tat, um mit den Folgen des Genozids umzugehen, dann wäre ich besser in der Lage, möglichen Spendern zu beschreiben, worin die Arbeit von Samaritan's Purse in diesem Land bestand.

Die Reise betrachtete ich teilweise als Geschäftsreise, teilweise als Abenteuer, als Ablenkung und auch als Möglichkeit, mich einmal auf die Bedürfnisse anderer Menschen zu konzentrieren. Ich hatte den afrikanischen Kontinent noch nie besucht und hoffte auch, dass mir diese Erfahrung eine neue Sicht des Lebens vermitteln würde und das klarere Gefühl, etwas Sinnvolles zu tun.

Kigali, die Hauptstadt von Ruanda, lag völlig in Trümmern, und überall gab es deutliche Hinweise auf schreckliche Gräueltaten. Als wir vom Flughafen durch die Stadt fuhren, sahen wir ausgebrannte Autos und die Überreste von Häusern. Viele der Gebäude, die noch standen, hatten statt Fenstern nur klaffende Löcher. Die Straße selbst war übersät mit von Granaten geschlagenen Kratern und wurde gesäumt von Dreckhügeln, von denen meine Begleiter und ich annahmen, dass es sich um Gräber handelte.

Wir besuchten das zentrale Krankenhausgelände der Stadt, an dessen Wiedereröffnung Samaritan's Purse intensiv arbeitete, und ein Grundstück, auf dem bald ein Waisenhaus entstehen sollte. Die Klinik und die Gebäude des Waisenhauses, früher eine landwirtschaftliche Ausbildungsstätte, waren während des Völkermords Schauplatz grauenhafter Gemetzel gewesen, und es war nicht lange her, dass Leichenteile, Eingeweide und blutdurchtränkte Kleider auf dem Gelände verstreut herumgelegen hatten. Über allem schien immer noch der Gestank des Todes zu hängen.

Von Kigali fuhren wir in die Stadt Rutare, um dort ein weiteres Waisenhaus zu besichtigen – eines, das bereits genutzt wurde. Die Waisenkinder dieses Heimes würden bald den Berg hinunter in das Gebäude in Kigali verlegt werden. Als wir ankamen, wurden wir sofort umringt von Kindern, die «Bonjour!» und «Hello!» riefen. Ich ging herum und versuchte, jedes Kind zu berühren, weil ich wusste, wie dringend sie alle eine liebevolle menschliche Berührung brauchten. Einige lächelten und wollten meine Hand schütteln oder ein kleines Spiel mit mir machen. Andere wieder hielten sich im Hintergrund und waren ruhig. Ich fühlte mich besonders zu einem kleinen Mädchen hingezogen, von dem man mir sagte, dass es Aids habe, und das in der behelfsmäßigen Klinik allein auf seinem Bett saß. Die Kleine war sechzehn Jahre alt – genauso alt wie Windsor –, aber sie sah wirklich nicht älter aus als acht. Ihr Haar war kurz und wuschelig. Und sie hatte lange Finger und schöne, mandelförmige Augen. Eins ihrer Beine war geschwollen und aufgerissen.

Ich setzte mich neben dieses Mädchen, streichelte seine Hand und sagte ihm in meinem gebrochenen Schulfranzösisch, wie hübsch es sei. In dem Wissen, dass Musik oft mehr vermitteln kann als Worte, sang ich «Jesus liebt mich» (Jesus Loves Me) und hoffte, dass die Kleine die Melodie und damit die Botschaft des Liedes wiedererkennen würde. Doch sie hielt ihre Augen auf den Boden gerichtet und zeigte kaum eine Reaktion. Ich erfuhr dann, dass man sie draußen in einem Getreidefeld gefunden hatte, wo sie sich aufgehalten und versteckt hatte. Wer konnte ergründen, was sie vielleicht Furchtbares erlebt oder gesehen hatte? Alles, was sie den Betreuern sagte, war, dass sie nach Kigali gehen wollte, um dort zu sterben. Als ich sie verließ, musste ich weinen, und es tat mir im Herzen weh. Einige Tage später sagte man mir, dass sie gestorben sei.

Inzwischen war meine Informationsreise fast zu Ende, und ich sollte weiterreisen nach Kenia, wo meine Begleiter und ich auf eine Safari gehen wollten. Aber ich dachte noch einmal darüber nach, ob ich Ruanda wirklich verlassen sollte. Wir hatten nämlich erfahren, dass der Zeitplan für den Umzug der Waisenkinder von Rutare in die ehemalige Landwirtschaftsschule in Kigali vorverlegt worden war. Und ich hatte den Eindruck, dass ich den Mitarbeitern an diesem Projekt meine Kraft und meinen vollen Einsatz anbieten sollte. Also erkundigte ich mich bei den zuständigen Leuten, ob ich dort bleiben könnte, und sie nahmen mein Angebot gerne an. Ich gratulierte mir sogar noch selbst zu meinem Opfer!

An dem Tag jedoch, als meine Reisebegleiter nach Nairobi aufbrachen, war jedes Gefühl der Selbstzufriedenheit gewichen. Befürchtungen stiegen in mir auf, und ich wünschte fast, meinen Plan noch ändern zu können. Natürlich konnte ich das nicht. Es war zu spät. Und ich fragte mich, ob die Mitarbeiter von Samaritan's Purse schlussendlich der Tatsache, dass ich mich ihnen anschließen würde, genauso mit Sorge entgegensahen. Schließlich war ich die Schwester des Chefs. Außerdem die Tochter von Billy Graham. Doch ich krempelte die Ärmel hoch und war entschlossen, mich in die Gemeinschaft einzufügen. Ich lieh mir alte Arbeitskleidung, stieg hinten auf den Landrover und machte mich mit den anderen auf den Weg zum Gelände der Landwirtschaftsschule.

Die Mitarbeiter nahmen mich sehr schnell mit hinein in ihre Bemühungen, das Gelände, das noch in einem fürchterlichen Zustand war, für den Umzug vorzubereiten. Dazu mussten wir Blut und Leichenteile entfernen und den Dreck von Jahren wegputzen. Ich säuberte Küchen und Toiletten, fegte Schmutz beiseite und hoffte, auf diese Weise wenigstens einen Teil meines Entsetzens mit wegfegen zu können. Wir wollten dieses Gelände und das Haus ja zu einem passenden Ort für verlorene und verängstigte Kinder machen. Und so setzten wir am Ende auf jedes Bett ein Stofftier und hängten bunte Bilder an die Wände. Wir taten, was in unserer Macht stand.

Nach dem Abendessen trafen sich gewöhnlich einige von uns etwas abseits der Gruppe an einem ruhigen Platz oder im Wohnzimmer unseres Hauses und sprachen darüber, was wir an diesem Tag getan hatten. Jemand nahm eine Gitarre, andere fingen an, Tischtennis zu spielen. Lachen und herumalbern half uns, ein Gegengewicht zu den schlimmen Erlebnissen des Tages aufzubauen. Außerdem hatten wir Zeiten für Gebet und Bibellesen. Ich hatte großen Respekt vor diesen Leuten, die so hart arbeiteten und so intensiv spielten. Sie kamen aus allen Lebensbereichen. Viele von ihnen waren begabte medizinische Fachkräfte, die zu Hause viel hätten verdienen können. Hier waren sie mit Tod, Angst, Terror und dem Bösen in seiner schlimmsten Form konfrontiert. Weil Gott sie dazu berufen hatte, leisteten sie schwere körperliche Arbeit, was ihnen keinerlei Ehre einbrachte. Für sie gab es keine Ferien. Und keine Anerkennung.

Die Schrecken, die sich auf dem Gelände der landwirtschaftlichen Schule ereignet hatten, überstiegen meine Vorstellungskraft, und ich versuchte die Gedanken daran zu verdrängen. Aber nachts, ohne Elektrizität, wurde unser Haus stockdunkel. Und dann fing ich an, mir die Gräueltaten vorzustellen. Auch in meinem Zimmer hing noch immer ein hauchfeiner Geruch des Todes, der durch die frische Farbschicht auf den Wänden nicht hatte vertrieben werden können. Denn auch unser Haus war ursprünglich angefüllt gewesen mit verrottenden menschlichen Körpern.

Während ich so dalag, wurde ich oft unruhig und ängstlich. Dann fiel mir ein Bibelvers wieder ein, den ich als Kind gelernt hatte: «Ich kann ruhig schlafen, auch wenn kein Mensch zu mir hält, denn du, Herr, beschützt mich» (Psalm 4,9). Jede Nacht wiederholte ich mir diesen Vers wieder und wieder, damit ich einschlafen konnte.

Was hat Gott mich durch diese Erfahrungen in Ruanda gelehrt? Ich hatte meinen Schreibtisch-Job verlassen für eine kurze Abenteuerreise. Ich hatte bei meiner Abfahrt von zu Hause gewusst, dass die kommenden Erfahrungen mich tief bewegen würden. Und so war es auch. Die Realität, der ich mich in Ruanda gegenübersah, war unglaublich rau und brutal. Ich werde diese Eindrücke niemals vergessen.

Aber ich wurde auch mit Bereichen meines Lebens konfrontiert, in denen Veränderung nötig war. Ja, die Ereignisse des vergangenen Jahres hatten mich zerbrochen – ich hatte gelitten. Doch nun spürte ich, dass Gott mir aufdeckte, wie oberflächlich meine Perspektive war. Meine Kurz-Informationsreise löste in mir die Frage aus, was ich eigentlich mit meinem Leben vorhatte, welche Entscheidungen ich getroffen hatte und was für mich überhaupt wichtig war und warum.

Nach und nach begann ich über die Grenzen meines bisherigen Lebens hinaus zu denken. Während ich daran arbeitete, das Blut von den Wänden des künftigen Waisenhauses zu entfernen, merkte ich, dass ich mich nicht länger nutzlos fühlte. Meine hausfraulichen Fähigkeiten konnten schließlich doch einem guten Zweck dienen. Vielleicht hatten mein Leben und meine Arbeit als Ehefrau und Mutter mich darauf vorbereitet, in einer bestimmten Rolle wirksam zu sein. Ich überlegte sogar, ob ich nicht in ein Entwicklungsland ziehen und dort eine Stelle als Hausmutter für ein Mitarbeiterteam von Samaritan's Purse annehmen könnte. Langsam fing ich an, mich selbst als einen Menschen zu sehen, der für sich allein stehen, seine eigene Last tragen und sich auf seine Intuition verlassen konnte. Das war ein langsamer Prozess, aber ich bekam einen wichtigen Eindruck davon, was es wohl bedeutete, als Person heil zu sein und authentisch zu leben.

Auf dem Rückweg von Ruanda nahm ich mir vor, mit größerer Entschiedenheit nach dem Willen Gottes für mein Leben zu fragen. In einem neuen, tieferen Sinn wurde mir deutlich, dass es in meinem Leben nicht um mich ging. Ich war geschaffen, um an etwas teilzuhaben, das größer war als ich selbst. Und ich überlegte tatsächlich, ob diese Erkenntnis nicht die Tür zu einem authentischen Leben sein konnte. Ich würde meine wahre Identität nicht dadurch finden, dass ich mich nach innen kehrte, sondern dadurch, dass ich mein Leben losließ und es in das Leben anderer Menschen investierte. Hatte nicht Jesus genau das getan? In der Bibel steht über ihn: «[Er] entäußerte sich selbst und nahm Knechtsgestalt an» (Philipper 2,7; Luther).

Ich erkannte, dass ich lernen musste, meinen Blick von mir selbst zu lösen, meine Bequemlichkeit zu überwinden und für die da zu sein, die mir nicht unbedingt etwas zurückgeben konnten.

Nicht nur, weil das für meine Erholung von den schlimmen Ereignissen meines Lebens entscheidend war, sondern auch, weil ich durch dieses Handeln eine Antwort auf die Frage nach meiner Identität finden würde.

Was sollte ich also tun, als ich wieder zurück in Virginia war? Meine eigenen Pläne für mein Leben waren immer wieder gescheitert, aber es war nicht zu spät, mich an das anzuschließen, was Gott tat. Denn ich wusste, dass ich anderen voller Barmherzigkeit und Hingabe dienen konnte, wenn Gott mir nur zeigte, was ich anpacken sollte. Ich wollte gerne andere Menschen, die großen Schmerz erleben müssen und zerbrochen sind, mit derselben Gnade berühren, die Gott mir geschenkt hatte, als ich selbst so tief im Leid steckte und zerbrochen war.

Doch wohin sollte ich mich wenden? Wem konnte ich dienen, und auf welche Weise sollte ich es tun? Tatsächlich dauerte es dann nicht lange, bis ich auf diese Fragen eine Antwort erhielt. Die Antwort war unübersehbar – und ich musste, wie sich herausstellte, nicht einmal weit gehen, um sie zu finden.

Gedanken für schwere Zeiten

- Wie würden Sie selbst die Frage nach Ihrer Identität («Wer bin ich?») beantworten?
- Betrachten Sie einmal die Bezeichnungen, mit denen Sie Ihre Identität beschreiben. Vermitteln diese Etiketten Ihnen wirklich das Gefühl, wichtig zu sein? Oder sehnen Sie sich nach mehr? Bitten Sie doch Gott, dass er Ihnen zu begreifen hilft, was es für Sie bedeuten kann, authentisch zu leben.
- Haben Sie vielleicht den Eindruck, dass Ihre Identität nur aus Versagen, Unzulänglichkeiten und Fehlern besteht? Dann lassen Sie sich von Gott zeigen, wie er Sie sieht. Er liebt Sie, und er verurteilt Sie nicht.
- Würden Sie Ihr Leben gerne gegen das eines anderen Menschen eintauschen? Begehren Sie das, was andere haben? Wenn ja, bitten Sie Gott, Ihnen zu vergeben und Ihnen zu helfen, an dem Platz zufrieden zu sein, wo Sie sich gerade befinden.
- Sind Sie sich unsicher, ob Sie ein Kind Gottes sind? Wenn ja, dann kann Ihnen der Abschnitt unter der Überschrift «Willkommen zu Hause» am Schluss dieses Buches bestimmt weiterhelfen. Dort erfahren Sie, wie Sie ein Mitglied der Familie Gottes werden können.

Wenn Sie helfen wollen

- Kämpft einer Ihrer Lieben mit einem negativen Selbstbild? Dann erinnern Sie sich daran, dass letztlich Gott für die Heilung dieser Person verantwortlich ist. Und erkennen Sie vor Gott Ihre eigene Unzulänglichkeit – Sie sind lediglich sein Werkzeug.
- Verbringen Sie Zeit im Gebet, bevor Sie Zeit mit der Person verbringen. Und beten Sie, dass dieser Mensch offen wird für das heilende Handeln Gottes. Bitten Sie Gott, Ihnen zu zeigen, wie Sie die Person ermutigen können. Und achten Sie darauf, wie Gott Sie führt.
- Beten Sie darum, dass Gott das Herz dieses Menschen vorbereitet, damit dieser Ihre Ermutigung aufnehmen kann. Und dass er ihm das Verständnis öffnet für die Wahrheit des Wortes Gottes.
- Machen Sie sich selbst klar, dass die Abhängigkeit von Gott, dem Schöpfer, der Schlüssel dazu ist, Menschen so zu helfen und sie so zu lieben, dass es wirklich bei ihnen ankommt.

Bibelvers zum Thema

Denn in ihm wohnt die ganze Fülle der Gottheit leibhaftig, und an dieser Fülle habt ihr teil in ihm ... (Kolosser 2,9–10; Luther)

Impuls

Ein positives Selbstbild umfasst mindestens drei Aspekte: ein Empfinden der Zugehörigkeit, ein stabiles Selbstwertgefühl und ein Bewusstsein der eigenen Kompetenz. Alle drei finden wir in Christus. In ihm haben wir alles, was wir brauchen, um ganz wir selbst zu sein.

11

Noch mehr Prüfungen? Hört das denn nie auf?

In der Dunkelheit Gott vertrauen

Windsor und ich saßen eines Nachmittags nebeneinander auf meinem Bett. Es war November, und die Reise nach Ruanda lag nun schon einige Monate zurück. Der herrliche Herbst in den Blue Ridge Mountains war vorbei, die Luft war jetzt kalt. Meine Tochter war in mein Zimmer gekommen, um mit mir zu reden. So genossen wir einige wertvolle Augenblicke, in denen wir relativ friedlich zusammensaßen.

Den ganzen Sommer über hatten wir uns nämlich sehr anstrengen müssen, um miteinander auszukommen. Windsor war jetzt sechzehn und ging mit einem jungen Mann aus. Ich machte mir Sorgen wegen dieser Beziehung und hoffte, sie würde den normalen Gang gehen. Doch die beiden schienen immer mehr Zeit zusammen zu verbringen, und Windsor kam nach ihren Treffen erst sehr spät nach Hause. Ich sagte ihr, sie solle die Zeit mit ihrem Freund begrenzen, und in der Folge kam es zu Hause zu riesigen Spannungen.

Ich unternahm alles, was ich konnte, um die Situation unter Kontrolle zu bekommen. Ich schränkte Windsors Freiheiten ein und erteilte ihr Ausgehverbot. Ich schrie und weinte, betete und bettelte. Dann versuchte ich, alte Familiengewohnheiten wiederzubeleben, und setzte morgens vor der Schule eine Zeit für Bibellesen und Gebet fest, um dadurch unseren Tagen etwas mehr Regelmäßigkeit zu verleihen. In dieser Zeit erhielten wir außerdem weiterhin seelsorgerliche und therapeutische Hilfe. Aber fast nichts von dem, was ich tat, schien einen positiven Effekt auf unsere Beziehung zu haben, die scheinbar völlig verkorkst war. Und ich machte auch nicht alles richtig.

Jetzt aber saß ich mit Windsor auf meinem Bett, und wir redeten. Ich war dankbar für diese Pause in unserem Dauerkonflikt, doch ich machte mir echte Sorgen um meine Tochter. Sie schien ständig müde zu sein, und ihre Stimmungen schwankten häufiger als sonst. Ich hatte so meinen Verdacht. Einer Freundin hatte ich meine Befürchtungen bereits anvertraut, aber noch keine Schritte unternommen, um eine Bestätigung dafür zu erhalten. An diesem Nachmittag jedoch machte Windsor selbst meinen Spekulationen ein Ende. In einer Pause unseres Gesprächs wandte sie sich zu mir, und ich sah deutlich die Angst in ihren blauen Augen: «Mutti», sagte sie und fing an zu weinen. «Ich glaube, ich bin schwanger.»

Das sind genau die Worte, die alle Eltern mit einer Tochter im Teenageralter fürchten. Ich bemühte mich, liebevoll zu reagieren und Windsor zu beruhigen. Ich nahm sie in den Arm und sagte ihr, dass alles gut werden würde, obwohl ich selbst längst nicht so zuversichtlich war. Ich versuchte einfach in ihrem Interesse meine Fassung zu bewahren. Aber im Grunde hatte ich keine Ahnung, was ich fühlen oder tun sollte. Die Angst packte mich, als ich anfing, darüber nachzudenken, was uns noch bevorstand. Vor allen Dingen wollte ich natürlich meine Tochter beschützen. In meinem Kopf wimmelte es von Fragen und Unsicherheiten: Wie würden wir das überstehen? Was würden andere denken? Und konnte Windsor mit dieser Situation fertig werden? Dann fragte ich mich, wie wir das Ganze wohl ihrem Vater sagen konnten und wie sich schließlich der junge Mann, mit dem Windsor befreundet war, verhalten würde.

An diesem Abend nach dem Gespräch mit Windsor kroch ich erschöpft ins Bett und schlug mein Andachtsbuch «Daily Light» auf. Dort stand: «Unser Herr, von dem aller Friede kommt, schenke euch seinen Frieden immer und überall» (2. Thessalonicher 3,16). Dazu: «Und Gottes Friede, der all unser Verstehen übersteigt, wird eure Herzen und Gedanken im Glauben an Jesus Christus bewahren» (Philipper 4,7). Und dann noch: «Auch wenn ich nicht bei euch bleibe, sollt ihr doch Frieden haben. Meinen Frieden gebe ich euch» (Johannes 14,27).

Wie konnte Gott mir in meiner Situation Verse über Frieden geben, fragte ich mich. Meiner Ansicht nach hätte ich eher Versicherungen der Hilfe Gottes gebraucht. Wo waren denn die Bibelverse, in denen es darum ging, dass Gott auch in schlimmen Prüfungen bei uns ist? Natürlich wusste ich ganz tief in mir, dass es gerade Gottes Frieden war, den ich jetzt nötig hatte. Denn nur Gott wusste, was auf mich zukommen würde. Wenn ich diesen schweren Weg bestehen sollte, dann würde ich Frieden brauchen. Übernatürlichen Frieden. Also sagte ich mir, dass Gott Windsor und mich ja viel besser kannte als ich, und ich kehrte wieder einmal zu den grundlegenden Wahrheiten zurück, die ich zu meinem Fundament gemacht hatte: Gott liebt uns, er wird uns führen, und er wird aus unserer Situation etwas Gutes entstehen lassen. Er würde das jetzt auch bei uns tun müssen. Denn ich war damit vollkommen überfordert.

Nachdem Windsor ihre Angst ausgesprochen hatte, verfiel ich in einen traumähnlichen Zustand der Passivität. Ich fühlte mich nicht besonders gedrängt, Windsor schnell zu einem Arzt zu bringen, um einen Schwangerschaftstest durchführen zu lassen. Es war ja so viel einfacher, die Wahrheit nicht zu kennen. Verleugnung ist eine wunderbare Sache! Vielleicht hoffte ich unbewusst, dass sich das Problem von selbst erledigen würde. Oder ich wartete einfach ab, bis sich meine aufgescheuchten Gefühle wieder beruhigt hatten.

Wie auch immer, eine Freundin, die Psychologin ist, sorgte schließlich dafür, dass ich aus meiner Benommenheit erwachte. Sie riet mir dringend, sofort mit Windsor zum Arzt zu gehen. Falls Windsor schwanger sei, sagte sie, müssten wir uns damit auseinander setzen und aktiv werden.

Am nächsten Tag holte ich Windsor von der Schule ab und sagte ihr, wir hätten einen Termin beim Arzt. Sie wollte nicht hingehen. Denn solange wir beide das Geheimnis unter uns hüteten, konnten wir die Illusion der Normalität aufrechterhalten. Den Kreis zu erweitern erschien als Bedrohung. Windsor leistete ziemlichen Widerstand, stieg aber am Ende doch zu mir ins Auto. Beim Doktor erhielten wir die Nachricht, die wir befürchtet hatten: Der Schwangerschaftstest war positiv. Windsor sank in meine Arme und weinte bitterlich. Und ich hielt meine Tochter fest, wollte sie vor den unvermeidbaren Folgen ihrer Situation schützen und wusste doch, dass ich das nicht konnte. Mir war klar, dass unser Leben sich für immer verändern würde.

Gott auch in der Dunkelheit vertrauen

Angesichts der Schwangerschaft meiner Tochter fühlte ich mich komplett hilflos. Denn auf eine solche Herausforderung war ich einfach nicht vorbereitet. Hatte ich nicht gerade erst begonnen, mich von den Folgen meiner eigenen Fehler zu erholen? Wann würde das Leben endlich wieder leichter werden?, fragte ich mich. Trotzdem hatte ich gar nicht die Zeit, mich lange bei diesen Gedanken aufzuhalten oder Gott immer wieder neu zu fragen, warum das denn jetzt sein musste. Stattdessen war es in dieser Situation wichtig, dass ich mich um Windsor kümmerte. Denn hier ging es nicht um mich, sondern meine größte Sorge galt meiner Tochter.

Für einen kurzen Moment dachte ich auch daran, was andere wohl zu einer Teenager-Schwangerschaft in der Familie von Billy Graham sagen würden. Aber ich habe mich nie für Windsor geschämt. Ich liebte sie, sie war mein Kind. Ja, sie hatte Fehler gemacht, aber das Gleiche galt für mich. Weniger als ein Jahr zuvor war ich selbst, zerbrochen über meiner Sünde und bloßgestellt, zu meiner Familie nach Hause geflüchtet. Und jetzt befand sich meine Tochter in derselben Lage. Ich wollte sie so aufnehmen und ihr das «Willkommen zu Hause» zusprechen, wie Gott es mir durch andere Menschen zugesprochen hatte. Jetzt war ich dran, die Rolle des Vaters in der Geschichte vom verlorenen Sohn zu spielen.

Obwohl ich in dieser schweren Zeit für meine Tochter sicher nicht die beste Mutter war, habe ich mich doch sehr bemüht, sie zu unterstützen und all das zu tun, von dem ich meinte, dass es am besten für sie sei. Wir hatten keine einfache Zeit zusammen. Oft gewann ich den Eindruck, dass ich meine Entscheidungen mehr aus dem Bauch heraus traf. Zwar versuchte ich, mich über das Thema «ungeplante Schwangerschaft» kundig zu machen, aber das meiste lernte ich doch nebenbei. Ich machte außerdem die Erfahrung, dass ich eigentlich nur das Nächstliegende zu tun hatte in dem Vertrauen, dass Gott mich als Windsors Mutter gebrauchen würde. Manchmal fühlte ich mich allerdings furchtbar unfähig. Und oft schien mein Glaube gerade mal die Stärke von Papier zu haben.

Der vielleicht schwierigste Aspekt der Situation war die Erkenntnis, dass ich den Schmerz meines Kindes nicht wegnehmen konnte. Ich konnte meiner Tochter beistehen, aber ich konnte nicht die Bürde der Verantwortung für ihre Lage übernehmen. Es fiel mir schwer, diese Realität zu akzeptieren. Ich liebte Windsor so sehr, sah ihre Begabungen, die Schönheit ihrer Person und ihr ganzes Potenzial. Und natürlich verspürte ich den tiefen Wunsch, ihr den Schmerz abzunehmen. Ich wollte ihre Last tragen. Aber ab einem bestimmten Punkt konnte ich einfach nichts mehr tun, um ihr Erleichterung zu verschaffen. Schon vor ihrer Geburt und seitdem noch viele Male hatte ich Windsor der Fürsorge Gottes anbefohlen. Würde ich ihm auch jetzt vertrauen können, wo ich wirklich nicht mehr erkennen konnte, wie es für sie weitergehen sollte? War ich in der Lage, Gott auch in der Dunkelheit zu vertrauen?

Ich fand bald heraus, dass die Entscheidung, Gott in Bezug auf Windsor zu vertrauen, und das dann auch tatsächlich zu tun, zwei verschiedene Paar Schuhe waren. Sicher wollte ich in dieser entscheidenden Phase das Wirken Gottes im Leben meines Kindes nicht behindern. Mir wurde klar, dass ich in einigen Bereichen meine Kontrolle aufgeben musste, damit Gott seinen Einfluss auf Windsor geltend machen konnte. Das Vertrauen zu Gott schien tatsächlich wesentlich zu sein, wenn es darum ging, die Rolle des Vaters in der Geschichte des verlorenen Sohnes auszufüllen (wenn man ihn mal als irdischen Vater betrachtet). Welches Vertrauen muss er schließlich aufgebracht haben, als sein Sohn weit weg in einem fremden Land ein verschwenderisches und lasterhaftes Leben führte! Unter diesen Umständen war der Vater geradezu gezwungen, seinen Sohn mehr noch als je zuvor Gott anzuvertrauen. Er musste loslassen. Es blieb ihm gar nichts anderes übrig.

Aber für Eltern ist das Loslassen keine einfache Aufgabe. Meine Mutter ist mir in dieser Hinsicht die ganzen Jahre über ein wunderbares Vorbild gewesen. Sie hat mich mit meinen Problemen wahrscheinlich auf ähnliche Weise betrachtet wie ich Windsor. Sie sah meine Begabung, das Schöne in meiner Person und mein ganzes Potenzial. Sie liebte mich so sehr. Es muss hart für sie gewesen sein, zuzusehen, wie plötzlich alles in meinem Leben auseinander fiel, aber sie vertraute mich der Fürsorge Gottes an. Natürlich nahm sie weiterhin Anteil an meinem Leben, und natürlich lag ihr mein Wohlergehen am Herzen, aber sie ließ mich auch meinen eigenen Weg finden.

Windsor loszulassen bedeutete für mich, mitzufühlen, aber dennoch gleichzeitig dafür zu sorgen, dass meine Tochter die Verantwortung für ihren Fehler übernehmen konnte. Ich musste mich zurücknehmen, um Gott die Möglichkeit zum Handeln zu geben.

Es war wichtig, dass ich Windsor den Freiraum ließ, in dem sie ihr Verhalten bereuen konnte. Denn ohne echte Reue würde es auch keine wirkliche Heilung geben.

Als der Vater im Gleichnis vom verlorenen Sohn sich über die Rückkehr seines Sohnes freut, bezieht sich das nicht nur auf die physische Rückkehr, sondern auch darauf, dass der Sohn in seinem Herzen zurückgekehrt ist. Reue bezeichnet unter anderem diese Rückkehr des Herzens zu Gott. Wenn wir nicht zu ihm zurückkehren, dann verpassen wir sein «Willkommen zu Hause».

Manchmal stellte ich mir die Frage, welche Auswirkungen es für Windsor später haben würde, wenn ich jetzt zu sehr versuchte, diese harte Erfahrung für sie leichter zu machen. Dann erinnerte ich mich an die tiefen Einsichten zur Treue Gottes, die ich in meinen eigenen Leidenszeiten gewonnen hatte – wie ich darum gerungen hatte, zu vertrauen, zu vergeben und zu ertragen. Ich dachte daran, wie sehr diese Erlebnisse meine Beziehung zu Gott vertieft hatten. Und die Heilung meiner Gefühle, die ich damals erlebte, geschah durch diese Nähe zu Gott. Würde ich nun durch mein Eingreifen Windsor der Chance berauben, für sich selbst Gott aus der Nähe kennen zu lernen? Das konnte ich nicht verantworten. Wie meine eigene Mutter mich liebte, so liebte auch ich meine Tochter und half ihr in ihrem Kummer. Aber ich erkannte, dass Windsor sich letztlich selbst vor Gott mit den Folgen ihres Fehlverhaltens und ihrer Sünde auseinander setzen musste.

Gott die Zügel überlassen

In meinem Bemühen, mich als Elternteil Windsor gegenüber ausgewogen zu verhalten, passierten mir unausweichlich Fehler. Wieder versuchte ich im Dunkeln meinen Weg zu finden und nahm dabei einige falsche Abzweigungen.

Sobald wir definitiv wussten, dass Windsor schwanger war, arrangierte ich verschiedene Treffen mit anderen, auch mit dem Vater des Kindes, um herauszufinden, wie wir jetzt vorgehen sollten. Eines dieser Treffen, diesmal mit Ted und einigen Leitern aus der Gemeinde, wurde für Windsor ganz besonders schwierig – im Grunde genommen war es für sie eine furchtbare Qual –, und ich bereute es zutiefst, die Zusammenkunft überhaupt angestoßen zu haben.

Ursprünglich hatte ich gehofft, dass das Treffen Windsor helfen würde, besser zu verstehen, welch großen Stellenwert unsere Reue und unsere Verantwortung gegenüber Gott besitzen. Aber sie musste erst allmählich dahin kommen, ihr Verhalten und seine Konsequenzen zu begreifen, und war gefühlsmäßig noch nicht in der Lage, mit Konflikten irgendwelcher Art umzugehen. Statt sie durch diesen Prozess hindurchzudrängen, hätte ich ihr in ihrem geistlichen Leben weiterhelfen sollen, bis sie stark genug geworden war. Vielleicht tat ich damals einfach das, wovon ich meinte, dass meine Gemeindeleiter es von mir erwarteten. Ich folgte meinen eigenen Annahmen darüber, was andere für das Beste hielten, statt auf Gott oder auch auf mein eigenes Gespür zu vertrauen.

Noch schlimmer für Windsor war, dass der junge Mann, der der Vater ihres Kindes war, sich bei jenem Treffen praktisch jeder Verantwortung für das Kind entzog und Windsor so noch mehr demütigte. Da stand sie nun mit sechzehn, musste mit der Schwangerschaft zurechtkommen, mit dem jähen Ende ihrer Kindheit und einer schmerzlich ungewissen Zukunft – und jetzt auch noch mit dem Kummer und der Scham, vom Vater des Kindes zurückgestoßen zu werden. Das alles war so unfair. Ich litt mit meiner Tochter, die unter dem, was ihr da widerfuhr, zusammenzubrechen schien. Und ich bedauerte so sehr, was ich ihr zugemutet hatte, und befürchtete, ihr großen Schaden zugefügt zu haben.

In den Tagen nach diesem Erlebnis gerieten Windsor und ich häufig aneinander. Ich ließ ihr mehr durchgehen als normal, weil ich ja wusste, dass sie sehr verletzt war. Sie hatte auch so schon genug Gründe, sich an den falschen Stellen nach Liebe umzusehen. Ich wollte ihr jedenfalls nicht noch einen weiteren liefern. Trotzdem hatten wir einige lichtere Momente zusammen. Am Heiligabend beispielsweise machte ich für die Kinder ein üppiges Abendessen mit Roastbeef, das Windsor allerdings gleich wieder erbrechen musste. «Was für eine Geldverschwendung», neckte ich sie. Die ganze Szene war noch nicht vorüber, da konnten sich alle drei Kinder vor Lachen kaum noch halten. Ihre Ausgelassenheit fing ich auf einem Foto ein. Dass ich solche Augenblicke genießen konnte, wie sie sich gerade ergaben, dafür sorgte ich jetzt. Denn in dieser Zeit war das Lachen bei uns rar geworden.

In der Zwischenzeit sprachen Windsor und ich über die Möglichkeit, sie für den Rest ihrer Schwangerschaft in einem Heim für ledige Mütter unterzubringen. Sie wollte nicht gehen, aber in diesem Punkt versuchte ich, mich wirklich einmal auf meinen Instinkt zu verlassen. Ich war nämlich fest davon überzeugt, dass Windsor zum Schutz ihrer Gefühle und im Hinblick auf ihr allgemeines emotionales Wohlbefinden unser Tal verlassen sollte. Insbesondere glaubte ich, dass es besser für sie wäre, möglichst weit vom Vater ihres Kindes entfernt zu sein.

Ich sagte Windsor, wie sehr ich sie liebte und unterstützte. Aber ich machte ihr auch klar, dass ich ihre Mutter sein wollte, nicht ihr Gefängniswärter. Und ich versicherte ihr, dass das Leben für sie jetzt nicht vorbei war. Die Schwangerschaft stellte lediglich einen Einschub dar. Danach konnte sie wieder nach Hause zurückkommen, und wenn sie mit ihrem Schulstoff weitermachte, wie wir es geplant hatten, würde sie im folgenden Jahr zusammen mit ihrer Klasse den Abschluss machen.

Meine Nachforschungen führten mich zu einem Heim für unverheiratete Mütter in Florida. Windsor war schließlich einverstanden, dass ich sie dorthin bringen würde, aber nur unter der Voraussetzung, dass sie nicht bleiben musste, wenn es ihr nicht gefiel. Als wir ankamen, schien es klar, dass dieses Heim das Richtige war, und unter großem Druck meinerseits war Windsor bereit, dort einzuziehen. Ich half ihr, sich einzurichten, und verließ danach das Gelände, obwohl es mir dabei förmlich das Herz zerriss. Tatsächlich verließ ich sogar Florida, denn mir war völlig klar: Falls ich in der Gegend blieb, um zu sehen, wie sich Windsor einlebte, würde sie versuchen, irgendwie aus dem Heim herauszukommen. Und ich würde ihr schließlich nachgeben.

Doch beinahe sofort meldete Windsor sich bei mir und bat eindringlich, nach Hause kommen zu dürfen. Sie war unglücklich, und unsere Gespräche diesbezüglich verliefen alle gleich. Dann überlegten Ted und ich, ob wir sie in ein anderes Wohnheim bringen könnten, aber es ergaben sich keine wirklich realistischen Alternativen. Zögernd machte ich Windsor deutlich, dass sie dableiben musste. Ich machte mir Sorgen um sie, denn ich wusste, dass sie sich verlassen und allein fühlte. Aber es schien sehr unklug und nicht zu ihrem Besten, sie zu Hause in unserem Tal wohnen zu lassen. Ich war völlig außer mir vor Kummer und sah einfach nicht mehr, was ich tun sollte.

Doch in dieser Phase kam es zu einem völlig unerwarteten Durchbruch. Im Frühling besuchte ich in Philadelphia eine Überraschungs-Geburtstagsfeier für zwei gute Freunde, die ich zum ersten Mal in den Anfangsjahren meiner Ehe mit Ted getroffen hatte. Eine kleine Gruppe des Freundeskreises aus dieser Zeit pflegte noch immer enge Beziehungen. Am Tag des Geburtstags fuhr ich nach Philadelphia und kam gerade noch rechtzeitig an, um mich wie die anderen in der ersten Etage des Hauses für die Überraschung zu verstecken. Schon bald darauf waren meine Freunde und ich wieder auf die gewohnt angenehme Weise ins Gespräch vertieft. Ich ergriff die Gelegenheit, die sich mir in diesem geschützten Umfeld bot, und erzählte meinen Freunden die Einzelheiten der Situation, in der sich Windsor befand, und meinen Kummer deswegen. Die meisten der Frauen hatten mir schon in mancher Krise zur Seite gestanden, so dass ich wusste, dass sie mich auch jetzt unterstützen würden. Wie sich herausstellen sollte, hatte ich allerdings keine Vorstellung, wie groß die Unterstützung tatsächlich sein würde.

Die Frau, die die Geburtstagsparty organisiert hatte, war Sara Dormon. Zwar hatte ich Sara schon vorher über meine Freunde kennen gelernt, aber wir waren nicht viel mehr als Bekannte, und ich wusste fast nichts über ihren Hintergrund. Als wir beim Mittagessen miteinander sprachen, erklärte mir Sara, dass sie schon seit zwanzig Jahren immer wieder schwangere junge Frauen in ihr Haus aufgenommen hatte. Sie war klinische Psychologin und stand den jungen Frauen, die ungeplant schwanger wurden, mit Rat und Fürsprache zur Seite und gab ihnen die Unterstützung, die sie brauchten. Sara stellte mir einige kenntnisreiche Fragen zu Windsor und gab mir hilfreiche Anregungen. Als ich später wieder zurück nach Virginia fuhr, fühlte ich mich ermutigt, fast hoffnungsvoll.

Ermutigung war jedoch nicht das Einzige, was mir durch die Verbindung mit Sara zufloss. Eine Woche nach der erwähnten Geburtstagsfeier rief sie mich zu Hause in Virginia an und konfrontierte mich mit der unglaublichen Frage: «Würdest du darüber beten, ob du Windsor zu mir schicken sollst, damit ich sie während der Schwangerschaft begleiten kann?»

Ich war erschrocken, überwältigt, dankbar und sprachlos zugleich. Eine Frau, die ich nur sehr flüchtig persönlich kennen gelernt hatte, zeigte mir gegenüber eine solch unglaubliche Großzügigkeit, und das genau in dem Moment, als ich es am nötigsten hatte. Ich hatte gehört, dass Sara eine außergewöhnliche Frau war, aber ich war doch sehr erstaunt, dass sie – mit ihrem Mann Bill und zwei Söhnen im Teenageralter – bereit war, in so selbstloser Weise für uns da zu sein. Sara bot sich an, Windsor bei sich zu Hause zu unterrichten, so dass sie mit ihrer Klasse an der Highschool in Virginia mithalten konnte. Außerdem würde sie Windsor die Grundlagen der Erziehung und der Finanzplanung beibringen, zusammen mit anderen praktischen Fähigkeiten.

Das Wichtigste war jedoch, dass Sara meiner Tochter bei der Entscheidung helfen würde, ob sie das Baby nun selbst aufziehen oder zur Adoption freigeben sollte. Sara hatte ein ziemlich robustes Temperament, war aber gleichzeitig sehr liebevoll. Sie ging Konflikten nicht aus dem Weg, hatte eine vernünftige, realistische Einstellung und sagte, was sie dachte. Aber ihr Herz war groß genug für die ganze Welt. So schien sie für Windsor das perfekte Gegenüber zu sein.

Nach etwas Gebet und Nachdenken – viel war nicht nötig – gewann ich die Überzeugung, dass Saras Angebot ein Geschenk Gottes war. Er wusste, dass ich mein Bestes tat und dass ich die Herausforderung, die Windsor jetzt bevorstand, nicht allein bewältigen konnte. Windsor brauchte Hilfe, und ich auch. Und Gott zeigte seine Treue, indem er uns diese Hilfe schickte.

Ich merkte, dass Gott mir zur Seite stand, und ich sah, dass er andere benutzte, um mir zu helfen. Ich war nicht allein. Vorher hatte ich fast völlig die Hoffnung verloren, doch jetzt empfand ich Erleichterung und wurde wieder optimistischer. Mit dem Erscheinen Saras in unserem Leben begann ich, den Herausforderungen in der Erwartung zu begegnen, dass Gott sich zeigen würde. Und das hieß, dass ich nun viel eher bereit war, ihm die Zügel in die Hand zu legen. Ein erwartungsvolles Herz, so stellte ich fest, schien das Leben leichter bewältigen zu können.

Wenn Sie jemandem helfen wollen

Vielleicht begleiten Sie gerade einen anderen Menschen durch eine Krise. Wie kommen Sie damit zurecht? Fühlen Sie sich erschöpft und allein gelassen, entmutigt oder erdrückt von all den Problemen? Haben Sie den Eindruck, dass Ihre Bemühungen zu helfen eher planlos und wenig zielgerichtet sind? Ich möchte Sie an dieser Stelle ermutigen. Denn Gott sieht Ihre Anstrengungen sehr wohl. Er freut sich darüber, wenn wir versuchen, Menschen in Not Hilfe zu geben. Auch wenn wir selbst meinen, dass unsere Handlungen nichts bewirken – solange unsere Motive stimmen, freut sich Gott darüber, dass wir etwas tun. Wie es in der Bibel heißt: «Für die

Menschen ist wichtig, was sie mit den Augen wahrnehmen können; ich [Gott] dagegen schaue jedem Menschen ins Herz» (1. Samuel 16,7). Sie können sich sicher sein, dass Gott all das gutheißt, was Sie in Liebe getan haben. Er schaut Ihnen ins Herz. Lassen Sie sich dadurch ermutigen!

Vielleicht brauchen Sie in bestimmten Punkten Weisheit, wo es darum geht, einem Freund oder Verwandten zu helfen. Die Bibel fordert uns auf: «Wenn es jemandem von euch an Weisheit fehlt, soll er Gott darum bitten, und Gott wird sie ihm geben» (Jakobus 1,5). Ihre Gebete werden nicht vergeblich sein. Wenn es Ihnen zuwider ist, immer dieselben Gebete um Weisheit und Leitung zu sprechen, dann bitten Sie doch Gott, dass er Ihnen neue Inspiration schenkt. Unsere Gebete sollen beharrlich sein, aber nicht etwa, weil Gott möchte, dass wir besondere Kunststücke vollführen, bevor er unsere Gebete beantwortet, sondern weil wir immer wieder daran erinnert werden müssen, dass wir ganz von ihm abhängig sind. Diese Abhängigkeit gibt uns Sicherheit. Denn gerade wenn wir uns in unserem Denken von Gott unabhängig machen, laufen wir Gefahr, eine falsche Richtung einzuschlagen.

In dem oben angeführten Zitat aus dem Jakobusbrief werden diejenigen, die um Weisheit beten, aufgefordert: «Betet aber in großer Zuversicht, und zweifelt nicht» (Vers 6). Wenn Ihr Glaube und Ihr Vertrauen im Moment am Versiegen sind, weil Sie erschöpft sind, dann bitten Sie Gott, dass er Ihnen neues Vertrauen schenkt. Es ist einfach so: Wir verlieren in unserer Erschöpfung häufig die Orientierung und vergessen, dass Gott nichts unmöglich ist. Und dann beten wir auch nicht in der Zuversicht, dass ihm nichts unmöglich ist. Wer hätte in meiner Situation damit gerechnet, dass sich aus der Geburtstagsfeier meiner Freunde Antworten auf meine Gebete für Windsor und ihre Not ergeben würden?

Tatsächlich hat sich Gott durch die Menschen bei der Geburtstagsfeier noch um mehr Dinge gekümmert, als ich erzählt habe. Sie werden sehen, er hat noch viel mehr getan. Ich ging währenddessen meinen Aufgaben nach, ohne zu ahnen, dass schon bald etwas von großer Bedeutung geschehen würde. Oft handelt Gott genau in solchen Momenten: wenn wir ganz normal unser Leben leben, unseren Verpflichtungen nachkommen und unsere Aufgaben erfüllen. Daran müssen wir uns wieder erinnern. Denn wenn wir in dem Bewusstsein leben, dass Gott jederzeit das Unmögliche tun kann – dass er in unserer Situation am Werk ist, auch wenn wir ihn nicht sehen oder fühlen –, dann fangen wir auch an, Gott im Leben der Menschen, die uns lieb sind, das Unmögliche zuzutrauen.

Freiheit in der Dunkelheit

Wenn wir anderen helfen, handelt Gott für uns. Nicht nur unseretwegen, sondern letztlich wegen der Menschen, denen wir Hilfe geben sollen. Paulus hat der Gemeinde in Korinth zugesagt: «Er wird euch dafür alles schenken, was ihr braucht, ja mehr als das. So werdet ihr nicht nur selbst genug haben, sondern auch noch anderen von eurem Überfluss weitergeben können» (2. Korinther 9,8). Wenn Gott uns dazu aufruft, anderen zu dienen, dann gibt er uns alles, was wir nötig haben, um im Leben der Menschen, denen wir begegnen, seine Ziele zu erreichen. Indem er Sara zu mir schickte, wollte Gott nicht nur mich persönlich ermutigen, obwohl ich natürlich in der Tat sehr ermutigt wurde. Er dachte an Windsor, für sie wollte er sorgen. Und mein Wissen um Gottes Liebe zu meiner Tochter half mir, darauf zu vertrauen, dass er eingreifen würde. Ich rief mir ins Gedächtnis, dass Gott mir Hilfe schicken würde, weil meine Tochter ihm am Herzen lag.

Außerdem war ich mir sicher, dass Gott einen Plan für Windsors Baby hatte. Hier gab es ein zweites Leben, das auf die Fürsorge Gottes angewiesen war. Meine Sorgen hatten nicht nur mit mir selbst zu tun. Ich durfte zwar durch diese Erfahrung eine Menge lernen und persönlich wachsen. Doch im Glauben wusste ich, dass Gott auch für die anderen Generationen meiner Familie etwas im Sinn hatte. Ich sah nicht, was genau das sein würde, aber ich wusste, dass seine Absichten immer gut waren. Und mir war klar, dass es an mir war, darauf zu vertrauen, dass er unsere Situation so lösen konnte, dass auch die Menschen, die nach uns kommen, davon positiv beeinflusst würden.

Meine eigenen Umstände auf diese Weise zu betrachten war manchmal eine ziemliche Herausforderung. Aber diese umfassendere Sicht auf das, was Gott tat, brachte mir auch größeren Frieden und größeres Vertrauen auf Gott. Ich war dabei zu lernen, dass Gott wirklich die Geschichte in seiner Hand hält. Und indem ich das tat, merkte ich, dass ich ein erfülltes Leben haben konnte, auch wenn mein Leben nicht «einfacher» wurde. Ich konnte dennoch mitten in der Dunkelheit Freiheit erfahren. Ich konnte in der Kraft

Gottes vorwärts gehen. Wie die Bibel über den israelitischen Stamm Asser sagt: «Seine Kraft bleibe ungebrochen, solange er besteht» (5. Mose 33,25). Während ich Windsor in ihren Problemen begleitete, erfuhr ich in vollem Umfang die Wahrheit dieser Aussage.

Vielleicht befinden Sie sich gerade in einer ähnlichen Situation wie Windsor damals. Vielleicht stecken Sie in einer großen Krise. Sie sind wütend auf sich selbst, möglicherweise auch auf Gott. Sie fühlen sich im Stich gelassen und allein. Kann sein, dass Sie meinen, im Moment nicht beten zu können – oder Sie wollen vielleicht auch gar nicht beten. Ich möchte Ihnen Mut machen, Gott gegenüber ehrlich zu sein. Ihm ist es wichtig, wie es um Sie steht. Sie können wirklich mit ihm reden und ihn bitten, dass er sich Ihnen offenbart. Rufen Sie zu ihm, und sagen Sie ihm, wie es Ihnen geht. Er hört Sie, und er will sich Ihnen offenbaren.

Bitten Sie Gott, Ihnen zu zeigen, wie seine Hilfe Sie auf vielen verschiedenen Wegen erreicht, oft durch andere Menschen. Denn Gott gebraucht Menschen als Werkzeuge, um uns das zu geben, was wir nötig haben. Unter Umständen fällt es Ihnen manchmal schwer, so sehr von anderen abhängig zu sein. Wir sind meistens schnell frustriert angesichts unserer Unfähigkeit, die Dinge selbst zu regeln. Aber Sie sollten sich klarmachen, dass Sie durch das Abhängigsein von anderen lernen, sich ganz von Gott abhängig zu machen. Wieder müssen wir uns vor Augen halten, dass die Abhängigkeit von Gott für uns Sicherheit bedeutet. Und deshalb ist es gut für uns, auf jede mögliche Weise diese Abhängigkeit einzuüben. Versäumen Sie nicht Ihre Chance dazu! Während Sie es zulassen, dass Sie etwas von anderen empfangen, denken Sie daran, dass Sie letztlich aus Gottes Hand empfangen. Er ist die Quelle. Und statt der Enttäuschung über Ihre Situation nachzugeben, öffnen Sie Ihr Herz und danken Sie Gott dafür, dass er Ihr wahrer Helfer ist.

Sie können Gott auch bitten, dass er sich Ihnen in Ihrer jetzigen Situation als ein Gott zeigt, der das Unmögliche tun kann. Er ist wirklich in der Lage, zu jedem Zeitpunkt alles nur Erdenkliche zu tun, um Ihnen das zu schenken, was Sie in Ihrer momentanen Krise gerade so dringend brauchen. Glauben Sie das? Glauben Sie grundsätzlich, dass Gott Ihnen helfen will? Manchmal haben wir Schwierigkeiten, daran festzuhalten, dass er uns wirklich helfen will, besonders wenn wir lange Zeit leiden mussten. Dann verlieren wir häufig unser Vertrauen und fragen uns, ob Gott wirklich den Wunsch hat, uns wiederherzustellen. Wir sind wütend, verletzt und verbittert.

Ich schlage vor, dass Sie jetzt einen Moment zur Ruhe kommen, um für Ihren Glauben zu beten – um Gott zu bitten, dass er Ihren Glauben und Ihr Vertrauen stärkt. Sagen Sie ihm, dass Sie ihm vertrauen wollen, dass Sie jedoch im Dunkeln sitzen und seine Hilfe brauchen, um überhaupt vertrauen zu können. Wenn Sie mit Gott über Ihre Gefühle reden, werden Sie in der Abhängigkeit ihm gegenüber wachsen. Und das ist ja unser Ziel: Gott so vollständig zu vertrauen, dass wir seine Nähe in dunklen Zeiten noch intensiver erfahren.

Erleben, wie Gott für uns sorgt

Als ich Windsor anrief und ihr von Saras Angebot erzählte, musste sie nicht lange darüber nachdenken. Sie kam von Florida nach Hause, und dann fuhren wir zusammen in den Norden nach Philadelphia. Die Familie Dormon stellte Windsor eine gemütliche kleine Wohnung zur Verfügung: Sie hatte im Erdgeschoss ihr eigenes Zimmer mit Toilette. Die beiden Söhne der Dormons behandelten Windsor wie ihre Schwester. Meine Tochter schien sich schnell an die neue Umgebung zu gewöhnen, und sobald sie sich eingelebt hatte, fing sie gemeinsam mit Sara an, sich auf die Ankunft ihres Babys vorzubereiten.

Während der Schwangerschaft überlegte Windsor hin und her, ob sie ihr Baby zur Adoption freigeben sollte – eine schwere Entscheidung für jede Mutter und erst recht für einen Teenager, dessen Gefühle und Wünsche von Tag zu Tag schwanken. Ich wusste natürlich, was ich selbst für das Beste hielt, und ich wollte Windsor dazu bringen, dass sie genau das tat. Aber hier, wie auch in anderen Dingen, musste ich mich zurückhalten und bei meinem Entschluss bleiben, sie loszulassen. Es war Windsors Baby, also musste sie die Entscheidung treffen.

Gleichzeitig musste ich mir als ihre Mutter eine harte Frage stellen, deren Beantwortung wiederum Windsors Entscheidung beeinflussen würde. Insbesondere musste ich mich entscheiden, was ich zu tun bereit war (bzw. nicht bereit war), wenn das Baby einmal da war. Wenn Windsor ihr Kind behalten wollte, würde ich sie bei mir wohnen lassen? Wenn nicht, wo könnte sie mit ihrem Kind unterkommen? Falls ich ihnen beiden erlauben würde, in unserem Haus zu leben, welche Bedingungen würde ich dafür festlegen müssen? War ich überhaupt fähig, die finanzielle Verantwortung für Windsor und ihr Kind zu übernehmen? Würde unsere Krankenversicherung auch Windsors Baby mit einschließen? Und war ich bereit, bei der Betreuung und Erziehung des Kindes zu helfen? Ich fragte mich auch, wie ich mit Windsor umgehen würde, wenn sie ihr soziales Leben wieder aufnahm. Was wäre, wenn sie erneut in zerstörerische Verhaltensmuster zurückfiel? Und was würde das für ihr Baby bedeuten?

Ich dachte lange über diese und andere Fragen nach, betete und quälte mich. Ich ging auch zu einem Pastor, der mir half, meine Motive zu untersuchen und die geistlichen und emotionalen Aspekte des Problems zu bedenken. Ich war innerlich zerrissen. Welche Großmutter hätte nicht gern ihr geliebtes Enkelchen bei sich im Haus? Auch ich sehnte mich danach, am Leben meines Enkelkindes teilzuhaben. Doch die Zukunft des Babys hing weiter in der Schwebe. Ich konnte nicht einfach aufgrund von Gefühlen eine Entscheidung treffen, sondern musste mir genau überlegen, was für das Kind das Beste war. Wieder ging es darum, Gott im Dunkeln zu vertrauen!

Schließlich gewann ich den Eindruck, dass Gott nicht wollte, dass ich die Verantwortung für Windsors Handlungen und deren Konsequenzen übernahm.

Mir war klar, dass meine Tochter nicht reif genug war, um ein Kind aufzuziehen. Und sie würde auch nicht allein dadurch reif werden, dass sie diese Aufgabe nun notgedrungen übernahm. Außerdem wollte ich unbedingt, dass Windsor ihr Gleichgewicht wiederfand, die Schule beendete und ihr Leben als Teenager genießen konnte. Wenn ich nun eingegriffen hätte, um Windsors Baby aufzuziehen, wäre das für das Kind, für Windsor und für mich selbst nicht zum Besten gewesen. Deshalb entschied ich mich, dass ich Windsor, wenn sie das Baby behalten wollte, kein Zuhause bieten konnte. In Anbetracht der speziellen Umstände, unter denen wir lebten, hielt ich das für die richtige Entscheidung. Das gilt auch heute noch, obwohl es mir das Herz zerriss.

Windsor reagierte auf meinen Entschluss voller Wut und Enttäuschung, und die Auseinandersetzungen zwischen uns erreichten eine neue Heftigkeit. Konsequente Liebe kann eben sehr schmerzlich sein. Windsor diskutierte und bettelte. Aber ich versuchte, fest zu bleiben. Sie hatte Alternativen. Wenn sie das Kind aufziehen wollte, würde ich ihr die rechtliche Selbständigkeit ermöglichen, so dass sie sich eine Arbeit suchen konnte, um für das Kind zu sorgen. Oder sie konnte bei ihrem Vater in Texas leben. Ich kannte meine Grenzen, und ich meinte, auch Windsors Grenzen zu kennen. Trotzdem war es hart, bei meiner einmal getroffenen Entscheidung zu bleiben. Unzählige Male hinterfragte ich mich und zweifelte an dem, was ich mir vorgenommen hatte.

Am Ende entschied sich Windsor dafür, das Baby zur Adoption freizugeben. Jede Minute schien sie ihre Meinung zu ändern, aber Sara versicherte mir, das sei normal. Windsor traf damit eine wichtige Entscheidung über die Zukunft ihres erstgeborenen Kindes. Und ich versuchte mir den Kummer, die Angst und die Einsamkeit und die schweren inneren Kämpfe vorzustellen, die sie wohl durchgemacht hatte. Sie empfand noch immer tiefen Schmerz und schwankte bis zum Schluss in der Frage der Adoption. Ich selbst merkte, dass ich das ganze Auf und Ab nur aushalten konnte, indem ich die Achterbahnfahrt erst gar nicht mitmachte. Wieder musste ich mich daran erinnern, dass das hier Windsors Entscheidung war. Um nicht den Halt zu verlieren, suchte ich Zuflucht bei einer kleinen Gruppe von Freunden und nahm weiterhin therapeutische Seelsorge in Anspruch.

In dieser ganzen Zeit arbeitete Sara nach wie vor mit Windsor und auch mit einer anderen jungen Frau, deren Schwangerschaft schon etwas weiter fortgeschritten war. Diese junge Frau hatte ebenfalls beschlossen, ihr Baby zur Adoption freizugeben, und war dabei, sich die Profilbeschreibungen möglicher Adoptiveltern anzuschauen, die Sara bei sich aufbewahrte. Es kam dazu, dass auch Windsor sich diese Profile ansah und dabei auf eine Beschreibung stieß, die ihr besonders auffiel. Der Mann war Rechtsanwalt, die Frau Sonderschullehrerin. Seit Jahren hatte ich Windsor damit aufgezogen, dass sie eine großartige Anwältin abgeben würde, weil sie einem ein X für ein U vormachen konnte, wenn ihr danach war. Andererseits hatte sie leichte Lernschwierigkeiten und brauchte deshalb in der Schule besondere Unterstützung. Angesichts solcher «Verbindungen» war Windsor der Meinung, dieses Ehepaar könnte das richtige sein für ihr Kind.

Später staunte ich, als ich von Saras Beziehung zu diesem Ehepaar erfuhr. Auch hier zeigte Gott uns wieder seine Spuren in unserem Leben und erwies seine treue Fürsorge für Windsor und ihr

Baby. Es war nämlich so, dass die Bewerbung des Paares um eine Adoption über eine der Frauen bei der Geburtstagsparty in Philadelphia, die ich besucht hatte, in Saras Ordner gelandet war. Diese Vermittlerin war die Tochter einer der Frauen, deren Geburtstag wir gefeiert hatten. Sie lebte in einem anderen Bundesstaat und ging in dieselbe Gemeinde wie das Ehepaar, das sich um eine Adoption bemühte.

Dass Windsor aus den Profilen, die Sara besaß, ausgerechnet das Profil dieses Paares ausgesucht hatte, schien mir einfach unglaublich. Ich wusste, dass nur Gott für ein so unwahrscheinliches Zusammentreffen verschiedener Umstände hatte sorgen können. Über meine Freunde in Philadelphia hatte Gott Windsor einen Platz geschenkt, an dem sie wohnen konnte, außerdem eine Begleiterin und jetzt sogar potenzielle Adoptiveltern für ihr Baby. Diese Verbindungen und die sich daraus ergebenden Möglichkeiten waren für mich ein großer Trost. Es hätte gut sein können, dass wir die Schwangerschaft Windsors, die Geburt und die Adoption in Begleitung von fremden Menschen hätten durchstehen müssen. Aber so waren wir umgeben von einer Gruppe von lieben Leuten, offenbar handverlesen von Gott höchstpersönlich. Ich war beeindruckt davon, wie Gott hinter den Kulissen am Werk zu sein schien. Tatsächlich versicherte er mir so auf die denkbar eindrücklichste Art, dass er uns bis zum Ende durchtragen würde. In mir wuchs die Überzeugung, dass Windsor und ich diese schwere Zeit mehr als einfach nur überleben würden.

Gedanken für schwere Zeiten

- Stecken Sie gerade in einer größeren Krise? Dann rufen Sie in Ihrem Leid zu Gott, und sagen Sie ihm ganz ehrlich, wie es Ihnen geht. Bitten Sie ihn, dass er sich Ihnen zeigt.
- Versuchen Sie, die Menschen, die Ihnen im Moment in Ihrem Leben Unterstützung geben, als Gottes Werkzeuge zu sehen. Betrachten Sie Gott als die Quelle aller Hilfe, und verlassen Sie sich ganz auf ihn. Er schenkt Ihnen durch andere seine Hilfe.
- Bitten Sie Gott, dass er Ihren Glauben stärkt, damit Sie ihm das scheinbar Unmögliche zutrauen können.
- Glauben Sie, dass Gott Ihnen wirklich helfen will? Bitten Sie ihn, dass er Ihnen hilft, ihm im Dunkeln zu vertrauen.

Wenn Sie helfen wollen

- Helfen Sie einem Menschen, der gerade durch eine Krise geht? Fühlen Sie sich erschöpft und allein gelassen? Gott sieht Ihre Bemühungen. Und er freut sich an dem, was Sie aus Liebe zu ihm und zu anderen tun.
- Brauchen Sie Weisheit, um Ihrem Freund oder Verwandten helfen zu können? Dann beten Sie unablässig um das, was Sie nötig haben. Durch das Gebet werden Sie die Abhängigkeit von Gott einüben.
- Vielleicht drohen Sie in Ihrer Erschöpfung selbst den Glauben zu verlieren. Beten Sie um Glauben! Und bitten Sie Gott, dass er Ihnen hilft, sich zu erinnern, dass er ein Gott für das Unmögliche ist. Er kann zu jeder Zeit jede beliebige Sache tun. Leben Sie in diesem Bewusstsein.

Bibelvers zum Thema

Er wird euch dafür alles schenken, was ihr braucht, ja mehr als das. So werdet ihr nicht nur selbst genug haben, sondern auch noch anderen von eurem Überfluss weitergeben können.
(2. Korinther 9,8)

Impuls

Die Abhängigkeit von Gott bedeutet für uns Sicherheit und Freiheit. Wenn wir lernen, uns ganz auf Gott zu verlassen, können wir Freude erleben und voller Kraft unseren Weg gehen, auch wenn das Leben nicht einfacher wird. Denn das Vertrauen zu Gott macht uns fähig, seine Nähe in dunklen Zeiten noch intensiver zu erfahren.

12

Wie kann ich am Vertrauen zu Gott festhalten?

Weitere Lektionen im Loslassen-Lernen

Windsors Baby kam pünktlich Ende Juli. Es war spät am Abend, und Sara und ich waren dabei und halfen meiner Tochter durch die Wehen und dann bei der Geburt. Ich hielt ihre Hand und versuchte ihr Mut zuzusprechen, während sie sich abmühte. Ich erinnerte sie daran, zu atmen und weiterzupressen, strich ihr das Haar aus der Stirn und tupfte die Schweißperlen von ihren Wangen. In diesem Moment war ich sehr stolz auf mein Kind und völlig von meinen Gefühlen überwältigt. Von Zeit zu Zeit wurden die Gefühlswallungen so stark, dass mir schwindelte und ich mich hinsetzen musste. Dann machte Sara allein weiter, bis ich wieder aufstehen und mich um Windsor kümmern konnte. «Du hast es fast geschafft», sagte ich. «Gleich ist es vorbei.»

Endlich kam das Baby, ein entzückendes kleines Mädchen. Als ich den Schrei der Kleinen hörte, erfüllten mich unvorstellbare Freude, Staunen und Dankbarkeit. Hier war ein neues Leben, das Kind meiner Tochter, mein erstes Enkelkind.

Inzwischen hatten wir mit dem Ehepaar gesprochen, auf dessen Profilbeschreibung Windsor in Saras Unterlagen gestoßen war, und meine Tochter hatte entschieden, ihr Kind diesem Paar zur Adoption zu überlassen. Die künftige Adoptivmutter flog zur Geburt des Kindes nach Philadelphia, später kam ihr Mann nach. Sie war mit uns im Krankenhaus, als das Baby zur Welt kam. Dieses

Arrangement wurde jedoch für Windsor zu einer sehr großen Belastung.

Direkt nach der Geburt waren Windsors Gefühle verständlicherweise etwas aus dem Gleichgewicht. Und in dieser Situation litt sie sehr stark unter der Anwesenheit der künftigen Adoptivmutter ihres Kindes.

Als ich zum ersten Mal vorschlug, dass die Frau für die Entbindung zu uns kommen könnte, hatte Windsor nach einigem Widerstand zugestimmt. Ich dachte, dass es für die Adoptivmutter leichter sein würde, eine Beziehung zu dem Baby aufzubauen, wenn sie bei der Geburt dabei war. Außerdem war ich überzeugt, dass ihre Anwesenheit bei der Geburt für das Kind selbst in den kommenden Jahren sehr wichtig sein würde. Aber jetzt im Kreißsaal gewannen die Gefühle meiner Tochter eine Eigendynamik, und sie war ziemlich aufgewühlt. Immerhin hatte sie gerade ein Kind geboren, von dem sie wusste, dass sie es bald wieder würde hergeben müssen. Die Adoptivmutter im gleichen Raum musste in diesem Moment ziemlich bedrohlich wirken.

Damals konnte ich nur versuchen, mir ein ungefähres Bild von dem Sturm zu machen, der vermutlich in Windsors Herzen tobte.

In der Bibel steht der Satz: «Niemand liebt mehr als einer, der sein Leben für die Freunde hingibt» (Johannes 15,13). Windsor hatte ihre Gesundheit riskiert, ihre Figur und ihren Ruf aufs Spiel gesetzt, um ihr Baby auszutragen. Sie war durch ein finsteres Tal gegangen, um neues Leben zur Welt zu bringen. Und jetzt erfasste sie die Liebe zu ihrem Baby mit verzweifelter Heftigkeit. Alles jedoch in dem Wissen, dass sie das Kind bald in die Arme von anderen würde abgeben müssen, was ja an sich ein vollkommen unnatürlicher Akt war. Mir wurde bewusst, dass ich noch nie so viel aufgegeben hatte, wie meine Tochter bald würde aufgeben müssen. Und während ich so beobachtete, wie sie ihr neugeborenes Kind liebkoste, war ich beeindruckt von ihrer Stärke.

Dabei gab ich mir alle Mühe, mich nicht zu sehr an das Baby zu binden. Weil ich wusste, dass uns dieses Kind nur für sehr kurze Zeit anvertraut war, wollte ich meine Gefühle schützen, so gut ich konnte. Aber zu sehen, wie Windsor sich um ihre kleine Tochter kümmerte, brach mir fast das Herz.

Plötzlich war ich sehr müde. Obwohl wir auf unserem Weg bis dahin schon eine weite Strecke zurückgelegt hatten, wurde mir klar, dass wir noch ganze Berge zu erklimmen hatten. Viele Berge.

Und die Übergabe des Babys an seine Adoptiveltern war sicher nicht der kleinste davon.

Wenn ich mir die kräftezehrende emotionale Strecke vor Augen hielt, die noch vor uns lag, fragte ich mich, ob ich das notwendige Durchhaltevermögen würde aufbringen können. Und wie sah es bei Windsor aus? Ich war schon wesentlich länger im Leben unterwegs als sie und hatte selbst einigen Schmerz ertragen müssen. Ich meinte eine Ahnung davon zu haben, welche Tiefen des Kummers uns hinter der nächsten Ecke erwarteten. Und selbstverständlich hätte ich alles getan, um meine Tochter davor zu bewahren, dass sie schon in so jungen Jahren mit der Endgültigkeit des Verlustes Bekanntschaft machen musste. Aber ich konnte nichts tun. Ich betete um die Gnade, Gott weiterhin vertrauen zu können. Und fühlte mich dabei schrecklich hilflos.

Die Hilfe Gottes

Um vier Uhr morgens verabschiedete ich mich im Krankenhaus von Windsor und fuhr allein zurück zum Haus der Dormons. Die Straßen von Philadelphia waren ruhig. Ich war erschöpft, fühlte mich wie betäubt und musste mich unbedingt ausruhen. Arme und Beine waren bleischwer. Die Häuserblöcke und Firmengebäude zogen verschwommen an mir vorbei. Ich schien nicht in der Lage zu sein, einen klaren Gedanken zu fassen oder Eindrücke wirklich aufzunehmen – außer dem dringenden Wunsch, mich hinzulegen und die Augen zu schließen.

Doch dann geschah etwas Ungewöhnliches. Ich kann mich nicht erinnern, wo genau ich mich befand, an welcher Abzweigung. Ich weiß nur noch, dass ich irgendwo auf dem Weg an einer Ampel hielt und die Automatik auf «Neutral» stellte. Während ich wartete, kamen mir mit einem Mal die Worte eines Liedes von Bill und Gloria Gaither in den Sinn:

> Schweigt, ihr Berge, ihr Felder und Quellen,
> denn jetzt ist die Zeit zu singen.
> Es ist Zeit, dem ewigen Fels Loblieder zu bringen,
> denn jetzt ist die Zeit zu singen.[14]

Als ich dann weiterfuhr durch die einsamen Straßen der Stadt, öffnete ich tatsächlich meinen Mund und fing an zu singen. Ich überlegte gar nicht. Ich tat es einfach. Ich sang – mitten in meiner großen Müdigkeit. Es war einfach die Zeit dazu. Dieses Lied stieg aus meinem Herzen als ein Lob Gottes. Ich sang nicht, weil ich glücklich war. Vielmehr erlebte ich etwas wesentlich Tieferes. Was da aus meinem Herzen hervorkam, war Freude; Freude über die Gewissheit, dass Gott immer noch alle Macht hatte. Er liebte uns, er würde uns führen und aus unserer Situation etwas Gutes entstehen lassen. In diesem Moment wusste ich ganz tief in mir, dass Gott uns helfen würde, und während ich sang, erfüllte mich ein unerklärlicher Friede.

Wenn ich an die ganze Erfahrung mit Windsor und der Geburt ihrer Tochter denke, kehre ich oft im Geist zu dieser nächtlichen Begegnung mit Gott auf den Straßen von Philadelphia zurück: wie ich beim Singen seine Gegenwart spürte, wie mein Herz voller Freude war und wie ich seinen Frieden empfand. Was mir besonders auffällt ist, dass mein Lob nicht auf eine bewusste Entscheidung meinerseits zurückzuführen war. Dieses Lob Gottes geschah einfach. Ein Lied drang aus mir heraus. Und obwohl ich es war, die Gott lobte, erkannte ich doch, dass mein Lob eigentlich sein Geschenk an mich war. Gottes Geist, der in mir lebt, bewegte mein Herz und gab mir die Fähigkeit, ihn zu preisen.

Mehr noch, Gott wusste, dass dieses Lob genau das war, was ich in dem Moment brauchte. Wie es in dem Lied hieß: Es war die Zeit, Loblieder zu singen. Gott sah, was noch auf uns zukommen würde. Er sah die leidvollen Tage, die vor uns lagen. Er wusste, dass ich es damals nötig hatte, Freude zu erleben und die Bestätigung und den tiefen Frieden, die darauf folgten. Wie ich ohne diese Erfahrung zurechtgekommen wäre, als wir dann später Windsors Baby seinen Adoptiveltern übergaben und anschließend allein nach Hause gingen, kann ich nicht sagen. Ich musste daran erinnert werden, dass Gott die Kontrolle hatte – dass er auch in unserem Kummer für uns sorgte, uns liebte und in unserer Nähe blieb. Und nur Gott wusste, dass ich diese Erfahrung im Loben machen konnte. Der Zeitpunkt war perfekt: in der Stille der Nacht und in den einzigen paar Minuten, die ich in jenen Tagen für mich hatte.

Gott hat mir damals durch das Loben geholfen, meinen Glauben neu zu beleben. Mitten in meiner Erschöpfung, genau dann, als ich ihn brauchte, ist er mir begegnet. Vielleicht sind auch Sie gerade in einer Situation, die ein geistliches Durchhaltevermögen erfordert, von dem Sie wissen, dass Sie es selbst nicht aufbringen können. Sie fragen sich, wie in aller Welt Sie Gott auf lange Sicht vertrauen sollen. Unter Umständen sind Sie schon eine weite Strecke im Vertrauen auf Gott gegangen und sehen sich nun mit der harten Wahrheit konfrontiert, dass Sie immer noch eine ziemliche Distanz vor sich haben. Sie sind müde und wollen endlich einen Punkt erreichen, an dem Sie aus einer Position der relativen Ruhe auf die Vergangenheit zurückschauen können. Aber «Ruhe» scheint noch so weit weg zu sein. Angesichts dieser Tatsache möchten Sie vielleicht einfach aufgeben. Oder sich nur noch hinlegen und ausruhen. Kann sein, dass es Ihnen gar nicht mehr wichtig ist, den Lauf überhaupt zu beenden. Sie sehen nur, dass Ihnen die Kraft ausgeht.

Erinnern wir uns daran, was Jeremia gesagt hat, als er erschöpft und entmutigt war, so wie Sie es gerade sind: «Die Güte des Herrn hat kein Ende, sein Erbarmen hört niemals auf, es ist jeden Morgen neu! Groß ist deine Treue, o Herr!» (Klagelieder 3,22–23). Dieser Vers kann Ihnen Trost und Hoffnung geben. Denn genau dort, wo Sie meinen, von Müdigkeit, Erschöpfung, Reizbarkeit und Enttäuschung völlig aufgezehrt zu werden – genau dort beginnen das Erbarmen und die Güte Gottes. Er wird Ihnen helfen, Ihrem Glauben neues Leben einzuhauchen. Sie können ihn darum bitten.

Jesus sagte einmal dem Vater eines Jungen, der von einem bösen Geist besessen war, dass dem, der glaubt, alles möglich ist. Daraufhin rief dieser Mann, der sich verzweifelt wünschte, dass Jesus seinen Sohn befreien würde: «Ich glaube; hilf meinem Unglauben!» (Markus 9,24; Luther). Er hatte erkannt, dass er Hilfe brauchte, um an seinem Glauben festzuhalten. So können auch wir beten. Nehmen Sie sich einen Moment Zeit, und sagen Sie Gott, wie es Ihnen geht: wie erschöpft Sie sind, wie schwach Ihr Glaube Ihnen erscheint, wie sehr Sie sich wünschen, ihm zu vertrauen, und wie unzulänglich Sie sich vorkommen. Bitten Sie ihn dann, Ihren Glauben zu stärken für das, was vor Ihnen liegt. Beten Sie wie der Vater des besessenen Jungen: «Hilf meinem Unglauben!» Und Gott wird Ihnen auf seine Weise antworten.

Loslassen

Windsor hatte im Vorhinein entschieden, ihre Tochter vier Tage lang bei sich zu behalten, bevor sie sie endgültig ihren Adoptiveltern übergab. Ich machte mir Sorgen, dass dieser Plan die Trennung nur noch schmerzlicher machen würde, aber Windsor war die Mutter. Das war ihre Sache.

Neun Monate lang hatte sie jeden Tag an kaum etwas anderes als das Baby gedacht. Ihr Baby war ihrem Herzen näher als alles andere. Ich dagegen hatte mir neun Monate lang sowohl über das Baby als auch über Windsor Gedanken gemacht. Und mein Herz war gespalten. Einerseits sah ich nach vorn auf die Selbstzweifel, den Schmerz und die Qualen, die meiner Tochter bevorstanden, und ich wollte sie unbedingt beschützen. Aber andererseits war das in dieser Situation nicht meine Aufgabe. Ich musste sie loslassen, und sie musste ihre eigenen Entscheidungen treffen.

Die vier Tage mit dem Baby waren gleichzeitig wunderbar und doch fast unerträglich. Ich schaute zu, wie Windsor die Windeln wechselte oder ihrer kleinen Tochter die Flasche gab. Ich sah die Zärtlichkeit in ihren Augen, wenn sie das Neugeborene in ihren Armen wiegte. Windsors Baby schlug uns alle in seinen Bann und nahm unsere Herzen gefangen. Graham hielt es ganz vorsichtig, als sei es aus Glas, und sagte immer wieder, was für ein hübsches Mädchen es sei, wie vollkommen, und was für gute Arbeit Windsor geleistet hatte. Es bedeutete mir so viel, meine Tochter so glücklich zu sehen. Sie konnte einen gewissen Trost darin finden, dass in ihr etwas Wunderschönes und Vollkommenes entstanden war – ihr erstes Kind.

Viel zu schnell kam für Windsor jedoch der Zeitpunkt, an dem sie die Unterlagen für die Adoption unterschreiben musste. Unser Anwalt brachte die Dokumente zu den Dormons, und Windsor und ich saßen lange am Esstisch über dem ganzen Papierkram. Diese Papiere zu unterschreiben war für Windsor unglaublich schwer. Sie war ja immerhin dabei, ihre elterliche Autorität und Verantwortung abzutreten und damit gegen alle ihre mütterlichen Instinkte zu handeln. Außerdem wirkte die juristische Sprache in den Unterlagen durch ihre formelhafte Präzision einfach grausam.

Wieder und wieder versuchte ich, Windsor zu ihrer ursprünglichen Überlegung zurückzubringen. Sie schaute mich an, Tränen liefen über ihr Gesicht, und sie bat mich: «Mama, bitte lass mich mein Baby behalten.» Es war eine furchtbare Erfahrung. Ich wusste, dass ich mit nur einem Wort meinem Kind eine große, wenn auch nur vorübergehende Erleichterung verschaffen konnte. Doch auch ich musste mich an die Gründe erinnern, aus denen ich meine eigenen Entscheidungen getroffen hatte.

In einer solchen Situation gibt es keinen einfachen Weg aus dem Schmerz. Ob Windsor nun ihr Kind aufzog oder es zur Adoption freigab, die Auswirkungen würden sehr schwer wiegen und ihr Leben stark verändern. Also hielt ich weiter an meinem Entschluss fest, und am Ende gab Windsor widerstrebend nach und unterschrieb die Papiere.

An dem Tag, an dem Windsors Baby seinen Adoptiveltern übergeben werden sollte, gingen Windsor und ich vormittags noch in ein Kur- und Wellness-Center, während die Adoptiveltern, die mit uns bei den Dormons lebten, sich um das Baby kümmerten. Ich hatte eine Massage, und Windsor ließ sich die Haare machen. Wir taten unser Bestes, um uns zu entspannen, und ließen uns ein bisschen verwöhnen, was auch dringend nötig war. Aber die Ablenkung half nicht wirklich. Windsor war unruhig, und ich empfand eine ungeheure Furcht.

Das Warten auf die Übergabe des Babys war wie das Warten auf ein unentrinnbares Verhängnis. Ich konnte den Gedanken daran immer nur für kurze Zeit aus meinem Gedächtnis verbannen, dann fiel es mir wieder ein, und ich wurde in die grausame Realität zurückgerissen. Schließlich zählte ich die Stunden. «Wir haben noch zwölf Stunden.» – «Noch sechs Stunden.» – «Nur noch eine Stunde.» Es kam mir vor, als würde ich geradewegs auf eine Hinrichtung warten.

Für den Akt der Übergabe und des Abschiednehmens hatten wir einen besonderen Gottesdienst im Haus meiner lieben Freundin Martha Ayers geplant. Im Zentrum sollte eine Taufhandlung stehen. Windsor hatten wir als Kind Gott anbefohlen, aber nicht taufen lassen. Denn ich wollte, dass sich meine Kinder zu einem Zeitpunkt, den sie auf ihrem eigenen Glaubensweg für richtig hielten, selbst für die Taufe entschieden. Als Windsor dann die Vorbereitungen für die Übergabe ihres Babys an seine Adoptiveltern traf, schlug ich ihr vor, einmal darüber nachzudenken, ob sie sich nicht mit ihrem Kind zusammen taufen lassen wollte. Die Idee gefiel ihr, und wir organisierten es so, dass der presbyterianische Pastor, in dessen Gemeinde ich bei der Geburt Windsors gewesen war, für uns den Gottesdienst hielt.

Nach unserem gemeinsamen Morgen im Kur-Center fuhren Windsor und ich zum Haus der Ayers. Windsor saß auf dem Rücksitz und hielt ihr Baby im Arm. Ab und zu drehte ich mich um und beobachtete schweigend, wie meine Tochter ihr Kind anblickte. Sie sah so schön aus. In ihrem hübschen rosafarbenen Kleid, das Gesicht eingerahmt von ihrem weichen blonden Haar, hatte sie etwas von einer Madonna. Aber obwohl sie lächelte, lag in ihren Augen ein abgrundtiefer Schmerz. Ich weiß noch, dass ich wegschauen musste, weil mir die Tränen über die Wangen liefen und mein Herz fast zerbarst vor Kummer.

Ich war mir nicht sicher, ob ich die Tauffeier durchhalten würde. Wie um alles in der Welt soll man es auch ertragen können, das eigene Fleisch und Blut an andere Menschen abzugeben? Wie würde Windsor dieses allerletzte Loslassen überstehen? Wir waren wirklich darauf angewiesen, dass Gott uns Kraft gab. Sonst würden die nächsten paar Stunden uns völlig zerbrechen.

Für die Taufe war eine kleine Gruppe von Leuten im Haus versammelt. Es war eine sehr einfühlsame, bedeutungsvolle Zeremonie, als der Pastor Windsor und das Baby im Wohnzimmer taufte. Danach machten wir Dutzende von Fotos, und einer der Söhne von Sara und Bill nahm das Ganze auf Video auf. Einer nach dem anderen nahmen wir das Baby auf den Arm und sagten ihm Lebewohl. Als wir fertig waren, bat Windsor alle bis auf einige wenige, wieder zu gehen.

Dann saß sie ruhig in einem Sessel, weinte über ihrem Kind und liebkoste es. Eine letzte Umarmung, ein letzter Kuss, ein letztes Foto. Wir alle weinten und wussten nicht, was wir jetzt tun sollten. Wir konnten Windsor ja nicht ihr Baby wegnehmen. Sie selbst würde es den Adoptiveltern geben müssen, wenn sie so weit war. Doch uns war klar, dass das sehr bald geschehen musste. Ich warf Sara einen Blick zu, um zu sehen, was sie meinte. Dann, nach ein paar Minuten, sagte ich: «Windsor, es ist Zeit.» Aber Windsor hörte nicht auf zu weinen und drückte das Baby noch fester an sich.

«Windsor», versuchte ich es noch einmal, ganz sanft. «Es ist Zeit.» Sie sah mich unaussprechlich traurig an und versuchte, tapfer zu sein.

«Bitte, Mama», flehte sie mich an. Ich rang darum, meine Gefühle unter Kontrolle zu halten.

Schließlich stellte sie sich für ein weiteres, allerletztes Foto auf, gab ihrer kleinen Tochter einen zärtlichen Kuss und legte sie behutsam in die Arme ihrer Adoptivmutter.

«Ich liebe dich», flüsterte Windsor.

Die Adoptiveltern weinten, während sie sich von uns verabschiedeten. Danach brachten sie das Baby ins Auto, stiegen selbst ein und fuhren davon.

Glaube und Leid

Als die Adoptiveltern ihres Kindes zusammen mit dem Baby wegfuhren, heulte und schluchzte Windsor mit unglaublicher Leidenschaft. In diesem Augenblick erlebte sie größten Kummer und tiefste Verzweiflung. Sie litt unsägliche Qualen, und ich auch. Mir brach es das Herz auf doppelte Weise – einmal, weil ich mein Enkelkind verloren hatte, und dann wegen meiner Tochter, weil ich sah, wie vor meinen Augen ihr Herz auseinander gerissen wurde.

Und es gab dennoch nichts, was ich hätte tun können, um Windsor zu trösten oder ihr überhaupt zu helfen. Ich konnte ihren Schmerz nicht zum Verschwinden bringen. Von nun an klaffte im Herzen meiner Tochter eine dauerhafte Lücke, eine Lücke, die ich nicht schließen konnte. Viele Menschen erfahren in ihrem ganzen Leben keinen solch heftigen Kummer, und doch war Windsor erst siebzehn Jahre alt.

Ziemlich schnell brachten wir Windsor nach draußen, halfen ihr ins Auto und machten uns auf den Weg nach Virginia, nach Hause. Ich sehnte mich nach der Ruhe unserer Berge und war außerdem der Meinung, dass Windsor so schnell wie möglich in ihrem eigenen Bett liegen sollte. Glücklicherweise schlief sie bald auf dem Rücksitz ein. Die ganze Fahrt über, Meile für Meile, weinte ich still vor mich hin. Jetzt war ich vollkommen am Ende meiner Kräfte. Ich war mir sicher, dass wir das Beste für das Baby getan hatten, aber der Schmerz war trotzdem riesengroß. Hatten wir es wirklich geschafft? Hatte unser Vertrauen standgehalten? Ich wusste es nicht. Als Windsor aufwachte, versuchten wir uns gegenseitig zu ermutigen, indem wir über die Zukunft sprachen. Aber der Schmerz blieb. Und er war auch, lange nachdem wir das Baby losgelassen hatten, immer noch da.

In welcher Situation stehen Sie gerade? Erfahren Sie selbst Leid, das unerträglich scheint? Vielleicht begleitet dieser Schmerz Sie schon seit langer Zeit. Sie müssen nicht verzweifeln. Lassen Sie Kummer und Trauer zu, und lassen Sie Ihr Herz zerbrechen, wenn das nötig ist. Sie sollten nicht denken, dass andere Sie verurteilen. Denn Ihr Kummer ist kein Zeichen von mangelndem Glauben. Glaube und Leid schließen sich nicht gegenseitig aus.

Es kann durchaus sein, dass Sie glauben und vertrauen – und dennoch Kummer und Schmerz erfahren.

Das war bei Jesus nicht anders. Sie brauchen nur an die Geschichte von Jesus und Lazarus im Johannes-Evangelium zu denken. Als Maria und Martha, gute Freunde von Jesus, ihm sagen ließen, dass ihr Bruder Lazarus krank sei, reagierte Jesus zunächst mit Glauben: «Diese Krankheit führt letztlich nicht zum Tod, sondern durch sie soll die Macht Gottes sichtbar werden, und auch der Sohn Gottes wird dadurch geehrt» (11,4). Der Glaube Jesu war sogar so groß, dass er sich noch zwei Tage Zeit ließ, bevor er sich überhaupt auf den Weg nach Betanien machte, wo sein Freund krank daniederlag (Vers 6).

Als Jesus und seine Jünger dann endlich in der Stadt ankamen, war Lazarus schon seit vier Tagen tot und begraben (Vers 17). Jesus wusste das bereits vorher. Als sie sich nach Betanien aufgemacht hatten, hatte er seinen Jüngern angekündigt, der Tod von Lazarus würde für ihren Glauben etwas Gutes bewirken (Vers 15). Natürlich wusste Jesus, was er tun würde: Er hatte vor, seinen Freund von den Toten aufzuerwecken. Aus diesem Grund hatte er auch seine Reise von vorneherein verschoben. Denn er wusste, dass der Tod von Lazarus die Möglichkeit eröffnen würde für ein Wunder, das den Glauben der Jünger und anderer Menschen stärkte.

Dennoch empfand Jesus tiefen Schmerz, als er die Gruppe von Menschen sah, die über den Tod seines Freundes trauerte. In der Bibel lesen wir: «Jesus sah, wie sie und die Trauergäste weinten. Da war er tief bewegt und erschüttert ... Auch Jesus kamen die Tränen» (Verse 33 und 35). Wie ging es Jesus in diesem Moment? Er litt ohne Zweifel großen Schmerz. Hat dieser Schmerz seinen Glauben beeinträchtigt? Nein. Glaube und Schmerz standen im Leben von Jesus nebeneinander. Und sie können auch in unserem Leben nebeneinander existieren.

Ein erfülltes Leben zu haben bedeutet, in einer zweifachen Realität zu leben: unseren Schmerz und unseren Verlust zu sehen, aber auch die Liebe Gottes zu kennen. Lassen Sie sich ermutigen durch das, was die Bibel zur Treue Gottes sagt. Und lassen Sie nicht zu, dass Schmerz und Kummer Ihnen das Gefühl vermitteln, Sie hätten Ihren Glauben verloren oder auf sonst eine Weise versagt.

Wenn Sie jemandem helfen wollen

Vielleicht müssen Sie gerade zusehen, wie eine Ihnen nahestehende Person emotionalen Schiffbruch erleidet. Dann versuchen Sie, geduldig zu sein. Und meinen Sie nicht, dass die Gefühle dieses Menschen ein Zeichen dafür sind, dass er den Glauben verloren hat.

Zeigen Sie diesem Menschen Ihre Liebe, und fühlen Sie mit ihm, so wie Jesus mit den Trauergästen in der Geschichte empfunden hat. Jesus wusste bis in die tiefsten Details hinein, was es bedeutet, ein Mensch zu sein und das zu fühlen, was wir Menschen eben fühlen. Wenn wir anderen gegenüber Christus widerspiegeln wollen – was als Christen unsere Berufung und unsere Aufgabe ist –, dann dürfen wir keine Scheu haben, uns, wenn es darauf ankommt, in den Schmerz eines anderen Menschen hineinzubegeben. Sie sind zwar nicht für diese leidende Person verantwortlich. Aber bitten Sie Gott um die Kraft und den Mut, mit diesem Menschen in seiner Situation mitzuempfinden.

Obwohl der Schmerz einer Person ihren Glauben nicht in Zweifel zieht – Leiden soll eigentlich dazu dienen, den Glauben zu stärken –, beten Sie dennoch darum, dass der Glaube dieses Menschen der Last des Schmerzes standhält. Wir sollten nicht vergessen, dass wir als Christen auch einen Feind haben. Jesus sagte zu Petrus: «Simon, Simon! Der Satan ist hinter euch her, die Spreu vom Weizen zu trennen. Aber ich habe für dich gebetet, damit du den Glauben nicht verlierst» (Lukas 22,31–32).

Wie ich für meine eigene Tochter beten musste – dass sie den Schmerz aushalten und ihr Glaube nicht unter dem Druck zerbrechen würde –, so können auch Sie beten für einen lieben Menschen, der leidet. Vom Leid zur Verbitterung, von der Sorge zum Zweifel und dann zur Verzweiflung ist es oft nur ein kleiner Schritt. Beten Sie für die Person in dem Wissen, wie sehr Ihre Gebete mithelfen, dass ihr Herz bewahrt bleibt. Beten Sie wie Jesus darum, dass dieser Mensch den Glauben nicht verliert.

Beten Sie außerdem auch für Ihren eigenen Glauben. Sie sollten sich folgender Tatsache bewusst sein: Wenn Sie mit ansehen müssen, wie ein lieber Mensch eine solche Erschütterung erfährt, wie ich es bei meiner Tochter erlebt habe, kann das auch Ihren eigenen Glauben erschüttern. Dann beginnen Sie sich vielleicht zu fragen, wie ich es manchmal getan habe, ob Gott Ihnen in Ihrer Not wirklich helfen kann. In dieser Situation sind Sie, genau wie die leidende Person, darauf angewiesen, dass Gott Ihren Glauben stärkt. Bitten Sie Gott, Ihnen dort weiterzuhelfen, wo Ihnen der Glaube fehlt. Beten Sie, dass er Ihnen hilft, zu vertrauen, dass sein Erbarmen jeden Morgen neu ist. Und erwarten Sie von Gott, dass er Ihnen den Glauben schenkt, um diesem Menschen im Leid beizustehen und dabei weiter an der großen Treue Gottes festzuhalten.

Schmerzliche Wege mit Windsor

Nach der Rückkehr in unser Tal schien es Windsor gut zu gehen. Wir wollten uns jetzt erst einmal erholen und machten Ausflüge zum Strand oder fuhren in die Berge. Windsor hatte auch im Haus recht viel Zeit zum Faulenzen, sie schien sich wirklich entspannen zu können. Sie war umgänglich, liebevoll und kooperativ. Ich hatte meine «alte» Windsor zurückbekommen, und das war einfach ein wundervolles Gefühl.

Natürlich war ihr Kummer nach wie vor da. Sie trauerte um ihr Baby in ganz ähnlicher Weise, wie man um den Tod eines lieben Menschen trauert. Manchmal fragte ich mich, ob sie je wirklich in der Lage sein würde, das Baby loszulassen. Während der ihr vom Gesetz zugestandenen Übergangszeit rief Windsor tatsächlich die Adoptiveltern mehr als einmal an und sagte ihnen, sie wollte das Kind zurückhaben. Wir alle waren äußerst angespannt, während das Schicksal des Babys scheinbar in der Schwebe hing. Aber am Ende ließ Windsor die letzte Frist verstreichen, und damit wurde die Adoption endgültig.

Doch schon bald darauf nahm das Leben meiner Tochter eine Wende zum Schlimmeren. In jenem Herbst kam sie in die Abschlussklasse der öffentlichen Highschool, und fast gleichzeitig begann eine Abwärtsspirale, die sich während der nächsten Monate ungebremst fortsetzte.

Ich hatte den Eindruck, Windsor wollte den Schmerz verdrängen, den sie empfand, weil sie ihr Baby zur Adoption freigegeben hatte: Nicht nur ihr Bauch, in dem das Baby sich entwickelt hatte, war nun leer, sondern auch ihre Arme und ihr Herz.

In diesem Schuljahr fand sie Kontakt zu zwei Jugendlichen, die offenbar nicht recht wussten, was sie mit ihrem Leben anfangen sollten. Sie selbst war lustlos und, was ihre schulischen Verpflichtungen anging, sehr nachlässig. Oft schwänzte sie den Unterricht und verhielt sich einfach unmöglich. Schließlich sagte ich ihr, sie könne nicht mehr zu Hause wohnen, wenn sie sich nicht an die Regeln hielt. Dann, in einer Szene, die mir das Herz zerriss, entschied sie sich, auszuziehen.

In den folgenden Monaten lernte ich noch viele weitere Lektionen in puncto Loslassen. Es stand sehr schlecht um Windsor, und ich hatte Angst um sie. Doch ich konnte nicht zu ihr durchdringen. Mir wurde klar, dass ich meine Tochter nun noch viel radikaler loslassen musste. Ich war mir ja sicher, dass Gott sie liebte und sich viel besser um sie kümmern konnte als ich selbst. Sie würde seiner Liebe und Fürsorge niemals entfliehen können. Und obwohl ich Windsor leidenschaftlich liebte und sie retten wollte, wusste ich doch, dass ich mein eigenes Herz schützen musste. Ich musste wieder ganz von vorn lernen, Gott meine Last tragen zu lassen.

Zu meiner großen Erleichterung kam Windsor am Anfang des darauf folgenden Jahres wieder nach Hause zurück. Vielleicht war ich nicht so gütig und verzeihend wie mein Vater mir gegenüber, als ich aus Florida nach Montreat kam. Denn ich meinte, ich sollte mich erst einmal etwas zurückhalten und abwarten, wie sich die Dinge entwickeln würden. Andererseits wollte ich auch nicht, dass Windsor Angst hatte, ich würde nun Vergeltung fordern und ihr den Schmerz, den sie mir bereitet hatte, heimzahlen. Schließlich hatte ich sie lieb und wollte, dass sie sich nun ausruhen konnte. Ich freute mich so sehr, sie wieder zu Hause zu haben. Und ich wusste, dass sie nicht bösartig gehandelt hatte. Sie war einfach innerlich zerbrochen gewesen und auf der Flucht vor ihrem Schmerz.

Allerdings bat ich Windsor, als Voraussetzung für ihre Rückkehr nach Hause eine Art Verhaltenskodex zu unterschreiben. Sie war einverstanden, und sie hielt sich auch an diese Abmachung. Außerdem bereitete sie sich auf ihren Highschool-Abschluss vor und arbeitete mit einer Schulberaterin daran, sich fürs College fit zu machen. Mit der Zeit begannen die Dinge besser auszusehen, und wir gewöhnten uns wieder an das gemeinsame Leben.

Dann jedoch nahm unser Lebensweg erneut eine überraschende Wendung. Im Mai reiste Windsor mit uns nach Washington, D. C., um an einer Feier für meine Eltern teilzunehmen, denen die goldene Ehrenplakette des Kongresses (Congressional Gold Medal) verliehen wurde. Auf dieser Reise spürte ich allmählich, dass irgendetwas mit Windsor nicht in Ordnung war. Zum ersten Mal sprach sie davon, ihre Pläne fürs College möglicherweise fallen zu lassen. Ich schöpfte Verdacht und machte mir große Sorgen. Wir hatten zusammen so hart daran gearbeitet, Pläne für ihre Zukunft zu schmieden. Warum machte sie jetzt einen Rückzieher? Kurz darauf erfuhr ich den Grund. Sie war wieder schwanger.

Das waren lange und schmerzliche Wege, die ich mit Windsor zu gehen hatte. Sehr schmerzliche. Für Monate, sogar Jahre war ich nicht in der Lage, meine eigenen Gefühle zu verarbeiten. Mit manchem Schmerz bin ich vermutlich auch heute noch nicht fertig. Doch durch alle Herausforderungen lernte ich auf eine tiefere Weise als je zuvor, was es bedeutet, loszulassen.

Gefangen in einer Folge von Ereignissen, die jetzt Schlag auf Schlag über mich hereinbrachen, war ich vollkommen unfähig, irgendjemanden oder irgendetwas zu kontrollieren. Ich konnte nicht mehr tun, als auf den einen Notfall zu reagieren und mich gleich auf den nächsten vorzubereiten. Gott musste sich um alles andere kümmern, ich hatte keine Zeit mehr, mir darüber Gedanken zu machen.

Obwohl ich in diesen Jahren häufig völlig am Ende war und das Gefühl hatte, nichts zu erreichen, schien meine vollkommene Hilflosigkeit in Gottes Plan zu passen. Denn wenn ich mehr Zeit gehabt hätte, über die Richtung meines Lebens nachzudenken, hätte ich mich unter Umständen nicht in Gottes Arme fallen lassen. So jedoch blieb ich unweigerlich in jedem Moment vollkommen auf seine Hilfe angewiesen.

In der Woche von Thanksgiving 1996 stand ich an Windsors Krankenhausbett und hielt ihre Hand, während sie ihr zweites Kind zur Welt brachte, einen kleinen Jungen mit Namen Wyatt. Windsor entschied sich, ihn selbst großzuziehen, und darüber bin ich sehr glücklich. Er ist ein außergewöhnlicher, wohlerzogener kleiner Mann, und ich liebe ihn mehr als ich je gedacht hätte, dass es möglich wäre, sein Enkelkind zu lieben. Kein einziges Leben ist ein Fehler. Wyatt kam vielleicht nicht so zur Welt, wie man sich das vorgestellt hätte, aber er ist für mich ein «verfrühter Segen» und eine große Freude.

Windsor ihrerseits hat ihre Aufgabe als fürsorgliche Mutter auf bemerkenswerte Weise bewältigt. Sie ging dann doch aufs College und machte ihren Abschluss mit einem Honor Degree (ungefähr vergleichbar mit dem deutschen Staatsexamen), und sie und Wyatt ließen sich schließlich in der Nähe von Sara Dormon in Philadelphia nieder. Sie bestand auf Anhieb die nötigen Prüfungen, um sich als Immobilienmaklerin und daneben als Versicherungsvertreterin niederlassen zu können, und ist heute eine sehr kompetente Geschäftsfrau, womit sie in die Fußstapfen ihres Vaters tritt. Ich selbst habe mich in einigen meiner Geschäftsangelegenheiten von Windsor beraten lassen, und sie ist für mich in Übergangszeiten nach wie vor eine wertvolle Ratgeberin.

Im Lauf der Jahre hat sich Windsor auch für junge Frauen engagiert, die ungewollt schwanger werden. In einem Fall nahm sie nach dem Vorbild Saras eine schwangere Jugendliche bei sich zu Hause auf. Windsor hat die junge Frau bei der Entscheidung beraten, das Kind selbst aufzuziehen oder zur Adoption freizugeben, hat sie während der Wehen und bei der Geburt begleitet und stand während einer sehr emotionsgeladenen Zeremonie zur Übergabe des Babys an ihrer Seite. Diese Erfahrung rief für Windsor viele schwierige Erinnerungen wach, aber sie konnte diese Herausforderungen auf bewundernswerte Weise und mit echter Reife bestehen. Gott war dabei, das Zerbrochene in ihrem Leben wieder heil zu machen, so wie er es auch bei mir tat. Ich bin wirklich stolz auf sie.

Wenn ich zurückdenke, dann erinnere ich mich sehr gut an den Tag, als Windsor mir eröffnete, dass sie Wyatt selbst großziehen wollte. Ich saß zu Hause in meinem Büro und bereitete mich auf einen meiner Kurse am Mary Baldwin College vor – denn ich war noch immer damit beschäftigt, mein einmal begonnenes Studium abzuschließen! Als meine Tochter ins Büro trat und mir von ihren Plänen für das Baby erzählte, spürte ich Erleichterung. Ich dachte an Windsors Schwanken bei der Entscheidung, ob sie ihr erstes Kind behalten sollte, und wie schmerzlich diese Unsicherheit für sie und für uns alle gewesen war.

Aber nun hatte sie in ihrem Leben eine neue Position erreicht: Sie war etwas älter, sie hatte in einer anderen Stadt Virginias das College besucht, sie kam selbst zurecht, und das freute mich. Sie war eine erwachsene Frau. Was immer sie beschließen würde, ich hatte den Eindruck, alles würde in Ordnung sein. Der tiefe Friede, den ich zu erkennen gelernt hatte, erfüllte mein Herz und brachte es zur Ruhe.

Nachdem Windsor den Raum verlassen hatte, nahm ich mein Andachtsbuch, und mein Blick fiel auf den Vers: «Dem Herrn gehört die ganze Welt und alles, was auf ihr lebt» (Psalm 24,1). Durch diesen einfachen Bibelvers erinnerte mich Gott sanft an das, was er mir die ganze Zeit schon gesagt hatte: nämlich dass Windsor und Wyatt sein Eigentum waren. Sie gehörten ihm, und er würde für sie sorgen. Ich war frei: frei aufzugeben und loszulassen.

Während ich so ruhig über meinem Andachtsbuch saß, ließ ich vor Gott allen Druck von mir abfallen. Ich dankte ihm für Windsor und für Wyatt. Und ich dankte ihm für seine Treue zu uns auf unserem Weg. Tief in meinem Innern – da, wo ich ganz ich selbst war – konnte ich von ganzem Herzen mit Jeremia sagen: Groß ist deine Treue!

Gedanken für schwere Zeiten

- Sind Sie gerade in einer Situation, die ein Maß an geistlichem Stehvermögen erfordert, von dem Sie meinen, es nicht zu besitzen? Lassen Sie einmal die Worte Jeremias in Klagelieder 2,22–23 auf sich wirken. Und beten Sie, dass Gott Ihnen jeden Morgen neu sein Erbarmen zeigt.
- Gott wird Ihnen helfen, Ihren Glauben neu zu beleben. Und Sie können ganz offen um seine Hilfe bitten. Wie der Vater des besessenen Jungen in der biblischen Geschichte können Sie beten: «Hilf meinem Unglauben.» Bitten Sie Gott darum, und vertrauen Sie darauf, dass er auf seine Weise antworten wird.
- Leiden Sie unter einem Schmerz, der unerträglich scheint? Dann versuchen Sie sich die Treue Gottes vor Augen zu führen. Halten Sie sich an die Bibel. Und lassen Sie nicht zu, dass Ihr Kummer Ihnen das Gefühl vermittelt, Sie hätten Ihren Glauben verloren oder auf sonst irgendeine Weise versagt.

Wenn Sie helfen wollen

- Müssen Sie gerade zusehen, wie jemand emotionalen Schiffbruch erleidet? Dann bemühen Sie sich um Geduld. Sie sollten auf keinen Fall annehmen, die Gefühle der Person würden zeigen, dass sie den Glauben verloren hat.
- Versetzen Sie sich in diesen Menschen, und fühlen Sie mit ihm, so wie Jesus mit den Trauernden am Grab des Lazarus mitfühlte (Johannes 11).
- Beten Sie weiter dafür, dass der Glaube dieses Menschen der Belastung im Leid standhält. Und machen Sie sich bewusst, dass Ihre Gebete einen regelrechten Schutzwall um sein Herz errichten können.

- Beten Sie auch, dass Ihr eigener Glaube gestärkt wird. Bitten Sie Gott, Ihrem mangelnden Glauben aufzuhelfen, so dass Sie der leidenden Person beistehen und darauf vertrauen können, dass Gott sein Ziel erreichen wird.

Bibelvers zum Thema

Ich glaube; hilf meinem Unglauben! (Markus 9,24; Luther)

Impuls

Wenn wir mit unserem Leben nicht mehr fertig werden, kommt Gott zu uns und begegnet uns dort, wo wir gerade sind. Er wird uns helfen, unserem Glauben neues Leben einzuhauchen, so dass wir am Vertrauen zu ihm festhalten können.

13

Groß ist deine Treue

Die Sprache des Himmels sprechen lernen

Ich erwachte früh, stieg leise aus dem Bett und ging ans Fenster. Jenseits der Mauer, die das Strandhaus, das wir gemietet hatten, umgab, sah man Meer und Sand, und ich konnte ganz schwach das ferne Tosen der Wellen hören. Ich hatte es eilig, meinen Tag zu beginnen. Ich dachte, es wäre schön hinauszugehen und einen Spaziergang zu machen. Aber als ich die Jalousien zur Seite schob, sah ich, dass es noch dunkel war. Mein Spaziergang musste also noch warten.

Da ich nicht wieder einschlafen konnte, ging ich nach draußen auf die abgeschirmte Veranda und machte es mir bequem. Dort saß ich und wartete. Sehr lange, so schien es mir. Ich suchte den Himmel nach den ersten Spuren des morgendlichen Lichtes ab. Langsam gingen die Minuten vorüber. Aber die Dunkelheit verschwand nicht. Um mir die Zeit zu vertreiben, ging ich in die Küche und setzte Kaffee auf, aber auch auf den Kaffee musste ich warten. Weil es also kaum etwas anderes zu tun gab, nahm ich wieder meinen Platz auf der dunklen Veranda ein und versuchte mich zu entspannen. Alles war still und ruhig.

Ganz allmählich begann die Nacht zu schwinden. Als Erstes entdeckte ich den Morgenstern und einen ganz schwachen Lichtschimmer, der einen Teil des Himmels überzog. Eine einsame Möwe stieß ihren Ruf aus, und durch den grauen Nebel fing die Welt an, Gestalt zu gewinnen. Ich konnte das Geländer des Weges am Strand erkennen, das Dünengras und eine Möwe, die ganz tief flog und nach Beute suchte. Dann sah ich die ersten Farben am

Himmel – Tupfer von Gold und Orange. Schließlich nahmen auch Meer und Land unterschiedliche Farben an. Das Wasser sah jetzt blau aus und das Gras grün. Die Dämmerung enthüllte nach und nach, was die Nacht verborgen hatte. Langsam gewöhnten sich meine Augen an den Wechsel, und ich freute mich über jede neue Phase, in der ich die Dinge noch klarer sehen konnte.

Während ich so auf der Veranda saß, dachte ich darüber nach, wie weise Gott es eingerichtet hatte, dass der Tag ganz allmählich anbrach. Wäre die Sonne schon zu dem Zeitpunkt erschienen, als ich es wollte, hätte ich den Glanz und die Hitze nicht ertragen können. Denn ich wäre einfach nicht vorbereitet gewesen und hätte mit der Belastung nicht umgehen können. Aber so konnte ich den Tag sanft beginnen. Ich hatte Zeit, mich an die Veränderungen anzupassen. Und das Ganze war eine angenehme Erfahrung, ich empfand Ruhe und Frieden.

In diesen Augenblicken wurde mir bewusst, dass Gott in meinem Leben auf ganz ähnliche Weise handelte – nämlich Schritt für Schritt. Wie oft hatte ich versucht, mich mit meinen eigenen Terminplänen und Vorhaben ins Leben zu stürzen! Ich war unruhig in der Dunkelheit und ungeduldig mit der gemächlichen Vorgehensweise Gottes. Ich wollte die Dinge geregelt haben und wissen, wovon ich ausgehen konnte. Ich wollte einen Plan.

Jemand hat einmal gesagt, es sei Gottes Gnade, dass er uns die Zukunft nicht auf einmal enthüllt, sondern sie in seiner Güte erst nach und nach entfaltet. Dem kann ich nur zustimmen. Es gibt in meinem Leben so viele Dinge, bei denen ich jetzt dankbar bin, dass ich nicht schon vorher davon wusste. Sie hätten mich ganz sicher überwältigt. Für mich war es gut, dass ich davon nur allmählich etwas erfuhr.

Mein Leben ist nicht so verlaufen, wie ich mir das als junge Frau vorgestellt hatte. Ich erwartete damals ein Happy End wie im Märchen. Aber Gott passte nicht in diese Schublade, und ich bin heute dankbar dafür. Wenn ich alles so bekommen hätte, wie ich es mir wünschte, wäre mein Leben angenehm gewesen, und ich hätte Gott, wenn überhaupt, dann nur höchst selten gebraucht. Folglich hätte ich wahrscheinlich die Gelegenheit versäumt, ihn besser kennen zu lernen. Ich wäre vielleicht gar nicht in der Lage gewesen, in meinem Leben seine Treue zu erkennen. Das Dasein in seinem ganzen Reichtum und seiner Tiefe, mit allen rauen Kanten, unerwarteten Abzweigungen und dramatischen Wendungen, wäre mir verschlossen geblieben.

Natürlich könnte ich auf einige meiner Fehler sehr gut verzichten. Aber sogar sie fügt Gott mit den anderen Bruchstücken meines Lebens zusammen, um daraus für sich etwas zu erschaffen. Wie wir gesehen haben, ist genau das Gottes Weg: aus den Trümmern etwas zu bauen. Wenn das Leben perfekt wäre, wer bräuchte noch einen Architekten des Lebens? Wer bräuchte einen Baumeister?

Meine Geschichte wird unterdessen immer noch auf ihre ewig unvorhersehbare Weise weitergeschrieben. Nachdem Windsor ihren Sohn Wyatt bekommen hatte, erlebten meine Kinder und ich weiterhin manche Höhen und Tiefen. Besonders Graham machte eine schwierige Zeit durch. Am Ostermorgen, am Tag nach der Geburt meines Enkelkindes, rief mich Graham von unterwegs an und sagte, er sei krank. Auf dem Weg zu einer Technischen Schule, bei der er sich angemeldet hatte, hatte er am Straßenrand gehalten, weil er nicht mehr weiterfahren konnte. Ich bat ihn, zum nächsten Krankenhaus zu gehen und dort Hilfe zu suchen, aber dann erklärte er mir, was los war. Er sagte, er sei auf Drogen und könne nicht mehr weiter. Das war für mich eine erschütternde Nachricht – ganz zu schweigen davon, dass Graham für mich unerreichbar irgendwo auf dem Highway stand.

Aber wir schafften es, auch diese schlimmen Momente zu überstehen. Graham hatte mit Drogen experimentiert, war aber glücklicherweise noch nicht abhängig geworden. Ted machte sich sofort auf den Weg, um unseren Sohn vom Highway zu holen, und bald danach konnte Graham in ein christliches Heim für Jugendliche einziehen, wo er auf die angebotene Therapie sehr positiv reagierte.

Dann kam jedoch eine weitere Herausforderung, diesmal von noch größerem Ausmaß. Im September 1997 – Graham war noch immer in dem Jugendheim – erlitten die Kinder (und auch ich) einen furchtbaren Verlust: Nachdem er in der extremen Hitze von Dallas Sport getrieben hatte, brach Ted zusammen. Noch bevor die Sanitäter ihn ins Krankenhaus bringen konnten, starb er an Herzversagen. Bei aller Trauer waren wir so dankbar, dass alle drei Kinder am Tag vor seinem Tod noch am Telefon mit ihrem Vater gesprochen hatten. Windsor und Wyatt hatten inzwischen schon einmal für einige Zeit bei Ted in Dallas gewohnt. Diese letzten Begegnungen konnten den Kindern einigen Trost geben, aber der Verlust des Vaters ist dennoch etwas unvergleichlich Schweres.

Die Kinder litten sehr stark darunter, sie waren ja auch alle noch relativ jung.

Auf mich hatte Teds Tod eine Wirkung, die ich auch heute nur schwer beschreiben kann. Als unsere Ehe zerbrach, hatte ich lange und heftig um den Verlust meines Mannes getrauert. Der Tod jedoch hat immer wieder etwas überraschend Endgültiges, und so brachte Teds Tod erneut einen tiefen Schmerz mit sich, der immer noch kommt und geht. Wir beide haben schließlich eine so lange gemeinsame Geschichte. Wir haben jung geheiratet und sind praktisch zusammen erwachsen geworden. Gemeinsam haben wir viele «erste Male» erlebt: das erste Haus, das erste Kind. Das alles waren für mich schon wegen unserer späteren Scheidung traurige Erinnerungen. Nun gewann diese Traurigkeit eine andere Qualität. Ich hatte Ted so gut und so lange gekannt, dass es mir schwer fiel zu glauben, dass er jetzt fortgegangen war.

Immer noch spüre ich hin und wieder den Kummer darüber, ihn verloren zu haben, und bin traurig, dass er es nicht mehr erlebt hat, unsere Familie wachsen zu sehen. Ich denke, diese Trauer wird mich zu einem gewissen Grad mein Leben lang begleiten. Und das ist auch in Ordnung so.

Nach dem Tod seines Vaters arbeitete Graham eine Weile in unterschiedlichen Bereichen. Er hatte Schwierigkeiten, seine Nische zu finden, aber ich machte mir um ihn keine größeren Sorgen. Graham war inzwischen ein erwachsener Mann, und ich war überzeugt, er würde zur rechten Zeit seinen Platz finden. Und so geschah es dann auch. Wie sein Vater kann er sehr gut mit Menschen umgehen und hat außerdem einen ausgeprägten Geschäftssinn. Er ist sehr unabhängig und führte, wie ich schon erwähnt habe, bis vor kurzem ein Fitness- und Gesundheitsstudio in Asheville, Nordkarolina, das er von Beginn an selbst aufgebaut hat. Er besucht eine Gemeinde, in der er sich wohlfühlt, und war, als sich die Gelegenheit dazu ergab, an der Organisation einer Missionsreise nach Nicaragua beteiligt, wo er sich dann auch taufen ließ. Graham hat sich zu einem eindrucksvollen Leiter entwickelt, und ich bin immer wieder sehr stolz auf ihn.

Genau ein Jahr nachdem Ted gestorben war, heiratete Noelle einen wunderbaren Mann namens Maury Davis, den sie in Atlanta kennen gelernt hatte. Nach ihrem College-Abschluss hatte Noelle bei einem Herzspezialisten in Atlanta eine Lehre als medizinische Assistentin begonnen. Sie und Maury schienen sich sehr schnell zu verlieben, und ich war von ihrer Beziehung zuerst nicht unbedingt begeistert. Denn ich meinte, dass Noelle so kurz nach dem Tod ihres Vaters und in einer neuen Stadt besonders verwundbar war.

Als Maury beschlossen hatte, Noelle einen Heiratsantrag zu machen, rief er jedes Mitglied der engeren Familie an. Ich sprach mit meinem möglichen Schwiegersohn sehr offen über meine Bedenken, aber seine Reife, seine rückhaltlose Annahme Noelles und seine bedingungslose Liebe zu ihr überzeugten mich von seiner Integrität und seinem guten Charakter. Schon lange vor der Hochzeit glaubte ich ganz fest, dass Gott diese Ehe gestiftet hatte.

Heute leben Noelle und Maury in der Nähe von Charlottesville in Virginia. Dort sind sie hingezogen, damit Noelle die Krankenpflegeschule besuchen konnte. Sie machte ihren Abschluss mit Auszeichnung und arbeitet jetzt teilzeitlich in einem Krankenhaus am Ort. Sie und Maury haben eine kleine Tochter mit Namen Virginia Ruth. Beide bringen sich in einer lebendigen Gemeinde ein. Maury ist Service Director bei einer Software-, Verkaufs- und Beratungsfirma. Er ist ein sehr angenehmer und ausgeglichener Mensch, ein wirkliches Geschenk für unsere Familie.

Meine Kinder sind alle wunderbare Menschen, und ich bin stolz, ihre Mutter zu sein. Sie mussten früh in ihrem Leben schwierige Zeiten bestehen, und sie haben Dinge durchgemacht, von denen keine Eltern sich wünschen, dass ihre Kinder sie je erleben müssen. Aber Gott heilt die Wunden meiner Kinder und gibt ihrem Leben Tiefgang. Er löst die Knoten, und ich habe das wunderbare Vorrecht zuzusehen, wie sich dieser Prozess entfaltet. Es ist eine Sache, die Treue Gottes im eigenen Leben zu erfahren, aber etwas ganz anderes, zuzuschauen, wie Gott im Leben der Menschen, die man liebt, zum Zug kommt. Wenn ich sehe, wie meine Gebete für meine Kinder erhört werden, ist das für mich nicht nur ein großer Trost, sondern es macht mir Mut, auch in Zukunft noch mehr von Gott zu erwarten. Solche Erfahrungen stärken meinen Glauben, während ich darauf vertraue, dass Gott weiter daran arbeitet, die Bruchstücke meines Lebens zusammenzusetzen.

Sich an Gott klammern

Endlich konnte ich mein Studium der Fächer Religion und Kommunikation am Mary Baldwin College abschließen. Ich hatte mir gewünscht, fertig zu werden, bevor ich im Jahr 2000 fünfzig Jahre alt wurde – und ich habe es tatsächlich geschafft! Mein Vater war so freundlich, am Ende meiner Abschlussfeier im Mai 2000, bei der mir die Auszeichnung für besondere Leistungen von «älteren» Studenten verliehen wurde (Outstanding Adult Graduate Award), das Segensgebet zu sprechen. Meine Mutter, begleitet von Gigi, flog herüber, um an einem speziellen Bankett nach der Zeremonie teilzunehmen, obwohl ihr das körperlich einiges abverlangte.

Meine Schwester Anne konnte nicht dabei sein, aber in der Talksendung «Larry King Live», wo sie gerade zu Gast war, erwähnte sie meine besondere Leistung. Familie und Freunde spendeten mir Beifall und feierten mich, und mein Vater schenkte mir die lebensgroße Skulptur eines Boxer-Hundes aus glasierter Keramik. Schließlich, so sagte er, hätte ich in den neun Jahren, die ich brauchte, um mein Studium abzuschließen, «geschuftet wie ein Hund».

In der Zwischenzeit hatten sich für mich neue Möglichkeiten ergeben, Vorträge zu halten. Die erste Verpflichtung in einer Reihe, die bis heute nicht abgerissen ist, führte mich im Frühjahr 1997 an die Samford University. Man hatte mich eingeladen, zu einer Gruppe von Frauen zu sprechen. Und trotz aller Nervosität war ich der Meinung, dass ich aufgrund der Kämpfe, die ich in den letzten Jahren hatte bestehen müssen, wirklich etwas Wertvolles zu sagen hatte. Die Botschaft, die ich den Leuten mitgeben wollte und die ich aus Bibelarbeitsnotizen und meinen Lebenserfahrungen gewonnen hatte, war einfach. Ich stellte den Vortrag unter das Motto: «Wozu ist der Glaube gut?», und die Frauen schienen davon bewegt zu sein. Am Ende standen sie sogar auf, um mir zu applaudieren.

Die Reaktion der Frauen in Samford überraschte mich und machte mich auch verlegen. Doch später war ich dann sehr froh über das, was ihre Unterstützung mir offenbar zeigen sollte. Eigentlich hatte ich nämlich gedacht, dass Gott mich, was den Dienst in der Öffentlichkeit anging, gewissermaßen ausgemustert hatte. Ich rechnete allenfalls noch damit, ab und zu bei einer Veranstaltung zu sprechen, so wie damals in Owen Sound, Ontario – falls überhaupt. Aber nach Samford veränderte sich manches. Es boten sich mehr Gelegenheiten zu Vorträgen, und ich fragte mich, ob Gott vielleicht in diesem Bereich etwas mit mir vorhatte.

Langsam begann ich zu verstehen, dass Gott mich nicht deshalb herausgenommen und auf die Seite gestellt hatte, um mich dort außen vor zu lassen, sondern um mir Zeit zur Heilung zu geben.

Wieder war er Schritt für Schritt in meinem Leben am Werk. Meine Aufgabe war es, die Heilung abzuwarten – in einigen Punkten warte ich auch heute noch –, so wie ich an dem dunklen Morgen am Strand die Dämmerung abgewartet hatte.

Vor einigen Jahren überflog ich einen Zeitungsartikel, in dem stand, dass eines der in der Bibel verwendeten Wörter für «warten» auch «festhalten» bedeuten konnte. Diesen Gedanken konnte ich nicht überprüfen, doch mir gefiel die Idee und das Bild, das sie entwarf. Das Festhalten war ja ein körperlicher Akt. Ich stellte mir also vor, dass ich Gott umklammerte und ihn nicht mehr losließ, wie Jakob, als er am Jabbok die ganze Nacht mit dem Herrn kämpfte (1. Mose 32,23–32). War das nicht die Art von Warten, die Gott mich durch die Höhen und Tiefen meines Lebens gelehrt hatte? Hatte er mir nicht gezeigt, dass die einzige Möglichkeit, im Dunkeln zu warten, darin bestand, sich an ihn zu hängen – ihm vollständig zu vertrauen und daran zu glauben, dass er den Wunsch und die Fähigkeit besitzt, alles Verlorene und Zerstörte zu heilen?

Tatsächlich bin ich auch jetzt wieder dabei, noch tiefer zu begreifen, was es konkret bedeutet, zu warten, indem man sich an Gott klammert. Es schmerzt mich ungemein, bekennen zu müssen, dass ich mich in meinem persönlichen Leben erneut in einem äußerst schwierigen Abschnitt befinde. Während der ersten Schwangerschaft Windsors heiratete ich nämlich zum dritten Mal. Diese Ehe hat jetzt eine Wendung genommen, die mir erneut das Herz bricht: Während ich diese Zeilen schreibe, sind mein Mann und ich dabei, uns scheiden zu lassen, was uns beide sehr verletzt. Ich habe die Angelegenheit in Gottes Hände gelegt. Auch durch diese schwere Erfahrung möchte ich wachsen und all das lernen, was Gott mir klarmachen will. Dabei klammere ich mich ganz fest an ihn. Immer wieder kehre ich zu meinen Grundwahrheiten zurück und sage sie mir vor: Gott liebt mich, er wird mich führen, und er wird aus meiner Situation etwas Gutes entstehen lassen. Ich habe mein Vertrauen auf Gott gesetzt, und nun brauche ich jeden Tag seine Hilfe, damit ich ihm in dieser schmerzlichen, unsicheren und anstrengenden Zeit weiter vertrauen kann.

Wie sieht das im Alltag aus, wenn wir uns an Gott klammern? Wie können wir das überhaupt tun? Wie gesagt, ich erhalte die Antwort auf diese Frage im Moment Stück für Stück auf einer neuen Ebene. Und ich entdecke, dass ich warten und mich an Gott klammern kann, indem ich mich darin übe, ihn zu loben. Erinnern Sie sich noch an meine «Lobliste» aus dem zweiten Kapitel? Diese Liste hatte ich angefertigt, um mir deutlicher vor Augen zu führen, wie Gott mich auf Teds Beichte und die Enthüllung seiner Affären vorbereitet hatte. Ich brauchte diese Auflistung, um mich in meinem Schmerz ermutigen und mir für die Zukunft neue Hoffnung geben zu lassen.

In dem Maß, wie das Lob Gottes in meinem Leben zu einer immer beständigeren Übung wird, stelle ich fest, dass ich ganz oft solche «Loblisten» zusammentrage – und immer aus denselben Gründen. Auch dieses Buch ist gewissermaßen eine «Lobliste». Durch das Schreiben habe ich ein klareres Bild davon bekommen, wie Gott mich eigentlich durchgetragen hat: durch Schock und Zerstörung, Zweifel, Depression, Isolation, durch Groll und Wut, durch Übergangszeiten, durch meine eigene Sünde, den vollständigen Zusammenbruch, durch Unsicherheit, das Leid meiner Kinder und noch vieles andere. In den verschiedenen Krisen und Prüfungen meines Lebens hatte ich oft das Gefühl, dass ich nach Gottes Arm griff, aber nichts zu fassen bekam. Heute erkenne ich, dass Gott die ganze Zeit über da war. Er hat sich nie fortbewegt. Sein Arm war sicher und fest. Denn seine Arme tragen uns in Ewigkeit!

Vielleicht kann ich inzwischen den Glauben der Menschen, die ich immer bewundert habe – den Glauben meiner Eltern und meiner Großeltern (der Missionare im Ruhestand in Montreat) und auch den Glauben von Darlene Deibler Rose –, besser verstehen. Selbst wenn ich mich nicht mit diesen lieben Menschen und Vorbildern im Glauben vergleichen möchte, fange ich doch an zu begreifen, warum das Problem des Leidens sie nicht zu quälen schien. Sie müssen diese große Wahrheit verstanden haben: dass die Arme Gottes uns niemals fallen lassen. Egal welche Umstände sie zu ertragen hatten, Gottes Arme würden sie halten, trösten und schützen. Darauf vertrauten sie. Sie müssen sich mit wirklich tiefer Überzeugung darauf verlassen haben, denn obwohl sie sicher auch ihre Kämpfe auszufechten hatten, schienen sie doch nie in ihrem Vertrauen zu Gott zu schwanken.

Indem ich es lerne, Gott sowohl in Leidens- als auch in Friedens- und Glückszeiten zu loben, werde ich fähig, mich noch stärker darauf zu stützen, dass ich in seinen Armen sicher und geborgen bin. Und auch wenn ich das nicht in jedem Moment «fühle», fällt es mir jetzt doch nicht mehr so schwer zu glauben, dass seine

Arme tatsächlich da sind, dass sie mich umfangen und ich sicher bin in seiner Umarmung. Das Lob Gottes hilft mir zu erkennen, wo Gott ist und wo ich bin, nämlich in seinen starken Armen. Darin besteht die Schönheit und die Kraft des Lobens.

Das Lob Gottes öffnet uns die Augen. Das hat es jedenfalls bei mir bewirkt in der Nacht, als ich die Zeilen aus William und Gloria Gaithers Lied sang, während ich nach der Geburt von Windsors erstem Baby durch die Straßen von Philadelphia fuhr. Beim Loben wurde mir bewusst, dass meine Lieben und ich uns sicher fühlen konnten unter der Fürsorge Gottes. Doch das Geschenk dieser späten nächtlichen Erfahrung bestand nicht nur in dem neu gewonnenen Vertrauen auf Gottes Nähe und auf seine souveräne Macht in meiner speziellen Lebenssituation. Es umfasste auch die Begegnung mit Gott, die sich ereignete, während ich ihn lobte.

Denn im Loben fühlte ich mich ganz in der Gegenwart Gottes. Ich freute mich an ihm und schenkte ihm meine volle Aufmerksamkeit. Alle meine Gefühle richteten sich auf ihn aus. Während ich lobte, spürte ich, dass ich gerade genau das tat, wozu ich geschaffen worden war. Jeder von uns ist dazu geschaffen, Gott zu loben, in allen Situationen. Ein Beter in den Psalmen sagt es so: «Darum sollen dich alle deine Geschöpfe loben. Jeder, der dich liebt, soll dich rühmen» (Psalm 145,10). Im Loben erleben wir die tiefe Erfüllung, die darin liegt, das zu tun, wozu wir bestimmt sind: Gott zu lieben, uns an ihm zu erfreuen und Gemeinschaft mit ihm zu haben. Und in der Gewissheit zu leben, dass seine Arme uns umschließen. Gott zu loben bewirkt große Freude, denn dieses Lob ist das, was uns im Himmel einmal ganz ausfüllen wird.

Die Sprache des Himmels

Ein fremdes Land zu bereisen, ohne die Sprache zu kennen, kann eine frustrierende Erfahrung sein. Denn wenn wir ins Ausland fahren, ohne uns verständigen zu können, bekommen wir nur sehr vage mit, was um uns herum geschieht. Uns fehlt der Einblick in die Kultur des Landes, und deshalb passiert es, dass wir die Gesten oder den Tonfall anderer Menschen falsch interpretieren. Die Feinheiten der menschlichen Interaktion entgehen uns. Oft kommen wir uns so dumm vor, dass wir uns gar nicht in die Unterhaltung einschalten, sondern uns stattdessen zurücklehnen und das Leben an uns vorbeirauschen lassen. Unter solchen Umständen sind wir ganz klar im Nachteil. Denn eine scheinbar undurchdringliche Mauer hindert uns daran, das echte Leben an dem fremden Ort mitzukriegen.

Als ich einmal im Sommer mit meiner Schwester Gigi in die Schweiz reiste, gingen wir dort mit einer Französisch sprechenden Freundin abends essen. Nur mit den Überresten meines Schulfranzösischs ausgerüstet, hatte ich Schwierigkeiten, überhaupt irgendetwas zu verstehen. Ich versuchte mit aller Kraft, mich zu konzentrieren, konnte aber nur wenig aufschnappen und hatte mir am Ende furchtbare Kopfschmerzen eingehandelt.

Meine Reise nach China mit meiner Mutter und meinen Schwestern Anne und Gigi war hinsichtlich der Kommunikationsmöglichkeiten noch entmutigender. Ich hatte keine Ahnung, was die Leute zu uns sagten, meistens nicht einmal, was überhaupt vorging. Ich war wirklich vollkommen verloren. Sobald ich wieder in den USA war, machte es mich schon dankbar, dass ich mich mit fremden Leuten im Lebensmittelladen unterhalten konnte.

Ich weiß, dass ich eines Tages in den Himmel kommen werde, denn das ist mein letztes Ziel. Der Himmel ist meine Heimat, das Zuhause für mein Herz. Dort wartet Jesus auf mich, und auch Freunde und andere liebe Menschen erwarten mich. Wenn ich in den Himmel komme, möchte ich nichts versäumen. Ich möchte mitbekommen, was dort im Himmel vor sich geht, möchte die Gespräche in allen Nuancen erfassen können. Ich wünsche mir, dass ich alles verstehe, was gesagt wird. Und was noch wichtiger ist, ich möchte an den «Aktivitäten» des Himmels teilnehmen. Ich möchte einen Beitrag leisten. Ich wünsche mir, dass ich meinem Herrn etwas bringen kann. Was könnte ich jetzt tun, um mich darauf vorzubereiten? Wie kann ich mich überhaupt auf die Ewigkeit vorbereiten? Zuallererst muss ich die Sprache des Himmels lernen, und zwar gründlich.

Die Sprache des Himmels ist das Lob Gottes. In diesem Buch haben wir zusammen schon einiges über das Loben erfahren, auch ein paar Formen des Lobs praktisch umgesetzt. Aber wie können wir das Lob Gottes definieren? Was ist Lob Gottes eigentlich?

Ganz einfach ausgedrückt: Lob ist Bewunderung Gottes. Es geht um mehr, als darum, Gott zu danken, obwohl das Danken ein wichtiger Teil der Anbetung ist. Wir *danken* Gott für das, was er getan hat, aber wir *loben* ihn dafür, wer er ist. Wenn wir ihn loben, bringen wir damit seine Würdigkeit zum Ausdruck. Wir verehren Gott, wir lieben ihn und betrachten seine Eigenschaften als etwas ungeheuer Wertvolles. Auf diese Weise verherrlichen wir ihn.

Am Lob Gottes sind wir mit Herz und Fantasie, mit unseren Worten und unserem Körper beteiligt. Der Schreiber des Hebräerbriefes bezeichnet das Lob Gottes als ein «Opfer» (Hebräer 13,15). Etwas zu opfern bedeutet, es aufzugeben. Im Loben geben wir uns selbst auf. Das heißt, wir halten vor Gott nichts zurück, wir überwinden unsere gegenteiligen Gefühle und treffen die Entscheidung, Gott zu loben. Und beim Loben sagen wir Gott, wie sehr er es wert ist, dass wir ihm alles, was wir sind und haben, auch alle unsere Pläne und Träume, zur Verfügung stellen. Dabei wenden wir unser Denken ab von eigenen Plänen – weg von uns selbst – und richten unsere Aufmerksamkeit ganz auf Gott.

Ich möchte nun gern mit Ihnen zusammen anschauen, wie es eigentlich im Himmel aussehen wird. Im Buch der Offenbarung lässt uns der Apostel Johannes einen Blick erhaschen auf das Lob Gottes in der Ewigkeit. Er liefert den Rahmen mit einer Beschreibung Gottes auf seinem Thron:

> Sofort ergriff mich Gottes Geist, und dann sah ich: Im Himmel stand ein Thron, auf dem jemand saß. Die Gestalt leuchtete wie ein Edelstein, wie ein Jaspis oder Karneol. Und um den Thron strahlte ein Regenbogen, schimmernd wie lauter Smaragde. (Offenbarung 4,2–3)

Um den Thron herum stehen außerdem 24 weitere Throne für 24 Älteste, die alle in weiß gekleidet sind und goldene Kronen tragen. Blitz und Donner gehen vom Thron Gottes aus, und sieben Fackeln brennen dort. Vor dem Thron befindet sich ein kristallenes Meer, und der Thron selbst ist umgeben von vier geflügelten Wesen, deren Aufgabe darin besteht, Tag und Nacht laut zu rufen: «Heilig, heilig, heilig ist der Herr, der allmächtige Gott, der schon immer war, der heute da ist und der kommen wird!» (Offenbarung 4,8).

Während die vier Gestalten das ausrufen, fallen die 24 Ältesten vor Gott nieder, nehmen ihre Kronen ab und beten ihn an. Sie sagen: «Dich, unseren Herrn und Gott, beten wir an. Du allein bist würdig, dass wir dich ehren und rühmen, uns deiner Macht unterordnen. Denn du hast alles erschaffen. Nach deinem Willen entstand die Welt und alles, was auf ihr lebt» (Offenbarung 4,11).

Das Lob Gottes wird auf diese Weise ohne Unterbrechung fortgesetzt.

Betrachten wir einmal den Inhalt dieses Lobes Gottes, das im Himmel angestimmt wird. Die vier Gestalten rufen als Erstes «Heilig, heilig, heilig». Vor allem anderen preisen sie damit Gottes Reinheit. Wer würde einen Gott loben wollen, der nicht ganz rein und ungeteilt wäre in seinem Handeln – dessen Motive nicht eindeutig wären, dessen Herz sich in die Irre führen ließe?

Als Nächstes nennen die geflügelten Gestalten Gott «allmächtig». Das heißt, sie loben seine Macht. Wenn Gott keine Macht besäße, wer würde sich die Mühe machen, sein Lob anzustimmen?

Die vier Wesen bezeichnen Gott als denjenigen, «der schon immer war, der heute da ist und der kommen wird». Sie preisen so seine ewige Natur. Wäre Gott nicht ewig, würden sich die Menschen beständig fragen, wann seine Güte und Gnade ausgehen – wir hätten keine sichere Grundlage.

Schließlich, als die 24 Ältesten im Himmel in das Lob einstimmen, sagen sie Gott, dass er «würdig» ist, und ehren dadurch seine unermessliche Größe und Bedeutung. Sie erklären, dass er würdig ist, Ruhm, Ehre und Macht zu empfangen. Warum? Weil er alles geschaffen hat. Gott ist der Schöpfer und Erhalter des Lebens. Er trägt Verantwortung für uns, und deshalb verdient er unseren andauernden Lobpreis.

Die Gestalten im Himmel loben Gott für seine Natur, seinen Charakter und sein Wesen. Ihr Lob konzentriert sich also auf Gott selbst, und ihre Huldigungen beziehen sich auf Eigenschaften Gottes. Das Lob Gottes im Himmel zielt damit letztlich auf die Person Gottes. Hier sehen wir, wie sich das Lob vom Dank unterscheiden kann. Natürlich sind Dank und Lob häufig eng miteinander verwoben. Doch wenn wir Gott danken für das, was er für uns getan hat, dann kommt es schon vor, dass auch unsere eigenen Bedürfnisse ein bisschen um unsere Aufmerksamkeit buhlen. Der Zusammenhang, in dem wir leben, bleibt dann im Blickfeld, und dagegen ist auch nichts einzuwenden. Aber wenn wir Gott einfach für das loben, was er ist – also für sein innerstes Wesen –, dann liegt das Zentrum unserer Gedanken ganz auf dem Einen, der auf dem Thron sitzt. So wird es sein, wenn wir im Himmel leben. Wir werden ganz ohne Veränderung und Erschütterung auf die Schönheit und Majestät des Schöpfers ausgerichtet sein. Wir werden unsere

Kronen ablegen, ihn anbeten und ihn von ganzem Herzen lieben. Er allein ist dann der Mittelpunkt unseres ganzen Seins.

Fließend sprechen lernen

Machen Sie gerade eine schwere Zeit durch? Oder versuchen Sie jemandem zu helfen, schwere Zeiten zu ertragen? Und kennen Sie diese Sprache des Himmels? Wollen Sie sie gut sprechen lernen? Ich jedenfalls möchte das.

Und sollte ich manche harten Prüfungen in meinem Leben niemals hinter mir lassen, sollte ich nie die Veränderungen erleben, die ich mir erhoffe, so möchte ich doch die Sprache des Himmels fließend sprechen können. Ich möchte eine Expertin für das Lob Gottes werden. Mein Wunsch ist es, dazu fähig zu werden, meine Gefühle für Gott differenziert in der Sprache auszudrücken, die Gott selbst dafür ausgesucht hat. Nicht nur, damit ich auf den Himmel vorbereitet bin, sondern auch, damit ich schon hier auf der Erde meine Beziehung zu Gott in ihrer ganzen Fülle erleben kann. Von David stammt die Aussage: «Du beschenkst mich mit Freude, denn du bist bei mir. Ich kann mein Glück nicht fassen, nie hört es auf» (Psalm 16,11). Ich möchte auf die Freude und das Glück, das Gott jetzt in diesem Leben für mich bereithält, nicht verzichten.

Immer wieder habe ich in diesem Buch davon erzählt und dazu ermutigt, anhand von Bibelversen zu beten und über Verse aus der Bibel nachzusinnen. Vor nicht allzu langer Zeit hörte ich eine Predigt, in der der Redner eine biblisch fundierte Übung empfahl, die seitdem mein geistliches Leben und meinen Lobpreis revolutioniert hat und die ich nun gern mit Ihnen teilen möchte. So oft nehmen wir die Bibel zur Hand und fragen: «Was hat das mir zu sagen?» Es ist auch in Ordnung, das zu tun, denn wir müssen erkennen, wie Gottes Wort sich auf unser Leben bezieht.

Aber es gibt noch einen anderen Weg, die Bibel zu lesen: nämlich durch die Brille des Lobes. Diese Methode bringt eine gute Balance in unsere Erfahrungen mit dem Wort Gottes. Ich möchte mit einem Abschnitt aus dem ersten Thessalonicherbrief beginnen.

> Er aber, der Gott des Friedens, heilige euch durch und durch und bewahre euren Geist samt Seele und Leib unversehrt, untadelig für die Ankunft unseres Herrn Jesus Christus. (1. Thessalonicher 5,23; Luther)

Beim Nachdenken über diesen Vers fangen wir so an, wie wir es gewohnt sind. Nämlich indem wir fragen, was er uns zu sagen hat. Dieser Bibelvers spricht von Gottes Wunsch, uns zu heiligen und zu reinigen. So bittet Paulus für die Gemeinde in Thessalonich: «Er aber heilige euch.» Gott sehnt sich danach, uns zu heiligen. Und auch in diesem Moment ist er dabei, seinen Wunsch in die Tat umzusetzen. Wir brauchen die Heiligung durch Gott. Wir sind davon abhängig, dass er uns reinigt und uns besser macht. Denn wir wollen doch Christus ähnlicher werden, das ist Gottes großes Ziel mit uns. Ich schlage vor, dass Sie einen Augenblick innehalten und Gott für das Werk der Heiligung danken, das er in Ihrem Leben tut. Sie können das ganz schlicht in Worte fassen: «Danke, Herr, dass du mich heiligst!»

Jetzt wollen wir etwas tiefer in den Vers eindringen, und zwar anhand der Frage: «Was sagt dieser Vers mir über Gott?» Er macht deutlich, dass Gott selbst die Heiligung in meinem Leben bewirkt. Er persönlich heiligt mich. Außerdem erkenne ich, dass Gott dieses Werk der Heiligung gründlich durchführt. Er macht seine Arbeit «durch und durch». Das heißt, er führt meine Heiligung auch zum Ende und lässt mich nicht auf halbem Wege im Stich. Er bleibt bei mir und gibt mich nicht auf. Er ist geduldig und treu. Darüber hinaus beschreibt der obige Bibelvers Gott als einen «Gott des Friedens». Gott geht also nicht rau mit mir um, sondern ist bei dem, was er tut, zärtlich und liebevoll. Er ist ruhig, sanft und von Frieden erfüllt. Er wird mir keinen Schaden zufügen.

Nachdem ich den Vers auf diese zweite Weise gelesen habe, begreife ich Gott jetzt in einem viel weiteren Sinn. Ich sehe in ihm einen Gott der Liebe und des Friedens, einen beharrlichen, treuen und persönlichen Gott – und das führt mein Herz zum Lob Gottes!

Sehen Sie den Unterschied zwischen diesen beiden Arten, sich einem Vers aus der Bibel (oder überhaupt einem biblischen Text) zu nähern? Einmal mit der Frage: «Was hat dieser Vers mir zu sagen?» Und zum anderen unter der Fragestellung: «Was sagt er mir über Gott?» Wenn wir die Bibel auf die zweite Weise lesen, lernen wir, Gott noch ausführlicher und tiefer für seine Eigenschaften zu loben, einfach weil wir dann diese Eigenschaften besser kennen lernen. Wir konzentrieren uns dadurch auf ihn und nicht so sehr auf unsere eigenen Bedürfnisse. Und indem wir das tun, füllen sich unsere Herzen mit dem Lob Gottes.

Egal wo Sie sich in Ihrem Leben gerade befinden – ob Sie durch ein tiefes Tal wandern oder jemandem dabei helfen, ein Tal zu durchqueren –, ich möchte Sie ermutigen, bei Ihrer täglichen Bibellese diesen zweifachen Ansatz zu praktizieren. Ihre Hingabe an Gott wird wachsen, und Ihre Beziehung zu ihm wird sich vertiefen. Sie sind weniger selbstbezogen und leben mehr im Einklang mit dem, was Gott möchte. Und auch Ihr Lob Gottes wird umfassender und kreativer. Sie werden feststellen, dass Sie Gott auch bei den alltäglichen Verrichtungen des Lebens loben, nicht nur in Ihrer Stillen Zeit oder wenn es Ihnen gerade gut geht. Und das Warten auf Gott, das Sich-Klammern an ihn, wird für Sie natürlicher und weniger erzwungen. Kurzum, Sie werden selbst bemerken, wie Sie die Sprache des Himmels fließend sprechen lernen.

Das Lob Gottes praktizieren

Um die Sprache des Himmels einmal fließend zu beherrschen, ist es nötig, dass wir sie schon hier auf der Erde einüben. Warum machen Sie nicht an dieser Stelle eine kurze Pause und probieren die oben beschriebene Übung? Sie können dazu einen der Bibelverse verwenden, die jeweils am Schluss jedes Kapitels aufgeführt sind, oder irgendeinen anderen Vers, der zu Ihnen spricht. Wenn Sie sich für einen Vers entschieden haben, nehmen Sie sich einen Moment Zeit, und bitten Sie Gott, dass er Ihnen beim Lesen Verständnis schenkt. Dann lesen Sie den Vers, und stellen Sie sich die erste Frage: «Was hat er mir zu sagen?» Falls Sie möchten, können Sie Ihre Antworten aufschreiben. Danken Sie Gott für seine besonderen Zusagen in diesem Vers, und versuchen Sie das in Ihren eigenen Worten zu tun und laut auszusprechen, was Sie empfinden.

Dann lesen Sie den Vers noch einmal unter der zweiten Fragestellung: «Was sagt er mir über Gott?» Wenn es für Sie hilfreich ist, notieren Sie wieder Ihre Antworten. Während Sie Ihre Liste zusammentragen, und sie muss wirklich nicht lang sein, danken Sie Gott für diejenigen seiner Eigenschaften, die Ihrer Meinung nach in diesem Vers hervorgehoben sind. Versuchen Sie dann wieder Gott mit eigener Stimme und mit Ihren eigenen Worten zu loben.

Wenn ich den Vers aus dem ersten Thessalonicherbrief nehme, könnte ich Gott zum Beispiel auf folgende Weise loben: «Herr, du bist ein so persönlicher Gott. Du siehst mich, und ich bin dir wichtig. Mit eigenen Händen arbeitest du an meiner Heiligung – mit den Händen, die die ganze Welt erschaffen haben! Wie unbegreiflich, dass du so erhaben und majestätisch bist und dich dennoch um mich kümmerst. Deine ganze Schöpfung ist dir wichtig. Du, der du würdig bist, alles Lob, alle Ehre und allen Ruhm zu empfangen, lässt dich dazu herab, mich zu heiligen. Du liebst mich so sehr! Deine Liebe ist so riesengroß – und dafür lobe ich dich!»

Bitten Sie Gott zum Abschluss, dass er Sie während des Tages immer wieder an die Eigenschaften seiner Person erinnert, die Sie in Ihrer Stillen Zeit entdeckt haben, damit Sie ihn weiter dafür loben können.

Lassen Sie sich beim Loben in verschiedene Richtungen führen. Es kann durchaus passieren, dass Sie Gott zunächst für eine bestimmte Sache loben und ihn am Ende für einiges gepriesen haben, das Ihnen völlig unerwartet eingefallen ist. Der Schlüssel dazu liegt darin, Ihrer Fantasie beim Lob Gottes eine gewisse Freiheit zu gewähren. Öffnen Sie einfach Ihr Herz und loben Sie Gott. Oder schreiben Sie Ihr Lob in einem Gebet nieder oder in einem Liebesbrief an Gott. Sie können auch ein Lob-Tagebuch führen. Versuchen Sie auch, Ihr Lob zu singen – mit Hilfe eines Liedes oder Chorals, den Sie kennen. Lassen Sie dabei Lob und Dank ganz natürlich ineinander übergehen.

Wenn Sie Gott auf diese Weise loben, frei und ungezwungen, dann wird er Sie leiten. Sie werden erfahren, dass er Ihnen die Worte schenkt und in Ihnen das Lob hervorbringt, das Ihnen in Ihrer speziellen Situation weiterhilft.

Wenn wir loben, tritt Gott selbst auf den Plan. Lob ist daher nie ein Monolog, sondern immer ein Dialog. Wir preisen und rühmen Gott, und während wir das tun, spricht er zu unserem Herzen. Die Bibel sagt, dass Gott im Lob seines Volkes wohnt oder über diesem Lob «thront» (Psalm 22,4; Luther). Und da, wo er ist, möchte auch ich sein!

Es gibt viele verschiedene Möglichkeiten, das Lob Gottes einzuüben. Sie können zum Beispiel das Alphabet durchgehen und für jeden Buchstaben eine Eigenschaft Gottes nennen, für die Sie ihn loben können: A wie allmächtig, B wie barmherzig und so weiter. In einigen Fällen wird es allerdings ganz schön schwierig.

Egal wie Sie Gott loben, wichtig ist, dass Sie kreativ sind. Variieren Sie Ihren Lobpreis, so dass er nicht trocken und langweilig wird. Denn ansonsten wird das Lob zu einer routinemäßigen religiösen Übung und ist nicht mehr länger ein Akt, durch den wir Gott ehren und der unser Leben verändert. Machen Sie sich neu bewusst, dass Gott, der Schöpfer – die kreativste und faszinierendste Person überhaupt, der Vater im Himmel, von dessen Existenz alles andere abhängt –, uns das Lob geschenkt hat, damit wir es wie eine Sprache verwenden! Und das bedeutet, dass Gott zu loben etwas Dynamisches ist und dass es uns verändern sollte. Wenn Sie Mühe damit haben, Gott zu loben, geben Sie nicht auf und lassen Sie sich nicht entmutigen. Fangen Sie einfach an zu beten, und bitten Sie Gott, dass er Ihnen hilft, dranzubleiben, damit Sie Schritt für Schritt die Sprache des Himmels fließend sprechen lernen.

Die ewigen Arme

Solange wir hier auf der Erde leben, werden wir nie vollkommen sein. Wir werden immer wieder versagen, wir werden es nicht schaffen, Gott so zu loben, wie es ihm gebührt. Wir werden müde und schlaff und klammern uns nicht mehr an Gott. Irgendwann kommen wir in der Dunkelheit an einen Punkt, wo wir das Gefühl haben, nicht länger durchhalten zu können, und dann verlässt uns der Mut. Doch in solchen Zeiten brauchen wir keine Angst zu haben, denn unser Gott ist ein liebender und barmherziger Gott. Er sieht unsere Anstrengungen und unser Bemühen. Es ist sicher wichtig, dass wir unser Bestes tun, um in diesem Leben Gott gehorsam zu sein. Aber unsere Rettung, unseren Platz zu Füßen des Thrones Gottes, unseren Platz in der Familie Gottes – all das können wir uns durch eigene Anstrengungen weder verdienen noch ergattern.

Unsere Fähigkeit, auch im Dunkeln weiter an Gott festzuhalten, ist letztlich nicht von uns selbst abhängig. Gott ist unser Schöpfer und unser Erhalter. Er trägt die Verantwortung für uns, und wenn ich zu schwach bin, um mich an ihm festzuhalten, wenn die Kraft meiner eigenen Arme schwindet, dann darf ich wissen: «Zuflucht ist bei dem alten Gott und unter den ewigen Armen» (5. Mose 33,27; Luther).

Gott ist ein Gott der Gnade. Denken Sie nur an die Liebe des Vaters im Gleichnis vom verlorenen Sohn, an sein mitfühlendes Herz, als er seinen verdreckten Sohn auf der Straße erkannte und ihm entgegenrannte. Er sah nicht auf das Versagen des Sohnes und seine gescheiterten Bemühungen. Er war nicht gleich dabei, seine Fehler abzuwägen oder sein Verhalten zu beurteilen. Nein, der Vater sah ganz einfach seinen geliebten Sohn, der nach Hause gekommen war. Und was tat der Vater auf diese Weise? Er bot dem Sohn seine Gnade und sein herzliches Willkommen an. Er breitete seine Arme aus und sagte: «Willkommen zu Hause. Hier kommt dein Herz zur Ruhe. Du gehörst hierher. Du bist geliebt, und ich werde dich ehren und dich wiederherstellen.»

Wir können nur staunen über die unglaubliche verändernde Kraft der Liebe Gottes. Alle, die zerbrochen sind, die schwach und müde geworden sind; alle, die trauern oder die einsam und ohne Hoffnung sind, sollen wissen: Es gibt Hoffnung! Der Vater ist da. Er sieht Sie auf Ihrer Lebensstraße. Sie brauchen nur die Augen zu öffnen, dann sehen Sie, wie er Ihnen mit offenen Armen und einem Herzen, das vor Freude bersten will, entgegenläuft. Freuen Sie sich an seiner Umarmung. Das ist der Ort, wo Sie hingehören. Lassen Sie sich in den Armen von Abba, unserem himmlischen «Papa», verändern und erneuern. Werden Sie zu der Person, die Sie nach Gottes Willen sein sollen. Und öffnen Sie Ihr eigenes Herz für das Lob Gottes.

Jetzt ist die Zeit zum Loben! Er hat all die Trümmer Ihres Lebens voller Erbarmen angesehen, und er verwandelt Ihre Wüsten in einen Garten Eden. Lassen Sie wieder Freude und Jubel, Dank und Loblieder in Ihrem Herzen Raum gewinnen. Loben Sie Gott, denn er ist freundlich und gütig und seine Gnade währet ewiglich. Und seine Treue ist sehr, sehr groß!

Gedanken für alle Zeiten

- Kennen Sie die Sprache des Himmels? Im vierten Kapitel des Buches der Offenbarung können Sie nachlesen, wie die Bewohner des Himmels Gott ihren Lobpreis darbringen.
- Machen Sie es sich zur Gewohnheit, die Bibel als Sprungbrett für das Lob Gottes zu benutzen. Nehmen Sie einfach einen Vers, der Sie anspricht, und bitten Sie Gott, Ihnen beim Lesen Verständnis zu schenken.
- Betrachten Sie den ausgewählten Bibelvers, und stellen Sie sich als Erstes die Frage: «Was hat er mir zu sagen?» Danken Sie Gott für die konkreten Verheißungen in diesem Vers. Fragen Sie sich

als Nächstes: «Was erfahre ich in diesem Vers über Gott?» Loben Sie Gott dann in Ihren eigenen Worten für die Eigenschaften seiner Person, die Sie in dem Vers beschrieben finden.

- Bitten Sie Gott, dass er Sie an seine Charaktereigenschaften, die Ihnen beim Lesen aufgefallen sind, erinnert, so dass Sie ihn den ganzen Tag über dafür loben können.
- Geben Sie beim Loben Ihrer Fantasie Spielraum. Vielleicht versuchen Sie einmal, Ihr Lob als Liebesbrief oder als Gebet aufzuschreiben. Sie können auch ein Lob-Tagebuch führen oder Gott in Liedern Ihr Lob singen. Oder Sie gehen das Alphabet durch und überlegen sich zu jedem Buchstaben eine Eigenschaft Gottes, für die Sie ihn loben können.
- Gestalten Sie das Lob Gottes abwechslungsreich, so dass es nie langweilig wird! Und wenn Sie mit dem Loben Ihre Mühe haben, dann bitten Sie Gott, dass er Ihnen hilft, dranzubleiben.

Bibelvers zum Thema

Heilig, heilig, heilig ist der Herr, der allmächtige Gott, der schon immer war, der heute da ist und der kommen wird! ... Dich, unseren Herrn und Gott, beten wir an. Du allein bist würdig, dass wir dich ehren und rühmen, uns deiner Macht unterordnen. Denn du hast alles erschaffen. Nach deinem Willen entstand die Welt und alles, was auf ihr lebt. (Offenbarung 4,8 und 11)

Impuls

Das Lob Gottes öffnet uns die Augen für die Erkenntnis, dass wir in seinen Armen sicher sind. Das Loben versetzt uns außerdem in die Lage, ganz konkret zu erfahren, wie Gottes Arme uns umfangen. Wenn wir loben, tun wir genau das, wozu wir geschaffen wurden. Denn wir werden einmal die ganze Ewigkeit damit zubringen, Gott zu loben.

Willkommen zu Hause

Ich bin zutiefst dankbar dafür, dass Gott mich so annimmt, wie ich bin: leidend, verletzt und zerbrochen. Ich bin froh, dass er mich erwählt hat, zu seiner Familie zu gehören, trotz meiner Fehler und Sünden in Vergangenheit und Gegenwart. Er will mich, und er sorgt sich um mich. Seine Arme stehen mir immer offen. Sogar dann, wenn mein Leben in Trümmern liegt, steht Gott da, schaut die Straße entlang und wartet ungeduldig darauf, dass ich zu ihm zurückkehre. Er hält keine Liste in der Hand mit all den Fällen, in denen ich in all der Zeit versagt habe. Er wartet auch nicht darauf, über mich zu urteilen. Nein, er wartet darauf, mit mir zusammen zu sein, mich in seine Arme zu schließen und mich zu Hause willkommen zu heißen.

Gott wartet auch auf Sie. Jetzt, nachdem Sie dieses Buch gelesen haben, möchte ich Ihnen Mut machen, für einen Moment zur Ruhe zu kommen und auf Gott zu hören. Was will er Ihnen sagen? Gibt es einen Bereich Ihres Lebens, den Sie ihm anvertrauen sollten? Vielleicht ist das Ihre Ehe, oder es sind Ihre Gefühle, Ihre Kinder, Ihre Finanzen oder eine bestimmte Abhängigkeit. Um was auch immer es geht, werden Sie diese Sache Gott übergeben? Die Bibel sagt uns, dass wir alle unsere Sorgen bei ihm abladen können, weil er für uns sorgt (1. Petrus 5,7). Glauben Sie das? Glauben Sie, dass Gott sich um Sie sorgt?

Möglicherweise bedauern Sie vieles in Ihrem Leben und werden angesichts Ihrer eigenen Fehler und Sünden von Schuldgefühlen geplagt. Werden Sie es zulassen, dass Gott die Bruchstücke aufliest und aus Ihren Trümmern etwas Schönes erschafft? In der Bibel heißt es: «Wenn wir aber unsere Sünden bekennen, dann erfüllt Gott seine Zusage treu und gerecht: Er wird unsere Sünden vergeben und uns von allem Bösen reinigen» (1. Johannes 1,9). Gott verurteilt Sie nicht. Er schaut vielmehr die Straße entlang und wartet auf Sie. Werden Sie zu ihm gehen und sich in seinen Armen von ihm erneuern lassen?

Vielleicht sind Sie wütend, verwirrt oder verbittert über etwas, das in Ihrem Leben geschehen ist. Sie können Ihre Gefühle an Gott abgeben. Werden Sie ihm die Möglichkeit geben, Sie von Wut, Bitterkeit, von Verletzungen und Enttäuschungen zu befreien? Im Johannes-Evangelium lesen wir: «Wenn euch also der Sohn Gottes befreit, dann seid ihr wirklich frei» (Johannes 8,36). Wollen Sie frei sein? Gott wartet nur darauf, Ihnen Ihre Last abzunehmen und Sie loszubinden. Werden Sie ihn das tun lassen?

Vielleicht sind Sie jemand, der sich einfach innerlich leer und unbefriedigt fühlt. Das Leben scheint für Sie irgendwie sinnlos zu sein. Wollen Sie Gott bitten, Ihnen zu zeigen, als welche Person er Sie erschaffen hat? Er kannte Ihren Namen vor der Schöpfung der Welt, und er hat Sie zu einem bestimmten Zweck geschaffen; zu einem Zweck, den nur Sie erfüllen können. Denken Sie an das, was er zu Jeremia gesagt hat: «Ich habe dich schon gekannt, ehe ich dich im Mutterleib bildete, und ehe du geboren wurdest, habe ich dich erwählt» (Jeremia 1,5). Werden Sie sich von Gott zusagen lassen, wie wertvoll Sie sind?

Beim Lesen dieses Buches haben Sie unter Umständen auf meine Beziehung zu Gott geachtet und festgestellt, wie persönlich sie ist und wie sehr Gott an meinem Leben beteiligt zu sein scheint. Sie merken vielleicht, dass Sie selbst Gott nicht so persönlich kennen, würden es aber gern. Oder vielleicht haben Sie erkannt, als es um den Unterschied zwischen einem Geschöpf Gottes und einem Kind Gottes ging, dass Sie sich nie bewusst entschieden haben, Christus nachzufolgen und zu seiner Familie zu gehören. Sie können das aber jetzt tun!

Sie müssen dazu nicht erst Ihr Leben in Ordnung bringen. Der verlorene Sohn stand einfach auf, und zwar da, wo er gerade war, und ging nach Hause zu seinem Vater. Dasselbe können Sie tun: zu Gott gehen, so, wie Sie sind. Er erwartet nichts Vollkommenes. Er will einfach nur Sie selbst!

Möchten Sie zu Gottes Familie gehören und wissen, wo Sie hingehören? Wollen Sie Gott ganz persönlich kennen und jeden Tag mit ihm leben? Wollen Sie die Ewigkeit mit ihm verbringen? Es ist im Grunde ganz einfach. Alles, was Sie tun müssen, ist, Gott darum zu bitten. Denn er wartet voller Verlangen darauf, Ihnen zu antworten.

Jetzt, in diesem Moment, können Sie Gott Ihr Herz öffnen und ihm sagen, dass Sie zu seiner Familie gehören wollen, dass Sie ihn brauchen, dass Ihnen Ihre Sünden leidtun und dass Sie einen neuen Anfang machen wollen. Sagen Sie ihm, dass Sie glauben, dass Jesus Christus für Sie am Kreuz gestorben und nach drei Tagen von den Toten auferstanden ist. Bitten Sie Jesus, als Ihr Erlöser und Herr in Ihrem Herzen und in Ihrem Leben einzuziehen. Wenn Sie ihn nur bitten, ist Gott sofort da und heißt Sie bei sich willkommen. Er nimmt Sie auf ohne jede Einschränkung, mit allem, was Sie sind. Es kommt auch nicht darauf an, dass Sie gleich am Anfang alles verstehen. Sie können jetzt einfach den ersten Schritt tun. Wenn Sie möchten, können Sie das folgende Gebet sprechen. Aber viel wichtiger als die Worte, die Sie benutzen, ist die ehrliche Haltung Ihres Herzens.

Gott, ich habe in diesem Buch erfahren, dass du mein himmlischer Vater bist und dass du mich in deiner Familie willkommen heißen möchtest. Genau das möchte ich. Ich habe mich so lange abgemüht. Ich bin über einige Dinge in meinem Leben enttäuscht, und manche Entscheidungen, die ich selbst getroffen habe, haben mich zerbrechen lassen. Ich will mich verändern. Und ich brauche dazu deine Hilfe. Ich glaube, dass Jesus Christus für mich gestorben und auferstanden ist. Bitte vergib mir meine Sünden, und komm und wohne du in meinem Herzen und Leben. Ich nehme dich als meinen Herrn und Erlöser an. Ich gebe alles an dich ab. Hilf mir, dir immer mehr zu vertrauen. Ich bin ganz ruhig und getrost in deinen Armen. Danke dafür. Im Namen Jesu. Amen.

Wenn Sie darum gebetet haben, dass Gott Sie in seine Familie aufnimmt, dann hat er das getan! Sie haben ihm Ihr Leben übergeben, und er nimmt Sie an. Sie sind nun sein Kind. Sie haben im Buch Ihres Lebens eine neue Seite aufgeschlagen und mit Christus ein neues Leben begonnen. Ich freue mich so sehr mit Ihnen! Jetzt möchte ich Ihnen noch einige Dinge ans Herz legen, die Ihnen helfen werden, in Ihrer Beziehung zu Gott zu wachsen.

- Sagen Sie anderen von Ihrer Entscheidung. Das wird Ihnen selbst dabei helfen, diesen Entschluss festzumachen.

- Besorgen Sie sich eine Bibel, und nehmen Sie sich jeden Tag Zeit, darin zu lesen und sich damit zu beschäftigen. Als Anfang eignen sich das Markus- oder das Johannes-Evangelium. Lesen Sie so lange, bis Sie den Eindruck haben, dass Gott zu Ihnen gesprochen hat. Bitten Sie dann Gott, dass er Ihnen hilft zu verstehen, was Sie da gelesen haben.
- Beten Sie täglich. Reden Sie mit Gott, wie Sie mit Ihrem besten Freund oder Ihrer besten Freundin reden würden. Sagen Sie ihm alles, und bitten Sie um seine Hilfe für den Tag.
- Suchen Sie sich eine Kirchengemeinde, in der das, was die Bibel sagt, ganz klar gelehrt und auch gelebt wird. Und nehmen Sie regelmäßig an den Gottesdiensten oder anderen Veranstaltungen teil. Es ist wichtig, mit anderen zusammen zu sein, die uns in unserem Glauben ermutigen können. Wir brauchen andere Menschen!

Falls Sie noch mehr Informationen wollen, wie Sie in Christus ein neues Leben beginnen können, oder falls Sie darüber nachdenken, Christus nachzufolgen, und mehr darüber erfahren möchten, was das bedeutet, können Sie die englische Website www.billygraham.org (unter der Rubrik «Spiritual Help») oder die deutsche Website www.neues-leben.de besuchen. Sollten Sie keinen Zugang zu einem Computer oder zum Internet haben, können Sie beispielsweise an folgende Adresse schreiben:

Neues Leben Gruppe
Kölner Straße 23a
D–57610 Altenkirchen

Möge Gott Sie weiter auf Ihrem Weg führen.

Gott segne Sie,

Ruth Graham

www.ruthgrahamministries.com

Danksagung

Man hat mich darüber aufgeklärt, dass Danksagungen in aufsteigender Reihe angeordnet werden sollen – d. h. je weiter am Ende der Liste der Name erscheint, desto gewichtiger war der Beitrag. Oder war es doch andersherum? Ich habe mich jedenfalls entschieden, alle durcheinander zu nennen! Denn jeder von euch ist ein ganz wichtiger Faden im Gewebe meines Lebens. Einige von euch sind kürzere Fäden als andere, aber ohne euch hätte mein Leben nicht die Farbe, die Struktur, das Muster und die Widerstandskraft, die es heute besitzt. Ihr alle seid in meinem Leben wichtig, und ihr bedeutet mir viel. Deshalb habe ich euch alle mit viel Liebe und Dankbarkeit durcheinander gewürfelt.

Mein Dank gilt also ...

- meiner Mutter und meinem Vater, die mich bedingungslos geliebt und durch alle Zeiten treu für mich gebetet haben: Durch euer Vorbild im Glauben und in der liebenden Fürsorge habt ihr mir noch mehr von meinem himmlischen Vater gezeigt.
- denjenigen, die immer an mich geglaubt haben: meinen Philadelphia-Damen Martha Ayers, Carolyn Blish, Jean Livingston und Flossie Merritt; und meinen speziellen lebenslangen Freunden Wynn und Bonnie Lembright, Cindy McCrory, Maya Paul, Clare Davis und meinem «Schutzengel» Millie Zimmer. Allesamt große Mutmacher.
- den Mitgliedern der Familie Oates, die mir immer das Gefühl gegeben haben, ich sei eine von ihnen: Eure Freundschaft überspannt Generationen und ist etwas sehr Wertvolles.
- denen, die mir zugehört haben und keine Angst hatten, mir eingebettet in Barmherzigkeit die Wahrheit zu sagen: Kathy und Lanier Burns.

- den Freunden auf dem Weg: den Nelsons, die mich aus meiner Bequemlichkeit herausgeholt haben; meinem Bibelkreis, der mich ganz persönlich ermutigt hat; Rolly und Pam Laing, die mich auf meiner Reise nach Afrika begleitet und mir ihr Herz geöffnet haben.
- Stacy Mattingly, deren Einblicke, Sensibilität, Freude und harte Arbeit dieses Buch wesentlich beeinflusst haben; und Cindy Hays Lambert, leitende Lektorin für die Akquisition von Buchprojekten bei Zondervan, die dafür gesorgt hat, dass dieses Buch tatsächlich geschrieben wurde. Ohne sie wäre es niemals entstanden. Niemand kann sich bessere Mitstreiter und Unterstützer wünschen.
- den anderen Mitarbeitern bei Zondervan für ihre Kreativität, ihre harte Arbeit und ihre Hingabe: der Verkaufsleiterin Sue Brower, dem Cheflektor Dirk Buursma und dem Art Director Curt Diepenhorst.
- meinen drei Kindern, die mein Versagen mit Humor und in Treue auf bewundernswerte Weise ertragen und mich die ganze Zeit über geliebt, unterstützt und ermutigt haben: Noelle, Graham und Windsor – und meinem wunderbaren Schwiegersohn Maury Davis, der gleichzeitig ein guter Freund ist.
- dem Mary Baldwin College: dass mir die Verantwortlichen dort die Gelegenheit und die Berechtigung gegeben haben, ein dreißig Jahre altes Versprechen gegenüber meinen Eltern zu erfüllen, nämlich meinen College-Abschluss nachzuholen.
- allen anderen, die ein Stück des Weges mit mir gegangen sind, unter anderem Mary T. O'Brien und Lee Hersch.

Verpflichtet fühle ich mich dem liebenden Andenken meiner Großeltern mütterlicherseits, Nelson und Virginia Bell; ebenso dem Andenken meines Onkels Clayton Bell und des langjährigen Pastors unserer Familie, Calvin Thielman. Sie haben mir kluge Einsichten und bedingungslose Liebe geschenkt und mir vorgelebt, was Gnade heißt. Noch heute, in diesem Moment, kann ich hören, wie sie mir Mut machen und mich anfeuern! Außerdem ist mir das Gedenken an Darlene Deibler Rose sehr wichtig, deren Einfluss auf mein Leben ich noch immer spüre.

Mein Dank gilt ferner ...

- meiner außergewöhnlichen Freundin Sara Dormon, die so unerschütterlich loyal ist, eine Schwester und Seelsorgerin, jemand, von dem man stets eine ehrliche und verlässliche Antwort erwarten kann: Du warst mir eine Ratgeberin und Beschützerin und hast in meinem Leben so viel in Bewegung gebracht. Vielen Dank dafür.
- Anne Frank, die mir geholfen hat, mein Leben wieder in geordnete Bahnen zu lenken und die wie ein Sonnenstrahl in meinen Alltag hereinbricht.
- meinem Agenten Wes Yoder, seiner Assistentin und Referentin Gloria Leyda und allen Mitarbeitern der Ambassador Agentur. Ich habe mich daran gewöhnt, mich auf ihre Integrität und ihre Weisheit zu verlassen.
- meinen Geschwistern: Gigi, Anne, Franklin und Ned, die mein Leben mit mir geteilt haben, wie nur sie es tun konnten.
- denjenigen, die ich aus der Bible Study Fellowship kenne, für die Ausbildung und die Gemeinschaft, die ich von euch bekommen habe. Und ein spezieller Dank geht an meine BSF-Freunde in Texas.
- allen, die mein zerbrochenes Herz ermutigt haben, die getröstet, beraten und herausgefordert haben, und allen, die zu Kanälen für die Gnade Gottes geworden sind: Ich danke euch aus tiefstem Herzen für das, was durch euch in mein Leben hineingekommen ist.
- den für mich schwierigen Menschen in meinem Leben: Von euch habe ich etwas über mich selbst gelernt – und über die Gnade Gottes!

Ein großes «Thank you» euch allen, aus wirklich dankbarem und demütigem Herzen!

Anmerkungen

[1] John Fox (1516–1587): *Book of Martyrs. A History of the Lives, Sufferings and Triumphant Deaths of the Early Christians and the Protestant Martyrs.* Dieses Buch ist ein Klassiker der christlichen Literatur im englischsprachigen Raum und hatte einen großen Einfluss auf den frühen Protestantismus.

[2] Die Covenanters waren ein Bund (engl. «covenant») von schottischen Presbytern im 17. Jahrhundert, die sich mit dem Ziel zusammengefunden hatten, ihre religiösen Rechte zu verteidigen. (Aus: *Meyers Großes Taschenlexikon*, Bibliographisches Institut und F. A. Brockhaus AG: Mannheim, 4. vollst. überarb. Aufl. 1992, Bd. 5.)

[3] Auf Deutsch etwa: Kleiner Kiefernwinkel.

[4] Darlene Deibler Rose: *Evidence Not Seen. A Woman's Miraculous Faith in the Jungles of World War II*, HarperSanFrancisco 1990. Deutsche Ausgabe: Darlene Deibler Rose: *Gottes Hand im Dschungel des Zweiten Weltkriegs*, Christliche Literaturverbreitung (CLV): Bielefeld 1994.

[5] J. I. Packer: *Knowing God*, Intervarsity Press: Downers Grove, Illinois 1973. Deutsche Ausgabe: *Gott erkennen*. Verlag der Liebenzeller Mission: Bad Liebenzell 1994 (vergriffen).

[6] Charles Colson: *Loving God*, Zondervan: Grand Rapids, Michigan 1983.

[7] Thanksgiving, das in den USA am vierten Donnerstag im November gefeiert wird, entspricht in etwa dem deutschen Erntedankfest. Es wurde zum ersten Mal 1621 von den Pilgervätern in Massachusetts als Dank für die erste Ernte gefeiert. (Aus: *Meyers Großes Taschenlexikon*, Bibliographisches Institut und F. A. Brockhaus AG: Mannheim, 4. vollst. überarb. Aufl. 1992, Bd. 22.)

[8] Lewis B. Smedes: *Forgive and Forget. Healing the Hurts We Don't Deserve*, Harper & Row: New York 1984. Deutsche Ausgabe: Lewis B. Smedes: *Vergeben und Vergessen. Über die heilende Kraft der Vergebung*, Francke Verlag: Marburg 2001.

[9] Übersetzung des Zitats aus dem Englischen: Seite 39 in der englischen Ausgabe von Ruth Graham: *In Every Pew Sits A Broken Heart.*

[10] Smedes: *Forgive and Forget*, S. 142.

[11] Desmond Tutu: *No Future Without Forgiveness*, Doubleday: New York 1999.

[12] Der große amerikanische Nachrichtensender.

[13] Die Presbyterianische Kirche in den USA, wie auch die Presbyterianische Kirche in anderen Ländern, ist eine reformierte Kirche, d. h. eine Kirche,

die sich auf die Lehren Calvins beruft. Die Leitung einer presbyterianischen Kirchengemeinde umfasst sowohl Geistliche als auch Laien, die beide von der Gemeinde gewählt werden. Diese gewählten Mitglieder der Gemeindeleitung nennt man «Presbyter».

14 «This Is the Time I Must Sing», Text von William J. und Gloria Gaither; Melodie von William J. Gaither. Copyright by William J. Gaither, Inc., 1975. Alle Rechte bei Gaither Copyright Management.